ROND-POINT

POINT

Une perspective actionnelle

Catherine Flumian
Josiane Labascoule
Christian Lause
Corinne Royer

Édition nord-américaine adaptée par

Hedwige Meyer
University of Washington

PEARSON

Prentice Hall

woRLd
Languages

Upper Saddle River, New Jersey 07458

Acquisitions Editor: Rachel McCoy
Publishing Coordinator: Claudia Fernandes
Executive Director of Market Development: Kristine Suárez
Director of Editorial Development: Julia Caballero
Production Supervision: Nancy Stevenson
Assistant Director of Production: Mary Rottino
Developmental Editor, Difusión: Agustín Garmendia
Production Editor, Difusión: Eulàlia Mata
Supplements Editor: Meriel Martínez Moctezuma
Media Editor: Samantha Alducin
Media Production Manager: Roberto Fernandez
Prepress and Manufacturing Buyer: Brian Mackey
Prepress and Manufacturing Manager: Nick Sklitsis
Senior Marketing Manager: Jacquelyn Zautner
Marketing Coordinator: William J. Bliss
Publisher: Phil Miller

This book was set in MetaPlus typeface by Difusión and was printed and bound by Courier
Kendallville. The cover was printed by Phoenix Color.

© 2003 the authors and Difusión, Centro de Investigación y
Publicaciones de idiomas, S.L.

© 2007 of this edition by Pearson Education,
Inc. Upper Saddle River, NJ 07458

Printed in the United States of America
10   9   8   7   6   5   4   3   2

ISBN 0-13-238651-8

Pearson Education LTD., London
Pearson Education Australia PTY, Limited, Sydney
Pearson Education Singapore, Pte. Ltd
Pearson Education North Asia Ltd., Hong Kong
Pearson Education Canada, Ltd., Toronto
Pearson Educación de México, S.A. de C.V.
Pearson Education—Japan, Tokyo
Pearson Education Malaysia, Pte. Ltd
Pearson Education, Upper Saddle River, New Jersey

ROND-POINT

PREFACE

Dear Students,

As you are about to start your French class with **Rond-Point**, we would like to welcome you and give you some basic explanations regarding the method you will be using.

Rond-Point is a task-based method. The various tasks you will be assigned, individually or as a group, will lead you to work with the language in a very active way. Whether it is a dialogue you are listening to or a text you are reading, you will soon notice that it is impossible to remain passive in this class. You may be asked to organize information, to make choices, to draw conclusions, to give advice, to interview classmates, to draw something... in other words, you will be busy! This action-packed way of learning leads to a highly communicative and interactive class, and as you try to comprehend and manipulate new words and new structures, you will acquire French in a contextualized and meaningful way. You will assimilate the grammar, the vocabulary, the expressions, and the culture as you work with your classmates on the tasks of each chapter and as you create meaning together in French.

If you were to learn French in France, the reality you would be exposed to would be from diverse sources and would all be in French. You would have to construct meaning around it as you grapple with the language progressively. In a similar way, **Rond-Point** will expose you to French material that you will work with and will approach from various angles. Whereas in a more traditional language textbook, structures tend to appear in a linear way, and students need to assimilate these structures at the time they are presented, you will notice that many structures will appear time and again through the chapters in **Rond-Point**. The reason for this apparent redundancy is that people do not acquire language by being exposed to a new word or a new structure only once. It is important to review what we have learned, and acquisition will occur naturally in a layer-like pattern. You will also be exposed to various cultural materials from French-speaking countries; here again, you will need to construct meaning around these new realities.

On pages viii and ix, you can learn how each unité is structured and how to use this textbook. At the end of the book you will find some useful learning tools: a grammar reference (**Mémento grammatical**), a glossary organized by chapters as well as a general glossary, and some verb charts.

So come to class ready for action! You will soon be picking birthday presents for friends, organizing group vacations, drawing up an exercise plan, designing objects that were never invented, and conducting job interviews, all in French! We are confident that your experience learning French with **Rond-Point** will be enjoyable and meaningful. Best wishes and have fun learning French!

AVANT-PROPOS

Chers Collègues,

La méthodologie et la didactique en langues étrangères ont soulevé de nombreux débats au cours des années. Les discussions ont porté sur les contenus des cours mais aussi sur le rôle du professeur et de l'apprenant ainsi que sur les évaluations adéquates des connaissances. C'est dans ce contexte qu'a été élaboré le Cadre européen commun de référence pour les langues (CECR), qui est un document essentiel recueillant, après dix années de recherche, les conclusions des spécialistes les plus reconnus internationalement dans les domaines de la linguistique de l'acquisition, de la pédagogie et de la didactique des langues.

■ LA PERSPECTIVE ACTIONNELLE ET L'APPRENTISSAGE PAR LES TÂCHES

Le CECR établit les bases théoriques et fournit les outils méthodologiques nécessaires pour surmonter les carences des approches dites communicatives. Dans ce but le *Cadre de référence* formule une proposition méthodologique cohérente et privilégie ce qu'il appelle une perspective actionnelle. Cela signifie que les usagers et les apprenants d'une langue sont, avant tout, considérés « comme des acteurs sociaux ayant à accomplir des tâches dans des circonstances et un environnement donnés... » (CECR 2001.15). C'est dans ce sens que **Rond-Point** est la première méthode de français basée sur l'apprentissage par les tâches.

■ UN ENSEIGNEMENT CENTRÉ SUR L'APPRENANT

Les situations proposées en classe sont trop souvent éloignées de l'environnement de l'apprenant. L'apprentissage par les tâches surmonte cette difficulté en centrant sur l'élève les activités réalisées en classe. C'est en communiquant depuis sa propre identité et en s'exprimant selon ses propres critères qu'un élève développera, de manière naturelle, ses compétences communicatives dans la langue cible.

■ DE VRAIS PROCESSUS DE COMMUNICATION EN CLASSE

La mise en pratique de la perspective actionnelle, telle qu'elle a été conçue pour **Rond-Point**, entraîne des conséquences importantes pour la classe vu que la communication qui s'établit au cours de l'exécution des tâches est enfin authentique. Notre méthode vise à ce que la classe devienne un lieu où l'on vive des expériences communicationnelles aussi riches et authentiques qu'au dehors. Il ne s'agit plus seulement de travailler sur la langue, mais aussi d'organiser un voyage d'affaires, d'élaborer un guide de santé ou de choisir un nouveau co-locataire.

■ LES COMPOSANTS DE ROND-POINT

La méthode comprend un livre de l'élève, un cahier d'exercices et un guide pédagogique (Instructor's Resource Manual), ainsi qu'un programme audio. Chaque unité du *Cahier d'exercices* offre des activités spécialement conçues pour consolider les compétences linguistiques développées dans le *Livre de l'élève*. L'IRM explique les concepts méthodologiques sous-jacents et suggère différentes exploitations pour les activités du Livre de l'élève. *La vidéo de ROND-POINT* reprend les thèmes abordés dans chaque unité de la méthode et présente de véritables échantillons de vie. Elle a été tournée dans différentes régions de France et dans des pays francophones. Un livret accompagne la vidéo avec des indications pédagogiques et des activités complémentaires.
Un Portfolio européen du français aide les apprenants à évaluer leurs progrès, à rassembler leurs expériences liées à l'apprentissage linguistique et culturel au long de **Rond-Point**, et à constituer un dossier avec les travaux qu'ils réalisent.

ACKNOWLEDGMENTS

The North American version of **Rond-Point** is the result of careful planning between Prentice Hall and Difusión, Centro de Investigación y Publicaciones de Idiomas. In order for Prentice Hall to determine whether or not the North American market was ready for this task-based methodology, they asked various French instructors around the country, including myself, to critique the work. Thank you to the following who provided this useful feedback:

Teresa Cortey, Glendale College, CA
Janel Pettes Guikema, Grand Valley State
  University, MI
Deb Reisinger, Duke University, NC
Lawrence Williams, University of North Texas

I would like to give very special thanks to Rachel McCoy, Acquisitions Editor, for placing her trust in me from the beginning with the adaptation of **Rond-Point** and for supporting me and guiding me throughout the process. I would also like to thank Beverly Channing, my local Prentice Hall sales representative, for her continued support and for helping this project come to reality by keeping in touch with me all along the way. Phil Miller, Publisher, has been the conduit for creating such business propositions as this, thus enabling his World Languages division the opportunity to provide a diverse range of teaching materials. Nancy Stevenson, Senior Production Editor, is to be commended for her tremendous level of detail. Mary Rottino, Assistant Director of Production, and Brian Mackey, Prepress and Manufacturing Buyer, were instrumental in working as liaisons with all involved to create this final product. And thanks to the rest of the Prentice Hall team for their endless effort to create a full curriculum: Claudia Fernandes, Publishing Coordinator; Meriel Martínez Moctezuma, Supplements Editor; Samantha Alducin, Media Editor; and Roberto Fernandez, Media Production Manager.

Thank you to all the people at Difusión for providing our students with copies of the book during the pilot class phase, and also for working patiently and efficiently toward the realization of this adaptation. The exceptional efforts of Detlev Wagner, Katia Coppola, Jaume Corpas, and especially Eulàlia Mata, for making this all possible in North America, are greatly appreciated.

Special thanks go to my department chair, Professor John Keeler, for giving me the time off I needed to complete the project and for his warm encouragement. Thanks to all the University of Washington TAs and colleagues in French, as well as to all the students who gave us feedback during the pilot phase of the project. A special thanks to Kelly Walsh for pilot teaching a section with me in 2005, and to my assistant, David Montero, who helped me conduct surveys and created a Web page during the pilot phase.

Finally, I would like to thank my friends and family from the bottom of my heart, especially my husband, Tom, and my sons, Richie, Charlie, and Liam, who all had to be very patient during all the months Mom was working on **Rond-Point**!

Hedwige Meyer

POUR TRAVAILLER EN CLASSE

Here are a few words you will often hear in class:

cherchez	look for
choisissez	choose
cochez	check
comparez	compare
complétez	fill out
demandez	ask
dites	say
écoutez	listen
écrivez	write
en anglais	in English
en français	in French
essayez de...	try to...
exprimez	express
indiquez	indicate
interrogez	ask
levez-vous	stand up
lisez	read
montrez	show
notez	note
pensez à...	think of...
pouvez-vous... ?	can you...?
préparez	prepare
prenez	take
présentez	present
racontez	tell
regardez	look
répétez	repeat
répondez	answer
soulignez	underline

Here are additional expressions you will need in class:

Comment est-ce qu'on dit « ... » en français ?	How do you say « ... » in French?
Comment est-ce qu'on écrit... ?	How do you write...?
Comment est-ce qu'on prononce cela ?	How do you pronounce this?
Je ne comprends pas.	I don't understand.
Je n'ai pas compris.	I did not understand.
Pouvez-vous parler plus lentement, s'il vous plaît ?	Can you speak slower, please?
Pouvez-vous répéter, s'il vous plaît ?	Can you repeat, please?
Que signifie « ... » ?	What does « ... » mean?
Quelle est la différence entre... ?	What is the difference between...?
Pouvez-vous écrire « ... » au tableau?	Can you write « ... » on the board?
Ouvrez vos livres	Open your books
Fermez vos livres	Close your books
Travaillez avec un partenaire	Work with a partner
Venez au tableau	Come to the board

Here are some important grammar terms which you will often hear in class:

l'abréviation	abbreviation
l'accent	accent
—accent aigu (´)	—acute
—grave (`)	—grave
—circonflexe (^)	—circumflex
l'adjectif	adjective
l'adverbe	adverb
l'article	article
l'apostrophe	apostrophe
la base	stem
le comparatif	comparative
le conditionnel	conditional
féminin	feminine
le futur	future
le genre	gender
l'imparfait	imperfect (past tense)
l'impératif	imperative
l'indicatif	indicative
l'infinitif	infinitive
masculin	masculine
la négation	negative form
le nom	noun
le nombre	number
le présent	present tense
le participe passé	past participle
le passé	past
le passé composé	one of the French past tenses
le pluriel	plural
le plus-que-parfait	pluperfect
la préposition	preposition
le pronom	pronoun
—COD	—direct object
—COI	—indirect object
—défini/indéfini	—definite/indefinite
—démonstratif	—demonstrative
—possessif	—possessive
—personnel/sujet	—subject/personal
—tonique	—stressed
le quantificateur	quantifier
le singulier	singular
le superlatif	superlative
le verbe	verb
—pronominal	—reflexive

CHAPTER ORGANIZATION:

Each **Rond-Point** chapter contains five double-page spreads that progressively introduce you to the vocabulary and grammatical resources you will need to understand and communicate in French:

♦ The section **ANCRAGE** (Grounding) offers you a first contact with the vocabulary and themes of the chapter. The objectives of the lesson, the grammatical content, as well as the main task which you will complete in the section TÂCHE CIBLÉE are all presented in this section.
♦ The section **EN CONTEXTE** (In Context) invites you to discover documents and perform tasks that mimic the French linguistic reality outside of class. This material will enable you to develop your comprehension skills.
♦ The section **FORMES ET RESSOURCES** (Forms and Resources) will give you the grammar tools you need to perform the main task in the next section.
♦ The section **TÂCHE CIBLÉE** (Main Task) provides a context for relevant communication, in which you will draw upon every new skill you have learned in the chapter.
♦ The section **REGARDS CROISÉS** (Looking across Cultures) gives you information about the French-speaking world and invites you to learn and reflect upon the various cultural aspects that are presented.

At the end of the textbook, you will find some important linguistic tools—the MÉMENTO GRAMMATICAL, a grammar reference; the LEXIQUE CLASSÉ PAR UNITÉS, a vocabulary reference for each chapter; the GLOSSAIRE, a general A-to-Z glossary; and the VERB CHARTS.

HOW TO USE THESE PAGES

♦ On the first two pages, you will find short activities to discover the vocabulary of the chapter.
♦ Images and photos will help you decipher the meaning of new words.
♦ Any knowledge you have (of the world, of another language, of other subjects) will serve as yet another useful resource to learn French.

HOW TO USE THESE PAGES

♦ From the very beginning, you will be in contact with authentic French, just as it is spoken in reality (do not worry, you are not expected to understand each and every word in order to perform the tasks of this section).
♦ *Text that appears in red* gives you examples of how the language can be used and will help you build your own sentences.
♦ *Text that appears in blue* gives you models of written structures.

HOW TO USE THESE PAGES

♦ In this section, you will work usually with one or several class-mates. Dialogues are used to develop interactive communication skills.
♦ You might also be asked to reflect upon and analyze how a particular structure functions. Such a reflection will help you gain a better understanding of grammar rules.
♦ In the center of the two-page spread, you will find a synopsis of all linguistic resources used in the chapter. You can consult this convenient grammar reference as often as necessary to complete the assigned tasks.

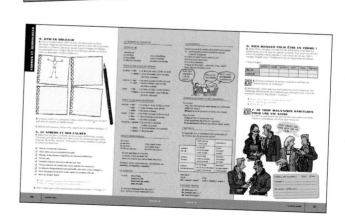

Learning French in a coherent way

HOW TO USE THESE PAGES

- A group project will be assigned in which you might need to solve a problem, exchange information and opinions, negotiate solutions, or comment on a text.
- All the language elements you have learned in the chapter will be used in the important preparation phase of this task. It will also provide an opportunity for each student to show more autonomy and creativity. In order to succeed, you will need to assess your temporary lexical and grammatical needs.
- You can look up the language resources you need in the book, in a dictionary, or in the "Antisèche" notes, which appear as small boxes to give you additional linguistic help and models of speech. You will need to discuss with members of your group how to best complete the task; you can also consult your instructor as needed.

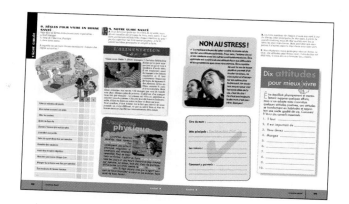

 This icon indicates activities that you can place in your European languages Portfolio.

HOW TO USE THESE PAGES

- Here you will find information on cultural values, behaviors, and aspects of daily life from the various countries where French is spoken.
- You will be asked to think about your own cultural identity and about your own life experiences in order to deepen your understanding of these new and different cultural realities.
- Certain documents might seem complex, but don't worry: They are samples that expose you to other cultures; they need not be replicated.

HOW TO USE THESE PAGES

At the end of the book, several linguistic tools have been added. You can consult these pages at any point in your learning process.

MÉMENTO GRAMMATICAL. Expands on the brief explanations you were given in the section FORMES ET RESSOURCES. Here you will find explanations as well as examples for all the grammatical content of the book, chapter by chapter. This learning tool will help you understand grammatical structures and uses and will support your acquisition of autonomy in the language.

LEXIQUE CLASSÉ PAR UNITÉS. Gives a French–English vocabulary reference for each unit, ordered according to its appearance in the book.

GLOSSAIRE. Presents an exhaustive, general A-to-Z French–English glossary including all the vocabulary used in the book.

VERB CHARTS. Contain the main verb conjugations, including the three regular conjugations, auxiliaries, and the most frequent irregular verbs.

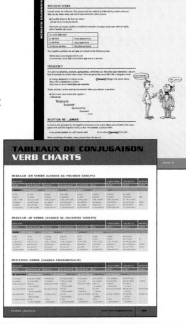

Scope and Sequence

UNIT	FUNCTIONAL OBJECTIVES
 **Unité 1** **QUI SOMMES-NOUS ?** **02**	Getting to know your classmates Explaining our motivations for learning French Encountering the diversity of the Francophone world
 **Unité 2** **ELLE EST TRÈS SYMPA** **12**	Requesting and giving information about people Expressing opinions about others
Unité 3 **EN ROUTE !** **22**	Organizing a vacation Expressing your likes and dislikes
 **Unité 4** **LEVEZ UNE JAMBE** **32**	Discussing health and daily habits Recommending different foods and exercises, giving advice

Table des matières

UNIT	FUNCTIONAL OBJECTIVES

GRAMMAR	VOCABULARY	REGARDS CROISÉS
Le passé composé Present tense of **savoir** and **connaître** Expressions of time and location Expressions of frequency: **déjà, jamais** Present tense of **vouloir** **il y a** (ago) **à, au, en, aux**	Professions Workplaces Professional characteristics	French educational system
avoir besoin de Direct and indirect object pronouns: **le, la, l', les** and **lui, leur** Demonstrative adjectives and pronouns **on** when used as **nous** Prepositions of places **est-ce que** vs. **qu'est-ce que** Indefinite articles in negative sentences	Numbers 70 + Objects/food we buy Clothing and accessories Colors and materials Cost of goods/prices Chores	Spending money and buying gifts
Expressions of quantity: **trop de, beaucoup** **de, assez de, pas assez de, très peu de** Expressions of narration: **d'abord, ensuite,** **puis, enfin** Pronoun **en** Object pronouns and imperative Present tense of **mettre**	Describing, buying, and cooking food Food Restaurant menus Measures	A French meal
Making a hypothesis: **si** + present tense Expressions of time and location Asking questions: the **inversion**; interrogative words: **où, quand, comment, combien, pour-** **quoi, qui, que** **Le futur proche: aller** + infinitive Vocabulary expressions: **être sur le point de,** **être en train de, venir de**	Travel documents Planning a trip Making travel reservations Telling time	Brussels
Comparatives Superlatives Expressing opinions Recycling adverbs of quantity Relative pronoun **où** Pronoun **y**	Public services Commercial and industrial locations Aspects of urban life	Difficulties of modern cities

UNIT	FUNCTIONAL OBJECTIVES

Unité 10
CHERCHE COLOCATAIRE

92

Describing one's tastes, home, way of life, and habits
Expressing emotions
Expressing similarities and differences

Unité 11
SI ON ALLAIT AU THÉÂTRE ?

102

Exchanging information about leisure activities
Planning activities and making appointments
Making recommendations and expressing desires
Making plans, accepting and refusing invitations

Unité 12
C'EST PAS MOI !

112

Placing events within specific time frames and circumstances
Narrating past events

Unité 13
ÇA SERT À TOUT !

122

Describing objects and their function
Expressing opinions and making arguments
Convincing people

Unité 14
JE SERAIS UN ÉLÉPHANT

132

Describing personalities
Participating in a job interview

GRAMMAR	VOCABULARY	REGARDS CROISÉS
The subjunctive after expressions of personal opinion in the negative: **je ne crois / pense pas que** **on sait que, il est vrai que... mais, par rapport à, c'est-à-dire, d'ailleurs, en effet, car, par conséquent, d'une part ... d'autre part, même si, par contre** Relative pronoun **dont**	Forming and describing opinions Television programs Pop culture	Films and TV
Le plus-que-parfait Recycling of **le passé composé** et **l'imparfait** Passive voice Temporal expressions: **l'autre jour, il y a, tout à coup, au bout de, la veille, le lendemain**	Feelings and emotions Inventions Recycling leisure activities Telling personal stories	Cartoons/comic books
Subjunctive with **pour que** **afin de** + infinitive **Le passé simple** Introducing clauses with **car, puisque, tandis que, pendant que, lorsque** **Le gérondif**	Societal issues Fairy tales	The Créole language
Interrogative forms in the negative Responding to questions with a variety of positive and negative expressions: **tout à fait, en effet, vraiment pas...** The subjunctive after verbs of will and desire Recycling of temporal expressions: **il y a, depuis**	Geographical locations Describing places Learning about Québec	La Martinique and L'île de la Réunion

QUI SOMMES-NOUS ?

...s allons avoir un
...mier contact avec
...angue française et
...pays où l'on parle
...çais et nous allons
...ux connaître les
...sonnes qui suivent
...ours.

...r cela nous allons
...rendre à :

...peler
...ésenter et identifier
...ne personne ou un pays
...emander et donner des
...formations : nom,
...éléphone et courriel
...xpliquer nos motiva-
...ons pour apprendre le
...ançais

...ous allons utiliser :

...alphabet
... présentateur *c'est*
...s articles définis
...s nombres de 1 à 12
...s mots interrogatifs :
...omment...? pourquoi...?
...ur* et *parce que*
... verbe *s'appeler* au
...ésent

1

1. LE PREMIER JOUR DE CLASSE

Nous sommes dans une école de langues. Le professeur fait l'appel. Lisez les noms des étudiants. Ils sont tous là ? Mettez une croix à côté du nom des étudiants présents.

	PRÉNOM	NOM	Présent
1	Rémy	Bertier	
2	Marie	Boyer	
3	Victor	Charpentier	
4	Alain	Chaunu	
5	Cédric	Derycke	
6	Éric	Descamps	
7	Géraldine	Dolinski	
8	Nadia	El Kharraz	
9	Hélène	Laffont	
10	Julie	Lebrun	
11	Yves	Lemont	
12	Carine	Nacar	
13	Virginie	Rozée	
14	Manuel	Sanchez	

2. SONORITÉS FRANÇAISES

A. Écoutez encore une fois ces noms. Votre professeur va les lire lentement. Il y a des sons nouveaux pour vous ?

B. Est-ce que vous connaissez d'autres prénoms français (pensez à des personnages célèbres) ? Faites une liste, la plus longue possible. Votre professeur peut écrire cette liste au tableau.

C. Votre prénom correspond à un prénom français ? Demandez à votre professeur !

● Comment on dit « Ana » en français ?
○ Anne.

3. LE FRANÇAIS ET NOS IMAGES

A. Pouvez-vous associer chacun des 12 thèmes avec une photo ?

A

Le Monde

MARDI 4 NOVEMBRE 2003

Israël-Palestine : le plan de ceux qui veulent la paix

B

C

Marguerite Yourcenar
Mémoires d'Hadrien

E

1 (un). **Le cinéma.**

2 (deux). **Les traditions.**

3 (trois). **Les gens.**

4 (quatre). **La politique.**

5 (cinq). **Le tourisme.**

6 (six). **Les vins.**

7 (sept). **Le sport.**

8 (huit). **La cuisine.**

9 (neuf). **La littérature.**

10 (dix). **Le monde des affaires.**

11 (onze). **L'histoire.**

12 (douze). **La mode.**

G

Antoine de Saint-Exupéry
Le Petit Prince

folio junior

BORIS **Vian** L'herbe rouge

H

F

UGC OPERA

JANIS ET JOHN

GOOD BYE LENIN!

Elephant

D

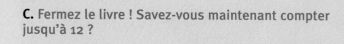

B. Quels aspects de la France vous intéressent ?

● Moi, le tourisme.
○ Moi,...

C. Fermez le livre ! Savez-vous maintenant compter jusqu'à 12 ?

4. L'EUROPE EN CHANSONS

A. La télévision retransmet un concours de chansons. C'est le moment pour la France d'attribuer des points aux différents pays participants. Complétez le tableau avec les points entendus.

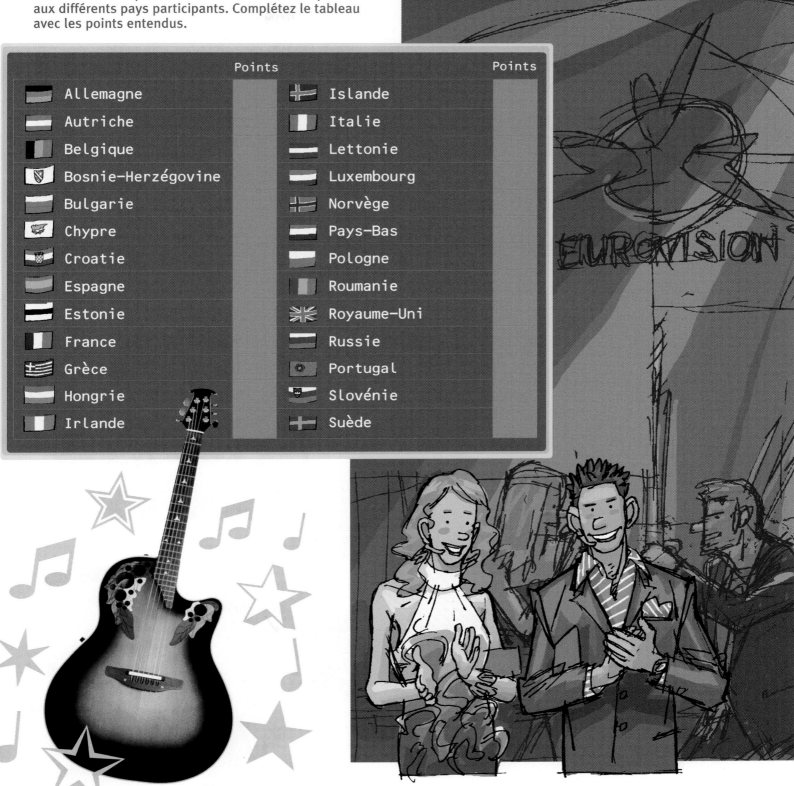

	Points		Points
Allemagne		Islande	
Autriche		Italie	
Belgique		Lettonie	
Bosnie-Herzégovine		Luxembourg	
Bulgarie		Norvège	
Chypre		Pays-Bas	
Croatie		Pologne	
Espagne		Roumanie	
Estonie		Royaume-Uni	
France		Russie	
Grèce		Portugal	
Hongrie		Slovénie	
Irlande		Suède	

B. Maintenant, fermez le livre : pouvez-vous dire en français le nom de six pays de la liste ?

5. PAYS D'EUROPE

A. Vous pouvez écrire en français les noms des sept pays suivants ? Ils sont tous en Europe.

1. L' A _ _ _ _ _ _ _ _ _
2. LA B _ _ _ _ _ _ _ _
3. L 'I _ _ _ _ _ _ _
4. LE L _ _ _ _ _ _ _ _ _
5. LES P _ _ _ _ - _ _ _ _
6. LA P _ _ _ _ _ _ _
7. LE R _ _ _ _ _ _ _ _ - _ _ _ _

● L'Allemagne !
○ Comment ça s'écrit ?
■ Ça s'écrit A, deux L, E, M, A, G, N, E.

B. Vous pouvez situer ces sept pays sur la carte ?

● Je crois que là, c'est le Luxembourg.
○ Le Luxembourg ? Non, ce n'est pas le Luxembourg, c'est la Belgique.

C. Vous connaissez les noms des quatre pays euro-péens où l'on parle français ? Mettez-vous d'accord avec un autre étudiant.

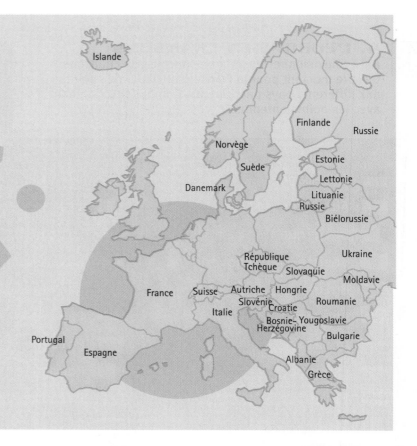

6. IMAGES D'EUROPE

Vous avez une idée du pays où ces photos ont été prises ? Mettez-vous en groupes de trois et parlez-en.

3. ....

1. ....

2. ....

4. ....

5. ....

● La photo numéro deux, c'est la France ?
○ Non, ce n'est pas la France, je crois que c'est la Grande-Bretagne.

6. ....

7. ....

GENRE ET NOMBRE

	MASCULIN	FÉMININ
SINGULIER	le Portugal	la Pologne
	(devant une voyelle ou h muet)	
	l'Ouganda	l'Italie
PLURIEL	les Pays-Bas	

PRÉSENTER ET IDENTIFIER : C'EST

Et ça ?

Ça*, c'est Monaco.

* Abréviation à l'oral de *cela*.

● *Rémy Bertier ?*
○ *C'est moi.*

À la forme négative

Ce n'est pas le Luxembourg, c'est la Belgique.

On peut dire à l'oral : *C'est pas le Luxembourg.*

L'ALPHABET

A [a] comme Algérie		**N** [ɛn] comme Norvège	
B [be] comme Belgique		**O** [o] comme Oman	
C [se] comme Canada		**P** [pe] comme Portugal	
D [de] comme Danemark		**Q** [ky] comme Québec	
E [ə] comme Espagne		**R** [ɛr] comme Russie	
F [ɛf] comme France		**S** [ɛs] comme Suisse	
G [ʒe] comme Grèce		**T** [te] comme Turquie	
H [aʃ] comme Hongrie		**U** [y] comme Ukraine	
I [i] comme Italie		**V** [ve] comme Viêtnam	
J [ʒi] comme Japon		**W** [dubləve] comme Wallonie	
K [ka] comme Kenya		**X** [iks] comme Mexique	
L [ɛl] comme Lituanie		**Y** [igrɛk] comme Yémen	
M [ɛm] comme Malte		**Z** [zɛd] comme Zimbabwe	

Autres signes : @ arobase

7. SONS ET LETTRES

A. Écoutez ces noms et prénoms. Regardez comment ils s'écrivent. Que remarquez-vous ?

B. Trouvez deux lettres qui se prononcent de la même manière.

C. Trouvez trois lettres qui se prononcent de deux manières différentes.

Ch Chateaubriand
Charlotte Christian Chantal

G Gide
Georges Gilbert Gisèle

S Stendhal
Sylvie Isabelle Serge

Z Zola
Zacharie Zoé Zénobe

C Colette
Camille Cécile Constance

R Rimbaud
Roland Marianne Claire

J Jarry
Jérôme Juliette Joseph

V Verlaine
Valentin Valérie Yves

B Baudelaire
Bernard Bruno Sébastien

D. Toutes ces lettres se prononcent de la même manière dans d'autres langues que vous connaissez ?

8. ILS SONT CÉLÈBRES EN FRANCE

A. Voici quelques personnages (réels ou fictifs) bien connus des Français. Et vous, vous les connaissez aussi ? Parlez-en entre vous.

- ☐ Marguerite Duras
- ☐ Edith Piaf
- ☐ Serge Gainsbourg
- ☐ Tintin
- ☐ Zinedine Zidane
- ☐ l'Inspecteur Maigret
- ☐ Pablo Picasso
- ☐ Isabelle Adjani

1. Actrice née en France de père algérien et de mère allemande.

2. Chanteur, auteur, compositeur français né de parents russes.

3. Commissaire de police, personnage créé par Simenon, écrivain belge.

4. Personnage d'Hergé, dessinateur belge.

5. Joueur de football français d'origine algérienne.

6. Auteure française née en Indochine.

7. Chanteuse française née à Paris en 1915.

8. Peintre né en Espagne.

● La photo nº 1, c'est Marguerite Duras ?
○ Non, je crois que c'est Isabelle Adjani.
■ Et la photo nº 4 ?
● Je ne sais pas.

B. Vous connaissez d'autres personnages, réels ou fictifs, de la culture française ?

9. POURQUOI APPRENDRE LE FRANÇAIS ?

A. Écoutez bien et cochez de 1 à 6 les raisons évoquées pour apprendre le français !

- ☐ Pour travailler.
- ☐ Pour les vacances.
- ☐ Pour parler avec ses amis.
- ☐ Parce qu'elle aime la littérature française.
- ☐ Parce que sa petite amie est française.
- ☐ Pour connaître la culture française.
- ☐ Pour parler la langue de son père.
- ☐ Parce que le français est obligatoire à l'école.

B. Et vous ? Pourquoi apprenez-vous le français ?
Parlez-en avec trois autres personnes de la classe.
Si vous ne connaissez pas le vocabulaire en français,
demandez-le au professeur !

- ● Moi, (j'apprends le français) pour travailler.
- ○ Moi, parce que...

ANTISÈCHE

J'apprends le français...

pour le travail.
   les études.

pour faire du tourisme.
   connaître la culture française.

parce que...
   j'aime les langues étrangères.
   mon petit ami est français.
   la France est un pays voisin.

10. CARNET D'ADRESSES

Vous connaissez toutes les personnes de votre classe ? Demandez à chaque personne comment elle s'appelle : le prénom et le nom ; ensuite, son numéro de téléphone ou son adresse électronique et enfin, pourquoi elle apprend le français.

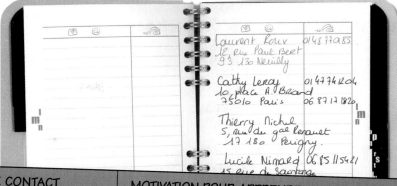

PRÉNOM	NOM	MOYEN DE CONTACT *téléphone, adresse électronique*	MOTIVATION POUR APPRENDRE LE FRANÇAIS

Numéros d'urgence

Pompiers	18
Police	17
Gendarmerie	01 43 02 43 63
SAMU	15
GDF (sécurité dépannage)	01 48 95 04 36
EDF (sécurité dépannage)	0 810 333 093
Numéro Azur	

A

A Ba bât G 1 sq Jacques Decour 01 48 79 19 64
AAZA Abdelmajid bât H
  2 pl Bretagne 01 48 69 76 16
ABAD Jean-Luc 11 r Auber 01 48 65 09 21
  . Sylviane 5 cité Notre Dame 01 48 67 06 57
ABADE Antonio 15 r Hector Berlioz 01 48 65 43 45
ABADIA Marie-Louise
  6 r Pierre Quemener 01 48 67 98 54
ABBAOUI Mohamed 1 r Delacroix 01 49 39 00 56
  . Rachid 13 all Salomon de Brosse 01 48 65 04 12
ABBRUZESE Eugène
  42 r Roland Garros 01 48 67 30 20
A.B.C.D
  88 av Massenet 01 48 65 18 26
  fax 01 48 65 00 39
ABDALLAH Houmad
  2 r Georges Rouault 01 48 67 25 86
  . Mohamed 10 r Georges Braque 01 48 65 34 25
  . Rabah bât B 3 r Doct Albert Calmette .. 01 48 65 17 12
ABDAT Zahia 66 r Victor Basch 01 48 65 74 70
ABDEBREIMAN Jules 23 pl Picardie 01 48 66 28 72
ABDEDDAIM Jamel 5 r Nungesser 01 48 65 64 97
ABDEL ALL Adel 33 av Védrines 01 48 65 04 12
  . Soad 20 r Védrines 01 48 65 43 48

Location tourisme et utilitaires
  158 av Henri Barbusse-Drancy 01 48 96 81 66
ADAGBA Jean-Port
  9 all Oiseau Blanc 01 48 65 55 01
ADAM Claude
  19 r Altrincham Sandwell 01 48 65 31 18
ADAMCZYK Krzysztof
  19 av Charles de Gaulle 01 48 67 88 60
ADAMS Alidou 3 r Saint Saëns 01 48 67 90 44
  . Daniel 2 pl Chalgrin 01 49 39 00 92
  . Steve 34 all Croix du Sud 01 45 91 17 21
ADAMS ET ASSOCIES
  r Anatole Sigonneau 01 55 81 11 33
  tél 01 48 65 01 33
ADAMSKA Véronique
  69 r Gén Giraud 01 48 65 60 89
ADAMY Frédéric
  14 bis av Paul Vaillant Couturier 01 48 79 37 84
ADDE Anne bât A
  1 A cité Quinze Arpents 01 48 66 24 56
ADDOU Fatma 15 av Hoche 01 45 91 22 78
ADDOUN Ahmed 13 r Béziers 01 48 69 95 92
  . Z bât D 24 pl Champagne 01 48 69 55 37
ADELAIDE Gérard résid L'Orée Du Parc bât C
  23 av Charles de Gaulle 01 48 65 62 68
ADET Emine 11 r Percier Fontaine 01 48 65 28 83
  . Kemal 39 av Duguay Trouin 01 48 66 09 53
  . Telli 61 av Henri Barbusse 01 48 67 21 06
  . Zahir 139 av Pasteur 01 48 67 57 05
ADEYINKA Samuel
  13 all Salomon de Brosse 01 48 65 53 72
  . Samuel 13 all Salomon de Brosse 01 48 65 92 87
ADIL Kamel 1 r Lavoisier 01 48 67 39 58
  . Nouria bât L 2 L cité Blés d'Or 01 48 66 12 77
ADIN Dominique résid Pasteur 01 48 65 74 89
  . Jean-Fra... ...r Sand 01 48 65 76 41
  .... 45 91 95 64

- ● Comment tu t'appelles ?
- ○ Anna Bellano.
- ● Tu as un numéro de téléphone ou une adresse électronique ?
- ○ Une adresse électronique : annabellano@u7.com. J'épelle : A, deux N, A, B, E, deux L, A, N, O, arobase, U, sept, point, com.
- ● Pourquoi tu apprends le français ?
- ○ Pour étudier en France.

ANTISÈCHE

TU OU VOUS ?
En fonction de l'interlocuteur, les Français se tutoient ou se vouvoient. **« Tu » exprime une relation de familiarité** et s'utilise pour parler aux enfants, aux membres de la famille, aux amis et aux collègues de même niveau hiérarchique. **« Vous » s'utilise pour marquer le respect ou la distance.**

DEMANDER LE NOM
- ● *Comment tu t' appelles ? Comment vous vous appelez ?*
- ○ *(Je m' appelle) Daniel Campo.*

S'appeler : le présent
je m'appel**le**
tu t'appel**les**
il, elle, on s'appel**le**
nous **nous** appel**ons**
vous **vous** appel**ez**
ils, elles s'appel**lent**

DEMANDER UN MOYEN DE CONTACT
- ● *Tu as un numéro de téléphone / une adresse électronique ?*
  Quel est ton numéro de téléphone ?

DEMANDER D'ÉPELER
- ● *Comment ça s' écrit, s' il te/vous plaît ?*
- ○ *D, A, N, I, E, L...*

11. PARLEZ-VOUS FRANÇAIS ?

A. Regardez cette carte. Dans combien de pays le français est-il parlé ? Le français est langue maternelle dans combien de pays ?

Paris

Québec

Bruxelles

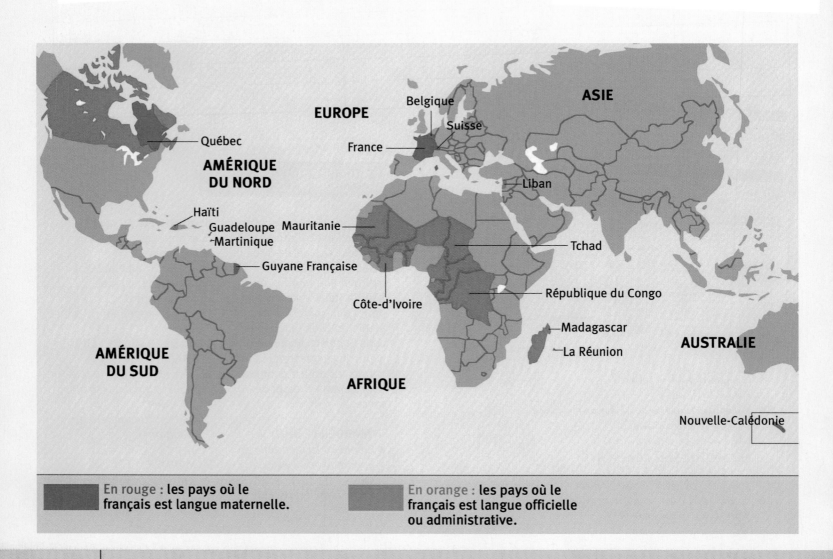

En rouge : **les pays où le français est langue maternelle.**

En orange : **les pays où le français est langue officielle ou administrative.**

LE FRANÇAIS DANS LE MONDE

En Europe, on parle français dans quatre pays : en **Belgique**, au **Luxembourg**, en **Suisse** et en **France**. On parle français dans ces quatre pays mais de manières différentes et avec des accents différents. Pourtant, ces différences n'empêchent pas la communication.

Pour des raisons historiques (immigrations, colonisations) le français est également parlé sur d'autres continents. On parle français en **Afrique du Nord et de l'Ouest**, en **Asie du Sud-Est** et en **Amérique du Nord**. En raison de la distance et des influences culturelles diverses, le français parlé sur ces continents peut être très différent. Parfois, des francophones d'origines différentes peuvent même avoir des difficultés à se comprendre.

B. Lisez le texte précédent et découvrez sur quels continents on parle français.

12. TOUT LE MONDE NE PARLE PAS FRANÇAIS DE LA MÊME MANIÈRE

Trois femmes d'origines différentes donnent leurs coordonnées à la secrétaire. Écoutez les trois versions de la conversation. Votre professeur pourra vous dire d'où vient chacune d'elles : du Québec, du Sud-Ouest de la France ou de Paris.

a. ....

b. ....

c. ....

Comment vous appelez-vous?

ELLE EST TRÈS SYMPA

s allons placer à
e les invités à un
s de mariage.

cela nous allons
endre :

demander et donner
s informations sur les
rsonnes
exprimer notre opinion
r les autres

us allons utiliser :

est, il/elle est
s adjectifs qualificatifs
masculin et au féminin
s adjectifs de nationa-
é au masculin et au
minin
s nombres jusqu'à 69
s verbes *être* et *avoir* au
ésent
s verbes en –*er* au
ésent
négation *ne/n'... pas*
s adjectifs possessifs
s liens de parenté

Elle est allemande.
Elle a 26 ans.
Elle est traductrice.

Dorothea

Xavier

Marta

Bruno

1. QUI EST QUI ?

A. Vous ne connaissez pas ces personnes mais vous pouvez essayer de deviner la nationalité, l'âge et la profession de chacune d'elles. Avec un autre étudiant complétez leurs fiches.

> ➤ Il est italien.
> ➤ Elle est française.
> ➤ Elle est allemande.
> ➤ Elle est espagnole.
> ➤ Il est japonais.
> ➤ Il est français.

> ➤ Il est musicien.
> ➤ Elle est étudiante.
> ➤ Elle est traductrice.
> ➤ Elle est peintre.
> ➤ Il est cuisinier.
> ➤ Il est architecte.

> ➤ Il a 18 (dix-huit) ans.
> ➤ Elle a 40 ans (quarante) ans.
> ➤ Il a 55 (cinquante-cinq) ans.
> ➤ Elle a 15 (quinze) ans.
> ➤ Il a 38 (trente-huit) ans.
> ➤ Elle a 26 (vingt-six) ans.

Nicole

Tadaki

B. Maintenant, demandez au professeur si vos hypothèses sont correctes.

- ● Je crois que Nicole est étudiante.
- ○ Moi aussi, je crois qu'elle est étudiante.

2. DE QUI PARLENT-ILS ?

A. Écoutez ces conversations et regardez de nouveau les photos de l'Activité 1. À votre avis, de qui est-ce qu'on parle ?

1.
- ● Elle est très sympathique !
- ○ Oui, sympathique et intelligente.
- ● Très intelligente, c'est une excellente étudiante.
- ○ Mais elle est un peu timide.
- ● Pas du tout ! Elle est pas du tout timide ! C'est seulement une impression !

2.
- ● Il parle, il parle !
- ○ Oui, il est un peu bavard. Mais il est très amusant aussi !
- ● Très amusant et très agréable !
- ○ Oui, c'est un homme très agréable.

B. Soulignez les adjectifs des conversations précédentes. Pouvez-vous, par leur forme, les classer en adjectifs masculins et féminins ?

3. RUE FONTAINE D'AMOUR

A. Tous ces gens habitent rue Fontaine d'amour. Si vous regardez les images et lisez les textes, vous pouvez apprendre beaucoup de choses sur eux. Cherchez des gens qui ont les caractéristiques suivantes.

Un jeune garçon : ....

Une dame âgée : ....

Quelqu'un qui ne travaille pas : ....

Un célibataire : ....

Une personne qui étudie : ....

Quelqu'un qui fait du sport : ....

Quelqu'un qui n'est pas français : ....

Au numéro 1

SONIA GUICHARD
Elle a cinquante-huit ans.
Elle est assistante sociale.
Elle aime beaucoup les plantes.
Elle n'aime pas le bruit.

ALBERT GUICHARD
Il est retraité.
Il a soixante-cinq ans.
Il est sympathique et poli.
Il fait du bricolage.

Au numéro 2

GÜNTER ENGELMANN
Il est directeur d'une agence
de banque.
Il est allemand.
Il a quarante-cinq ans.
Il collectionne les timbres.

JENNIFER LAROCHE-ENGELMANN
Elle a trente ans.
Elle travaille à la télévision.
Elle a deux enfants.

NATHALIE ENGELMANN
Elle a huit ans.
Elle va à l'école.
C'est une bonne élève.

DAVID ENGELMANN
Il a douze ans.
Il est très malin.
Il joue au football.

Au numéro 3

SYLVIE CUVELIER
Elle a quarante et un ans.
Elle est publicitaire.
Elle est très coquette, elle
aime beaucoup la mode.

FREDDY CUVELIER
Il travaille dans l'immobilier.
Il a quarante-quatre ans.
Il est dynamique, travailleur,
très ambitieux.
Il fait de l'escalade.

JEAN-MARC CUVELIER
Il a dix-neuf ans.
Il fait des études de géographie.
Il aime les grosses motos et
sortir avec ses copains.

Au numéro 4

PHILIPPE BONTÉ
Il a vingt-sept ans.
Il est canadien.
Il est professeur de
musique.
Il joue de la trompette.

Au numéro 9

MARC WIJNSBERG
Il est sculpteur.
Il est divorcé.
Il est sociable et très
bavard.
Il aime rire.

Au numéro 5

MARC LEFRANC
Il a trente-trois ans.
Il est dentiste.
Il est très cultivé et un peu
prétentieux.
Il aime l'art contemporain.

Au numéro 7

JAMAL YACOUB
Il est journaliste.
Il est jeune, il est beau, il
est célibataire.
C'est un excellent percus-
sionniste.

Au numéro 8

ANNE-MARIE FLABAT
Elle est informaticienne.
Elle aime les animaux.
Elle a un chien et un chat.

JUSTINE FLABAT
Elle a vingt-sept ans.
Elle fait des études
d'infirmière.
Elle aime la danse
moderne.

Au numéro 6

BARBARA PINCHARD
Elle a soixante-neuf ans.
Elle est veuve.
C'est une dame très gentille.
C'est une excellente cuisinière.

 B. Écoutez ces conversations entre deux voisines. Elles parlent de qui ? Qu'est-ce qu'elles disent ? Avec un autre étudiant, complétez le tableau suivant.

ELLES PARLENT DE...	IL/ELLE EST, ILS/ELLES SONT
1	
2	
3	
4	

4. DES GENS CÉLÈBRES

Travaillez par groupes de deux ou trois. Trouvez...

une actrice française
un footballeur brésilien
un homme politique allemand
un sportif espagnol

une chanteuse islandaise
un scientifique européen
un peintre français
un personnage historique italien

- ● Une actrice française.
- ○ Isabelle Huppert.

- ■ Elle est française ?
- ● Oui, je crois.

5. EUROPÉEN, EUROPÉENNE

Voici une carte de l'Europe. D'abord, associez le nom du pays aux adjectifs correspondants. Essayez ensuite de compléter la liste.

1. espagnol espagnole	**4.** suédois suédoise	**7.** luxembourgeois	**10.** russe	**13.** .... finlandaise
2. italien italienne	**5.** belge belge	**8.** anglais* anglaise	**11.** .... allemande	**14.** .... danoise
3. portugais portugaise	**6.** grec grecque	**9.** autrichien	**12.** .... hollandaise	**15.** .... hongroise

*On devrait dire **britannique**, mais généralement on dit **anglais** !*

6. VOTRE PAYS ET VOTRE VILLE

Connaissez-vous le nom de votre pays et de ses habitants en français ? Si vous ne le savez pas, demandez à votre professeur, demandez-lui aussi le nom de votre ville, il est peut-être différent en français.

- ● Comment on dit « Roma » en français ?
- ○ Rome.

ÊTRE : LE PRÉSENT

je **suis**	nous **sommes**
tu **es**	vous **êtes**
il/elle/on **est**	ils/elles **sont**

QUALIFIER / PRÉSENTER

*Jamal Yacoub **est** jeune et beau.*
***C'est** un excellent percussionniste.*

- ● *Qui est Ronaldinho ?*
- ○ ***C'est** un footballeur brésilien.*

ADJECTIFS

	MASCULIN	FÉMININ
consonne/+ e	excell**ent**	excellen**te**
voyelle/+ e	réserv**é**	réserv**ée**
eux/euse	prétenti**eux**	prétenti**euse**
eur/euse	travaill**eur**	travaill**euse**
e	sympathiq**ue**	

*Il est **très** ambitieux.*
*Elle est **un (petit) peu** timide.**
*Il **n'est pas (très)** sympathique.*
*Elle **n'est pas du tout** aimable.*

* Attention ! On utilise **un (petit) peu** avec un adjectif à valeur négative :

~~Un (petit) peu~~ sympathique.

L'ÂGE

- ● *Tu as quel âge ?*
  Vous avez quel âge ?
- ● *Vingt-cinq ans.*
  J'ai vingt-cinq ans.

AVOIR : LE PRÉSENT

j'**ai**	nous **avons**
tu **as**	vous **avez**
il/elle/on **a**	ils/elles **ont**

LES NOMBRES DE 12 À 60

12 douze	**20** vingt	**28** vingt-huit
13 treize	**21** vingt et un	**29** vingt-neuf
14 quatorze	**22** vingt-deux	**30** trente
15 quinze	**23** vingt-trois	**31** trente et un
16 seize	**24** vingt-quatre	**32** trente-deux
17 dix-sept	**25** vingt-cinq	**40** quarante
18 dix-huit	**26** vingt-six	**50** cinquante
19 dix-neuf	**27** vingt-sept	**60** soixante

L'ÉTAT CIVIL

Je suis | célibataire
| marié(e)
| divorcé(e)
| veuf/veuve

● **Tu es marié(e) ? / Vous êtes marié(e) ?**
○ **Non, je suis célibataire.**

LA PROFESSION

● **Qu'est-ce que tu fais dans la vie ?**
  Qu'est-ce que vous faites ?
○ **Je suis** informaticien.
  Je travaille dans une banque.
  Je fais des études de littérature.

VERBES DU PREMIER GROUPE : LE PRÉSENT

TRAVAILLER

je travaill**e**   nous travaill**ons**
tu travaill**es**   vous travaill**ez**
il/elle/on travaill**e**   ils/elles travaill**ent**

LA NÉGATION

Je **ne** travaille **pas**.
Il **n'**est **pas** français.

À l'oral et dans un registre familier, on dit :
Il travaille **pas**.
Il est **pas** français.

S'ADRESSER À QUELQU'UN

Bonjour, **Madame** (Leclerc) !
Bonjour, **Mesdames** (Leclerc et Renaud) !
Bonjour, **Monsieur** (Duhamel) !
Bonjour, **Messieurs** (Duhamel et Renaud) !

SE RÉFÉRER À QUELQU'UN
(PAR LE NOM DE FAMILLE)

Monsieur et **Madame** Laffont sont belges.
Mademoiselle Flabat est célibataire.

Attention !
C'est une **dame** très aimable. (~~madame~~)
C'est une **(jeune) fille** très belle. (~~mademoiselle~~)

LES LIENS DE PARENTÉ

mon père **ma** mère	**mes** parents
ton frère **ta** sœur	**tes** frères et sœurs
leur fils **leur** fille	**leurs** enfants

7. L'ARBRE GÉNÉALOGIQUE

A. Irène parle de sa famille, écoutez-la et complétez son arbre généalogique.

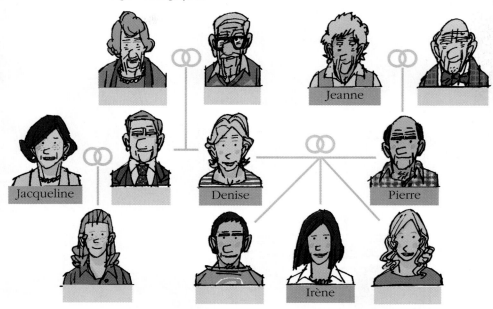

B. Comparez maintenant vos réponses avec celles d'un autre étudiant.

8. VOTRE FAMILLE

D'abord, faites l'arbre généalogique familial. Une suggestion : dessinez les visages de tous les membres de la famille ! Ensuite, présentez votre famille à un autre étudiant.

● Là, c'est moi.
○ Et là, c'est ton frère ?
■ Oui, c'est mon frère, Michael. Il a 21 ans.
● Qu'est-ce qu'il fait ?
○ Il fait des études de commerce.

9. VOS GOÛTS ET VOS ACTIVITÉS

A. Travaillez par groupes de trois. Chacun de vous fait trois affirmations. Les deux autres doivent décider si c'est vrai ou faux.

ÉTUDIER
l'anglais
l'histoire
la sociologie
les mathématiques
la géographie
les langues étrangères

JOUER
au football
au tennis
aux échecs
aux cartes
de la guitare
du piano
de l'accordéon

AIMER
danser
chanter
sortir le soir
faire du théâtre
faire la fête
la musique
les voyages
aller au cinéma
faire de la natation

● Moi, je joue du piano !
○ Oui, (je crois que) c'est vrai !
■ Non, (je crois que) ce n'est pas vrai !

B. Vous savez maintenant ce que vos camarades aiment et font ? Racontez-le à toute la classe !

● Olga étudie l'anglais, elle joue au tennis et elle n'aime pas danser.

10. LES INVITÉS À UN MARIAGE

A. Irène et Thierry se marient. Au mariage il y a au total 23 personnes (les mariés, leurs parents et 17 invités). Pouvez-vous les identifier ?

Irène & Thierry

C'est avec joie que nous vous invitons à assister à notre mariage qui aura lieu samedi 6 juin à onze heures à la mairie de Rozay-en-Brie

FAMILLE LAFFONT

Le marié: **Thierry Laffont**
La mère du marié: **Colette Laffont**
Le père du marié: **Jean-Luc Laffont**

Leurs invités :

1. Éric Laffont, frère du marié, 30 ans, célibataire, skipper, deux tours du monde en voilier. Il parle français et un peu d'anglais.

2. Catherine Potier, tante du marié, 40 ans, femme au foyer. Elle parle seulement français.

3. Daniel Potier, époux de Catherine, 52 ans, directeur commercial dans une multinationale. Il aime faire du camping. Il parle français et assez bien l'anglais.

4. Eugénie Potier, fille de Catherine et Daniel. Elle a 12 ans, elle est sympathique et ouverte, elle s'intéresse à tout.

5. Sylvie Laffont, cousine de Jean-Luc Laffont, 46 ans, travaille dans une agence de voyage, militante écologiste. Elle parle français, anglais et espagnol.

6. Federico Sordi, 34 ans, italien, ami du marié. Il aime beaucoup voyager.

7. Isabella Manzoni, italienne, 31 ans, mariée avec Federico. Elle ne parle pas français.

8. Marc Wijnsberg, ami d'enfance de Thierry Laffont, 35 ans, divorcé, sculpteur postmoderne. Très sociable, très bavard. Il parle français et anglais.

ANTISÈCHE

Irène et Thierry sont à la table d'honneur.
Monsieur et Madame Duval sont **à côté de** Thierry.

Éric Laffont est à la table numéro 1 **avec...**
parce que/qu' ils ont **le même** âge.
la même profession.
les mêmes goûts.

tous les deux parlent anglais.

FAMILLE DUVAL

La mariée : **Irène Duval**
Sa mère : **Denise Duval**
Son père : **Pierre Duval**

Leurs invités :

9. Bertrand Duval, grand-père de la mariée, 69 ans, veuf, ancien capitaine de la marine marchande. Il lit le *National Geographic* en anglais.

10. Paul Duval, frère de la mariée, 26 ans, célibataire, étudiant en médecine, aime les courses automobiles et fait de la moto. Il parle français et anglais.

11. Isabel Gomes, 22 ans, portugaise, petite amie de Paul, étudiante infirmière à Porto. Elle parle portugais, espagnol, anglais et un peu de français.

12. Marion Duval, sœur de la mariée, 22 ans, célibataire, étudiante en journalisme, s'intéresse aux sciences de la terre. Elle parle français et anglais.

13. Marcel Lepont, oncle maternel de la mariée, 49 ans, employé de banque, joue du saxo. Il parle français et assez bien l'anglais.

14. Jacqueline Lepont, épouse de Marcel, 48 ans, institutrice, elle aime beaucoup les enfants.

15. Pascale Riva, 28 ans, amie de la mariée, célibataire, extravertie. Elle fait du théâtre. Elle parle français et un peu d'italien.

16. Nicole Nakayama, 29 ans, amie d'enfance de la mariée, timide, aimable, professeur de japonais à l'université. Elle parle français, anglais et japonais.

17. Toshio Nakayama, 35 ans, japonais, époux de Nicole.

B. Comparez vos réponses avec celles d'une autre personne de la classe.

11. LE REPAS DE MARIAGE

A. Les deux familles se demandent comment placer les invités à table pour le repas de mariage. Écoutez la conversation d'Irène et de Thierry pour obtenir plus d'informations sur les invités.
B. Travaillez par petits groupes. À quelle table allez-vous les placer ?
C. Vous devez expliquer et justifier votre distribution à toute la classe.
D. Et vous ? Imaginez que vous êtes invité à ce mariage. À côté de qui vous voulez vous asseoir ? Pourquoi ?

PORTFOLIO

Table d'honneur
Les mariés et leurs parents

Table n° 1
....
....
....
....
....
....

Table n° 2
....
....
....
....
....

Table n° 3
....
....
....
....
....
....

12. OÙ SONT PAPA ET MAMAN ?
Voici un texte sur les différents modèles de famille en France.
Et dans votre pays, quel est le modèle le plus fréquent ?

LES FAMILLES
EN FRANCE

Pierre, trois ans, a deux demi-sœurs et deux demi-frères. Comme un enfant sur trois en France, Pierre est né dans une famille recomposée. Vingt pour cent des familles aujourd'hui ne correspondent plus au schéma traditionnel de famille: le père, la mère et les enfants.

Aujourd'hui, en France, il n'y a plus un seul modèle de famille, mais plusieurs.

■ **La famille nucléaire ou traditionnelle :** deux parents avec un ou plusieurs enfants biologiques ou adoptés.

■ **La famille élargie :** parents, enfants, tantes, oncles, grands-parents.

■ **La famille recomposée :** parents divorcés, remariés, vivant avec les enfants d'un ou deux mariages précédents et les enfants de leur union actuelle.

■ **Le couple sans enfants.**

■ **La famille monoparentale :** un parent unique (souvent la mère) vivant avec un ou plusieurs enfants.

■ **L'union libre :** familles semblables aux autres modèles mais sans mariage légal.

■ **Les familles pacsées :** le pacte civil de solidarité pour les couples qui veulent formaliser leur union (au niveau juridique) sans se marier.

■ **Les familles homoparentales :** un couple du même sexe avec des enfants.

Famille monoparentale

Couple sans enfants

Famille recomposée

Famille nucléaire

EN ROUTE !

s allons organiser
vacances en groupe.

cela nous allons
endre :

exprimer nos goûts et
s préférences
parler des lieux où nous
ssons nos vacances

us allons utiliser :

s articles indéfinis
y a et *il n'y a pas de*
pronom indéfini *on*
verbe *faire*
s articles partitifs *du,*
la, de l', des
s moyens de transports
oir envie de
verbe *préférer*
oi) aussi, (moi) non,
oi) non plus
lexique lié aux loisirs
s saisons, les mois

PARIS
- ses musées
- sa vie nocturne
- ses boutiques chic

POITIERS
- son Futuroscope
- ses édifices romans

BORDEAUX
- sa gastronomie
- ses vins
- son Grand-Théâtre

AVIGNON
- ses ponts
- son festival de théâtre

CARCASSONNE
- sa cité médiévale
- le Canal du Midi

3

1. LES VACANCES EN FRANCE

Regardez ce poster de la France. Qu'est-ce qu'on peut faire dans ces villes ?

bronzer et se baigner

sortir la nuit

voir des spectacles

visiter un parc thématique

visiter des musées

faire de la planche à voile

faire du VTT (vélo tout terrain)

faire du shopping

faire de la randonnée

voir des monuments historiques

bien manger

faire du ski

STRASBOURG
- ses ponts couverts
- sa cuisine alsacienne

CHAMONIX
- ses pistes de ski
- son air pur
- ses montagnes

NICE
- son climat ensoleillé
- ses plages

- À Chamonix, on peut faire du ski.
- Et à Nice, on peut bronzer et se baigner.

2. CENTRES D'INTÉRÊT

Estelle, Luc et Sylvain parlent de leurs activités préférées.

A. Écoutez et notez ce que chacun aime faire, puis comparez vos réponses avec un autre étudiant.

Estelle aime...
Luc aime...
Sylvain aime...

B. Et vous, quelles sont vos trois activités préférées ? Parlez-en avec deux autres étudiants.

- Moi, j'aime beaucoup sortir la nuit, bien manger et faire du VTT.
- Moi, j'aime beaucoup ...

EN CONTEXTE

3. UN SONDAGE SUR VOS VACANCES

A. Le magazine *Évasion* a publié ce petit sondage pour connaître nos habitudes en matière de vacances. Répondez-y.

Vous préférez passer vos vacances...	☐ en famille	☐ en couple	☐ avec des amis	☐ seul/e
Quand est-ce que vous aimez partir ?	☐ en été	☐ en automne	☐ en hiver	☐ au printemps
Où est-ce que vous aimez aller en vacances ?	☐ à la montagne	☐ à la mer	☐ dans des pays étrangers	☐ à la campagne
Qu'est-ce que vous aimez faire ?	☐ j'aime faire du sport	☐ j'aime le calme	☐ j'aime connaître des cultures différentes	☐ j'aime l'aventure
Vous aimez voyager...	☐ en voiture	☐ en train	☐ à moto	☐ en avion

B. Faites de petits groupes pour échanger vos idées.

- Moi, en été, j'aime aller à la plage avec des amis. Et toi ? Qu'est-ce que tu aimes faire ?
- Moi, j'aime les parcs thématiques.
- Ah, alors tu peux aller à Paris ou à Poitiers pour tes prochaines vacances.

4. LES VACANCES DE RICHARD, DE JULIEN ET DE NICOLAS

A. D'abord regardez les photos de Richard, de Julien et de Nicolas. Voici trois phrases qui résument leur conception des vacances. À votre avis, qui aime quoi ?

Connaître des pays étrangers : ....

Des vacances en famille, à la montagne : ....

Des vacances tranquilles au bord de la mer: ....

 B. Maintenant, écoutez Richard, Julien et Nicolas qui parlent de leurs vacances. Qu'apprenez-vous de nouveau ?

	SAISON DE L'ANNÉE	PAYS	ACTIVITÉS	MOYEN DE TRANSPORT
Richard				
Julien				
Nicolas				

Richard

Julien

Nicolas

5. CHERCHE COMPAGNON DE VOYAGE

VOYAGE EN 4x4 : TOUTE UNE EXPÉDITION !

Tu aimes l'aventure et les voitures ?

Tu es libre tout l'été (juillet, août, septembre) ?

Tu veux voyager en Afrique autrement ?

Voyage différemment avec nous au NIGER et en MAURITANIE.

AVION + JEEP

Intéressé-e ? Appelle le 0442648494 ou contacte-nous par mél à jex@woof.com

CHÂTEAUX DE LA LOIRE **499€**

2 nuits en hôtels (**)
Transport en autocar

Circuit classique :
Chenonceau, Chambord,
Azay le Rideau
+ dégustation de vins de la Loire
Tél. 01 85 87 87 22

4 jours en skidoo au Québec

L'aventure du Grand Nord et le vertige de la vitesse.
À 100 km à l'heure sur la piste de l'hiver : des sensations toniques !

Y aller : avec Air Canada.
Idéal en février et mars.

Randonnée en motoneige :
237 dollars canadiens par jour
pour 1 personne, 262 dollars
pour 2.
Forfaits sur plusieurs jours.

Motosports à la Malbaie.
Tél. : 00 418 665 9 927

Dormir : au Fairmont Manoir
Richelieu. 146 dollars la chambre (avec motoneige, à partir
de 336 dollars).
www.fairmont.com

A. Vous préparez vos vacances. Vous avez trouvé ces quatre petites annonces qui vous proposent quatre voyages complètement différents.
À l'aide de ces phrases, choisissez l'annonce qui vous intéresse le plus.

LE SOLEIL, LA MER ET LE CALME

OFFRE EXCEPTIONNELLE

Appartement avec piscine, très bon marché à
Roquebrune–Cap-Martin, sur la Côte d'Azur.
Pour 5 personnes, en basse saison (avril, mai, juin).

1 200 €
la semaine

Voyages Solexact
Tél. : 04 94 55 33 54

PRÉFÉRENCES
Je préfère...
le voyage en Afrique.
l'appartement à Roquebrune.
la randonnée en motoneige.
autre chose : ....

MOTIVATIONS
J'aime ...
l'aventure.
les voyages organisés.
le calme.
autre chose : ....

J'ai envie de/d' ...
connaître l'Afrique.
soleil.
passer des vacances tranquilles.
autre chose : ....

B. Maintenant, par groupes de trois, vous pouvez parler de vos préférences et de vos envies.

● Moi, je préfère l'appartement à Roquebrune. J'aime la plage.
○ Eh bien, moi, je préfère le voyage en Afrique parce que j'ai envie de connaître la Mauritanie.

6. WWW.OROQUES.FR

A. Si vous allez en vacances dans le sud de la France, vous pouvez trouver de petites villes comme celle-ci, qui est imaginaire.

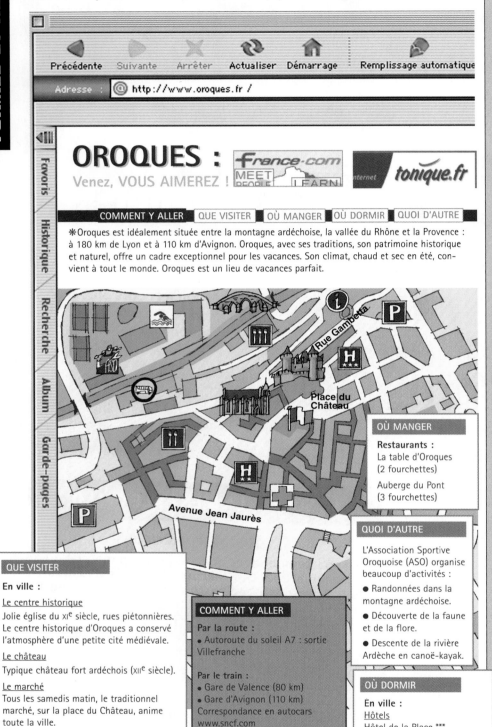

□ http://www.oroques.fr /

Précédente   Suivante   Arrêter   Actualiser   Démarrage   Remplissage automatique

Adresse : @ http://www.oroques.fr /

Favoris   Historique   Recherche   Album   Garde-pages

OROQUES :
Venez, VOUS AIMEREZ !
France-com MEET PEOPLE LEARN   internet tonique.fr

| COMMENT Y ALLER | QUE VISITER | OÙ MANGER | OÙ DORMIR | QUOI D'AUTRE |

✳ Oroques est idéalement située entre la montagne ardéchoise, la vallée du Rhône et la Provence : à 180 km de Lyon et à 110 km d'Avignon. Oroques, avec ses traditions, son patrimoine historique et naturel, offre un cadre exceptionnel pour les vacances. Son climat, chaud et sec en été, convient à tout le monde. Oroques est un lieu de vacances parfait.

Rue Gambetta

Place du Château

Avenue Jean Jaurès

QUE VISITER

En ville :

Le centre historique
Jolie église du XIᵉ siècle, rues piétonnières. Le centre historique d'Oroques a conservé l'atmosphère d'une petite cité médiévale.

Le château
Typique château fort ardéchois (XIIᵉ siècle).

Le marché
Tous les samedis matin, le traditionnel marché, sur la place du Château, anime toute la ville.

Le pont
Le Pont Saint Dominique, construit au XIVᵉ siècle, traverse la rivière Ardèche.

Près d'Oroques :
À 5 km : les magnifiques Gorges du Garantou.
À 40 km : le Parc national des Cévennes.

COMMENT Y ALLER

Par la route :
● Autoroute du soleil A7 : sortie Villefranche

Par le train :
● Gare de Valence (80 km)
● Gare d'Avignon (110 km)
Correspondance en autocars www.sncf.com

Pour tous renseignements :
Office de Tourisme d'Oroques
3, rue Gambetta – B.P.108
07603 Oroques Cédex
Tél. 04 75 90 01 02
Courriel : information@ot-oroques.fr

OÙ MANGER

Restaurants :
La table d'Oroques
(2 fourchettes)

Auberge du Pont
(3 fourchettes)

QUOI D'AUTRE

L'Association Sportive Oroquoise (ASO) organise beaucoup d'activités :
● Randonnées dans la montagne ardéchoise.
● Découverte de la faune et de la flore.
● Descente de la rivière Ardèche en canoë-kayak.

OÙ DORMIR

En ville :
Hôtels
Hôtel de la Place ***
Hôtel Ardèche **

Près d'Oroques :
Campings
Les Pins ***
Route de Villefranche (10 km)
Les Cigales **
Route d'Avignon (3 km)

IL Y A / IL N'Y A PAS, OÙ EST ... ?

	SINGULIER	PLURIEL
Il y a	**une** pharmacie. **un** office de tourisme.	**des** magasins. **deux** restaurants. **plusieurs** hôtels.
Il n'y a pas	**de** pharmacie. **d'**office de tourisme. **de** magasins.	

● *Pardon Monsieur, est-ce qu' **il y a** une pharmacie près d' ici ?*
○ *Oui, sur la Place de l' Église.*

■ *Pardon Madame, où est l' office de tourisme ?*
❏ *Dans la rue Gambetta.*

LE PRONOM INDÉFINI ON

On permet de ne pas préciser qui fait l'action :

*	**On** mange très bien dans ce restaurant.*

*	Au Québec, **on** parle français.*

● *Qu' est-ce qu' **on** peut faire à Oroques ?*
○ *Beaucoup de choses : du canoë-kayak, des randonnées, goûter les spécialités locales.*

PARLER DE NOS GOÛTS

*Moi, **j'aime beaucoup** sortir avec mes amis.*

*Moi, **je n'aime pas beaucoup** visiter des monuments et **je n'aime pas du tout** les musées.**

*Devant a, e, i, o, u, y et h muet, **ne** devient **n'**.*

● *Est-ce que **vous aimez** la plage ?*
○ *Un peu, mais pour les vacances, **je préfère** la montagne.*

● *	**J'aime beaucoup** le football.*
○ *	**Moi aussi.***
■ *	**Moi non**, je n' aime pas du tout.*
❏ *	**Moi non plus**, je n' aime pas le football.*

EXPRIMER UN DÉSIR

*	**J'ai envie de** connaître l' Afrique.*
*	**J'ai envie de** soleil.*

LES ACCENTS

Accent aigu (´) é
Accent grave (`) è, à
Accent circonflexe (^) â, ê, î, ô, û

Les accents sur la lettre **e** modifient l'ouverture de cette voyelle.

e se prononce [ə]
é se prononce [e]
è et **ê** se prononcent [ɛ]

PARLER DE NOS ACTIVITÉS ET DE NOS LOISIRS

● *Qu' est-ce que tu **fais** en vacances ?*
○ *Du sport, beaucoup de sport : de la natation, du VTT, des randonnées etc.*

*Qu'est-ce que tu **fais** le week-end ?*

*Je **fais** de la natation.*

FAIRE : LE PRÉSENT

je **fais** du piano.
tu **fais** de la cuisine.
il/elle/on **fait** de la peinture.
nous **faisons** du shopping.
vous **faites** des voyages.
ils/elles **font** de l'équitation.

LES ARTICLES PARTITIFS

	MASCULIN	FÉMININ
SINGULIER	**du** piano	**de la** peinture
	de l'équitation	

Lisez ces renseignements sur Oroques et regardez bien le plan du centre-ville. Qu'est-ce que vous pouvez situer sur le plan ? Ensuite, travaillez avec un autre étudiant.

● *Ça, c'est probablement l'office de tourisme, n'est-ce pas ?*
○ *Oui, je crois que oui.*
■ *Et ça c'est...*

B. Maintenant faites ensemble 10 phrases à partir du texte et du plan avec les structures suivantes. La première équipe qui écrit les 10 phrases gagne.

À Oroques, il y a .... , ... et ....
Près d'Oroques il y a .... , ... et ....
.... est sur ....
.... est dans ....
.... est près du/de la/de l'/des ....
.... est à ...... km ....

À Oroques, il y a un hôtel trois étoiles...

7. DEUX CLUBS DE VACANCES

De nombreuses personnes aiment passer leurs vacances dans des clubs ou des « villages de vacances ». Lequel de ces deux clubs de vacances est-ce que vous préférez ? Pourquoi ? Parlez-en ensemble.

- un bar
- une laverie automatique
- un minigolf
- un court de tennis
- une crèche
- une piscine
- un point argent (un distributeur automatique)
- un sauna
- une plage
- une pharmacie
- un salon de coiffure
- une discothèque
- un restaurant
- une salle de sports

CLUB BIEN-ÊTRE

CLUB PAPAYE

8. UN ENDROIT QUE J'AIME BEAUCOUP

Pensez à un endroit où vous êtes allé(e) en vacances et que vous aimez bien. Préparez individuellement une petite présentation : C'est où ? Qu'est-ce qu'on y trouve ? Qu'est-ce qu'on peut y faire ? Pourquoi est-ce que vous aimez cet endroit ? Etc.

● *Deauville est une petite ville de Normandie que j'aime beaucoup.*
○ *Pardon ? Où est-ce que c'est ?*
● *En Normandie, à 250 kilomètres de Paris. Il y a une grande plage et un casino. Il y a beaucoup de bons restaurants. J'aime cet endroit parce que...*

9. VACANCES EN GROUPE

A. Indiquez vos préférences.

Moyen de transport	Hébergement	Lieu	Intérêts
❑ en voiture	❑ l'hôtel	❑ la plage	❑ la nature
❑ en train	❑ le camping	❑ la montagne	❑ les sports
❑ en avion	❑ la location meublée	❑ la campagne	❑ les musées et la culture
❑ en auto-stop	❑ l'auberge de jeunesse	❑ la ville	❑ la vie nocturne
❑ à moto	❑ le gîte rural		

B. Exprimez vos préférences et écoutez bien ce que chacun dit. Notez le nom des personnes qui ont les mêmes préférences que vous.

● Moi, j'aime la nature et les sports. Alors, je veux passer mes vacances à la campagne. Je préfère voyager en voiture et dormir dans un camping.

10. GROSPIERRES OU DJERBA ?

A. D'abord, formez des équipes en fonction du résultat obtenu dans l'exercice précédent.

GROSPIERRES Village de vacances

Grospierres est un village médiéval transformé en village de vacances. Ici tout est pensé pour votre bien-être !

Vous faites du sport ? Vous avez envie de calme ? Vous aimez la nature ? Ici, il y a tout ce que vous cherchez !

ÉQUIPEMENTS : Restaurant gastronomique, court de tennis, piscine, hôtel trois étoiles, camping, gîtes ruraux, locations meublées.

À PROXIMITÉ : Le festival de jazz des Vans, le festival de musique classique de Labeaume, et la fête du vin à Ruoms en août.

Les grottes de la Basse Ardèche (la grotte Chauvet).

Des activités de plein air dans les gorges de l'Ardèche : canoë-kayak, spéléologie...

DJERBA

Découvrez la Tunisie, découvrez l'île de Djerba !

L'été, l'automne, l'hiver, le printemps : quatre saisons au soleil !

À seulement 3 heures d'avion de l'Europe, Djerba est une station de tourisme à 350 km au sud de Tunis.

Djerba est équipée de toutes les infrastructures modernes.
À Djerba, vous avez tous les plaisirs de la plage, mais, si vous le souhaitez, il y a aussi un monde d'aventures à votre portée : le grand désert saharien !

SITUATION : Situé directement sur la plage, l'hôtel Iman se trouve à environ 25 km de l'aéroport international de Houmt Souk.

HÉBERGEMENT : 110 Chambres (15 suites) avec balcon ou terrasse, air conditionné, mini bar. 20 bungalows tout confort, aménagés pour 4 à 6 personnes. Accès direct à une plage privée.

RESTAURATION : Restaurant, crêperie, bar-pizzeria.

AUTRES SERVICES : Grande piscine extérieure, piscine couverte, centre fitness, sauna, salon de coiffure et boutiques. 3 courts de tennis, minigolf, sports aquatiques, terrain de golf de 18 trous à 2 km de l'hôtel.

Adresse de l'hôtel : rue Iman, 4180 - Djerba
Pour réservation : Tél. (+2 16 75) 630 186

B. Pour vos vacances en groupe, vous pouvez choisir entre Grospierres et Djerba. Lisez ces annonces et choisissez une destination.

- ● Moi, je préfère le voyage à Djerba. J'aime beaucoup les plages et le soleil.
- ○ Moi, je préfère aller à Grospierres, là il y a le soleil et le calme.
- ■ Moi aussi, je préfère Grospierres.
- ● Eh bien, allons à Grospierres.

C. Puis, vous devez vous mettre d'accord sur : les dates, le type d'hébergement et les activités.

L'HIVER : janvier, février, mars
LE PRINTEMPS : avril, mai, juin
L'ÉTÉ : juillet, août, septembre
L'AUTOMNE : octobre, novembre, décembre

ANTISÈCHE

- ● Moi, je préfère partir en avril parce que j'ai une semaine de vacances au printemps.
- ○ Moi, j'ai des vacances en août.

- ● Moi, je préfère loger / dormir dans un hôtel.
- ○ Moi, je préfère aller dans un camping.

- ● J'ai envie de | faire du sport (du tennis, de la randonnée...). faire une sortie dans le désert. visiter un château fort.

D. Chaque groupe explique à la classe son choix et les raisons de son choix.

Notre projet est	d'aller à ....
	de partir le .... et de revenir le ....
Nous voulons	loger / dormir dans ....
	passer un jour / ... jours à ....
Nous préférons	visiter / connaître ....
... parce que	nous aimons ....
	nous avons envie de ....

11. CARTE DE FRANCE

Regardez cette carte. Qu'est-ce que vous reconnaissez (des régions, des villes, des monuments, des traditions...) ?

 ## 12. SUR LE PONT D'AVIGNON, L'ON Y DANSE, L'ON Y DANSE...

A. Vous connaissez cette célèbre chanson populaire française ? Écoutez-la !

Sur le pont d'Avignon
L'on y danse, l'on y danse
Sur le pont d'Avignon
L'on y danse tous en rond
Les belles dames font comme ça
Et puis encore comme ça
Les beaux messieurs font comme ça
Et puis encore comme ça

B. Ensuite lisez l'information de l'Office de Tourisme d'Avignon.
Est-ce que vous pouvez situer Avignon sur la carte ?

Le Pont Saint Bénezet

Avignon ⓘ 41, cours Jean Jaurès, *04 32 74 32 74.*

TRÈS CÉLÈBRE grâce à la chanson pour enfants, le Pont Saint Bénezet est le plus vieux pont construit sur le **Rhône**.

Il date du XIIe siècle. Aujourd'hui, il reste seulement une partie du pont.

LEVEZ UNE JAMBE !

S CETTE UNITÉ, NOUS
NS ÉLABORER UN
E POUR MIEUX VIVRE.

cela nous allons
endre :

parler de nos habitudes
otidiennes et de leur
luence sur notre santé
onner des conseils,
re des suggestions et
s recommandations

us allons utiliser :

verbes au présent
s verbes pronominaux
adverbes de fré-
ence : *toujours, sou-
nt, quelquefois, jamais*
adverbes de quantité :
aucoup, trop, peu*
npératif
formes imperson-
les : *il faut* + infinitif,
st nécessaire de* +
initif
question totale :
-ce que... ?

4

1. POUR ÊTRE EN FORME

A. Dans cette liste, il y a de bonnes habitudes pour être en forme et d'autres qui sont mauvaises. Signalez vos bonnes habitudes (+) et vos mauvaises habitudes (−). Vous pouvez aussi en ajouter d'autres.

❏ Je prends toujours le bus pour me déplacer.

❏ Je fais de la natation.

❏ Je mange beaucoup de légumes frais.

❏ Je prends un bon petit-déjeuner.

❏ Je sors jusqu'à très tard tous les week-ends.

❏ Je dors peu.

❏ Je ne bois jamais de lait.

❏ Je mange beaucoup de sucreries.

❏ Je fume.

❏ Je ne mange pas de fruits.

❏ Je ne bois pas d'eau.

❏ Je ne mange pas de poisson.

❏ Je mange beaucoup de viande.

❏ Je me couche tard.

❏ Je mange souvent dans des fast-foods.

❏ Je marche beaucoup.

❏ Je travaille beaucoup sur mon ordinateur.

❏ Je fais du sport en plein air.

❏ ....

❏ ....

B. Comparez vos habitudes avec deux autres personnes de la classe. Cherchez les habitudes que vous avez en commun.

● Moi, je fais de la natation et je mange beaucoup de légumes frais.
○ Moi aussi je fais de la natation, mais je dors peu.
■ Eh bien moi, je prends un bon petit-déjeuner et je marche beaucoup.

C. Dites maintenant au reste de la classe quelles habitudes vous avez en commun.

● Tous les trois, nous nous couchons trop tard et ...

2. DÉTENDEZ-VOUS !

A. Le magazine *Ta Santé* suggère des exercices de relaxation. Si vous lisez les textes et regardez les images de ces deux pages, vous pourrez découvrir les noms des différentes parties du corps.

TA SANTÉ

IL FAUT SE DÉTENDRE !

Selon une étude du Ministère de la Santé, 80% des Français ont mal au dos... Rien d'étonnant si on considère que la majorité de nos concitoyens passent en moyenne sept heures par jour assis sur une chaise, au travail ou à l'école.

Pourtant, même assis, on peut faire de l'exercice physique. Voici quelques mouvements faciles à réaliser en classe ou au bureau.

1 Asseyez-vous sur une chaise, posez les mains sur les jambes.

a ....
b ....

2 Levez le bras droit et fermez la main. Tendez le bras, ensuite détendez-le. Recommencez avec le bras gauche.

c ....

3 Levez et tendez la jambe droite. Tirez la pointe du pied en direction de votre tête. Détendez la jambe. Recommencez avec la jambe gauche.

d ....
e ....

4

5 Fermez les yeux. Tirez tous les muscles du visage vers le haut. Contractez aussi le nez et la bouche. Finalement, décontractez et observez les sensations.

6 ....
....
....
....
....
....
....

Fermez les mains et mettez les bras derrière la tête. Tendez les muscles du dos.

f ....

g ....

h ....

i ....

B. Et maintenant, vous pouvez écrire le texte pour l'image 6.

C. D'après vous, quelles activités physiques sont bonnes pour... ?

(1) **les jambes** (2) **le cœur** (3) **le dos** (4) **perdre du poids**

la marche à pied	le basket-ball	le football
la natation	le cyclisme	le handball
l'athlétisme	l'escrime	la voile
le badminton	la gymnastique	le pentathlon

● La marche à pied est bonne pour tout : pour les jambes, pour...

3. EST-CE QU'ILS FONT DU SPORT ?

A. Écoutez les interviews. Est-ce que toutes les personnes interrogées font du sport ? Si oui, quel sport ?

Interviewé/e nº	Non	Oui	Quel sport ?
1			
2			

Interviewé/e nº	Non	Oui	Quel sport ?
3			
4			
5			

Interviewé/e nº	Non	Oui	Quel sport ?
6			
7			
8			

B. Préparez maintenant quatre questions pour interroger une autre personne de la classe et savoir si elle est sportive. Ensuite, communiquez l'information au reste de la classe.

● Tino est très sportif. Il joue au tennis deux fois par semaine, il fait du ski en hiver et il fait de la planche à voile en été.

4. GYM EN DOUCEUR

A. Voici un espace pour créer un exercice physique tonifiant. Par deux, imaginez une séquence de gestes à partir de la première illustration. D'abord, dessinez quatre figures simples et rédigez les consignes sous chaque figure. Vous pouvez utiliser un dictionnaire ou demander à votre professeur.

B. Ensuite dictez vos consignes à deux autres étudiants qui doivent exécuter les gestes en même temps.

C. Maintenant toute la classe vote : quelle est la meilleure séquence ?

5. LE STRESS ET SES CAUSES

A. Beaucoup de gens souffrent de stress pour différentes raisons. Certaines sont dans cette liste. Mais vous en connaissez peut-être d'autres. Notez-les. Ensuite, interrogez un autre membre du groupe et notez ses réponses.

- ❑ Passer souvent des examens.
- ❑ Vivre dans un environnement bruyant.
- ❑ Manger à des heures irrégulières ou devant la télévision.
- ❑ Dormir peu.
- ❑ Travailler/étudier plus de 10 heures par jour.
- ❑ Penser souvent au travail/aux cours pendant le week-end.
- ❑ Se disputer fréquemment avec la famille, les amis ou les collègues.
- ❑ Avoir beaucoup de devoirs à faire après les horaires d'école.
- ❑ Avoir un budget limité.

● Est-ce que tu manges à des heures irrégulières ?
○ Non, je mange toujours à la même heure.

B. Vous croyez que votre interlocuteur souffre de stress ? Pourquoi ?

LE PRÉSENT DE L'INDICATIF

Verbes en -er

TRAVAILLER
je travaill**e**   nous travaill**ons**
tu travaill**es**   vous travaill**ez**
il/elle/on travaill**e** ils/elles travaill**ent**

Verbes à deux bases phonétiques

DORMIR → **dor** → je dor**s**, tu dor**s**, il/elle/on dor**t**
→ **dorm** → nous dorm**ons**, vous dorm**ez**, ils/elles dorm**ent**

SORTIR → **sor** → je sor**s**, tu sor**s**, il/elle/on sor**t**
→ **sort** → nous sort**ons**, vous sort**ez**, ils/elles sort**ent**

FINIR → **fin** → je fini**s**, tu fini**s**, il/elle/on fini**t**
→ **finiss** → nous finiss**ons**, vous finiss**ez**, ils/elles finiss**ent**

Verbes à trois bases phonétiques

DEVOIR → **doi** → je doi**s**, tu doi**s**, il/elle/on doi**t**
→ **dev** → nous dev**ons**, vous dev**ez**
→ **doiv** → ils/elles doiv**ent**

BOIRE → **boi** → je boi**s**, tu boi**s**, il/elle/on boi**t**
→ **buv** → nous buv**ons**, vous buv**ez**
→ **boiv** → ils/elles boiv**ent**

PRENDRE → **prend** → je prend**s**, tu prend**s**, il/elle/on prend
→ **pren** → nous pren**ons**, vous pren**ez**
→ **prenn** → ils prenn**ent**

VERBES PRONOMINAUX

SE LEVER
je **me** lève   nous **nous** levons
tu **te** lèves   vous **vous** levez
il/elle/on **se** lève ils/elles **se** lèvent

*Je dois **me lever** à 6 heures.*
*Le lundi, il faut **se lever** tôt.*
*Nous ne voulons pas **nous lever** trop tard.*

D'autres verbes pronominaux : **se coucher, se réveiller, se doucher, s'asseoir...**

LA QUANTITÉ

Je bois   ***peu d'eau.***
assez de lait.
beaucoup de sodas.
trop de café.

*Tu manges **beaucoup de** légumes ?*
*Non, mais je mange **assez de** fruits.*

LA FRÉQUENCE

toujours/souvent/quelquefois/rarement/jamais

le lundi/mardi/mercredi/jeudi/vendredi/
    samedi/ dimanche

le matin/le midi/l'après-midi/le soir

tous les jours/mois/ans

toutes les semaines

chaque lundi/mardi..., semaine, mois, année

deux fois par semaine/mois

*Vous allez **souvent** au club de sports ?*

*Moi, je n'y vais **jamais**.*

*Moi j'y vais **quelquefois** le week-end.*

DONNER DES CONSEILS, RECOMMANDER

Personnel
> *Vous êtes très stressé, **vous devez** vous détendre.*
> ***Faites** du yoga !*
> ***Mangez** plus de poisson et moins de viande.*

Impersonnel
> ***Il faut** dormir 8 heures par nuit.*
> ***Il est important de** faire de l'exercice.*
> ***Il est nécessaire d'**avoir une alimentation variée.*

L'IMPÉRATIF

À l'impératif, il y a seulement trois personnes et on n'utilise pas les pronoms sujets :

	PRÉSENT DE L'INDICATIF	IMPÉRATIF
VERBES EN **-er**	tu jou**es** nous jou**ons** vous jou**ez**	jou**e** ! jou**ons** ! jou**ez** !
AUTRES VERBES	tu prend**s** nous pren**ons** vous pren**ez**	prend**s** ! pren**ons** ! pren**ez** !
VERBES PRONOMINAUX	tu te lèv**es** nous nous lev**ons** vous vous lev**ez**	lèv**e-toi** ! lev**ons-nous** ! lev**ez-vous** !

Attention :

AVOIR
aie ! ayons ! ayez !

ÊTRE
sois ! soyons ! soyez !

À la forme négative

> ***Ne fume pas** ici !*
> ***Ne prenons pas** ça !*
> ***Ne vous levez pas** !*

6. BIEN MANGER POUR ÊTRE EN FORME !

A. Aujourd'hui, les gens ont une vie très sédentaire et les besoins alimentaires ne sont plus les mêmes qu'avant. Pour avoir une alimentation équilibrée, mieux adaptée à notre mode de vie, que faut-il manger, d'après vous ? Parlez-en à deux et remplissez ce tableau.

Il faut manger...

	graisses	viande	poisson	sucre	fruits	légumes
plus de						
moins de						

B. Écoutez à présent le docteur Laporte et vérifiez vos connaissances en diététique !

C. Maintenant, interrogez une autre personne de la classe sur ses habitudes alimentaires. Vous pensez que cette personne a une alimentation saine et équilibrée ? Pourquoi ?

> ● Kevin, est-ce que tu manges du poisson ?
> ○ Oui, une fois par semaine.
> ● Et des fruits ?

7. DE TROP MAUVAISES HABITUDES POUR UNE VIE SAINE

Écoutez ce que disent ces personnes interrogées par Radio Centre et remplissez une fiche pour chacune.

VOUS PENSEZ QUE VOUS AVEZ UNE VIE SAINE ?

Il/Elle a une vie saine ? ❏ Oui ❏ Non

Pourquoi ? ....

Un conseil : Il/Elle doit ....

8. RÈGLES POUR VIVRE EN BONNE SANTÉ

Pour être en forme, trois choses sont importantes :
a. bien manger
b. faire de l'exercice physique
c. vivre sans stress

À laquelle de ces trois choses correspond chacune des règles suivantes ?

	a	b	c
Faire 10 minutes de sieste			
Rencontrer souvent ses amis			
Aller au cinéma			
Boire un bon vin			
Dormir 7 heures par nuit ou plus			
Contrôler son poids			
Faire du sport deux fois par semaine			
Prendre des vacances			
Avoir des horaires réguliers			
Marcher une heure chaque jour			
Manger du poisson une fois par semaine			
Être toujours de bonne humeur			
...			

 PORTFOLIO

9. NOTRE GUIDE SANTÉ

A. Pour écrire un guide sur le thème de la santé, nous allons travailler par groupes de trois, mais avant, il faut faire une lecture individuelle. Chaque membre du groupe s'occupe d'un des trois textes suivants : il le lit, extrait les idées principales et remplit la fiche.

L'ALIMENTATION

Vous avez faim ? Alors mangez ! Certains diététiciens disent qu'on peut manger tout ce qu'on veut à condition d'avoir faim. Il est important aussi de manger à des heures régulières et il faut consommer beaucoup de fruits, de légumes et des aliments riches en fibres comme le pain et le riz complets. Mais faites attention aux sucres ! Ne mangez pas trop de viande non plus. Mangez plus de poisson. L'idéal est d'en manger trois fois par semaine . Le poisson est riche en protéines et contient peu de graisses. L'eau est la seule boisson indispensable, il faut en boire au moins un litre et demi par jour. Pour conclure, il faut insister sur le fait que chacun de nous possède un corps différent, et que se sentir bien et être en bonne santé ne signifie pas nécessairement être mince.

L'exercice physique

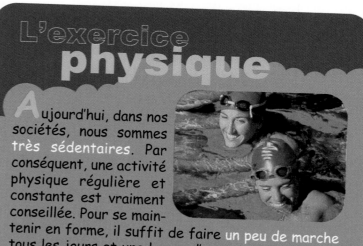

Aujourd'hui, dans nos sociétés, nous sommes très sédentaires. Par conséquent, une activité physique régulière et constante est vraiment conseillée. Pour se maintenir en forme, il suffit de faire un peu de marche tous les jours et une heure d'exercice plus intense par semaine. Le mieux, bien sûr, c'est de pratiquer différentes activités comme le vélo, le footing, la natation, etc. Il faut encore dire que le sport permet de faire travailler le cœur et les muscles, mais aussi de bien dormir.

NON AU STRESS !

✔ **La meilleure façon de lutter contre le stress est de garder une attitude optimiste. Pour cela, l'estime de soi et les relations avec les autres sont fondamentales. Être optimiste est avant tout une attitude face aux difficultés et aux problèmes que nous rencontrons. Être capable de voir la vie de façon positive permet d'affronter le stress, de s'accepter et d'accepter les autres plus facilement. Un excellent moyen pour voir les bons côtés de la vie, c'est de rire ! Ce n'est pas toujours facile mais c'est possible. Essayez !**

Titre du texte : ....

Idée principale : *Pour être en forme il faut* ....
....
....

Les raisons : ....
....
....

Comment y parvenir : ....
....
....

B. Les trois membres de chaque groupe exposent à tour de rôle les idées principales de leur texte. À partir de ces informations, vous décidez quelles sont les 10 idées les plus importantes. Mais peut-être que vous pensez à d'autres aspects importants pour bien vivre.

C. Nous élaborons notre guide pour vivre en forme. Le titre : *Dix attitudes pour mieux vivre*. L'introduction est déjà faite, il reste encore à formuler les conseils.

Dix attitudes pour mieux vivre

Être équilibré physiquement et mentalement suppose quelques efforts, mais si on adopte avec conviction quelques attitudes positives, ces attitudes se transforment en habitudes et apportent une réelle qualité de vie. Comment ? Voici dix conseils essentiels :

1. Il faut ....

2. Il est important de ....

3. Vous devez ....

4. Mangez ....

5. ....

6. ....

7. ....

8. ....

9. ....

10. ....

LE TEMPS DES FRANÇAIS

Selon l'Institut National de la Statistique et des Études Économiques (Insee), une journée moyenne d'un Français se décompose en quatre temps :

❶ **le temps physiologique**
dormir, manger, se laver et se préparer

❷ **le temps domestique**
les courses, le ménage, la lessive

❸ **le temps libre**
les loisirs, les hobbies

❹ **le travail ou les études**

La moitié de la journée est consacrée au temps physiologique. Les travaux domestiques et les loisirs occupent respectivement quatre heures et quatre heures et demie de la journée. En revanche, le temps de travail et d'études varie fortement en fonction de l'âge et de la catégorie socioprofessionnelle de chaque individu.
En dix ans, le temps quotidien consacré au temps libre a augmenté d'une demi-heure et le temps passé dans les hypermarchés a baissé d'une heure. Les Français préfèrent les supermarchés, plus petits et plus proches de leurs domiciles.

10. LES FRANÇAIS AU JOUR LE JOUR

A. Devinette : À quoi est-ce que les Français consacrent la demi-heure de temps libre gagnée ces dix dernières années ?

B. Pensez à vos propres habitudes ou à celles de votre famille. Est-ce que vous avez une distribution du temps semblable ? Parlez-en avec deux personnes de la classe.

VOUS PARLEZ ITALIEN ?

Nous allons sélectionner des candidats pour quatre emplois.

Pour cela nous allons apprendre :

- ◆ à parler de notre parcours de vie : notre formation et nos expériences
- ◆ à évaluer des qualités, des aptitudes et des compétences
- ◆ à exprimer et confronter nos opinions

Et nous allons utiliser :

- ◆ le passé composé
- ◆ le participe passé
- ◆ la position des adverbes
- ◆ *déjà/jamais*
- ◆ *savoir* et *connaître* au présent
- ◆ le lexique des professions

5

1. IL FAUT ÊTRE DOUÉ

A. Voici les photos de quelques personnes en train de travailler. Vous reconnaissez leur profession ? Écrivez le chiffre correspondant à côté de chaque profession.

- [ ] une secrétaire
- [ ] un pompier
- [ ] un juge
- [ ] un vendeur
- [ ] un chef cuisinier

- [ ] une institutrice
- [ ] une femme artisan
- [ ] un mécanicien
- [ ] une serveuse
- [ ] un musicien

- [ ] une journaliste
- [ ] une styliste
- [ ] un camionneur
- [ ] un ouvrier
- [ ] un coiffeur

- [ ] un dentiste
- [ ] un détective
- [ ] un interprète
- [ ] une architecte
- [ ] un médecin

B. Quelles qualités sont nécessaires pour exercer ces professions ? Parlez-en avec d'autres personnes de la classe.

Être une personne (très)
organisée / aimable / franche / dynamique / ouverte / créative / patiente...

Être
disposé(e) à voyager / habitué(e) à travailler en équipe / doué(e) pour les langues...

Savoir
écouter / convaincre / commander / parler des langues étrangères...

Connaître
l'informatique / des langues étrangères...

Avoir
beaucoup d'expérience / un diplôme universitaire / un permis de conduire / beaucoup de patience / une bonne présentation / de la force physique...

- ● Pour être chef cuisinier, il faut être organisé et créatif.
- ○ Oui, et être habitué à travailler en équipe, n'est-ce pas ?
- ■ Oui, et il faut avoir beaucoup d'expérience.

2. MOI, JE VEUX TRAVAILLER...

Et vous ? Que voulez-vous devenir ? Pourquoi ?
Si vous travaillez déjà, qu'est-ce que vous faites ?

- ● Moi, je veux travailler avec les enfants. Je veux être institutrice.
- ○ Moi, je ne sais pas encore.
- ■ Moi, je suis secrétaire dans une entreprise de produits chimiques, et toi ?
- ❑ Moi, je travaille dans les assurances.

3. À CHACUN SON MÉTIER

A. Chaque profession comporte des aspects positifs et d'autres négatifs. Écrivez, à côté de chaque métier, un aspect positif et un aspect négatif. Regardez en bas la liste d'idées. Vous pouvez en ajouter d'autres.

MÉTIER	Aspect positif ⬆	Aspect négatif ⬇
dentiste		
enseignant/e		
chauffeur de taxi		
psychologue		
juge		
médecin		
policier		
assistant(e) social(e)		
informaticien/ne		
journaliste		
avocat/e		
traducteur/trice		
employé/e de bureau		
agriculteur/trice		
je suis (dans)... Je travaille dans... je veux devenir...		

+

C'est un travail (très)
intéressant / créatif / facile / varié / motivant / indépendant...

Les dentistes / les policiers...
rencontrent beaucoup de gens
gagnent beaucoup d'argent
voyagent beaucoup
aident les autres
vivent à la campagne
...

—

C'est un travail (très)
ennuyeux / pénible / stressant / dangereux / difficile...

Les dentistes / les policiers...
sont souvent loin de chez eux
ont beaucoup de responsabilités
ne gagnent pas beaucoup d'argent
travaillent beaucoup d'heures de suite
sont assis toute la journée
...

B. Ensuite, commentez vos réponses avec deux autres personnes.

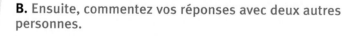

● Je trouve que les dentistes ont un travail ennuyeux.
○ Oui, mais ils gagnent beaucoup d'argent.
■ C'est vrai, mais...

4. LÉA CHERCHE DU TRAVAIL

A. Léa a passé un an en Angleterre. Elle vient de rentrer en France et cherche du travail. Écoutez son entretien dans une agence pour l'emploi. Complétez ces données avec les informations qu'elle donne.

Elle a étudié ....

Elle parle ....

Elle a travaillé dans / chez / comme ....

Elle est allée à / en ....

B. Maintenant, lisez ces deux annonces et décidez si le profil de Léa correspond ou non à l'une de ces annonces.

Annonce 1 : Elle peut / ne peut pas se présenter parce que

....

Annonce 2 : Elle peut / ne peut pas se présenter parce que

....

C. Parlez-en maintenant avec deux autres personnes et mettez-vous d'accord sur l'emploi le plus adapté au profil de Léa.

> ● *Je crois qu'elle peut postuler pour l'emploi de...*
> *parce qu'elle parle...*

5. FAN DE ZIZOU

A. Lisez attentivement ces données biographiques. Savez-vous qui est Zizou ?

MA BIOGRAPHIE

Z _ _ _ _ _

Je suis né en 1972 à Marseille. J'ai commencé à jouer au football très jeune et à 16 ans je suis devenu joueur professionnel. J'ai joué dans deux clubs : Cannes et Bordeaux. Je suis resté 7 ans à Cannes. J'ai rencontré Véronique à Cannes et nous nous sommes mariés. Je suis entré dans l'Équipe de France en 1994 et en 1998 nous avons gagné la Coupe du monde.

B. Dans ce texte, on utilise un nouveau temps. Cherchez et soulignez les verbes qui sont conjugués à ce temps. Comment est-ce qu'il se forme ?

6. QUIZZ

Faites deux ou trois équipes et essayez de deviner qui a fait ces choses. L'équipe qui a le plus de réponses correctes gagne.

- ❏ Claude Monet
- ❏ David Beckham
- ❏ Juliette Binoche
- ❏ Gérard Depardieu
- ❏ Manu Chao
- ❏ Jacques-Yves Cousteau
- ❏ Marilyn Monroe
- ❏ Jean Reno
- ❏ Victor Hugo

1
- Elle s'est mariée avec un champion de base-ball.
- Elle est morte à 36 ans.

2
- Acteur, il a joué dans « Les visiteurs ».
- Il est né au Maroc de parents espagnols : son vrai nom est Juan Moreno.

3
- Il a interprété tous les rôles (de Cyrano de Bergerac à Obélix).
- Il a joué dans plus de cent films depuis 1965.

4
- Elle a joué plus de drames que de comédies.
- Elle a été l'infirmière d'un patient anglais.

5
- Il a fait des films documentaires.
- Il a beaucoup navigué.

6
- Il a vécu au 19ème siècle. Il s'est battu contre la peine de mort.
- Il a décrit dans ses romans les conditions de vie des misérables.

7
- Il est né en 1975 dans un quartier ouvrier de Londres.
- Il s'est marié avec une « Spice Girl ».

8
- Il est né à Paris en 1961.
- Il a rencontré un énorme succès comme chanteur avec son groupe Mano negra mais il est resté loin du « star system ».

9
- Il a étudié les changements de la lumière selon les saisons.
- Il a peint « Impression soleil levant » qui a donné son nom au mouvement impressionniste.

LE PASSÉ COMPOSÉ

Étudier

j'**ai**	
tu **as**	
il/elle/on **a**	étudi**é**
nous **avons**	
vous **avez**	
ils/elles **ont**	

● *Tu **as étudié** l'espagnol ?*
○ *Oui, et l'allemand.*

Les verbes pronominaux (**se lever, s'habiller** etc.) et les verbes **entrer, sortir, arriver, partir, passer, rester, devenir, monter, descendre, naître, mourir, tomber, aller, venir** se conjuguent avec l'auxiliaire **être**.

Aller

je **suis**	
tu **es**	all**é**/all**ée**
il/elle/on **est**	
nous **sommes**	
vous **êtes**	all**és**/all**ées**
ils/elles **sont**	

Avec l'auxiliaire **être**, le participe s'accorde avec le sujet :

*il **est** arriv**é***
*elle **est** arriv**ée***

LES PARTICIPES PASSÉS

Il existe plusieurs terminaisons des participes passés.

étudier	→	étudi**é**	écrire →	écri**t**
finir	→	fin**i**	voir →	**vu**
ouvrir	→	ouv**ert**	dire →	di**t**
prendre	→	**pris**		

Attention ! Il faut bien distinguer le présent du passé composé.

je finis [ʒə fini] / j'**ai** fini [ʒɛ fini]
je fais [ʒə fɛ] / j'**ai** fait [ʒɛ fɛ]
je dis [ʒə di] / j'**ai** dit [ʒɛ di]

POSITION DES ADVERBES

*Il a **toujours** travaillé.*
*J'ai **beaucoup** dormi.*
*Nous avons **mal** compris.*
*Vous êtes **bien** arrivés ?*

LE PASSÉ COMPOSÉ À LA FORME NÉGATIVE

*Elle **n'a pas** bien compris les explications.*

En français oral, **ne** disparaît souvent.

- *Vous avez fini vos études ?*
- *Non, **j'ai pas** fini, je suis en troisième année.*

DÉJÀ, JAMAIS, UNE FOIS...

- *Est-ce que tu es **déjà** allé en France ?*
- *Oui, **une fois/deux fois/trois fois/plusieurs fois/souvent**.*
- *Non, **jamais**.*

DATES ET DURÉES

*J' ai eu mon baccalauréat **en 1996**.*
*Je suis allé à Paris **il y a deux ans**.*
*J' ai habité **(pendant) deux ans** à Londres.*
Au deuxième, troisième, quatrième siècle...

PARLER DE SES COMPÉTENCES

Connaître (connai-connaiss)

je connai**s**
tu connai**s**
il/elle/on connaî**t**
nous connaiss**ons**
vous connaiss**ez**
ils/elles connaiss**ent**

- *Vous **connaissez** la théorie du Big Bang ?*
- *Oui, assez bien. Je l' ai étudié à l' école.*

Savoir (sai-sav)

je sai**s**
tu sai**s**
il/elle/on sai**t**
nous sav**ons**
vous sav**ez**
ils/elles sav**ent**

- *Qu' est-ce que vous **savez faire** ?*
- *Je **sais jouer** de la guitare / conduire / faire des crêpes...*

Tu sais jouer au tennis ?

Bien sûr !

---

7. IL ET ELLE

Travaillez à deux. Pensez à un personnage célèbre que tout le monde connaît et préparez quelques phrases sur sa vie. Lisez ces phrases au reste de la classe. Voyons s'ils devinent de qui vous parlez.

Il/elle est né(e) au .... siècle.
Il/elle a étudié le/la/les ....
Il/elle s'est marié(e) avec ....
Il/elle a fait/découvert/inventé/créé/écrit ....
Il/elle est mort(e) ....

8. EXPÉRIENCES DIVERSES

Mettez-vous par groupes de trois ou quatre personnes et posez-vous mutuellement les questions proposées dans ce tableau. Chacun note les réponses affirmatives ou négatives des autres. Bien sûr, vous pouvez aussi poser d'autres questions.

	Oui, une fois	Oui, deux fois	Oui, ... fois	Oui, plusieurs fois	Non, jamais
monter à la tour Eiffel					
aller au Futuroscope de Poitiers					
perdre beaucoup d'argent					
manger des cuisses de grenouilles					
descendre dans une mine					
faire du deltaplane					
entrer dans une grotte préhistorique					
rencontrer votre acteur/actrice préféré(e)					
...					

- *Est-ce que vous êtes déjà monté(e)s à la tour Eiffel ?*
- *Moi oui, plusieurs fois.*
- *Moi aussi, une fois.*
- *Moi non, jamais.*

9. LE JEU DU MENSONGE

A. Pensez à des choses que vous avez faites et à des choses que vous n'avez pas faites. Sélectionnez-en trois et racontez-les à vos camarades. Au moins une de ces choses doit être vraie, les autres peuvent être des mensonges. Vous pouvez utiliser les verbes ci-dessous.

Une fois j'ai gagné ....
En ...., j'ai fait ....
L'année dernière, j'ai rencontré ....
Il y a .... ans, je suis allé(e) ....
J'ai vécu (pendant) .... ans à/en/au/aux/à la ....
J'ai ....
Je suis ....

B. Mettez-vous par groupes de quatre. À tour de rôle chacun lit les phrases qu'il a écrites, les autres doivent deviner ce qui est vrai et ce qui est faux.

- *J'ai vécu deux ans en Russie parce que mon père est diplomate.*
- *Je crois que c'est faux.*
- *Oui, moi aussi, je crois que ce n'est pas vrai.*

TÂCHE CIBLÉE

10. OFFRES D'EMPLOI

A. « Radio-jeunesse » est un programme qui s'adresse aux jeunes et qui propose, entre autres, une rubrique emplois. Vous allez entendre cette rubrique, mais d'abord, lisez les fiches de Jeanlou, l'animateur, et essayez de les compléter avec les mots qui manquent.

- étudiant ou étudiante
- saisonnier
- entre 22 et 28 ans
- connaissances en
- littéraire ou artistique
- comptabilité-gestion
- d'un instrument de musique
- dans le secteur
- anglais et espagnol
- âge
- sérieux et dynamique

OFFRES D'EMPLOI

Animateur

Le Parc Astérix cherche un animateur pour un emploi saisonnier (avril-octobre).

....: entre 20 et 30 ans

Idéal pour ....

Vous jouez ....

Vous avez le sens du spectacle, vous aimez le contact avec les enfants.

Vous parlez deux langues étrangères.

Caissier

Vous avez ....

Formation en ....

Vous êtes patient, aimable et organisé.

.... informatique (Windows, Excel)

Serveur

Serveur (H) restaurant (trois fourchettes) sur les Champs-Élysées.

Bonne présentation, sens de l'organisation.

Vous êtes agréable, ...

École hôtelière et/ou expérience

....

Langues étrangères : anglais

Guide

La ville de Paris recrute un guide pour ses musées et monuments.

Âge : 18-26 ans

Emploi .... (juin-septembre).

.... exigés

Autres langues appréciées.

Vous êtes sérieux et patient.

Formation : ....

B. Écoutez maintenant l'extrait et vérifiez si les fiches sont correctement remplies.

11. SÉLECTION DE CANDIDATS

A. Vous travaillez dans un cabinet de recrutement. Vous devez sélectionner des candidats pour les quatre emplois de l'activité précédente. Pour le moment, vous avez quatre candidats. Lisez leurs fiches. Ensuite par petits groupes, mettez-vous d'accord pour proposer un candidat pour chaque emploi.

NOM : Leblond
PRÉNOM : Bastien
LIEU DE NAISSANCE : Montpellier
ÂGE : 24 ans
ADRESSE : 8, Avenue Jean Jaurès 75019 Paris
TÉLÉPHONE/COURRIEL : 0145260107 b.leblond@hourra.fr
FORMATION : École Hôtelière de Lyon
LANGUES ÉTRANGÈRES : notions d'anglais
EXPÉRIENCE PROFESSIONNELLE : 2 mois chez Restorapide à Lyon (été dernier)
RÉSULTAT TEST PSYCHOTECHNIQUE : aimable, ouvert, mais très distrait
DIVERS : Il a gagné un concours de dégustation de vins du Beaujolais

NOM : Petit
PRÉNOM : Renaud
LIEU DE NAISSANCE : Rennes
ÂGE : 20 ans
ADRESSE : 5, rue de la Tourelle Paris 75015
TÉLÉPHONE/COURRIEL : 0668767890 renaud.petit@wanadoo.fr
FORMATION : Beaux Arts (deuxième année)
LANGUES ÉTRANGÈRES : anglais et allemand courants, un peu d'espagnol.
EXPÉRIENCE PROFESSIONNELLE : aucune
RÉSULTAT TEST PSYCHOTECHNIQUE : sociable, ouvert, dynamique.
DIVERS : théâtre amateur, guitare électrique, informatique (Windows, Office, PaintBrush).

NOM : *Hernandes*

PRÉNOM : *Laurence*

LIEU DE NAISSANCE : *Évora (Portugal)*

ÂGE : *24 ans*

ADRESSE : *86, rue Victor Hugo*
75008 Paris

TÉLÉPHONE/COURRIEL : *0661053771*
l.hernandes@toujoursplus.fr

FORMATION : *Maîtrise en Lettres Modernes*

LANGUES ÉTRANGÈRES : *portugais et espagnol courants, bon niveau d'anglais, notions d'allemand*

EXPÉRIENCE PROFESSIONNELLE : *monitrice pour colonies de vacances pendant 6 ans, 8 mois serveuse restaurant (Nice)*

RÉSULTAT TEST PSYCHOTECHNIQUE : *très sociable, patiente, sens du contact*

DIVERS : *joue de la flûte, passionnée de photos*

NOM : *Mercier*

PRÉNOM : *Audrey*

LIEU DE NAISSANCE : *Paris*

ÂGE : *21 ans*

ADRESSE : *60, Boulevard Magenta*
Paris 75010

TÉLÉPHONE/COURRIEL :
aude.m@toujoursplus.fr

FORMATION : *BTS en comptabilité et gestion*

LANGUES ÉTRANGÈRES : *bon niveau d'anglais, des notions d'espagnol*

EXPÉRIENCE PROFESSIONNELLE : *caissière chez Ecoprix et vendeuse dans une librairie pendant les vacances scolaires*

RÉSULTAT TEST PSYCHOTECHNIQUE : *travailleuse, sérieuse, organisée, sens des responsabilités*

DIVERS : *informatique (Windows, Microsoft Word, Excel)*

● À ton avis, quel est le meilleur candidat pour l'emploi de serveur ?
○ Pour moi, c'est Bastien Leblond. Il a fait une école hôtelière.
■ Oui, mais il n'a pas beaucoup d'expérience professionnelle. En plus, pour ce travail il faut avoir le sens de l'organisation et Bastien est distrait.

B. Maintenant, chaque groupe présente ses résultats :

Nous proposons l'emploi de ....
à .... parce que
.... et que ....

C. Complétez à présent votre fiche personnelle. Réfléchissez une minute en observant l'Activité 10. Vous préférez quel emploi ? Pourquoi ? Ensuite, parlez-en avec deux autres membres du groupe.

NOM :

PRÉNOM :

LIEU DE NAISSANCE :

ÂGE :

ADRESSE :

TÉLÉPHONE/COURRIEL:

FORMATION :

LANGUES ÉTRANGÈRES :

EXPÉRIENCE PROFESSIONNELLE :

PERSONNALITÉ :

DIVERS :

12. BAC+8 ?

A. Lisez ces documents qui parlent de la formation et des métiers en France. Est-ce que c'est différent dans votre pays ?

JULES FERRY
« Sans Dieu ni Roi »

Le 10 juin 1881, Jules Ferry, ministre de l'Instruction Publique, défend devant le Sénat son projet d'une école primaire gratuite, laïque et obligatoire pour tous les petits Français entre six et treize ans.

Aujourd'hui, 50% des jeunes terminent leur scolarité à 16 ans et apprennent leur métier auprès d'un artisan. En deux ou trois ans ils deviennent boulangers, pâtissiers, coiffeurs... Certains choisissent de suivre un enseignement supérieur court, et obtiennent un Brevet de Technicien Supérieur (BTS) ou un Diplôme d'école spécialisée pour devenir comptable, assistant social ou styliste. D'autres décident de faire des études universitaires longues pour obtenir une licence (bac+3), un mastaire (bac+5) ou un doctorat (bac+ 8). Quelques-uns entrent dans une Grande École pour devenir ingénieur, haut fonctionnaire, architecte...

■ Je veux « établir l'humanité sans Dieu ni Roi »

Le système éducatif en France

Doctorat (Bac+8)

Mastaire (Bac+5)

Diplôme Grande École

Licence (Bac+3)

Diplôme École Spécialisée

BTS

| Grandes Écoles | Université | Écoles Spécialisées | IUT/STS |

BACCALAURÉAT (BAC)

| Lycée | Lycée Professionnel |

Collège (de 11 ans à 15 ans)

École Primaire (de 6 à 10 ans)

École Maternelle (de 3 à 5 ans)

B. Pour exercer un des métiers suivants, quelles études faut-il suivre depuis l'âge de trois ans en France ?

Boulanger : ....

Ingénieur : ....

Professeur agrégé d'histoire : ....

Cuisinier : ....

ÇA COÛTE COMBIEN ?

Nous allons organiser une fête d'anniversaire et nous allons chercher des cadeaux pour nos camarades de classe.

Pour cela nous allons apprendre :

- ◆ à décrire des objets et à estimer leur valeur
- ◆ à faire des courses

Et nous allons utiliser :

- ◆ *avoir besoin de*
- ◆ *j'ai un, une, des / je n'ai pas de*
- ◆ *lui, leur/le, la, l', les*
- ◆ les adjectifs et pronoms démonstratifs
- ◆ *on* dans sa valeur de « nous »
- ◆ quelques prépositions : *chez, à la, au...*
- ◆ les chiffres, les prix et les monnaies
- ◆ les dates
- ◆ le lexique des vêtements
- ◆ les couleurs et les matières

6

Disques et DVD ÉLECTRO-PLUS

Optique CLAIRVUE

Chaussures ANAÏS SHOES

Papeterie PLEIN CIEL

Traiteur CHEZ RICHARD

Épicerie AHMED

1. LE QUARTIER SAINT QUENTIN

A. Qu'est-ce qu'on vend dans ces magasins ?

- ❏ des produits de beauté et d'hygiène
- ❏ des médicaments
- ❏ des vêtements
- ❏ des chaussures
- ❏ des fleurs
- ❏ des boissons : eaux, jus de fruits, bière, etc.
- ❏ des produits laitiers : lait, fromage, yaourt
- ❏ des journaux

- ❏ des livres
- ❏ des disques, des films vidéos, des DVD
- ❏ du pain
- ❏ des gâteaux
- ❏ des fruits et des légumes
- ❏ des parfums
- ❏ d'autres produits comme ....

● À l'épicerie, on vend des fruits et des légumes.
○ Oui, et dans le magasin Électro-plus, on vend des disques et des DVD.

B. Savez-vous maintenant comment s'appellent les différents types de magasins ?

Pharmacie JULIEN

Boulangerie LE CROISSANT AU BEURRE

Fleurs SONIA

Modes SUD EXPRESS

Librairie DU COIN

Parfumerie LA ROSE

2. LA LISTE DE COLIN

A. Colin va faire des courses dans son quartier. Demain, c'est l'anniversaire de Chloé, sa petite amie, et il veut lui offrir un cadeau. Il emporte une liste. Dans quels magasins doit-il aller ? Cochez les cases correspondantes.

- ☐ chez le fleuriste
- ☐ chez le photographe
- ☐ chez le marchand de chaussures
- ☐ chez le traiteur
- ☐ à la boulangerie-pâtisserie
- ☐ à la librairie
- ☐ à la papeterie
- ☐ à la pharmacie
- ☐ à la parfumerie
- ☐ à l'épicerie
- ☐ au supermarché
- ☐ dans le magasin de modes

- café moulu
- sucre en morceaux
- une bouteille de champagne
- pâté de campagne
- six œufs
- salade
- paquet d'enveloppes
- de l'aspirine
- dentifrice
- de la bière
- baguette
- camembert
- piles
- une pellicule 24x36 couleurs
- shampoing
- cadeau pour Chloé (chemisier, livre ?)
- gâteau d'anniversaire
- bouquet de fleurs

B. Imaginez que vous êtes à la place de Colin et que vous devez faire ses courses. Regardez le plan du quartier (pages précédentes) et élaborez l'itinéraire avec deux autres personnes.

- ● D'abord, nous allons à la pharmacie et nous achetons de l'aspirine.
- ○ Puis nous allons chez le traiteur et nous achetons du pâté de campagne.
- ■ Où est-ce que nous pouvons acheter de la bière ?

C. Vous avez des courses à faire aujourd'hui ou demain ? Faites une liste. Vous pouvez utiliser le dictionnaire ou demander au professeur.

D. Et maintenant, dans quels magasins vous pouvez faire vos courses ? Parlez-en à deux.

- ● J'ai besoin d'un stylo, je dois aller à la papeterie.
- ○ J'ai besoin d'un livre de français, je dois aller à la librairie.

3. COLIN FAIT LES COURSES

A. Dans chacun des six dialogues, une phrase manque. Laquelle ?

—C'est combien ?
—Est-ce que vous acceptez la carte American Express ?
—Vous vendez des piles ?
—Alors ?
—C'est en quoi ?
—Pour homme ou pour femme ?

B. Écoutez et vérifiez.

C. Maintenant, dites dans quelles conversations :

	Dans la conversation nº...
Colin cherche quelque chose pour lui	☐
Colin demande le prix	☐
Colin essaie des chaussures	☐
Colin va payer	☐
Colin se renseigne sur la matière	☐
On lui indique un autre magasin	☐

D. Finalement Colin achète tout ça. Regardez ces tickets de caisse. Qu'est-ce qui vous paraît cher ou bon marché ? Dans votre pays, combien coûtent ces articles ?

● Le champagne est cher.
○ Oui, très cher !
● Par contre, le café est bon marché.
○ Oui, très bon marché, ici ça coûte plus cher.

Modes SUD EXPRESS

. Chemisier en soie naturelle	82.70 €
. veste sport bleu marine/vert	129.50 €
. pantalon en lin	35.00 €
TOTAL	**247.20 €**
Paiement C. BANCAIRE	247.20 €

CHAUSSURES GIOVANNI

Mocassins en cuir	25.00 €
Paiement en espèces	25.00 €

en cas de réclamation, veuillez présenter ce ticket

ÉCOPRIX

1 paquet de café moulu	2.10
1 kilo de sucre	1.10
1 tablette de chocolat	1.20
1 bouteille de champagne	16.75
1 kilo de pommes	1.50
1 tube de dentifrice	2.15
1 baguette	0.76
EUR* TOT	25.56
EUR* espèces	30.00
EUR* À RENDRE	4.44

merci de votre visite !

4. COMBIEN ÇA COÛTE ?

Le professeur va lire certains de ces prix. Cherchez-les et cochez les cases correspondantes.

- ☐ 5 euros
- ☐ 877 francs suisses
- ☐ 578 livres sterling
- ☐ 6 575 roubles
- ☐ 12 567 euros
- ☐ 3 798 couronnes
- ☐ 6 779 euros
- ☐ 60 dinars algériens
- ☐ 90 francs C.F.A.
- ☐ 5 789 euros
- ☐ 1 000 000 dirhams
- ☐ 1 000 000 000 euros
- ☐ 1 077 euros
- ☐ 288 477 yuans
- ☐ 100 roupies
- ☐ 76 yens
- ☐ 999 988 pesos
- ☐ 900 euros

5. CINQ CENTS

Écoutez bien cette série de 5. Votre professeur va la lire. Ensuite, à deux, vous allez écrire une autre série avec un autre chiffre. Puis vous la lisez dans le désordre et le reste de la classe l'écrit.

5	Cinq
55	Cinquante-cinq
555	Cinq cent cinquante-cinq
5 555	Cinq mille cinq cent cinquante-cinq
55 555	Cinquante-cinq mille cinq cent cinquante-cinq
555 555	Cinq cent cinquante-cinq mille cinq cent cinquante-cinq
5 555 555	Cinq millions cinq cent cinquante-cinq mille cinq cent cinquante-cinq
55 555 555	Cinquante-cinq millions cinq cent cinquante-cinq mille cinq cent cinquante-cinq
555 555 555	Cinq cent cinquante-cinq millions cinq cent cinquante-cinq mille cinq cent cinquante-cinq

6. CELUI-LÀ ?

Regardez ces chapeaux. À deux, attribuez à chaque personne de la classe (le professeur y compris) un chapeau.

- ● Ce chapeau, c'est pour Judith.
- ○ D'accord, et celui-ci, c'est pour Greg.
- ● Et celui-là ? Pour le professeur ?

7. UN JEU

Mettez-vous par groupes de trois et essayez de deviner ce que chacun a dans son sac ou dans ses poches. Mais d'abord cherchez le vocabulaire dans un dictionnaire ou demandez au professeur.

- ● Est-ce que tu as un agenda électronique ?
- ○ Non, je n'ai pas d'agenda électronique.
- ■ Est-ce que tu as une trousse de maquillage ?
- ● Oui, j'ai une trousse de maquillage.

DE 70 À 1 000 000 000

70	soixante-dix	101	cent un
71	soixante et onze	200	deux cents
72	soixante-douze	230	deux cent trente
80	quatre-vingts	1 000	mille
81	quatre-vingt-un	1 041	mille quarante et un
82	quatre-vingt-deux	2 000	deux mille
90	quatre-vingt-dix	1 000 000	un million
100	cent	1 000 000 000	un milliard

MONNAIES ET PRIX

un euro	**un** yen	**une** livre sterling
un dollar	**un** franc suisse	**une** couronne

- ● *Combien* coûte cette veste ?
- ○ *Deux cents euros.*

- ● *Combien* coût**ent** ces mocassins ?
- ○ *Vingt-quatre livres.*

- ● *C'est combien ?*
- ○ *Cent quatre-vingt-dix euros.*

DÉMONSTRATIFS

Avec le nom de l'objet, ce sont des adjectifs.

MASC. SINGULIER	**ce** pull, **cet a**norak
FÉM. SINGULIER	**cette** robe
PLURIEL	**ces** bottes

Quand **on** ne nomme pas l'objet, ce sont des pronoms.

MASC. SINGULIER	**celui-ci**	**celui-là**
FÉM. SINGULIER	**celle-ci**	**celle-là**
MASC. PLURIEL	**ceux-ci**	**ceux-là**
FÉM. PLURIEL	**celles-ci**	**celles-là**

Non. Je veux celui-là.

Tu veux celui-ci ?

ÇA

Le pronom **ça** (forme réduite de **cela**) fait référence à un objet (ou à une idée) sans préciser ni son genre ni son nombre.

- *Monsieur, vous désirez ?*
- ○ *Ça !*

Faire des courses, toujours consommer, je n'aime pas ça.

AVOIR UN/UNE/DU/DE LA/DE L'/DES
NE PAS AVOIR DE/D'

AFFIRMATIF	NÉGATIF
J'ai un problème.	**Je n'ai pas de** problème.
Tu as une voiture.	**Tu n'as pas de** voiture.
Il a des vacances.	**Il n'a pas de** vacances.
Nous avons de l'argent.	**Nous n'avons pas d'**argent.
Vous avez du sucre.	**Vous n'avez pas de** sucre.
Ils ont de la confiture.	**Ils n'ont pas de** confiture.

- *Maman, tu m'achètes une voiture ?*
- ○ *Non, **j'ai pas d'argent** !*

EXPRIMER LA NÉCESSITÉ

J'ai besoin d'un téléphone portable.   *Je n'ai pas besoin de téléphone portable.*
Tu as besoin d'argent.   *Tu n'as pas besoin d'argent.*
Elle a besoin de dormir.   *Elle n'a pas besoin de dormir.*

LES COULEURS

MASC. SING.	FÉM. SING.	MASC. PLURIEL	FÉM. PLURIEL
noir	noire	noirs	noires
blanc	blanche	blancs	blanches
vert	verte	verts	vertes
gris	grise	gris	grises
bleu	bleue	bleus	bleues
rouge		rouges	
jaune		jaunes	
rose		roses	
marron			
orange			

8. VOUS AVEZ UN AGENDA ÉLECTRONIQUE ?

A. Victor est un acheteur compulsif, il a toujours besoin d'acheter quelque chose et il a beaucoup d'objets. Et vous ? Dites ce que vous n'avez pas parmi les affaires de Victor.

un agenda électronique
un téléphone portable
un appareil photo numérique
des rollers
des lunettes de soleil

une voiture
une moto
un baladeur
des DVD

un ordinateur portable
un VTT
un réveille-matin
des skis

B. De quoi avez-vous besoin ?

- Moi, j'ai besoin d'une voiture.
- ○ Et moi, j'ai besoin d'un téléphone portable.

9. COMMENT S'HABILLER ?

A. Chacune de ces personnes va dans un lieu différent. Comment doivent-elles s'habiller ? Écrivez vos recommandations.

Renaud va en boîte.

Marc va faire une randonnée en montagne.

Liliane se présente à un entretien de travail.

Sophie va dîner dans un restaurant très chic.

B. Maintenant discutez-en à deux.

- Je crois que Liliane doit mettre la robe noire, ça fait sérieux.
- ○ Non, ça fait trop chic. Pour aller à un entretien, une jupe grise c'est plus discret.

C. Et vous, comment vous habillez-vous pour le réveillon de la Saint Sylvestre (le 31 décembre) ?

10. C'EST QUAND VOTRE ANNIVERSAIRE ?

Vous voulez connaître la date d'anniversaire des personnes de votre classe ?
Levez-vous et demandez à chaque personne sa date d'anniversaire. Notez cette
date dans ce tableau.

Saison	Nom	Date d'anniversaire
AU PRINTEMPS (mars, avril, mai)		
EN ÉTÉ (juin, juillet, août)		
EN AUTOMNE (septembre, octobre, novembre)		
EN HIVER (décembre, janvier, février)		

● C'est quand ton anniversaire ?
○ (C'est) le 3 décembre. Et toi ?
■ (C'est) le 12 janvier.

11. QU'EST-CE QU'ON ACHÈTE POUR SON ANNIVERSAIRE ?

A. C'est bientôt l'anniversaire de Marie et Thomas. Leurs amis veulent leur offrir
un cadeau. Écoutez leur conversation. Quelles sont les idées évoquées ?
Notez-les.

B. Qu'est-ce qu'ils décident d'acheter ?

POUR MARIE : ....

POUR THOMAS : ....

12. LA FÊTE D'ANNIVERSAIRE

A. Imaginons que notre classe va organiser une fête. Par petits groupes, décidez de quoi vous avez besoin et faites une liste.

- ● Qu'est-ce qu'on apporte ?
- ○ Du coca.
- ● Des jus de fruits...

B. Qui se charge d'apporter chaque chose ?

- ● Qui apporte le gâteau ?
- ○ Je l'apporte.
- ■ Qui apporte les jus de fruits ?
- ● Moi, je les apporte.

ANTISÈCHE

LES PRONOMS COD ET COI

Pronoms compléments d'objet direct

le   la   l'   les

- ● *Qui achète les couverts en plastique ?*
- ○ *Moi, je peux **les** acheter.*

Pronoms compléments d'objet indirect (destinataire)

lui   leur

- ● *Et à Maria et Marc, qu' est-ce que tu **leur** achètes ?*
- ○ *À Maria je **lui** offre un livre et à Marc je **lui** offre un CD.*

ON

On remplace nous en langue familière.

*On lui offre un disque. = **Nous** lui off**rons** un disque.*

OFFRIR
- ● Tiens, c'est pour toi.   Tenez, c'est pour vous.

REMERCIER
- ● Merci c'est très/trop gentil !
  Merci beaucoup.

13. UN CADEAU POUR CHACUN !

A. À deux, vous allez offrir des cadeaux d'anniversaire à deux autres personnes de la classe. D'abord, préparez quatre questions pour mieux connaître leurs goûts, leurs besoins, etc.

Tu aimes la musique italienne ?
Est-ce que tu fais du sport ?
...

B. Vous leur posez ces questions et ensuite vous choisissez un cadeau pour chacun. Pensez aussi au prix, c'est vous qui l'offrez ! Quand c'est décidé, vous écrivez sur un bout de papier le nom du cadeau et le nom de la personne à qui vous l'offrez.

- ● Qu'est-ce que nous offrons à Valentina ?
- ○ Nous lui offrons un CD d'Eros Ramazzoti parce qu'elle aime beaucoup la musique italienne.
- ■ Combien ça coûte ?
- ● Vingt euros plus ou moins.
- ○ D'accord.

C. Vous allez maintenant offrir les cadeaux que vous avez choisis.

LA CONSOMMATION DES FRANÇAIS

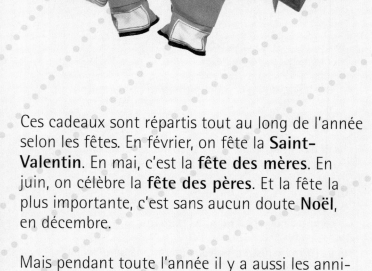

La consommation des Français a presque doublé depuis la Deuxième Guerre Mondiale. La priorité est bien sûr à la nourriture, aux vêtements, au logement et aux loisirs, mais la France est l'un des pays d'Europe où l'on dépense le plus pour les cadeaux, environ 2,5% du revenu annuel moyen.

Ces cadeaux sont répartis tout au long de l'année selon les fêtes. En février, on fête la **Saint-Valentin**. En mai, c'est la **fête des mères**. En juin, on célèbre la **fête des pères**. Et la fête la plus importante, c'est sans aucun doute **Noël**, en décembre.

Mais pendant toute l'année il y a aussi les anniversaires, les naissances, les mariages et autres petites fêtes qui sont autant d'occasions d'acheter et d'offrir un cadeau.

Source : Institut National de la Statistique et des Études Économiques (Insee)

14. FÊTES ET CONSOMMATION

Dans votre pays, avez-vous les mêmes fêtes ? En avez-vous d'autres? Notez-les sur ce calendrier.

 JANVIER

 FÉVRIER

 MARS

 AVRIL

 MAI

 JUIN

 JUILLET

 AOÛT

 SEPTEMBRE

 OCTOBRE

 NOVEMBRE

 DÉCEMBRE

15. QU'EST-CE QU'ON ACHÈTE COMME CADEAU ?

Dans toutes les cultures, on se fait des cadeaux, mais peut-être qu'on offre des choses différentes dans les mêmes situations. Complétez ce tableau et commentez-le avec les autres personnes de la classe.

En France quand...	Dans mon pays quand...
des amis nous invitent à manger, on apporte des fleurs, du vin, des chocolats ou une pâtisserie...	
on va voir quelqu'un à l'hôpital, on lui apporte des fleurs, des chocolats, un livre...	
des amis se marient, on leur offre quelque chose pour la maison ou même de l'argent.	
on veut remercier quelqu'un pour un service rendu, on lui offre une plante, une bonne bouteille, des chocolats...	

SALÉ
OU SUCRÉ ?

allons faire un
l de cuisine avec
eilleures
es.

llons apprendre :

mmander le menu ou
lat à la carte dans
estaurant
mander des rensei-
nents sur un plat
pliquer comment
arer un plat

allons utiliser :

xique des aliments
rédients et saveurs)
oids et les mesures
uantificateurs du
: *trop de/d', beau-
de/d', assez de/d',
assez de/d', très peu*

ord, ensuite, puis,

7

1. CUISINES FRANÇAISES

A. En réalité il n'y a pas « une » cuisine française mais plusieurs. Chaque région a sa cuisine et utilise des produits différents. Voici quelques-uns de ces produits. Vous savez comment ils s'appellent ? Découvrez leur nom dans la liste et vérifiez avec un camarade ou bien avec le professeur.

● Qu'est-ce que c'est, ça ?
○ Des haricots.

■ Comment on dit « beans » en français ?
□ Des haricots.

☐ des haricots blancs   ☐ de la moutarde

☐ des oignons   ☐ du poisson

☐ de l'ail   ☐ des pommes

☐ des escargots   ☐ des huîtres

☐ du beurre   ☐ du poulet

☐ des carottes   ☐ des pommes de terre

☐ des moules   ☐ du chou

☐ du saucisson   ☐ du raisin

☐ du jambon   ☐ du fromage de chèvre

☐ de la viande   ☐ de la salade

☐ des tomates   ☐ du poivron

B. Regardez de nouveau la liste précédente. Qu'est-ce que vous aimez ? Indiquez-le en utilisant les signes suivants :

++	j'adore
+	j'aime
–	je n'aime pas
– –	je n'aime pas du tout / je déteste
?	je ne sais pas, je n'en ai jamais mangé

C. Comparez vos goûts avec deux autres personnes de la classe. Ensuite vous allez dire au reste de la classe quels sont vos goûts communs.

● On aime tous les trois le fromage de chèvre, le raisin et les pommes.
○ On n'aime pas le chou.
■ On n'a jamais mangé d'huîtres.

2. LA LISTE DES COURSES

A. Julie et Amadou ont des invités pour le dîner. Dans cette conversation, ils se mettent d'accord sur le menu et font une liste de courses. Écoutez-les, regardez les photos et écrivez le nom et les quantités des produits à acheter. Quel est le menu ?

....

....

....

....

....

....

....

....

B. Travaillez à deux. Pensez à un plat que vous aimez. Maintenant, écrivez la liste des ingrédients nécessaires pour faire ce plat. Indiquez aussi leurs quantités.

3. CUISINE SÉNÉGALAISE

A. Amandine et Rachid vont manger dans un restaurant sénégalais. Ils ne connaissent pas cette cuisine et le serveur leur donne des conseils. Lisez le menu, écoutez l'enregistrement et dites ce qu'ils ont choisi.

≈≈ CUISINE SÉNÉGALAISE ≈≈

LE DAKAR RESTAURANT

MENU DU JOUR à 20 €*
(à partir de 20 h)

Salade exotique
Le melon au Bissap

Le maffé de viande
Poulet yassa

La pirogue de fruits et glace
L'ananas frais nature ou au Bissap

* Deux plats à choisir,
1/4 de vin, café,
pain, TVA compris.

Amandine prend, comme entrée, ...

comme plat principal, ...

comme dessert, ...

Et Rachid, que prend-il ?

Rachid prend, comme entrée, ...

comme plat principal, ...

comme dessert, ...

B. Est-ce que vous pouvez repérer quelques ingrédients contenus dans ces plats ?

C. Toute la classe va dans ce restaurant. Un élève joue le rôle du serveur et note les commandes. Quel est le plat le plus demandé ?

- ● Qu'est-ce que vous avez choisi ?
- ○ Moi, comme entrée, une salade exotique.
- ● Et comme plat principal ?

4. UN BON PETIT-DÉJEUNER POUR BIEN COMMENCER LA JOURNÉE

Lisez cet article sur certaines habitudes alimentaires des Français et proposez les petits-déjeuners de vendredi, samedi et dimanche en tenant compte des recommandations des nutritionnistes.

ET LE PETIT-DEJ' ?

❧ Les nutritionnistes considèrent que les Français ont de bonnes habitudes alimentaires. Les repas (déjeuner et dîner) sont en général équilibrés et répondent aux besoins essentiels : un hors-d'œuvre, un plat principal avec des légumes et de la viande, suivi de fromage et de fruits comme dessert. Par contre, seulement 8% des Français prennent un petit-déjeuner équilibré. D'après le docteur Chéreau, ce repas doit couvrir 15 à 20% des apports énergétiques de la journée et un petit-déjeuner idéal doit comporter : un laitage, un fruit frais, une boisson et des céréales ou du pain.

Les glucides

Il s'agit du carburant des muscles et du cerveau. Ils sont présents dans le pain, les céréales, les féculents, etc. Mais attention à ne pas abuser des glucides rapides, qui se trouvent dans la pâtisserie, la confiserie, les boissons sucrées, etc.

Les lipides

Ce sont les graisses présentes, entre autres, dans les pâtisseries, les beignets, les frites. Ils doivent être consommés avec modération.

Les protéines

Elles se trouvent dans les produits laitiers, la viande, le poisson et les œufs.

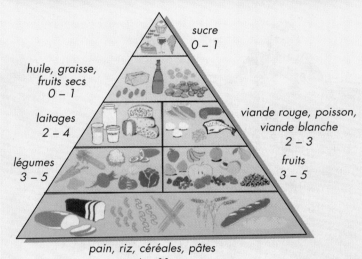

LA PYRAMIDE DE L'ALIMENTATION
Chaque section donne le type d'aliment et le nombre de fois que l'on peut en manger chaque jour

sucre
0 – 1

huile, graisse, fruits secs
0 – 1

laitages
2 – 4

viande rouge, poisson, viande blanche
2 – 3

légumes
3 – 5

fruits
3 – 5

pain, riz, céréales, pâtes
6 – 11

POUR BIEN COMMENCER LA JOURNEÉ, UN BON PETIT-DÉJEUNER

Lundi
Un jus d'orange
Un petit sandwich au jambon
Une tasse de lait au chocolat

Mardi
Un jus de fruit
Du riz au lait

Mercredi
Un œuf à la coque avec une tranche de pain grillé
Un yaourt et un fruit

Jeudi
Des céréales avec du lait
Une pomme

Vendredi
....
....
....

Samedi
....
....
....

Dimanche
....
....
....

5. ACHATS POUR LE MENU DU JOUR

Le cuisinier du restaurant L'Eau Vive a fait ses courses pour le menu du jour. À votre avis, qu'est-ce qu'il y a dans chaque plat ? Consultez un dictionnaire et faites des hypothèses. Ensuite parlez-en à deux.

de la crème chantilly
de la farine
de la salade
des biscuits
des carottes
des fraises
du canard

des œufs
des oignons
des olives
des saucisses
des tomates
du bœuf

du concombre
des pommes de terre
du lait
du riz
du thon
des haricots blancs

Entrée
Assiette de crudités
Salade niçoise

Plat principal
Cassoulet
Bœuf bourguignon

Dessert
Charlotte aux fraises
Crêpes flambées au
Grand Marnier

● Dans les crêpes, il y a de la farine, des œufs et du lait, n'est-ce pas ?
○ Oui, et dans le cassoulet je crois qu'il y a...

6. C'EST QUOI ?

Au restaurant, il est parfois important de savoir demander des informations sur des plats, sur les ingrédients et sur la manière de les préparer. Posez des questions à votre professeur sur les plats suivants et décidez si vous voulez les goûter (ou pas).

Salade de gésiers
Ratatouille
Chou farci garniture aligot

● Qu'est-ce qu'il y a dans la salade de gésiers ?
○ L'aligot, qu'est-ce que c'est ?
■ La ratatouille, c'est quoi ? Une entrée, un plat principal... ?

AU RESTAURANT

● *Vous avez choisi ?*
○ *Oui, **comme entrée** je vais prendre une salade niçoise.*

● *Et ensuite / **comme plat principal** ?*
○ *Du poulet basquaise.*

● *Et **comme dessert** ?*
○ *Une charlotte aux fraises.*

● *Et **comme boisson** ?*
○ *Du vin blanc / rosé / rouge.*
  De l'eau minérale / gazeuse /
  une carafe d'eau.
  Une bière.
  Un jus de fruits.

● *Vous prendrez un café ?*
○ *Oui, un café noir / un crème / un noisette.*

L'addition, s'il vous plaît !

MODES DE CUISSON ET DÉGUSTATION

grillé/e/s/es
frit/e/s/es
à la vapeur
bouilli/e/s/es

*C'est cuit **au four** / **au barbecue** / **à la poêle** / **à la casserole**.*

● *Vous la voulez comment, la viande ?*
○ ***Bleue** / **saignante** / **à point** / **bien faite**.*

Ça se mange | très chaud.
Ça se boit | très froid.
| bien frais.

INGRÉDIENTS ET SAVEURS

C'est de la viande ou du poisson ?

● *La salade de gésiers, **qu'est-ce que c'est** ?*
○ ***C'est** une salade avec* ....

● ***Qu'est-ce que c'est** des gésiers ?*
○ ***C'est*** ....

● ***Qu'est-ce qu'il y a dans** la ratatouille ?*
○ ***Il y a*** ....

C'est (très) **salé / sucré / amer / acide / piquant / épicé / gras.**

QUANTITÉS

trop de sel
beaucoup d'épices
assez de beurre
pas assez de sucre
très peu de poivre

POIDS ET MESURES

100 grammes de ...
200 grammes de ...
300 grammes de ...

un demi (1/2) kilo de...
un kilo de...
un kilo et demi de ...

Dans l'usage non officiel on dit encore souvent **une livre de..., trois livres de...** Une livre est une mesure ancienne qui correspond à 489,5 grammes.

quatre centilitres de...
un litre de...
un demi (1/2) litre de...
un tiers (1/3) de...
un quart (1/4) de...

un paquet de riz / sucre / pâtes / sel
un sachet de fromage râpé / noix de coco râpée
une bouteille de vin / **d'**eau minérale
une boîte de sauce tomate
un pot de crème fraîche
une cuillère à soupe de farine / **d'**huile

7. C'EST COMMENT ? SUCRÉ OU SALÉ ?

A. Pensez aux plats que vous connaissez. Deux par deux et avec l'aide d'un dictionnaire, d'un livre de recettes ou de votre professeur, essayez de compléter ces acrostiches avec des plats sucrés, salés ou épicés.

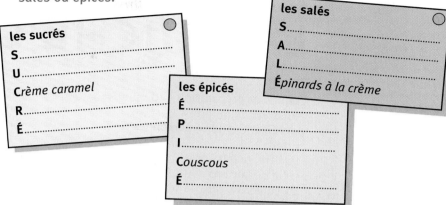

les sucrés
S.................
U.................
Crème caramel
R.................
É.................

les salés
S.................
A.................
L.................
Épinards à la crème

les épicés
É.................
P.................
I.................
Couscous
É.................

B. Quelle est votre saveur préférée : salée, sucrée, amère ou acide ?

● Moi, j'aime ce qui est acide comme le citron et le vinaigre.
○ Moi, j'aime ce qui est sucré. Par exemple, je mets toujours quatre morceaux de sucre dans mon café !

8. VIVE LE CAMPING SAUVAGE !

Les Picart vont faire quatre jours de camping. La famille se compose de trois adultes et deux enfants. Voici la liste de ce qu'ils emportent. À votre avis, est-ce qu'ils ont oublié quelque chose d'important ? Est-ce qu'ils ont pris des quantités suffisantes ? Travaillez à deux pour ajouter ou retirer des choses de cette liste.

100 grammes de beurre
10 litres de lait
1 litre d'huile
2 kilos de pommes de terre
3 kilos de spaghettis
une boîte de sauce tomate
24 yaourts
7 kilos de viande
50 grammes de fromage râpé
12 kilos de pommes
100 grammes de sucre
1 bouteille de vin
2 litres de coca-cola

● Ils n'ont pas pris d'œufs.
○ Oui, c'est vrai. Et ils n'ont pas beaucoup de sucre, n'est-ce pas ?
■ Oui, 100 grammes de sucre pour cinq personnes, ce n'est pas assez.

9. LA QUICHE LORRAINE

A. La quiche est une tarte salée avec des lardons ou du fromage. Lisez la recette que nous vous proposons ici et remettez les photos dans l'ordre chronologique.

LA QUICHE LORRAINE

Temps de préparation : 20 minutes
Cuisson : 25 minutes
Ingrédients pour 4 personnes :
3 œufs
1/2 litre de lait entier
125 g de lardons
1/2 cuillère à café de sel
2 pincées de poivre (ou noix muscade)
100 g de gruyère râpé
pâte brisée avec 200 g de farine

Tout d'abord, mettez les lardons dans une poêle et faites-les revenir. Ensuite, mettez la pâte brisée dans un moule à tarte et disposez les lardons sur la pâte. Battez les œufs avec le lait et le sel, puis ajoutez une pincée de poivre ou de noix de muscade. Versez les œufs et la crème sur la pâte. Ajoutez le gruyère. Chauffez le four à 200 degrés et mettez la quiche au four pendant 25 minutes.

 B. Il existe différentes façons de faire la quiche. Écoutez comment Virginie la fait et notez les différences par rapport à notre recette.

La recette de Virginie

Elle ne met pas de lait. Elle remplace le lait par ....

....

Elle fait des trous dans la pâte avec ....

....

Elle met des lardons et ....

....

Elle ne met pas de ....

....

Elle recommande de servir la quiche avec ....

10. VOS RECETTES

A. Formez des petits groupes pour écrire différentes recettes. Dans chaque groupe, vous choisissez un plat que vous aimez et que vous savez faire. Cela peut être quelque chose de facile, comme un sandwich ou une salade. D'abord, complétez cette fiche.

Ensuite tu coupes les légumes en petits morceaux.

Notre recette

Temps de préparation : ....

Cuisson : ....

Ingrédients pour 4 personnes :

....

....

....

....

....

....

B. Maintenant, vous écrivez la recette. La recette de la quiche peut vous servir de modèle. Vous pouvez utiliser un dictionnaire.

Préparation : ....

....

....

....

....

....

....

....

....

....

ANTISÈCHE

RÉDIGER UNE RECETTE

Laver
Lavez | les légumes

Mettez
Mettre | le lait dans la casserole

Laver, éplucher, couper, ajouter, mélanger, verser, frire, faire cuire, mettre au four, tartiner...

avec du beurre
sans matière grasse

EXPLIQUER ORALEMENT UNE RECETTE

D'abord tu épluches / vous épluchez / on épluche les légumes.
Ensuite, tu coupes / vous coupez / on coupe les légumes en petits morceaux.
Puis, tu verses / vous versez / on verse de l'eau sur les légumes.
après, ...
enfin, ...

11. LE RECUEIL DE RECETTES DE NOTRE CLASSE

Chaque groupe va expliquer à toute la classe comment préparer sa recette. Finalement, on peut afficher ces recettes dans la classe ou les photocopier pour en faire un livre avec nos spécialités.

UN REPAS À LA FRANÇAISE

Un repas à la française est toujours structuré de la même manière : **un apéritif, une entrée, un plat principal avec sa garniture (des légumes, du riz...), une salade verte, du fromage et un dessert.**

L'entrée ou hors-d'œuvre est généralement froid. Ça peut être de la charcuterie, des crudités, du saumon fumé, etc.

Le plat principal ou plat de résistance est toujours chaud. C'est un plat de poisson ou de viande servi avec des légumes, du riz, de la purée, etc.

On mange la salade (en général une salade verte sans autres ingrédients) après le plat principal, pour ses valeurs digestives.

Généralement on présente sur la table un plateau de fromages avec différents types de fromages. Vous pouvez prendre un petit peu de chaque fromage si vous le voulez.

Le dessert est toujours servi en dernier lieu. Suivant la saison et le type de repas, il est chaud ou froid, à base de fruits ou de pâtisserie.

12. UN BON REPAS

A. Lisez le texte précédent, puis donnez un coup de main au maître d'hôtel et écrivez sur le menu le nom des plats les plus adaptés à vos goûts et à la saison de l'année.

Apéritif
....
....

Entrée
....
....

Plat principal
....
....

Salade
....

Plateau de fromage

Roquefort, Chèvre, Camembert, Emmental,
Cantal, Fromage des Pyrénées, Chaumes

Dessert
....
....

Café

Apéritifs
Kir (vin blanc + cassis)
Kir royal
(champagne + cassis)
Frontignan (vin sucré)
Pastis
(alcool anisé avec de l'eau)

Entrées
Crudités
Salade de tomates et oeufs durs
Salades de pâtes fraîches et saumon
Pâtés de campagne

Plat principal
Bœuf bourguignon
Civet de sanglier
Lapin à la moutarde
Rôtis de veau + un ou plusieurs légumes

Salade
Salade verte

Dessert
Tarte aux pommes
Mousse au chocolat
Salade de fruits
Crème caramel

Cafés
Noir
Café au lait
Petit crème ou noisette
Viennois

B. Et vous, combien de plats mangez-vous au cours d'un repas traditionnel ? Est-ce qu'ils sont apportés les uns après les autres ou bien en même temps ? Finissez-vous par un dessert ? Mangez-vous du fromage, de la viande, du poisson ?

13. DES CONSEILS SI VOUS ÊTES INVITÉ CHEZ DES FRANÇAIS

Quels conseils est-ce que vous pouvez donner à un étranger invité à manger chez vous ?

Les Français ont autant de plaisir à parler de nourriture qu'à manger. D'ailleurs, ils font le plus souvent les deux choses en même temps et ça peut durer des heures ! Si vous êtes invité chez des Français, n'hésitez pas à parler de ce que vous êtes en train de manger. Vos hôtes apprécieront cette attention. Il y a certaines règles d'étiquette à suivre. Par exemple, vous ne devez pas servir le vin vous-même ; attendez que l'on vous serve.

En train ou en avion ?

...s cette unité, nous
...ns mettre au point
...détails d'un voyage.

...cela nous allons
...endre :

- ...dire l'heure, à préciser
  ...date et les moments de
  ...journée
- ...obtenir des informa-
  ...ns sur les horaires et
  ...s moyens de transports
- ...réserver une chambre
  ...hôtel
- ...rédiger un courriel
  ...ur transmettre des
  ...formations

...ous allons utiliser :

- ...hypothèse : *si* + présent
  ...re sur le point de, être
  ...train de, venir de
- ...futur proche :
  ...ler + infinitif
- ...jà, encore, pas encore
- ...s prépositions de
  ...calisation dans le
  ...mps et dans l'espace
- ...formulation des
  ...estions

1. L'AGENDA D'AMÉLIE LECOMTE

A. Amélie est cadre commercial dans une entreprise de confiserie. Elle voyage beaucoup et donc elle est très peu disponible. Voici son agenda. Vous voulez la rencontrer ? À quel moment est-ce possible ?

Lundi 16
(06) JUIN

10 h - voir Berthier avant son départ pour Londres !!

13 h - déjeuner avec Farida (pizzeria Geppeto)

À faire :
pressing :
récupérer
2 pantalons

Mardi 17
(06) JUIN

8 h 40 Cologne (vol n° 4U403)

10:30 → 18:00 Salon International de la Confiserie Hall 3 stand n° 23 (vérifier !)

Mercredi 18
(06) JUIN

11:00
Rendez-vous avec M. Urbain

19 h 10 : vol n° 4U514

À faire :
appeler Gabi confirmation piscine jeudi

Jeudi 19
(06) JUIN

11:00
réunion

13 h 30 :
déjeuner groupe Sivon «La Tour» (réserver)

19:00 - piscine avec Gabi

À faire :
contacter Intersuc pour catalogue

Vendredi 20
(06) JUIN

10 h 30 - accueil des Lyonnais
11 h - visite de l'usine
11 h - réserver pour 7 personnes :
« chez Nina »
13 h 30 -« Chez Nina »
19 h - accompagner les Lyonnais à la gare
20 h 30 - « 8 femmes » cinémathèque

Samedi 21
(06) JUIN

11 h Grasse matinée !

16:00 - avec Martin « Chinchan » au Cinécinoche

Dimanche 22
(06) JUIN

11:00 - Salon de la moto avec Jo rendez-vous Place Thiers à 10:45

Je peux voir Amélie .... (matin/après-midi/soir) à .... au/à la/chez .... ou bien .... (matin/après-midi/soir) à .... ou encore .... (matin/après-midi/soir) à .... au/à la/chez ....

B. Vous devez faire vos devoirs de français avec un camarade. Pensez à votre agenda et décidez à quel moment de la semaine vous pouvez vous rencontrer.

- ● Je suis libre lundi. Et toi ?
- ○ Moi non.
- ● Pourquoi ?
- ○ Parce que je vais chez le dentiste.

2. BAGAGES
Regardez le contenu de ce bagage. Ce sont des choses qu'on emporte généralement en voyage. Est-ce que vous aussi, vous prenez ces objets ? De quoi avez-vous besoin quand vous voyagez ?

- ● Moi, je prends toujours mon baladeur et...
- ○ Moi, j'emporte...

3. UNE ÉTAPE DU TOUR DE FRANCE : TROYES-NEVERS

A. Lisez ci-dessous le texte sur l'origine du Tour de France. Est-ce que dans votre pays il existe un événement, sportif ou culturel, de cette importance ?

Corbigny

Saint-Saulge

Nevers

Ba

➤ En 1903, le directeur du journal *L'Auto* organise une compétition à vélo à travers la France. Cette opération publicitaire obtient tout de suite beaucoup de succès. Le premier parcours du Tour de France était de 2 428 kilomètres et seulement 27 des 88 coureurs ont fini l'épreuve. Depuis plus de 100 ans, chaque année au mois de juillet, les cyclistes parcourent la France en une vingtaine d'étapes avant d'arriver à Paris sur les Champs Elysées.➤

L'étape d'aujourd'hui est une étape de 196,5 km. Les coureurs sont partis ce matin de Troyes.

➤ *Fausto est sur le point d'arriver.*
➤ *Jacques est entre Bazoches et Corbigny.*
➤ *Bernard vient de traverser Vézelay.*
➤ *Lance est à 5 kilomètres de Corbigny, devant Jacques.*
➤ *Louison a déjà traversé Tonnerre, mais il n'est pas encore arrivé à Vézelay.*
➤ *Eddy va arriver à Saint-Saulge.*
➤ *Miguel est en train de traverser Tonnerre.*

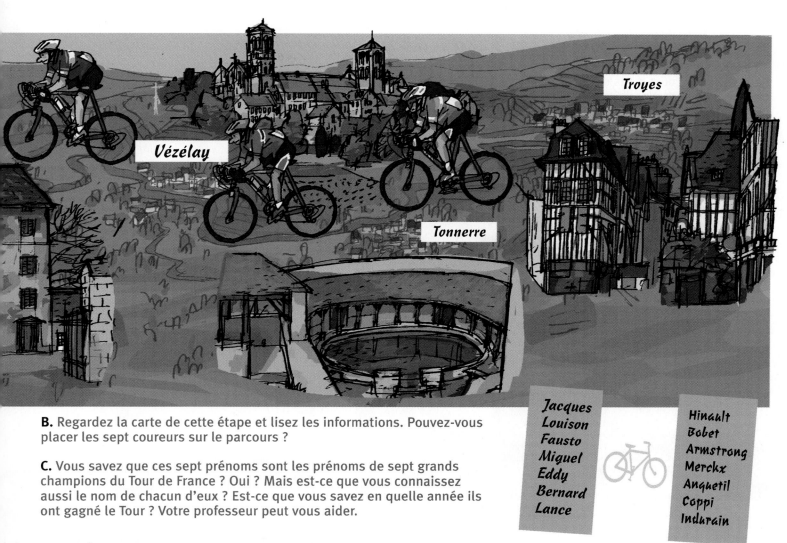

Vézélay

Troyes

Tonnerre

B. Regardez la carte de cette étape et lisez les informations. Pouvez-vous placer les sept coureurs sur le parcours ?

C. Vous savez que ces sept prénoms sont les prénoms de sept grands champions du Tour de France ? Oui ? Mais est-ce que vous connaissez aussi le nom de chacun d'eux ? Est-ce que vous savez en quelle année ils ont gagné le Tour ? Votre professeur peut vous aider.

Jacques
Louison
Fausto
Miguel
Eddy
Bernard
Lance

Hinault
Bobet
Armstrong
Merckx
Anquetil
Coppi
Indurain

4. RÉSERVER UNE CHAMBRE

Lucas téléphone à l'hôtel Beaulieu à Poitiers. Il veut réserver une chambre pour lui et sa petite amie pour les vacances. Écoutez la conversation télépho-nique et remplissez la fiche du réceptionniste de l'hôtel.

HÔTEL **H B** BEAULIEU
★★★

FICHE DE RÉSERVATION

Nom : ....

Prénom : ....

Adresse : ....

Code postal : .... **Ville :** ....

Pays : ....

Tél. : ....

Courriel : ....

Nombre de personnes : ....

Date d'arrivée : ....

Date de départ : ....

Nombre de nuits : ....

Type de chambre (petit déjeuner compris):

❑ simple   ❑ double

Mode de paiement :

❑ liquide   ❑ chèque   ❑ carte de crédit

Acompte versé : ....

Date : ....

5. LE TOUR DE FRANCE EN 7 MOYENS DE TRANSPORT

A. Dans ce concours, vous devez faire le Tour de France en utilisant 7 moyens de transport différents. Tout d'abord, cherchez un coéquipier. Ensuite, lisez les règles du jeu et préparez votre itinéraire.

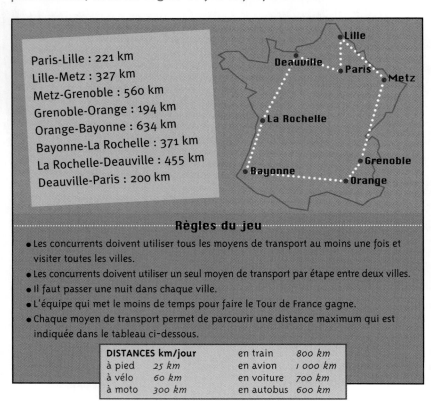

Paris-Lille : 221 km

Lille-Metz : 327 km

Metz-Grenoble : 560 km

Grenoble-Orange : 194 km

Orange-Bayonne : 634 km

Bayonne-La Rochelle : 371 km

La Rochelle-Deauville : 455 km

Deauville-Paris : 200 km

Règles du jeu

- Les concurrents doivent utiliser tous les moyens de transport au moins une fois et visiter toutes les villes.
- Les concurrents doivent utiliser un seul moyen de transport par étape entre deux villes.
- Il faut passer une nuit dans chaque ville.
- L'équipe qui met le moins de temps pour faire le Tour de France gagne.
- Chaque moyen de transport permet de parcourir une distance maximum qui est indiquée dans le tableau ci-dessous.

DISTANCES km/jour			
à pied	25 km	en train	800 km
à vélo	60 km	en avion	1 000 km
à moto	300 km	en voiture	700 km
		en autobus	600 km

- Si on va à pied de Grenoble à Orange, on met 8 jours.
- Oui, et à vélo, on met 4 jours.

B. Et vous ? Imaginez que vous pouvez faire un voyage de 1 000 km maximum tous frais payés. Vous choisissez quel parcours ? Comment voyagez-vous ? Expliquez votre projet à toute la classe.

6. HÔTEL LES ALPES

Vous êtes le réceptionniste d'un petit hôtel de montagne. L'hôtel n'a que sept chambres. Plusieurs clients veulent faire une réservation, la modifier ou la confirmer. Écoutez l'enregistrement et notez les changements, les observations nécessaires sur le livre de réservations. Ensuite, comparez avec un autre étudiant.

HÔTEL LES ALPES

Chambre nº	Vendredi 11	Samedi 12	Dimanche 13
1	Halimi	Halimi	
2	Roquet	Roquet	Roquet
3	Morassi		
4		El Ouardi	El Ouardi
5			
6	Owen	Radakovic	Lagardère
7	Ktorza	Ktorza	

DISTANCES

- *Combien de kilomètres il y a **de** Toulouse **à** Paris ?*
- ***De** Toulouse **jusqu'à** Paris, il y a 850 kilomètres.*

*Toulouse est **à** 850 kilomètres **de** Paris.*

JOURS ET MOIS

- ***Quel jour** est-ce que vous partez / arrivez /... ?*
  ***Quand** est-ce que vous partez / arrivez/... ?*
- *Lundi 14 juin.*
  Le 14 juin.
  Lundi (prochain).

la semaine	
le mois	prochain/e
l'année	

en janvier

janvier, février, mars, avril, mai, juin, juillet, août, septembre, octobre, novembre, décembre

DÉJÀ, ENCORE, PAS ENCORE

- *À quelle heure arrive le train de Paris ?*
- *Il est **déjà** arrivé.*

- *La banque **n'**est **pas encore** ouverte ?*
- *Non, elle est **encore** fermée.*

- *Tu pars **déjà** ?*
- *Oui, j'ai rendez-vous avec un client.*

- *Tu es **encore** là ?*
- *Eh oui, je n'ai pas fini ce travail.*

ÊTRE EN TRAIN DE, ÊTRE SUR LE POINT DE, VENIR DE, ALLER + INFINITIF

- *Le train de Bruxelles est déjà parti ?*
- *Non, pas encore mais il **est sur le point de** partir.*

- *Qu'est-ce que tu fais ?*
- *Je **suis en train de** faire mes devoirs de mathématiques.*
- *Ah ! Je **viens de** les finir.*

- *Tu viens avec nous ? Nous **allons** manger une crêpe puis nous **allons** voir un DVD chez Ditoune.*

L'HEURE

À quelle heure part / ouvre / ferme... ?

	huit heures	8.00
	huit heures cinq	8.05
	huit heures **et quart**	8.15
À	huit heures vingt-cinq	8.25
	huit heures **et demie**	8.30
	huit heures trente-cinq	8.35
	neuf heures **moins** vingt	8.40
	neuf heures **moins le quart**	8.45
	neuf heures **moins** cinq	8.55

à cinq heures **du matin** (5 h)
à cinq heures **de l'après-midi** (17 h)
à dix heures **du soir** (22 h)

Les horaires de services (transports, commerces, etc.) sont normalement indiqués ainsi : **à quatorze heures, à vingt-deux heures**, etc.

● *Quelle heure il est ?*
  Quelle heure est-il ?
○ *Il est sept heures dix.*

● *Excusez-moi, est-ce que vous avez l'heure, s'il vous plaît ?*
○ *Oui, il est sept heures dix.*

Dépêche-toi, on est en retard !

Ouf ! J'arrive à l'heure.

Non, j'ai pas le temps.

Tu viens avec moi ?

7. JEU DES SEPT ERREURS (OU PLUS !)

Avec un autre étudiant, cherchez les différences entre ces deux dessins apparemment identiques où des personnages semblent faire la même chose.

● Sur le dessin A, un homme est en train de lire et sur le dessin B, il est en train de dormir.
○ Oui, et sur le dessin A...

8. DE 10 H À 18 H

A. En ce moment précis, pendant que vous êtes en classe, quels sont les établissements de la liste ci-dessous qui sont ouverts ?

● Le cybercafé est déjà ouvert.
○ Oui, par contre le studio de tatouage n'est pas encore ouvert.

B. Est-ce que les horaires d'ouverture des commerces sont les mêmes dans votre pays ? Quelles sont les différences ?

9. UN VOYAGE D'AFFAIRES

A. Imaginez que vous travaillez comme secrétaire de Monsieur Doucet, le directeur d'une entreprise située à Lyon. La semaine prochaine, il doit aller à Bruxelles puis à Paris. À deux, vous allez organiser son voyage en tenant compte de son agenda et des horaires de trains et d'avions. L'agence de voyage vient de vous envoyer un courriel avec les informations concernant les transports. Vous savez aussi que Monsieur Doucet n'aime pas se lever trop tôt et qu'à Bruxelles, il va loger chez des amis.

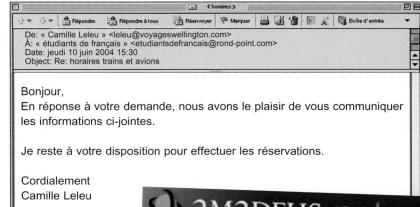

De : « Camille Leleu » <leleu@voyageswellington.com>
À : « étudiants de français » <etudiantsdefrancais@rond-point.com>
Date: jeudi 10 juin 2004 15:30
Object: Re: horaires trains et avions

Bonjour,

En réponse à votre demande, nous avons le plaisir de vous communiquer les informations ci-jointes.

Je reste à votre disposition pour effectuer les réservations.

Cordialement
Camille Leleu

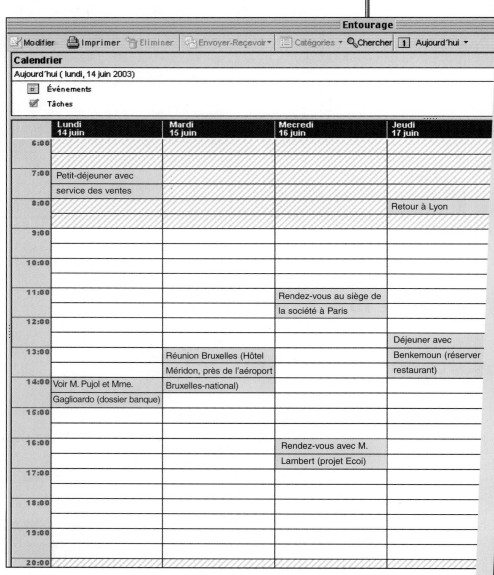

aMaDEUS.net

Mardi 15 juin Lyon → Bruxelles

En avion : Aéroport de Lyon St Exupéry → Bruxelles National

Vol	Départ	Arrivée
Air France	09:00	10:20
SN Brussels Airlines 3588	10:50	12:15

En train : Lyon Part Dieu → Bruxelles Midi

TGV 9856	07:56	12:17

Mercredi 16 juin Bruxelles → Paris

En avion : Aéroport de Bruxelles National → Paris Charles de Gaulle

SN Brussels Airlines 3627	09:10	10:10

En train : Bruxelles Midi → Paris Nord

THALYS 9412	08:40	10:05
THALYS 9314	09:10	10:35

Jeudi 17 juin Paris → Lyon

En avion : Aéroport Paris Orly → Lyon St Exupéry

Air France 7404	10:25	11:30

En train : Paris Gare de Lyon → Lyon Part Dieu

TGV 6607	09:00	10:55
TGV 6609	10:00	11:55

Entourage

Modifier Imprimer Éliminer Envoyer-Recevoir Catégories Chercher Aujourd'hui

Calendrier

Aujourd'hui (lundi, 14 juin 2003)

- Événements
- Tâches

	Lundi 14 juin	Mardi 15 juin	Mecredi 16 juin	Jeudi 17 juin
6:00				
7:00	Petit-déjeuner avec service des ventes			
8:00				Retour à Lyon
9:00				
10:00				
11:00			Rendez-vous au siège de la société à Paris	
12:00				
13:00		Réunion Bruxelles (Hôtel Méridon, près de l'aéroport Bruxelles-national)		Déjeuner avec Benkemoun (réserver restaurant)
14:00	Voir M. Pujol et Mme. Gaglioardo (dossier banque)			
15:00				
16:00			Rendez-vous avec M. Lambert (projet Ecoi)	
17:00				
18:00				
19:00				
20:00				

B. Maintenant, vous allez faire la réservation. Un étudiant va jouer le rôle d'un employé de l'agence de voyages. Vous téléphonez pour réserver les billets.

10. L'HÔTEL ET L'AGENDA

A. Vous devez aussi réserver l'hôtel à Paris. Monsieur Doucet veut loger dans un hôtel calme, pas trop cher mais près du centre. L'agence de voyages propose les hôtels suivants. Lequel allez-vous choisir ? Écoutez l'enregistrement pour avoir plus d'informations.

Hôtel Meursault ★★

- Situation exceptionnelle. Au carrefour des pôles d'activités Montparnasse, du Parc des Expositions et de Denfert.
- Hôtel 2 étoiles, 52 chambres confortables. Très calme.
- Animaux acceptés, télévision satellite, ascenseur, coffre-fort individuel, téléphone direct.

Hôtel Bonotel ★★★

- Hôtel 3 étoiles.
- Idéalement situé près de l'aéroport Charles de Gaulle entre les deux aérogares.
- Architecture ultra moderne, ascenseurs panoramiques et magnifique atrium, 357 chambres spacieuses et parfaitement insonorisées.
- Télévision couleur avec chaîne satellite.
- Salle de musculation, sauna, piscine couverte.

Hôtel Victor Rolin ★★★

- Rive gauche, à deux pas du quartier latin.
- Hôtel 3 étoiles.
- Air conditionné, chambres spacieuses et confortables.
- Téléphone direct avec prise et modem, mini bar et télévision.

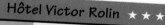

B. Complétez l'agenda de Monsieur Doucet avec vos décisions.

11. UN COURRIEL POUR LE DIRECTEUR

Reformez le groupe de départ. Vous devez écrire un courriel à Monsieur Doucet pour lui donner toutes les informations pratiques sur son voyage : comment et quand il va voyager, où il va loger et pourquoi.

BRUXELLES, VOUS CONNAISSEZ ?

La Belgique, c'est un pays qui a une superficie inférieure à celle de la Bretagne mais qui compte près de 10 millions d'habitants. Les Belges parlent, suivant la région où ils habitent, français, néerlandais ou allemand. Les Flamands, qui habitent dans le Nord du pays, parlent néerlandais et représentent 60% de la population belge. Dans le Sud, les Wallons parlent français. Et il ne faut pas oublier, à l'Est du pays, une petite communauté germanophone.

BRUXELLES

Bruxelles est la capitale du Royaume de Belgique et elle compte une forte majorité de francophones (90%). C'est aussi le siège des Communautés française et flamande, le siège de la Commission et du Conseil de l'Union Européenne et enfin le siège de l'OTAN.

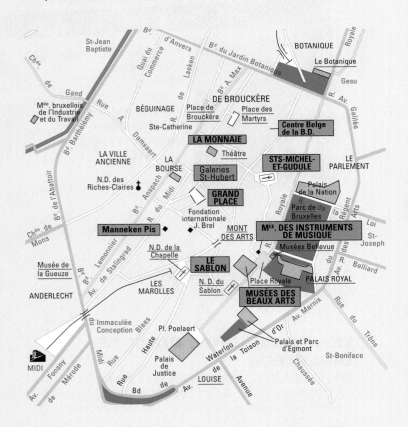

À VOIR

Le célèbre Manneken Pis, la petite statue qui incarne l'humour et le caractère indépendant des Bruxellois.

L'Atomium, un étonnant bâtiment en forme d'atome, construit pour l'exposition universelle de 1958 et, bien sûr, la Grand-Place.

Pour un peu d'exotisme, les amateurs de folklore local peuvent assister à une représentation du théâtre de marionnettes « Chez Toone ». C'est un petit théâtre qui propose des classiques comme « Le Cid » et « Les trois mousquetaires » en parler bruxellois.

COMMENT SE DÉPLACER ?

Le réseau de métro est moins étendu que dans d'autres capitales européennes, par contre les tramways sont rapides et nombreux.

OÙ DORMIR ?

Le centre-ville de Bruxelles est assez bruyant et la circulation est dense pendant la journée. Si vous voulez un endroit pittoresque, choisissez un hôtel dans le quartier du Sablon, le quartier des antiquaires situé tout près de la Gare centrale.

Adresse utile :
Office de Promotion du Tourisme Wallonie
Rue du Marché aux Herbes, 61
1000 Bruxelles
Tél. : 32 (0)2 504 03 90
info@opt.be

12. BRUXELLES, VOUS CONNAISSEZ ?

A. Lisez ces informations touristiques et regardez les photos. Pouvez-vous identifier ces lieux ?

OÙ MANGER ?

Le choix est immense, parce que Bruxelles est une ville très cosmopolite. On trouve donc des restaurants de tous les pays. Les spécialités sont la cuisine à la bière et, bien sûr, les moules servies avec des frites.

Restaurant L'Ommegang
Grand-Place, 9
1000 Bruxelles
www.ommegang.be
Bon marché (les dames ne paient que moitié prix si elles viennent manger le mardi soir)

Restaurant Comme chez Soi
Place Rouppe, 23
1000 Bruxelles
info@commechezsoi.be
Cuisine maison

B. Écoutez ces trois personnes. Les trois habitent en Belgique mais parlent une langue différente. Identifiez la langue de chaque locuteur.

Il/Elle parle flamand : nº ......
Il/Elle parle allemand : nº ......
Il/Elle parle français avec l'accent bruxellois : nº ......

ON VIT BIEN ICI !

Nous allons discuter des problèmes d'une ville et proposer des solutions en établissant une liste de priorités.

Pour cela nous allons apprendre :

♦ à décrire et comparer des lieux
♦ à exprimer notre opinion
♦ évaluer et établir des priorités

Et nous allons utiliser :

♦ les comparatifs et les superlatifs
♦ des expressions d'opinion : *à mon avis, je pense que...*
♦ des adverbes de quantité
♦ le lexique des services, des institutions et des commerces

9

1. QUATRE VILLES OÙ L'ON PARLE FRANÇAIS

A. À quelles villes croyez-vous que correspondent ces informations ? Complétez le cadre ci-dessous.

	a	b	c	d	e	f	g	h	i	j	k	l	m	n	o
Bruxelles															
Montréal															
Cannes															
Genève															

a. Avec un million d'habitants, c'est la capitale de l'Union Européenne.

b. Les stars du cinéma français et mondial s'y donnent rendez-vous au printemps, depuis 1946.

c. C'est le siège de la Croix-Rouge.

d. C'est une ville qui est en Amérique.

e. Elle se trouve dans le sud de la France, sur la Côte d'Azur.

f. La Commission Européenne y siège.

g. On y trouve 190 organisations internationales, gouvernementales ou non.

h. Il y pleut 217 jours par an.

i. Le cœur de la ville est une très belle place : la Grand-Place.

j. C'est une grande capitale financière et un rendez-vous traditionnel pour les négociations internationales.

k. En hiver, tout peut se faire sous la terre : acheter, travailler, vivre !

l. On y parle français depuis sa fondation en 1642.

m. Elle a été le siège des Jeux Olympiques en 1976.

n. Sa population triple entre le 15 juillet et le 15 août.

o. C'est une station balnéaire très chic depuis plus d'un siècle.

B. Comparez vos réponses avec celles des autres participants.

● Et toi qu'est-ce que tu as mis ?
○ Moi, j'ai mis «e».
■ «e» ? Non, Bruxelles n'est pas sur la Côte d'Azur.

2. ENQUÊTE SUR LA QUALITÉ DE VIE

A. La mairie de la ville où vous étudiez le français fait une enquête pour connaître l'opinion des habitants sur la qualité de vie. Répondez individuellement au questionnaire suivant.

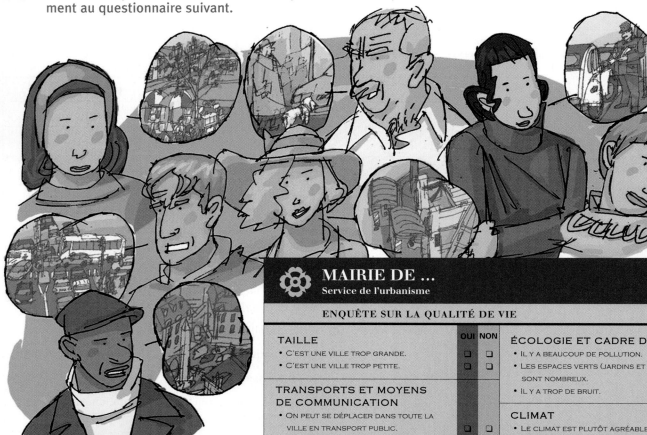

MAIRIE DE …
Service de l'urbanisme

ENQUÊTE SUR LA QUALITÉ DE VIE

	OUI	NON
TAILLE		
• C'EST UNE VILLE TROP GRANDE.	☐	☐
• C'EST UNE VILLE TROP PETITE.	☐	☐
TRANSPORTS ET MOYENS DE COMMUNICATION		
• ON PEUT SE DÉPLACER DANS TOUTE LA VILLE EN TRANSPORT PUBLIC.	☐	☐
• LA CIRCULATION EST FLUIDE.	☐	☐
• IL Y A DES BOUCHONS.	☐	☐
• LES TRANSPORTS PUBLICS FONCTIONNENT BIEN.	☐	☐
• IL Y A DES PISTES CYCLABLES.	☐	☐
ÉDUCATION ET SANTÉ		
• IL Y A ASSEZ D'ÉCOLES ET DE LYCÉES.	☐	☐
• IL Y A PEU DE CRÈCHES.	☐	☐
• IL EXISTE SUFFISAMMENT DE SERVICES SANITAIRES (HÔPITAUX, SERVICES D'URGENCES…).	☐	☐
CULTURE ET LOISIRS		
• IL Y A ASSEZ D'INSTALLATIONS SPORTIVES.	☐	☐
• IL Y A DES MONUMENTS OU DES MUSÉES INTÉRESSANTS.	☐	☐
• IL Y A SUFFISAMMENT DE VIE CULTURELLE (CONCERTS, THÉÂTRES, CINÉMAS…).	☐	☐
• IL N'Y A PAS DE VIE NOCTURNE.	☐	☐
• LES ALENTOURS DE LA VILLE SONT AGRÉABLES.	☐	☐
EMPLOI		
• ON CRÉE DES ENTREPRISES.	☐	☐
• TROUVER UN EMPLOI EST ASSEZ DIFFICILE.	☐	☐

	OUI	NON
ÉCOLOGIE ET CADRE DE VIE		
• IL Y A BEAUCOUP DE POLLUTION.	☐	☐
• LES ESPACES VERTS (JARDINS ET PARCS) SONT NOMBREUX.	☐	☐
• IL Y A TROP DE BRUIT.	☐	☐
CLIMAT		
• LE CLIMAT EST PLUTÔT AGRÉABLE.	☐	☐
• IL FAIT TROP FROID.	☐	☐
• IL FAIT TROP CHAUD.	☐	☐
• IL PLEUT TROP.	☐	☐
COMMERCES		
• ILS SONT CHERS.	☐	☐
• IL Y A BEAUCOUP DE MAGASINS.	☐	☐
• LES HORAIRES SONT PRATIQUES.	☐	☐
• IL Y A TROP DE GRANDES SURFACES.	☐	☐
CARACTÈRE		
• LES HABITANTS SONT ACCUEILLANTS.	☐	☐
• LES HABITANTS S'IMPLIQUENT DANS LA VIE DE LA CITÉ.	☐	☐
LOGEMENT		
• IL EXISTE DES LOGEMENTS SOCIAUX.	☐	☐
• LES LOGEMENTS NE SONT PAS CHERS.	☐	☐
• IL EST DIFFICILE DE TROUVER UN LOGEMENT.	☐	☐
PROBLÈMES SOCIAUX		
• IL Y A DES PROBLÈMES DE DROGUE.	☐	☐
• IL Y A PEU DE DÉLINQUANCE.	☐	☐
• LA VILLE EST DANGEREUSE.	☐	☐
• IL Y A DES EXCLUS.	☐	☐

CE QUE JE PRÉFÈRE, C'EST _____

LE PIRE C'EST _____

MOI, JE PENSE QUE LA VILLE MANQUE DE _____

ET IL Y A TROP DE _____

B. Attribuez maintenant une note globale à cette ville (maximum 10, minimum 0) en fonction de vos réponses au questionnaire.

C. Par petits groupes : donnez votre opinion. Justifiez-vous en vous référant aux aspects positifs ou négatifs qui sont pour vous les plus importants.

● Moi, je lui ai mis 4. À mon avis, il n'y a pas assez d'installations sportives. En plus, il y a trop de circulation… Par contre…

3. DEUX VILLES POUR VIVRE

A. Le magazine *Bien vivre* vient de publier un dossier sur la qualité de la vie en France. Imaginez que vous allez vivre en France pour des raisons professionnelles ou familiales. Vous pouvez choisir l'une de ces deux villes : Besançon ou Bordeaux. Lisez l'article et soulignez les informations qui déterminent votre choix.

B. Comparez votre choix avec celui d'une autre personne de la classe.

> ● Moi, je préfère Bordeaux, c'est plus grand que Besançon. En plus, les langues m'intéressent beaucoup et...

BORDEAUX

Bordeaux est-elle la ville idéale ? En tous cas, elle attire beaucoup de monde et compte 925 253 habitants aujourd'hui, avec sa banlieue. Spécialement à l'écoute des jeunes, cette ville offre depuis 1998 un « roller parc » de 1000 m². Bordeaux est la 2ème université de France en ce qui concerne l'apprentissage linguistique : 27 langues sont enseignées et 4 500 étudiants étrangers de 59 nationalités résident à Bordeaux.

La région attire aussi 3 millions de touristes par an : « océan, forêt, nature », la formule est unique en Europe. Où trouver qualité et espérance de vie ? À Bordeaux et dans sa région : en effet, le département se caractérise par une espérance de vie record, avec en particulier une faible mortalité cardiovasculaire. La région est réputée pour la qualité de ses fruits et légumes, de ses volailles et une consommation modérée de bon vin. Le plaisir de la table peut encore durer longtemps à Bordeaux.

BESANÇON

Logique: les grandes villes sont plus polluées que les petites ! Et, presque partout, la priorité continue d'être donnée à l'automobile. Paris, Lyon et Marseille connaissent de gros problèmes de circulation. À Besançon, c'est tout différent grâce à la qualité de l'air, de l'eau et des transports !

Besançon est vraiment une ville à dimensions humaines (200 000 habitants avec sa banlieue), à proximité des montagnes, avec ski en hiver et baignade en lacs en été. Il pleut beaucoup et c'est l'une des premières villes vertes de France. C'est une ville tranquille mais pas ennuyeuse, parce que c'est une ville universitaire où la vie culturelle est importante. Et dans cette Europe en mouvement, Besançon est idéalement située : la Suisse est à 1 heure ; l'Allemagne, à 2 heures ; Lyon, à 2 heures 30, et l'Aéroport Lyon Satolas, à 2 heures. Paris n'est pas loin non plus : à 4 heures en voiture et à 2 heures 30 en TGV.

	Bordeaux	Besançon
Nombre d'habitants (banlieue comprise)	925 253	200 000
Taux de chômage	11,40%	7,50%
Création d'entreprises par an	1 638	424
Immobilier : Prix du m² en location	41,81 €	42,86 €
Espaces verts m²/hab.	25,32	65,44
Nombre de salles de spectacles	12	8
Jeunes de moins de 20 ans	18,7%	23%
Nb. d'heures d'ensoleillement par an	2 200	1 900

4. CASTELFLEURI, BEAUREPAIRE, ROQUEMAURE

A. Au Bureau du Conseil Régional, on ne sait plus à quelles villes correspondent les données du tableau ci-dessous. Pouvez-vous les aider ?

Beaurepaire a moins de bars que Castelfleuri.
Roquemaure a plus d'écoles que Castelfleuri.
Beaurepaire a plus d'écoles que Castelfleuri.
Castelfleuri a moins d'habitants que Roquemaure.
Roquemaure et Beaurepaire ont le même nombre de musées.
Roquemaure a deux fois plus d'églises que Castelfleuri.
Roquemaure et Beaurepaire ont le même nombre d'hôpitaux.

NOM DE LA MUNICIPALITÉ	_____	_____	_____
habitants	25 312	21 004	18 247
écoles	8	6	7
cinémas	4	4	3
musées	3	1	3
églises	6	3	4
bars	21	15	12
hôpitaux	2	1	2
centres commerciaux	2	1	1

B. À présent, nous allons comparer les services de ces trois villes. Chaque élève compare deux villes. Qui dans la classe devinera le plus vite de quelle ville il s'agit !

- Elle a deux écoles de moins que Roquemaure.
- Castelfleuri !
- Elle a autant d'hôpitaux que Beaurepaire.
- Roquemaure !

5. MA VILLE EST COMME ÇA

Comment est votre ville ? Regardez la liste d'options et complétez les phrases suivantes :

Dans ma ville, il y a beaucoup de/d' ....

Il n'y a pas assez de/d' .... ,

Il y a peu de/d' ....

Il n'y a pas de/d' ...., par contre il y a trop de/d' ....

La ville manque de/d' ....

jeunes · pollution · chenils · métro · terrains de football · usines · aéroport · immeubles · fleuve · commissariat · commerces · salles de sport · vie culturelle · pistes cyclables · opéra · universités · salles de cinémas · ponts · hôpitaux · maisons de retraite · monuments · rues piétonnières · etc.

COMPARER

Paris : 2 152 423 habitants
Lyon : 415 487 habitants

*Paris a **plus d'**habitants **que** Lyon.*
*Lyon a **moins d'**habitants **que** Paris.*

*Paris est **plus** grand **que** Lyon.*
*Lyon est **plus** petit **que** Paris.*

Attention !
Bien → **mieux** (plus bien)
Bon → **meilleur** (plus bon)
Mauvais → **pire** (plus mauvais)

À Londres, il y a plus de parcs qu'à Barcelone.
C'est vrai, mais Barcelone est moins cher.

*Cannes et Nice ont **le même** climat et **les mêmes** ressources économiques, mais elles n'ont pas **la même** taille.*
*Le climat de Cannes est **aussi** agréable **que** le climat de Nice.*
*Lyon **n'**est **pas aussi** grand que Paris.*
*Il pleut **autant** à Paris **qu'**à Londres.*
*Les nouveaux voisins font **autant de** bruit **que** les précédents.*

EXPRIMER LA SUPÉRIORITÉ

Paris est **la plus grande ville** de France.
Paris est **la ville la plus grande** de France.

EXPRIMER LE MANQUE
EXPRIMER L'EXCÈS

La ville **manque de** transport.
Il n'y a **pas assez de** vie culturelle.
Il y a **peu d'**espaces verts.
Il y a **trop de** bruit.

OÙ ET Y

C'est une ville **où** il pleut beaucoup.
   → Il **y** pleut beaucoup.

C'est une ville **où** on parle français.
   → On **y** parle français.

EXPRIMER DES OPINIONS

À mon avis...
Je pense que...
Pour moi ...

Je (ne) suis (pas) d'accord | **avec** toi/vous.
         | **avec** ce projet.
         | **avec** Pierre.

À mon avis, on vit mieux à la campagne qu'en ville.

Je ne suis pas d'accord.

Moi non plus...

6. LA VILLE MYSTÉRIEUSE

Par groupes, faites la description d'une ville que vous connaissez assez bien. Sans dire son nom, décrivez-la aux autres élèves de la classe. Ils doivent deviner de quelle ville il s'agit.

Cette ville est ....

Elle se trouve ....

On y parle ....

On y mange ....

Il y a ....

Il n'y a pas ....

En été / en hiver ....

C'est une ville où ....

....

● C'est une grande ville où il fait très chaud en été. On y trouve beaucoup de belles églises. On y parle italien...
○ Rome !

7. LA VILLE OU LA CAMPAGNE

À votre avis, qu'est-ce qui caractérise le mieux la vie en ville et la vie à la campagne ? Par deux, classez les idées suivantes dans le tableau.

a. La vie est plus dure.

b. Il y a du bruit.

c. Il faut une voiture.

d. On est anonyme.

e. On a plus de relations avec les autres.

f. On s'ennuie vite.

g. La vie est plus chère.

h. On a le temps de vivre.

i. On a une meilleure qualité de vie.

j. On se sent seul.

k. On mange mieux.

l. Il y a beaucoup de spectacles et d'activités culturelles.

m. Il y a des problèmes de transport.

n. On n'a pas beaucoup de distractions.

o. L'hiver semble plus long.

p. ....

La vie en ville	La vie à la campagne

● Je pense qu'à la campagne on s'ennuie vite.
○ Je suis d'accord avec toi.

8. VILLEFRANCHE-SUR-GARENCE

A. Villefranche-sur-Garence est une ville imaginaire mais semblable à de nombreuses petites villes françaises. Lisez les informations récemment publiées dans la presse locale et identifiez en les soulignant les problèmes les plus graves de Villefranche.

Villefranche-sur-Garence

NOMBRE D'HABITANTS : 70 000
TAUX DE CHÔMAGE : HOMMES 9%, FEMMES 12%

Transport et Moyens de communication

Villefranche se trouve sur un axe de communication important qui relie le nord et le sud de la France. Les camions traversent la ville, les embouteillages sont permanents.

Il y a des problèmes de stationnement au centre-ville et les deux parkings publics accessibles à 500 voitures sont loin de suffire à la demande.

Il existe 5 lignes de bus. La cité des Myrtilles n'a pas de transport public.

Économie et Société

La cité des Myrtilles reste oubliée des autorités locales. Ce sont 3 000 logements construits en 1967 en plein *baby boom*. Il n'y a pas de transport public, pas de commerces, pas de centre sportif. Beaucoup de jeunes n'ont pas de travail et les actes de violence se multiplient.

Commerce

Deux hypermarchés situés à l'extérieur de la ville existent depuis 30 ans. Une nouvelle chaîne de super-marchés veut s'implanter au centre. Les petits commerçants du centre-ville s'opposent à ce projet.

Éducation et Santé

Il y a quatre écoles primaires (trois publiques et une privée), quatre crèches publiques et deux privées, trois collèges et deux lycées.

Il y a un hôpital (400 lits) et 2 cliniques privées (300 lits).

On observe une augmentation du nombre de toxicomanes : 220 recensés récemment. Il n'existe pas actuellement de structure d'accueil pour les toxicomanes, qui squattent les berges du fleuve ou dorment dans les parcs.

Il y a deux résidences pour les personnes âgées, l'une des deux n'est pas conforme aux normes légales de sécurité et de salubrité.

La population d'animaux domestiques (chiens, chats) pose un problème de civisme : les parcs et les trottoirs sont sales à cause des excréments de chiens.

Culture et Loisirs

Il n'y a qu'un seul musée, le Musée de l'Histoire de la Ville.

Il y a un cinéma multisalle intégré à l'un des deux centres commerciaux qui se trouvent à l'extérieur de la ville. Le vieux cinéma Rex n'est plus rentable et le bâtiment est mal entretenu.

Installations sportives : Stade du Racing club, une piscine municipale et le Centre sportif des Quatre Tilleuls (basket-ball, tennis et athlétisme).

Écologie et Environnement

L'incinérateur est objet de polémique, avec ses rejets de dioxines et ses fumées toxiques. Les habitants des quartiers à l'ouest de Villefranche ont fait circuler une pétition pour l'élimination de ce qu'ils appellent le « brûle-parfums ».

L'intensité du trafic routier (axe nord-sud qui traverse la ville) est une source importante de pollution (bruits et gaz). La Mairie étudie un projet de rocade pour dévier la circulation.

Jean Marc Meyer

B. Une radio locale fait une enquête auprès des Villefranchois. Prenez note des problèmes évoqués.

C. Formez maintenant des groupes de trois et décidez quels sont les quatre problèmes les plus urgents de la ville. Ensuite informez la classe de votre choix.

● Nous, nous pensons que les problèmes les plus graves sont ...

ANTISÈCHE

À notre avis...
Nous pensons que...
Pour nous...

Le problème fondamental, c'est...

Le plus urgent, *c'est de/d'...* construire / démolir / créer
  utile, investir / améliorer / élargir /
  important, fermer / ouvrir / déplacer
  conserver / nettoyer /
  promouvoir / engager
  ...

Pour résoudre le problème de la pollution
il faut/il est nécessaire de...

C'est vrai, mais...
Vous avez raison, mais...

Ce n'est pas vrai...
Nous ne sommes pas d'accord avec... vous / ça.

9. LES FINANCES DE VILLEFRANCHE

A. Avec les autres membres de la classe vous devez prendre des décisions importantes concernant l'avenir de la ville. Le moment est venu de fixer les budgets pour l'année prochaine.

En groupes, relisez le rapport publié dans la presse et les notes que vous avez extraites de l'enquête radiophonique.

Vous disposez d'un budget de 200 millions d'euros pour investir en infrastructures neuves. Combien consacrez-vous à chaque poste ?

● Nous allons investir 5 millions dans la construction d'un parking parce que nous pensons que c'est urgent.

B. Un porte-parole va défendre le budget de son groupe au cours d'une réunion du Conseil Municipal. Les autres peuvent formuler des critiques.

10. CHANGEMENTS DANS VOTRE VILLE

Quels sont les choix qui vous semblent nécessaires pour mieux vivre dans votre ville ? Rédigez un petit texte sur votre ville et suggérez trois propositions pour améliorer la qualité de vie de ses habitants.

11. SOLUTIONS URBAINES

A. Les villes modernes doivent chaque jour faire face à de nouveaux problèmes. Lisez ce texte paru dans la presse et pensez à des solutions possibles pour les problèmes évoqués.

VIEILLES VILLES PROBLÈMES MODERNES !

D'après une récente enquête de l'Institut national de la statistique et des études économiques (Insee), 54% des habitants des grandes villes classent le bruit en tête des nuisances les plus difficiles à supporter. Les problèmes de transport, le manque de places de stationnement, le vandalisme urbain, les files d'attente sont les autres problèmes évoqués. Les mairies cherchent des solutions, souvent consensuelles et originales, parfois autoritaires, pour améliorer la qualité de vie en ville. Voici quelques-uns des nouveaux problèmes auxquels doivent faire face les grandes villes.

A. Dans les villes canadiennes, à l'entrée des concerts et des spectacles, on constate que les longues files d'attente peuvent provoquer des tensions entre les gens.

B. Après les grèves de l'hiver 1995, des bandes de jeunes gens circulent en rollers dans les rues de Paris.

C. Les tags et les graffitis envahissent Clermont-Ferrand.

D. Le stationnement sauvage paralyse le centre ville d'Orléans.

E. Les déjections de pigeons provoquent beaucoup de dégâts dans les gares parisiennes.

F. La pyramide du Louvre est très difficile à nettoyer.

G. Les Parisiens subissent au quotidien un excès de bruits produits par les transports, le voisinage et les activités industrielles...

■ La pyramide du Louvre

☐ **1.** On diffuse de la musique adaptée à l'âge des gens dans la foule, on fait circuler le long des files des personnes déguisées en animaux qui font rire et saluent la foule.

☐ **2.** Pour un euro, les vendredis et samedis soirs, de 20 h à 7 h du matin vous pouvez garer votre voiture dans les parkings municipaux.

☐ **3.** Depuis peu, il suffit de remplir un formulaire municipal pour faire nettoyer gratuitement ses murs.

☐ **4.** Des guides de haute montagne ont d'abord assuré ce travail. Aujourd'hui, il est fait par un robot.

☐ **5.** Depuis 1979, il est interdit de nourrir les oiseaux dans les lieux publics.

☐ **6.** Après plusieurs semaines de discussions avec la mairie, un parcours est négocié. Ils sont maintenant plus de mille à se déplacer écologiquement le vendredi soir.

☐ **7.** La Mairie a établi diverses mesures de lutte contre le bruit : revêtements de chaussée, diminution de la vitesse et du volume de la circulation, travaux d'isolation des bâtiments publics.

B. Vous connaissez maintenant les problèmes, quelle est la solution qui, à votre avis, permet de résoudre chacun d'eux ?

12. UNE VILLE ANIMÉE ?

A. Regardez ces photos. Identifiez et décrivez ces lieux. Comment vivent ceux qui y habitent ? Avec quels éléments de la liste associez-vous ces photos ?

- des activités culturelles
- une grande qualité de vie
- une ville animée
- un climat humide
- le calme
- la gastronomie
- une population jeune

- une région agricole
- une ville française
- une résidence secondaire
- une ville américaine
- un quartier touristique
- autres...

- À mon avis, la première photo, c'est une région agricole.
- Oui, j'imagine que c'est un petit village très calme.

 B. Maintenant, écoutez quatre personnes qui parlent de ces lieux. À quelle photo correspond chaque interview ? Est-ce que cela coïncide avec ce que vous aviez dit dans l'activité ?

C. Et vous ? Voulez-vous nous présenter les caractéristiques de votre ville ou bien d'un lieu où vous avez vécu ?

CHERCHE COLOCATAIRE

Nous allons chercher dans la classe une personne avec qui partager un appartement.

Pour cela nous allons apprendre à :

♦ parler de nos goûts, de notre manière d'être et de nos habitudes
♦ décrire l'endroit où nous habitons
♦ exprimer des ressemblances, des différences et des affinités
♦ nous orienter dans l'espace
♦ communiquer nos impressions et nos sentiments

Et nous allons utiliser :

♦ adorer, détester, ne pas supporter
♦ (m') intéresser, (m') ennuyer, (me) déranger...
♦ le conditionnel : moi, je préférerais...
♦ les prépositions de localisation dans l'espace : à droite, à gauche, en face de...
♦ les questions : quand, où, à quelle heure...
♦ avoir l'air + adjectif qualificatif
♦ les intensifs : si, tellement

10

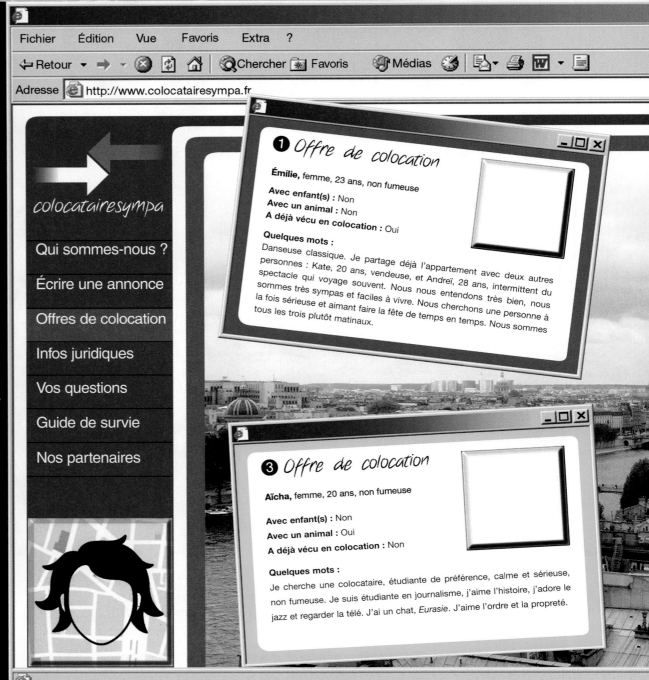

Fichier   Édition   Vue   Favoris   Extra   ?

← Retour ▾ → ▾   ⊗   🗘   🏠 | 🔍 Chercher   ⊞ Favoris   🎵 Médias   ⊗ | 🖳▾   🖨   🗏 ▾   🗐

Adresse 🔗 http://www.colocatairesympa.fr

colocatairesympa

Qui sommes-nous ?

Écrire une annonce

Offres de colocation

Infos juridiques

Vos questions

Guide de survie

Nos partenaires

❶ Offre de colocation

Émilie, femme, 23 ans, non fumeuse

Avec enfant(s) : Non
Avec un animal : Non
A déjà vécu en colocation : Oui

Quelques mots :
Danseuse classique. Je partage déjà l'appartement avec deux autres personnes : Kate, 20 ans, vendeuse, et Andreï, 28 ans, intermittent du spectacle qui voyage souvent. Nous nous entendons très bien, nous sommes très sympas et faciles à vivre. Nous cherchons une personne à la fois sérieuse et aimant faire la fête de temps en temps. Nous sommes tous les trois plutôt matinaux.

❸ Offre de colocation

Aïcha, femme, 20 ans, non fumeuse

Avec enfant(s) : Non
Avec un animal : Oui
A déjà vécu en colocation : Non

Quelques mots :
Je cherche une colocataire, étudiante de préférence, calme et sérieuse, non fumeuse. Je suis étudiante en journalisme, j'aime l'histoire, j'adore le jazz et regarder la télé. J'ai un chat, Eurasie. J'aime l'ordre et la propreté.

1. WWW.COLOCATAIRESYMPA.FR

A. Ces quatre jeunes femmes habitent Paris et cherchent un colocataire pour partager le loyer. Lisez les messages qu'elles ont laissés sur Internet et regardez les photos. Est-ce que vous pouvez retrouver qui est qui ?

2 Offre de colocation

Julie, femme, 28 ans, non fumeuse.

Avec enfant(s) : Non
Avec un animal : Non
A déjà vécu en colocation : Non

Quelques mots :
Je voyage beaucoup pour mon travail et je suis à la maison trois nuits par semaine seulement. Je fais de la méditation. Je suis assez facile à vivre mais je ne supporte pas la musique techno ni les gens bruyants.

4 Offre de colocation

Fabienne, 30 ans, fumeuse

Avec enfant(s) : Non
Avec un animal : Non
A déjà vécu en colocation : Oui

Quelques mots :
Je cherche un(e) colocataire étudiant(e) ou dans la vie active. Je travaille à la maison, le désordre ne me dérange pas, mais le bruit m'irrite. Je suis assez facile à vivre, j'adore la musique brésilienne, cuisiner et sortir.

Internet

B. Quelle impression vous font ces personnes ?

- Émilie a l'air très sociable, très tolérante.
- Oui, et elle a l'air assez sympathique.

sociable	sérieuse
amusante	« coincée »
sympa(thique)	timide
antipathique	ouverte
tolérante	intelligente
intéressante	bruyante
désordonnée	calme

C. Imaginez que vous allez vivre à Paris une année. Vous cherchez une chambre en colocation. Lisez de nouveau ces annonces, avec qui préféreriez-vous habiter ?

- Moi je préférerais habiter avec Aïcha, parce qu'elle est étudiante comme moi et non fumeuse.
- Moi non ! Je préférerais habiter avec Émilie parce qu'elle a l'air très ouverte et sociable.

2. DES APPARTEMENTS À LOUER

A. Regardez cette annonce immobilière. Pouvez-vous identifier chaque pièce ?

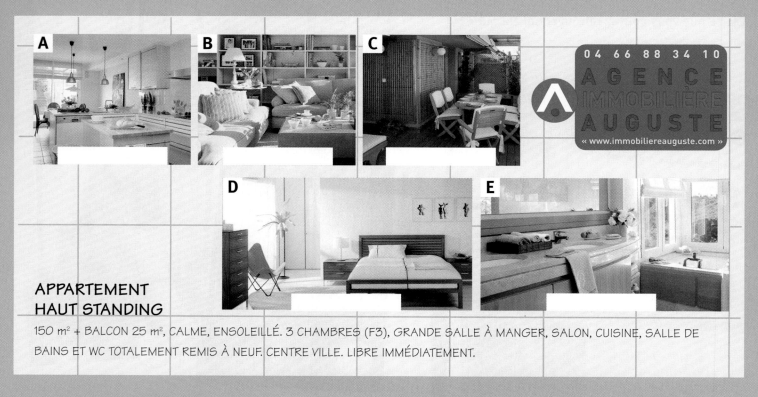

04 66 88 34 10

AGENCE IMMOBILIÈRE AUGUSTE

« www.immobiliereauguste.com »

APPARTEMENT HAUT STANDING

150 m² + BALCON 25 m², CALME, ENSOLEILLÉ. 3 CHAMBRES (F3), GRANDE SALLE À MANGER, SALON, CUISINE, SALLE DE BAINS ET WC TOTALEMENT REMIS À NEUF. CENTRE VILLE. LIBRE IMMÉDIATEMENT.

B. L'agent immobilier fait visiter l'appartement ci-contre. Écoutez la conversation. Où se trouve chaque pièce ?

- à côté (de)
- à gauche
- à droite
- au fond (de)
- en face (de)

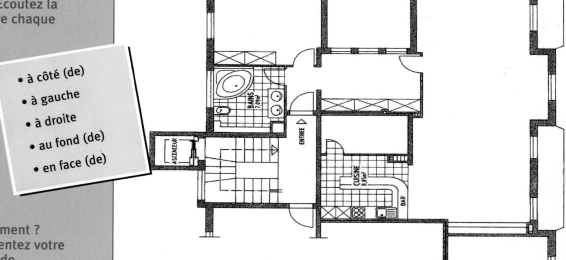

C. Et chez vous, c'est comment ? Complétez la fiche et présentez votre « chez-vous » à un camarade.

Nombre de chambres :	● studio	● 1 chambre (F1)	● 2 chambres (F2)
● 3 chambres (F3)	● 4 chambres (F4)	● 5 chambres (F5)	

○ grand	○ petit	○ au centre ville	○ loin du centre ville
○ calme	○ bruyant	○ ensoleillé	○ sombre

● Chez moi, c'est plutôt grand.
Il y a 6 pièces : la cuisine, la salle à manger, 2 chambres et un salon, une salle de bains et des toilettes, bien sûr. C'est un appartement...

3. VOTRE VEDETTE AU QUOTIDIEN

A. Lisez cette interview de la chanteuse Lara Garacan
et complétez sa fiche.

Interview de la chanteuse Lara Garacan

Bonjour Lara !

Bonjour !

Lara, quand vous n'êtes pas sur scène, que faites-vous ?

Eh bien, vous savez, dans ce métier, on a besoin de se retrouver seul avec soi-même. Il faut se protéger de la surmédiatisation. Donc, quand j'ai du temps pour moi, je m'occupe d'une ferme que j'ai dans le Gers, et puis, j'ai une grande passion pour l'eau, la mer, le soleil. Dès que je peux, je vais voir la mer.

Qu'est-ce que vous aimez particulièrement ?

J'aime la vie de famille, les enfants, cuisiner, accueillir des amis autour d'un bon plat. Il n'y a rien de meilleur qu'une bonne table avec des amis et des rires.

On dit que vous êtes une révoltée... Qu'en pensez-vous ?

Oui, je me sens révoltée, je supporte mal le système qu'on nous impose, alors j'écris beaucoup.

Écrire, ça vous permet d'exprimer votre révolte ?

Oui, j'en ai besoin pour exprimer mes révoltes. C'est pour ça que j'aime les sports à risques, je pense. Je fais du deltaplane et du ponting, J'adore les sensations fortes. Je suis un peu impatiente parfois et nerveuse, j'ai besoin de dépenser mon énergie.

Qu'est-ce que vous détestez ?

Je n'aime pas les hypocrites, je ne supporte pas qu'on me donne des ordres et il y a plein de petits détails qui me dérangent.

Comme quoi par exemple ?

La fumée, le bruit de la circulation en ville ou les chiens de mon voisin.

•Elle adore : .... •Elle supporte mal : ....

•Elle déteste : .... • .... la dérange/nt (beaucoup)

•Elle fait (souvent) : ....

B. Quelle impression vous fait Lara Garacan ?

● Elle a l'air facile à vivre.
○ Je ne sais pas. En tout cas, elle a l'air très dynamique.

C. Est-ce que vous avez des points communs avec Lara Garacan ? Parlez-en avec un camarade.

● Moi aussi j'aime la mer et le soleil.
○ Moi aussi...

4. MON APPART

A. Individuellement, faites le plan de votre appartement ou de votre maison en écrivant le nom des pièces.

B. Maintenant expliquez à un camarade la disposition des pièces chez vous. Celui-ci devra dessiner le plan de votre appartement ou maison en suivant vos indications.

- ● Alors, quand tu rentres, à droite, il y a une chambre.
- ○ Comme ça ?
- ■ Oui voilà, et à côté, il y a la salle de bains.

5. MOI, JE M'ENTENDRAIS BIEN AVEC...

Complétez cette fiche avec la description d'une personne de votre entourage (un ami, un cousin, une sœur, un frère...). Ensuite, par groupes de quatre, lisez cette description. Chacun doit décider s'il s'entendrait bien avec cette personne ou non.

Nom : .... Âge : ....

Il/elle adore :..............................
....
Il/elle déteste :............................
....
....

- danser
- l'ordre
- sortir
- inviter
- se lever tôt
- la télé

- nager
- le cinéma
- le sport
- la musique
- lire
- autre :

- les chats
- le désordre
- le bruit

- la saleté
- la fumée
- autre :

....
.... le/la gêne/ent beaucoup.
....
...........................le/la dérange/ent beaucoup.

Il/elle fait souvent ....
....

- du sport
- de la musique
- la sieste

- des voyages
- du vélo
- autre :

EXPRIMER DES IMPRESSIONS

Avoir l'air + adjectif

Elle a l'air ouverte. (= elle semble être ouverte)

Dans cette expression, l'adjectif s'accorde avec le sujet.

Il a l'air sérieux.
Elle a l'air sérieuse.

Trouver + adjectif

Je le trouve plutôt antipathique. (= il me semble...)

Elle est belle, mais je la trouve un peu froide.

EXPRIMER DES SENTIMENTS

IRRITER : *Le bruit (, ça) m'irrite.*
DÉRANGER : *La fumée (, ça) me dérange.*
GÊNER : *La pollution (, ça) me gêne.*
AGACER : *Le maquillage (, ça) m'agace.*
ÉNERVER : *La tranquillité (, ça) m'énerve.*
PLAIRE : *La danse (, ça) me plaît.*

Ces verbes peuvent tous s'employer avec la forme impersonnelle **ça me**, qui se conjugue à la 3ᵉ personne du singulier.

Si le sujet est pluriel, le verbe se conjugue à la 3ᵉ personne du pluriel.

Tous ces bruits m'irritent.

EXPRIMER L'INTENSITÉ FORTE

Qu'est-ce que c'est sombre !
Je le trouve tellement beau !
Elle est si belle !

CONDITIONNEL

Les terminaisons du conditionnel sont les mêmes pour tous les verbes.

AIMER
j'aimer**ais**
tu aimer**ais**
il/elle/on aimer**ait**
nous aimer**ions**
vous aimer**iez**
ils/elles aimer**aient**

FINIR
je finir**ais**
tu finir**ais**
il/elle/on finir**ait**
nous finir**ions**
vous finir**iez**
ils/elles finir**aient**

Ce temps sert à exprimer un désir.

> Je **préférerais** habiter avec Sonia.

> **J'aimerais** dîner en tête à tête avec Johnny Depp.

> Je **passerais (volontiers)** une semaine de vacances avec Eminem.

Il sert aussi à faire une suggestion, une proposition.

> On **pourrait** chercher un troisième colocataire.
> Il **pourrait** dormir dans la salle à manger.

ORIENTATION DANS L'ESPACE

 à droite (de)

 à gauche (de)

au coin (de)

en face (de)

au fond (de)

à l'angle (de)

 derrière

 devant

6. COLIN-MAILLARD

Règle du jeu : sur un papier, dessinez un parcours (vous pouvez vous inspirer de l'exemple). Votre camarade devra faire ce parcours avec un stylo les yeux fermés en essayant de suivre vos indications. Il doit sortir du parcours le moins possible.

● Alors, va tout droit, encore un peu. Arrête ! Maintenant tourne à droite...

7. TELLEMENT SÉDUISANT !

Pensez à des personnes, célèbres ou non,

- que vous aimeriez rencontrer.
- avec qui vous passeriez volontiers une semaine de vacances.
- avec qui vous dîneriez en tête-à-tête.
- avec qui vous partiriez en voyage à l'aventure.
- avec qui vous aimeriez sortir un soir.
- que vous inviteriez chez vous le jour de Noël.

● Moi, j'aimerais rencontrer Viggo Mortensen. Il est si séduisant !
○ Et bien moi, je passerais volontiers une semaine...

8. À LA RECHERCHE D'UN APPARTEMENT

A. Vous cherchez un logement avec deux autres camarades, voici trois plans d'appartements. Il y a un F2 très grand et clair, un F3 moyen et un F4 avec des chambres assez petites et plus sombres. Mettez-vous d'accord sur l'appartement que vous allez choisir.

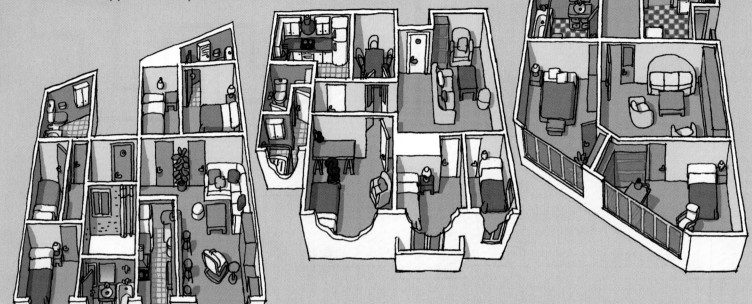

B. Vous venez de louer cet appartement avec vos deux camarades. Décidez comment vous allez partager l'espace et organiser votre cohabitation.

● On pourrait prendre l'appartement de 4 chambres.
○ Non, les chambres sont trop petites, on prend... ?
■ Non, je trouve que...

● Moi je prends cette chambre.
○ Oui, et moi celle-là.
■ Non, je ne suis pas d'accord...

9. LE/LA QUATRIÈME COLOCATAIRE

A. Le loyer de votre appartement a beaucoup augmenté. Vous décidez de chercher un quatrième colocataire. Où va-t-il dormir ?

● On pourrait partager une chambre ?
○ Non, je crois qu'on pourrait...

B. Vous avez passé une petite annonce dans la presse et quelques personnes vous ont contactés. Qu'est-ce que vous allez leur demander pour savoir si vous allez pouvoir vous entendre ? Chacun de vous va interviewer un candidat. Préparez ensemble les questions que vous allez lui poser.

1. Est-ce que tu fumes ?
2. À quelle heure tu te lèves normalement ?
3.
4.
...

C. Chacun va rencontrer un camarade d'un autre groupe qui jouera le rôle du candidat à la colocation. Vous allez l'interroger et lui montrer où il va dormir.

- Alors tu vas partager la chambre avec Paola.
- D'accord, mais…

D. À présent, retrouvez votre groupe d'origine et mettez en commun les réponses des candidats. Décidez avec qui vous voulez partager votre appartement.

- Moi je crois qu'on s'entendrait bien avec Oscar parce qu'il est très calme et il a l'air…

10. UN COURRIEL POUR LE QUATRIÈME COLOCATAIRE

Vous avez décidé qui sera le quatrième colocataire ? Bien, alors vous prévenez par courriel la personne que vous avez choisie.

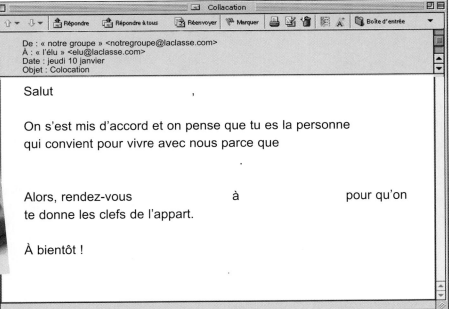

Collocation

De : « notre groupe » <notregroupe@laclasse.com>
À : « l'élu » <elu@laclasse.com>
Date : jeudi 10 janvier
Objet : Colocation

Salut   ,

On s'est mis d'accord et on pense que tu es la personne qui convient pour vivre avec nous parce que

Alors, rendez-vous   à   pour qu'on te donne les clefs de l'appart.

À bientôt !

LES FRANCILIENS RESTENT À LA MAISON

En Île-de-France, les jeunes restent un peu plus longtemps chez leurs parents que dans les autres régions françaises. Mais pourquoi cette tendance des jeunes à rester chez leurs parents s'accentue-t-elle en région parisienne ? Cette différence avec le reste de la France s'explique essentiellement par la proximité des universités. En effet, il y a beaucoup de facultés à Paris et dans sa région. Par conséquent, les jeunes de l'Île-de-France qui décident de faire des études universitaires ne sont pas obligés de quitter le domicile familial. En province, par contre, les universités sont souvent éloignées du domicile des parents et les jeunes doivent quitter leur famille pour poursuivre leurs études.

11. ENCORE CHEZ LEURS PARENTS

A. Lisez le texte. Est-ce que c'est aussi comme ça dans votre pays ?

B. Regardez ce tableau. C'est le pourcentage de jeunes qui vivent encore chez leurs parents dans la région parisienne. Qu'est-ce que vous remarquez ?

	HOMMES	FEMMES
20-24 ans	71%	56%
25-29 ans	27%	15%

C. D'après vous, pourquoi les filles partent-elles plus jeunes de la maison ? Choisissez une réponse.

a. Les filles ont plus souvent des conflits avec leurs parents au sujet des relations amoureuses.
b. Les filles étudient moins longtemps et commencent à travailler avant les garçons. Comme elles ont un salaire régulier, elles peuvent s'émanciper.
c. Les filles sont mieux préparées pour tenir une maison. Elles savent cuisiner, faire la vaisselle, le ménage et les courses.

D. Maintenant écoutez le sociologue Philippe Douchard et vérifiez votre réponse.

12. TÉMOIGNAGES

Lisez ces témoignages de jeunes Français.
Est-ce qu'il y a des points communs avec ce qui se
passe dans votre pays ?

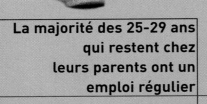

**Les filles sont plus souvent
pressées de partir
que les garçons**

◀ VANESSA

J'ai 24 ans et je suis aide-soignante. Je loue un
studio depuis deux ans. Le loyer est un peu cher
mais je préfère mon indépendance. Je n'ai pas
besoin de dire à mes parents avec qui je sors, où je
vais et à quelle heure je rentre.

**Quand les jeunes
s'émancipent, ils vont
souvent habiter à moins de
5 kilomètres de chez leurs
parents**

STEVEN ⊃

J'ai 23 ans et je travaille en
intérim. C'est un peu dur,
je ne gagne pas beaucoup
d'argent et mon loyer
représente 40% de mon
salaire. J'habite pas très loin
de chez mes parents, dans le
quartier où j'ai grandi.
Comme ça, le week-end, je
me retrouve avec mes copains
de toujours, on s'entend
bien ! C'est important de se
soutenir mutuellement.

**La majorité des 25-29 ans
qui restent chez
leurs parents ont un
emploi régulier**

◀ THIERRY

J'ai 27 ans, je suis mécanicien et j'ai un emploi stable depuis un an. Je vis
encore chez mes parents et ça ne pose aucun problème. Mes parents sont
très compréhensifs et tolérants, ils ont très bien accepté la présence de
Johanne, ma petite amie. Nous avons l'intention de faire quelques économies
et dans deux ou trois ans, nous nous installerons chez nous.

SI ON ALLAIT AU THÉÂTRE ?

Nous allons organiser un week-end dans notre ville pour des amis français.

Pour cela nous allons apprendre à :

- exprimer nos préférences en matière de loisirs
- faire part des expériences
- faire des suggestions et exprimer une envie
- inviter quelqu'un
- accepter ou refuser une invitation et à fixer un rendez-vous (lieu et date)

Et nous allons utiliser :

- *c'était (très)* + adjectif ; *il y avait plein de* + nom
- *ça te dit de* + infinitif
- *si on* + imparfait
- *avoir envie de* + infinitif
- le futur proche
- les jours de la semaine, les moments de la journée et l'heure
- des prépositions et locutions de localisation : *au centre de, (pas) loin de, (tout) près de*

11

NUITS BLANCHES

La meilleure musique de tes nuits blanches Dj Jean-Jean

12, rue du Blé

1

Finale de la Ligue des Champions

Olympique de Marseille-Milan

Samedi 20 heures
Stade Municipal

4

2

City
ha
ac
POLYGONE
ANTIGONE

KRONOS LE JEU DE RÔLE

2000 parties de KRONOS simultanées

Inscrivez-vous dès aujourd'hui

Antechrone

5

3

EUROMOTEUR
Foire internationale de l'automobile

Palais des expositions, Pavillons X et XI

COURS BASIQUE DE PHOTO NUMÉRIQUE

1. À FAIRE

A. Regardez les images. Quelles sont les activités qu'on peut faire dans cette ville ce week-end ?

B. Imaginez que vous passez le week-end dans cette ville. Lesquelles de ces activités vous intéressent ? Parlez-en avec deux autres camarades.

- Moi, j'aimerais bien prendre un bain dans un hammam et suivre un cours de photo numérique.
- ○ Et bien moi, j'aimerais...

○ suivre un cours de photo numérique

○ aller en boîte

○ prendre un bain au hammam

○ aller au cirque

○ visiter un salon ou une exposition

○ faire une partie de jeu de rôle avec des internautes du monde entier

○ faire du patin à glace

○ voir un match de football

○ faire du shopping

2. ÇA TE DIT ?

A. Maintenant, écoutez ces conversations entre des amis qui parlent de ce qu'ils vont faire ce week-end. Où vont-ils ?

1. Mario et Lucas : ....

2. Sonia et Nathanaël : ....

3. Lise et Katia : ....

B. Et vous ? Qu'est-ce que vous faites normalement le vendredi ou le samedi soir ? Parlez-en avec deux ou trois camarades.

	souvent	quelquefois	jamais
Je vais danser / en boîte...			
Je sors dîner.			
Je joue avec des amis à un jeu de société / jeu de rôle...			
Je « chate » avec mes amis.			
Je fais du théâtre, de la danse...			
Je vais au cinéma.			
J'organise des soirées DVD *netflix* avec des amis.			
Autres :			

- Moi, le samedi soir je vais souvent danser avec les copains.
- ○ Moi, le vendredi soir, je vais quelquefois au cinéma ou bien j'organise un repas à la maison.

3. VIVEMENT LE WEEK-END !

A. Tous ces gens parlent de leurs projets pour le week-end. Luc, par exemple, aimerait sortir avec Roxane, mais est-ce qu'elle va accepter ? Regardez ces illustrations, dans chacun des extraits une phrase manque. Replacez les phrases ci-contre dans le dialogue correspondant.

- Si on allait voir « Spiderman » ?
- Ça te dit de venir avec moi ?
- Moi, j'ai très envie d'aller danser.
- Euh, je suis désolé mais je ne suis pas libre samedi !

1

- ○ Allô !
- ● Bonjour Roxane ! C'est Luc !
- ○ Ah, bonjour Luc !
- ● Dis-moi, est-ce que tu es libre ce week-end ?
- ○ Euh... oui, pourquoi ?
- ● Et bien, j'ai deux entrées pour le concert de Björk samedi soir.
- ○ Ah oui ? Génial !
- ● ....
- ○ Oui, merci pour l'invitation !

2

Sandra

- ○ Qu'est-ce que tu fais, toi, ce week-end ?
- ■ .... Avec Samuel on va au Macadam Pub vendredi soir. Y'a des soirées salsa tous les vendredis. L'ambiance est très très sympa. Et toi ?
- ○ Moi je sors avec qui tu sais !!
- ■ Avec Luc ? C'est pas vrai !!
- ○ Si si ! Il m'a invité au concert de Björk.
- ■ Super !!

3

Nadège   Thomas   Yasmine

- ❑ Qu'est-ce qu'on fait samedi soir ?
- ▲ ....
- ▼ Ah je l'ai vu, c'est pas terrible !
- ❑ Oui, et puis moi, les films d'action, c'est pas mon truc.
- ▲ Et si on allait voir « Désirs et murmures ». Il paraît que c'est super bon !
- ▼ Ouais, moi je suis d'accord ! Et toi, Thomas ?
- ❑ Ouais, pour moi, c'est d'accord. On prévient Luc ?
- ▼ Ok, je m'en charge.

4

- ● Allô ?
- ▲ Allô Luc ?
- ● Ah salut Yasmine !
- ▲ Écoute, samedi soir on sort avec les copains. Tu veux venir ?
- ● ....

 B. Écoutez les dialogues complets et vérifiez puis résumez ce qu'ils vont faire ce week-end.

Luc va sortir samedi soir avec .... et ils vont aller ....

Sandra va sortir .... avec Samuel et ils vont ....

Yasmine va sortir .... avec .... et ils vont ....

 C. Écoutez de nouveau. Vous avez remarqué comment... ?

- On propose de faire quelque chose.
- On exprime un désir.
- On accepte une proposition.
- On refuse une invitation.

4. TROIS CINÉPHILES

A. Lisez ces synopsis, est-ce que vous savez à quel titre correspond chacun ?

❶

Film néo-zélandais/américain (2003)

▶ Les armées de Sauron ont attaqué Minas Tirith, la capitale de Gondor. Les Hommes luttent courageusement. Tous les membres de la communauté font tout pour détourner l'attention de Sauron et donner à Frodon une chance d'accomplir sa mission. Voyageant à travers les terres ennemies, Frodon doit se reposer sur Sam et Gollum, tandis que l'anneau continue de le tenter.

❷

Film français/américain (1988)

▶ Ce film raconte l'histoire de deux enfants en Grèce, passionnés par la plongée en apnée. Leur rivalité se poursuivra dans leur vie d'adulte. Lequel des deux descendra le plus loin ? Vous découvrirez leurs amours, leurs amitiés, avec les humains et avec les dauphins.

❸

Film américain (1990)

▶ Clarisse Sterling, une jeune stagiaire du FBI, est chargée d'enquêter sur une série de meurtres épouvantables commis dans le Middle West par un psychopathe connu sous le nom de « Buffalo Bill ».

B. Marc, Léna et Stéphane sont trois jeunes qui « chatent » parfois sur Internet. Voici un fragment d'un de leurs « chats » se rapportant aux films ci-contre. Qu'est-ce que chacun a vu ? Quand ? Qu'est-ce qu'ils en ont pensé ?

Adresse http://www.chatjeune.com

Marc-19 dit :
Salut les gars !
Je suis allé au ciné club la semaine dernière j'ai vu un bon film, vraiment je vous le recommande.

Stephparis dit :
Ah ! Ouais ! C'est quoi ?

Marc-19 dit :
Je me souviens plus du titre, c'est pas très récent, c'est en anglais sous-titré.

Lena-na dit :
Et ça raconte quoi ?

Marc-19 dit :
C'est un film policier, mais avec beaucoup de suspense. C'est génial !

Stephparis dit :
Ben moi aussi je suis allé au ciné, hier au soir et j'ai vu « Le Retour du roi ».

Lena-na dit :
Tu as aimé ?

Stephparis dit :
Euh ! Oui, j'ai bien aimé, c'est pas mal mais je m'attendais à autre chose. Avec toute la publicité qu'il y a eu, je pensais voir quelque chose d'extraordinaire.

Marc-19 dit :
Moi, j'ai lu le livre et c'est super !

Lena-na dit :
Eh ben moi ce week-end j'ai revu un film pour la troisième fois. C'est mon film préféré.

Stephparis dit :
Trois fois ! ? C'est quoi cette merveille ?

Lena-na dit :
C'est un vieux film, très poétique. Les images sont superbes. C'est sur la mer, les dauphins... J'adore.

LE GRAND BLEU

LE SILENCE DES AGNEAUX:

LE SEIGNEUR DES ANNEAUX : LE RETOUR DU ROI

⭐	Quel film ?	Quand ?	Appréciation positive	négative
Marc				
Léna				
Stéphane				

C. Aimez-vous le cinéma ? Pensez à un film qui vous a plu : recommandez-le à vos camarades.

● Vous avez vu « Vatel ». C'est un film génial de...

5. QU'EST-CE QUE VOUS AVEZ FAIT CE WEEK-END ?

A. Vous allez découvrir ce que les autres personnes de la classe ont fait ce week-end. Mais, d'abord, remplissez vous-même ce questionnaire.

Je suis resté(e) chez moi.

Je suis allé/e
- au cinéma.
- à un concert.
- en discothèque.
- chez des amis.
- ailleurs : ....

J'ai fait
- du football.
- du skate.
- une partie de cartes.
- autre chose : ....

J'ai vu
- un film.
- une exposition.
- autre chose : ....

B. Parlez maintenant avec deux ou trois camarades de vos activités du week-end.

C'était	génial. chouette. sympa. nul. ennuyeux.	**Je me suis**	vraiment vachement bien beaucoup pas mal	amusé/e. ennuyé/e.

- Qu'est-ce que tu as fait ce week-end ?
- Je suis allée à un concert de musique classique...

C. Quelles sont les trois activités les plus fréquentes dans votre classe ?

D. Vous avez déjà des projets pour le week-end prochain ? Parlez-en avec deux autres camarades.

- Moi, le week-end prochain je vais aller au cinéma.
- Eh bien moi, je vais peut-être sortir en boîte. Et toi ?
- Moi, je ne sais pas encore.

6. J'AI A-DO-RÉ !

Mettez-vous par groupes de trois et parlez d'un lieu où vous êtes allés et que vous avez adoré ou détesté. Vous pouvez utiliser un dictionnaire ou demander de l'aide à votre professeur.

- Un lieu que tu as adoré ?
- Moi, la Sicile, c'est dans le sud de l'Italie. C'était très joli et il faisait très très beau. C'était très très bien. Vraiment !
- Et un lieu que tu as détesté ?

DÉCRIRE ET ÉVALUER (UN SPECTACLE, UN WEEK-END...)

- *Tu es allé au cinéma ?*
- *Oui, j'ai vu Spiderman III. C'était génial !*

C'était (vraiment)	super. génial.

C'était (très très*)	joli. mauvais. intéressant. bien. sympa.

* À l'oral, on répète souvent **très** pour donner plus de force à l'appréciation.

C'est un journal d'informations / un film / un documentaire / un jeu concours / un « reality show » / une retransmission sportive / une série télévisée / un magazine

IL Y AVAIT PLEIN DE + SUBSTANTIF

Plein de s'utilise en code oral dans le sens de « beaucoup de ».

- *En boîte hier, il y avait **plein de** fumée. Impossible de respirer !*
- *Oui, mais il y avait aussi **plein de** gens intéressants !*

* À l'oral, **il y avait** est souvent prononcé **y'avait**.

PROPOSER, SUGGÉRER QUELQUE CHOSE

Ça me/te/vous/... dit de/d' + INFINITIF

Ça ne me dit rien de visiter un musée.

Ça te dit d'aller en boîte ?

Ça vous dit de voir un film ?

- *Ça te dit de manger un couscous ?*
- *Non, ça me dit rien du tout.*

(Et) Si on + IMPARFAIT ?

Et si on	**allait** au cinéma ce soir ? **mangeait** au restaurant ? **regardait** un film à la télé ? **allait** en boîte ?

AVOIR ENVIE DE

Avoir envie de sert à exprimer un désir.

J'ai envie de danser / vacances.

ACCEPTER OU REFUSER UNE PROPOSITION OU UNE INVITATION

Vous acceptez : **Volontiers !**
               D'accord !
               Entendu !

Vous refusez poliment une invitation.

	je ne suis pas libre.
	je ne suis pas là.
(Je suis) désolé/e, mais	je ne peux pas.
	j'ai beaucoup de travail.
	je n'ai pas le temps.

FIXER L'HEURE D'UN RENDEZ-VOUS

● *On se retrouve à quelle heure ?*
○ *À vingt heures.*
● *D'accord.*

LES MOMENTS DE LA JOURNÉE ET L'HEURE

		dix heures
		dix heures cinq
		dix heures **et quart**
samedi (matin)		dix heures vingt-cinq
lundi (soir)	**à**	**dix** heures **et demie**
vendredi		**dix** heures trente-cinq
		onze heures **moins** vingt
		onze **moins le quart**
		onze heures **moins** cinq

INDIQUER UN LIEU

● *Je vous recommande la pizzeria « Chez Geppeto ».*
○ *Ah! oui, c'est où ?*
● *Tout près de chez moi, place de la Claire Fontaine.*

Dans le sud/l'est/l'ouest/le nord **de** l'Espagne.
Au sud, au nord, à l'est, à l'ouest **de** Paris.
À Berlin
Au centre de Londres
Dans mon quartier
Pas loin de chez moi
(Tout) près de la fac / du port
(Juste) à côté de la gare/ du stade
Devant le restaurant L'eau vive
Sur la place du marché
À la piscine / **Au** Café des sports
Au 3, rue de la Précision

7. CE SOIR À LA TÉLÉ

A. À deux : regardez le programme de quatre chaînes de télévision. De quel type d'émissions s'agit-il ?

TF1	La 2	La 3	Canal +
20h30	**20h55**	**20h55**	**21h00**
Le millionnaire Ce soir deux candidats de la région parisienne vont s'affronter pour gagner des millions.	**La CRIM** Suite de l'enquête de l'inspecteur Rive sur une étrange affaire d'enlèvement.	**Thalassa** Escale au Pérou. Thalassa nous emmène ce soir sur les côtes du Pacifique pour découvrir Paracas : un oasis au milieu de la mer.	**From Hell (2001)** Sur les traces de Jack l'éventreur, avec Johnny Depp.
21h40	**23h50**	**00h55**	**23h15**
Le loftstory Retransmission en direct de la vie au quotidien de nos 8 amis enfermés maintenant depuis 5 semaines dans une maison de la région parisienne. Qui devra s'en aller demain ?	**Contre-courant** Les passagers clandestins. Notre envoyé spécial a filmé ces jeunes qui mettent leur vie en danger pour partir vers un avenir meilleur.	**Le Journal et La Météo**	**Championnat NBA** **02h30** **Tradition et Folk** Concert de l'Ensemble de musique traditionnelle tunisienne.

B. Est-ce que cette programmation ressemble à celle de la télévision dans votre pays ? Quelles émissions aimez-vous voir ?

● Moi, le jeudi soir, je regarde « Acoustic » sur TV5, c'est super !
○ C'est à quelle heure ?

8. ON PREND RENDEZ-VOUS

À deux, imaginez que ce sont les activités proposées cette semaine dans votre ville. Mettez-vous d'accord pour en choisir une ensemble.

● Ça te dit d'aller voir « Matrix » dimanche ?
○ Oui, à quelle heure ?
● À vingt heures.
○ Ah non, c'est trop tard.
● Et à dix-sept heures trente ?

GRAND CONCERT DE BRUCE SPRINGSTEEN
Stade des Étoiles
Samedi à 21 h

MICROPOLIS La cité des insectes

Au moyen d'images, de sons d'une architecture et d'une scénographie spectaculaires, originales et ludiques, ce musée transporte le visiteur dans l'univers des insectes.

HORAIRES

De mars à décembre : de 10 h à 16 h

De juin à septembre : de 9 h à 19 h

BOWLING
Centre commercial des 2 Ponts
13 pistes
Tous les jours de 11 h à 1 h du matin

RÉSERVE ANIMALIA

Dans notre réserve vous pouvez voir de près des animaux sauvages en pleine liberté, comme dans leur habitat naturel.

Ouvert tous les jours, toute l'année.

Cinéma FOX

MATRIX
Séances :
14 h 30, 17 h 30, 20 h et 22 h

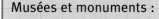

9. CE WEEK-END, ON SORT !

A. Imaginez qu'un ami vient passer le week-end dans votre ville. Vous pouvez lui recommander des lieux où aller ?

Lieux à visiter dans les environs :

Musées et monuments :

Endroits où manger :

Bars, pubs et discothèques :

Autres activités à faire :

B. Comparez vos recommandations avec celles de deux autres camarades. Vous connaissez tous ces lieux ?

● La Pizzeria 4 Staggioni, c'est bien ?
○ Oui, on y mange bien et c'est pas cher.
● Et c'est où ?
○ Dans le centre, près de chez moi.

10. CHARLINE, RACHID ET SARAH

A. Charline, Rachid et Sarah cherchent des correspondants. Lisez les messages qu'ils ont laissés sur Internet. Est-ce qu'ils aiment faire les mêmes choses que vous ? Cherchez les points communs que vous avez avec eux et commentez-les avec un ou deux camarades.

● Rachid aime le football et moi aussi.
○ Charline est comme moi, elle adore la musique.

Nom : Loiseau · **Prénom :** Sarah
Courriel : ssarah@mot.com

J'aimerais correspondre avec des jeunes qui, comme moi, aiment la nature (je fais de la randonnée et j'ai une super collection de scarabées). Je fais partie d'une association écologique et je veux devenir vétérinaire ou biologiste. J'aime aussi lire, surtout des romans de voyages (je suis une authentique fan de Jules Verne) et je rêve de voyager dans le monde entier.

Nom :
Agili

Prénom :
Rachid

Courriel :
rachidagili@prop.com

Si tu aimes le football (je suis supporter du Paris Saint-Germain), le cinéma, (je fais des courts-métrages avec des copains) la B.D. (Obélix et Astérix, Tintin,Titeuf...) et les parcs de loisirs (j'en ai visité 5 jusqu'à présent), eh bien, je suis le correspondant idéal. Alors, j'attends ta réponse.

Nom :
Boudou

Prénom :
Charline

Courriel :
charline@wanadoo.fr

Salut, je suis une jeune Parisienne et je cherche des correspondants de tous pays. J'adore la musique (je joue de la guitare avec un groupe de copains) et les sports (natation, VTT, courses de motos). Je suis très ouverte, curieuse de tout et j'adore faire la fête entre amis.

B. Imaginez que ces trois jeunes viennent passer le week-end prochain dans votre ville. Est-ce qu'il y a des endroits que vous pourriez leur recommander en fonction de leurs goûts ? Est-ce qu'il y a actuellement des événements (spectacles, expositions, concerts, etc.) qui pourraient les intéresser ? Parlez-en avec deux camarades.

● *Sarah aime la nature. Elle pourrait visiter le Jardin botanique. Il y a...*

C. Votre école et celle de Charline, Rachid et Sarah ont organisé un échange. Ils arrivent vendredi soir ! Avec deux autres camarades, décidez lequel des trois vous voulez accompagner ce week-end puis mettez au point le programme.

D. Vous allez maintenant présenter oralement votre programme.

SAMEDI

8 ——————
10 ——————
12 ——————
14 ——————
16 ——————
18 ——————
20 ——————
22 ——————

DIMANCHE

8 ——————
10 ——————
12 ——————
14 ——————
16 ——————
18 ——————
20 ——————
22 ——————

11. DEUX GÉNÉRATIONS DE FRANÇAIS ET LEURS LOISIRS

A. Lisez ces deux petits textes à propos des loisirs de deux générations de Français. Est-ce que les 11-20 ans et les 25-35 ans se comportent de la même manière dans votre pays ? Est-ce qu'ils ont aussi de l'argent de poche ? Échangez vos impressions avec deux autres personnes.

B. Quel est votre âge ? Est-ce que vous appartenez à l'une de ces deux générations ? Si c'est le cas, est-ce que vous vous reconnaissez dans leur description ? Vous pouvez rédiger un petit texte où vous décrirez le mode de vie de votre génération dans votre pays.

ARGENT DE POCHE

- Les 11-14 ans reçoivent en moyenne 17 euros d'argent de poche par mois.

- Les 15-17 ans disposent en moyenne de 46 euros par mois.

- Les 18-20 ont 99 euros par mois.

LA GÉNÉRATION LOFT*

Ils ont entre 11 et 20 ans et, en 2002, ils représentent seulement 13,1% de la population française. Les amis ont, à leurs yeux, beaucoup d'importance. Cette génération s'exprime par SMS, visite les forums sur internet et « chate » avec des amis du monde entier rencontrés sur le réseau (Internet).

Les garçons comme les filles donnent beaucoup d'importance à leur look et faire du shopping est l'un de leurs loisirs préférés. En matière de mode, les garçons aiment les marques de sport et les filles achètent des marques peu chères qui leur permettent de changer de look fréquemment.

* Ce nom vient d'une émission de télé réalité « Loft story » où des jeunes gens devaient vivre pendant plusieurs mois enfermés dans un grand appartement ou loft.

LES TRENTENAIRES

Une nouvelle tribu est née. Ils ont entre 25 et 35 ans et ils mènent une vie professionnelle dure et trépidante. On les appelle aussi les « adulescents » (adulte + adolescent) parce qu'ils ont une famille, un travail et des responsabilités mais ils ne veulent pas vieillir. Ils aiment retrouver les sensations, les émotions et les jeux de leur enfance. Le week-end, ils vont à des soirées spéciales où ils chantent et dansent sur les airs de leur enfance tandis que sur les écrans géants, défilent des extraits de Goldorak, Capitaine Flam, Candy ou Casimir. La nostalgie de ces années-là est devenue un style de vie !

12. TOUS LES JEUNES FONT LES MÊMES CHOSES ?

Écoutez ces interviews de trois jeunes provenant de trois pays différents. Notez, suivant le modèle du tableau ci-dessous, ce qu'ils font pendant leur temps libre.

	Quand ?	Quoi ?	Avec qui ?
1. Rebecca (Suisse)			
2. Valérie (Québec)			
3. Olivier (France)			

C'EST PAS MOI !

allons mettre au
un alibi et justifier
emploi du temps.

ela nous allons
dre à :

nter des événements
nformant de leur
cession dans le temps
ire un lieu, une personne,
circonstances
ander et donner des
rmations précises
eure, le lieu, etc.)

s allons utiliser :

parfait et le passé
posé
ord, ensuite, puis,
s, enfin
t + nom, avant de +
itif
s + nom/infinitif passé
en train de
imparfait)
ppeler au présent
e semble que
xique des vêtements
leurs et matières)
escription physique
arqueurs temporels :
soir, dimanche dernier,
t-hier vers 11 heures
te...

1. GRANDS ÉVÉNEMENTS

A. Regardez ces photos. De quels événements s'agit-il ?

LANCE ARMSTRONG A GAGNÉ
SON SIXIÈME TOUR DE FRANCE ! ◯

COUPE DU MONDE :
LE BRÉSIL A REMPORTÉ
LA VICTOIRE CONTRE L'ALLEMAGNE ◯

CHUTE DU MUR DE BERLIN :
DES FAMILLES SE SONT RETROUVÉES
DANS LA PLUS GRANDE ÉMOTION ◯

11 OSCARS POUR « LE SEIGNEUR DES ANNEAUX » :
LE RECORD DE TITANIC ET BEN-HUR A ÉTÉ ATTEINT ! ◯

INCROYABLE ! ON A MARCHÉ SUR LA LUNE ◯

LE PRÉSIDENT FRANÇOIS MITTERRAND ET ÉLISABETH II
ONT INAUGURÉ LE TUNNEL SOUS LA MANCHE ◯

CLONAGE : LA BREBIS DOLLY EST NÉE ◯

BECKHAM ET VICTORIA SE SONT MARIÉS ◯

⑧

B. C'était en quelle année ?

• 1969 • 1989 • 1994 • 1996 • 1999 • 2002 • 2004 • 2004

● Je pense que le Brésil a remporté la Coupe du Monde de football contre l'Allemagne en 2000.
○ Non, moi, je crois que c'était en 2002.

C. Vous rappelez-vous certains de ces événements ?
Quel âge aviez-vous cette année-là ?

● Moi, en 1969, je n'étais pas né !
○ Moi non plus !
■ Moi, je me rappelle la Coupe du Monde de 2002. J'avais 12 ans.

D. Est-ce qu'il y a des événements sportifs, culturels, scientifiques ou autres qui vous ont marqué ? C'était en quelle année ?

2. UN BON ALIBI

Essayez de répondre : où étiez-vous ? Dans le tableau ci-dessous, voici quelques suggestions pour vous aider.

Où étiez-vous...

• dimanche dernier à 14 heures ?
• hier soir à 19 heures ?
• le 31 décembre à minuit ?
• le jour de votre dernier anniversaire à 22 heures ?
• avant-hier à 6 heures du matin ?
• ce matin à 8 heures 30 ?

(Moi) j'étais...

• en train de regarder la télévision.
• en train de prendre un bain.
• en train de manger.
• en train de dormir.
• en train d'étudier.
• en train de...

• en classe.
• en voyage.
• chez moi.
• chez des amis.
• au cinéma.
• au travail.

• avec un/e ami/e.
• avec ma femme/mon mari.
• avec ma famille.
• avec mon/ma petit/e ami/e.

• je ne me rappelle pas bien.
• il me semble que...
• je crois que...

● Moi, hier à 17 heures 20, j'étais chez moi en train de regarder la télévision.
○ Moi, j'étais au cinéma avec un ami.
■ Moi, je ne me rappelle pas bien, mais il me semble que...

3. LE COMMISSAIRE GRAIMET MÈNE L'ENQUÊTE

A. Voici un extrait d'un roman policier où le commissaire Graimet mène une enquête sur un vol qui a eu lieu la semaine dernière. Lisez ce dialogue entre le commissaire Graimet et l'un des témoins du *hold-up*. Pouvez-vous identifier les deux gangsters parmi ces cinq suspects ?

B. Regardez les verbes employés dans ce dialogue, ils sont tous au passé mais ils sont conjugués à deux formes différentes. Vous pouvez les séparer en deux groupes ? Quelles remarques pouvez-vous faire sur leur construction ?

Vous avez vu	J'étais

C. Lisez de nouveau le dialogue et essayez d'expliquer à quoi servent l'une et l'autre forme verbale.

L'inspecteur Graimet allume sa pipe et commence à poser des questions :

– Alors, qu'est-ce que vous avez vu ?

– Eh bien, hier matin, à 9 heures, je suis allé à ma banque pour retirer de l'argent... Je faisais la queue au guichet quand...

– Il y avait beaucoup de monde ?

– Oui, euh, il y avait cinq personnes devant moi.

– Est-ce que vous avez remarqué quelque chose de suspect ?

– Oui, euh, juste devant moi, il y avait un homme...

– Comment était-il ?

– Grand, blond, les cheveux frisés.

– Comment était-il habillé ?

– Il portait un jean et un pull-over marron.

– Et alors ? Qu'est-ce qui était suspect ?

– Eh bien, il avait l'air très nerveux. Il regardait souvent vers la porte d'entrée.

– Bien, et qu'est-ce qui s'est passé ?

– Soudain, un autre homme est entré en courant et...

– Comment était-il ?

– Euh, eh bien il était plutôt de taille moyenne, roux, les cheveux raides... Il avait l'air très jeune. Ah ! Et il portait des lunettes.

– Et, à ce moment-là, qu'est-ce qui s'est passé ?

– L'homme qui était devant moi a sorti un revolver de sa poche et il a crié « Haut les mains ! C'est un hold-up ».

– Alors, qu'est-ce que vous avez fait ?

– Moi ? Rien ! J'ai levé les bras comme tout le monde.

12

D. Pensez à l'un de ces personnages et décrivez-le à votre camarade qui devra deviner de qui il s'agit.

● *Il est plutôt grand, il a les cheveux raides...*
et il porte un blouson marron.
○ *C'est celui-ci !*

Il porte
- une veste
- un blouson
- un pull-over
- une chemise
- une cravate
- un pantalon
- un jean
- des chaussures
- une casquette
- des lunettes
- une moustache
- la barbe

Il a les cheveux
- courts
- raides
- bruns
- roux
- longs
- frisés
- blonds
- châtains

Il est chauve

Il a les yeux
- bleus
- noirs
- gris
- verts
- marron

Il est (plutôt)
- grand
- de taille moyenne
- petit
- gros
- mince
- maigre

4. FAIT DIVERS

A. Olivier Debrun a été victime d'un vol. L'agent de police qui l'a interrogé a pris des notes sur son carnet. Lisez ses notes, puis essayez avec un camarade d'imaginer ce qui est arrivé à Olivier Debrun.

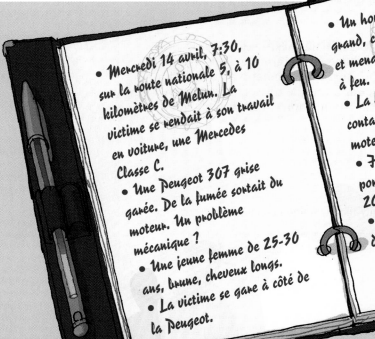

- Mercredi 14 avril, 7:30, sur la route nationale 5, à 10 kilomètres de Melun. La victime se rendait à son travail en voiture, une Mercedes Classe C.
- Une Peugeot 307 grise garée. De la fumée sortait du moteur. Un problème mécanique ?
- Une jeune femme de 25-30 ans, brune, cheveux longs.
- La victime se gare à côté de la Peugeot.

- Un homme d'environ 35 ans, grand, châtain, mal rasé apparaît et menace la victime avec une arme à feu.
- La femme demande les clefs de contact de la Mercedes, met le moteur en marche.
- Ils emportent son téléphone portable ; 3 cartes de crédit ; 200 Euros.
- Malfaiteurs partis en direction de Fontainebleau.

SOCIÉTÉ

Vol de voiture à main armée sur la N5

Mercredi matin, un homme a été victime d'un couple de malfaiteurs sur la nationale 5, près de Melun.

Olivier Debrun .... comme d'habitude quand il a vu .... arrêtée sur le bord de la route nationale 5 .... faisait signe aux automobilistes de s'arrêter. « .... raconte Olivier Debrun, alors j'ai pensé qu'elle avait un problème mécanique et je me suis arrêté pour l'aider. » À ce moment-là, le complice de la jeune femme, qui était caché dans la Peugeot, est sorti et a menacé la victime avec .... Olivier Debrun a été contraint de donner .... ainsi que .... , et .... qu'il portait sur lui.
Les deux complices se sont enfuis ....

 B. Écoutez les déclarations de la victime. Est-ce que cela correspond à ce que vous aviez imaginé ? Maintenant, en vous appuyant sur les déclarations de la victime et sur les notes de police, complétez l'article ci-contre qui doit être publié dans la presse.

5. JE PORTAIS

A. Mettez-vous deux par deux. Vous rappelez-vous comment votre camarade était habillé à la classe précédente ?

- Je me rappelle que tu portais un pull-over bleu marine.
- Non, pas du tout ! J'avais une chemise blanche !

B. Maintenant, individuellement, écrivez sur une feuille comment vous étiez habillé(e) à la dernière classe de français. Puis, donnez votre description anonyme au professeur qui l'affichera au tableau.

C. Formez des groupes de quatre personnes, lisez les descriptions au tableau et essayez de vous rappeler qui était habillé de cette manière. Le groupe qui a reconnu le plus de personnes a gagné.

6. CROYEZ-VOUS À LA RÉINCARNATION ?

Imaginez que vous vous souvenez d'une vie antérieure. Pensez à un métier d'autrefois, vous pouvez utiliser un dictionnaire ou demander à votre professeur. Ensuite, expliquez à tour de rôle comment vous étiez et ce que vous faisiez. Vos camarades doivent deviner de quel métier il s'agit.

- Je vivais en/au/à ....
- Je portais ....
- J'étais ....
- On me/m' respectait/aimait/craignait/écoutait ....
  ....
- J'avais ....
- Je faisais ....
- J'aimais ....

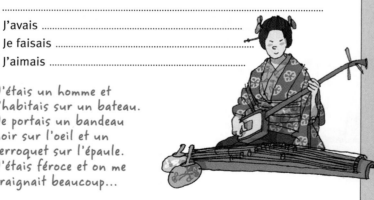

- J'étais un homme et j'habitais sur un bateau. Je portais un bandeau noir sur l'oeil et un perroquet sur l'épaule. J'étais féroce et on me craignait beaucoup...

7. DEVINEZ CE QU'IL A FAIT AVANT ET APRÈS !

A. Qu'est-ce que vous avez fait hier ? Complétez les phrases suivantes.

- Hier, avant de sortir de chez moi, je/j' ....
- Après le déjeuner, je/j' ....
- Aussitôt après avoir dîné, je/j' ....
- Juste avant de me coucher, je/j' ....

B. À deux, faites maintenant des suppositions sur ce que votre camarade a fait hier.

- Hier, avant de sortir de chez toi, tu as allumé ton portable ?
- Non, avant de sortir de chez moi, j'ai bu un café.

L'IMPARFAIT

Pour former l'imparfait, on prend la base du présent à la première personne du pluriel et on ajoute les terminaisons de l'imparfait.

SE LEVER	
	je me lev**ais** [e]
	tu te lev**ais** [e]
	il/elle/on se lev**ait** [e]
	nous nous lev**ions** [iõ]
	vous vous lev**iez** [ie]
	ils/elles se lev**aient** [e]

ÊTRE:	j'**ét**ais	nous **ét**ions
	tu **ét**ais	vous **ét**iez
	il/elle/on **ét**ait	ils/elles **ét**aient

L'imparfait situe une action dans le passé sans signaler ni le début ni la fin de l'action. Il sert à parler de nos habitudes dans le passé.

*À cette époque-là, elle **se levait** tous les matins à 6 heures.*

L'imparfait sert aussi à décrire une action en cours.

- *Que **faisiez-vous** samedi soir dernier ?*
- *Moi, je **regardais** la télévision.*

Ou bien à décrire les circonstances qui ont entouré un événement.

*Il n'est pas venu en classe parce qu'il **était** malade et **avait** de la fièvre.*

LE PASSÉ COMPOSÉ

Le passé composé sert à raconter l'événement.

- *Qu'est-ce qui s'est passé ?*
- *Deux malfaiteurs **ont attaqué** la banque.*

- *Qu'est-ce que **vous avez fait** hier soir ?*
- *Je **suis allé** au cinéma.*

VOIR		ALLER	
j'**ai**		je **suis**	
tu **as**		tu **es**	all**é/e**
il/elle/on **a**	vu	il/elle/on **est**	
nous **avons**		nous **sommes**	
vous **avez**		vous **êtes**	all**é/s/es**
ils/elles **ont**		ils/elles **sont**	

Tous les verbes pronominaux (**se lever, s'habiller** etc.) et les verbes **entrer, sortir, arriver, partir, passer, rester, devenir, monter, descendre, naître, mourir, tomber, aller, venir** se conjuguent avec l'auxiliaire **être**. Dans ce cas, le participe s'accorde avec le sujet.

LES PARTICIPES PASSÉS

Il existe 8 terminaisons pour les participes passés.

-é → étudi**é**	**-i** → fin**i**	**-it** → écr**it**
-is → pr**is**	**-ert** → ouv**ert**	**-u** → v**u**
-eint → p**eint**	**-aint** → pl**aint**	

Attention à la place des adverbes !

*Il a **beaucoup** dormi.*
*Nous avons **bien/mal** mangé.*

EXPRESSION DE LA NÉGATION

*Je **ne** suis **pas** allé au cinéma.*

En français oral, **ne** disparaît souvent.

● *Et Pierre, il est **pas** venu ?*
○ *Non, je l' ai **pas** vu.*

SITUER DANS LE TEMPS

Hier,
Hier matin,
Hier après-midi, ⎤— je suis allé au cinéma.
Hier soir,
Avant-hier, ⎦

Ce matin, ⎤— j'ai fait de la gymnastique.
Cet après-midi, ⎦

Dimanche, lundi, mardi... j'ai joué au football.
Vers 7:30
À 20:00 **environ**

LA SUCCESSION DES ÉVÉNEMENTS

__D'abord,__ j' ai pris mon petit déjeuner.
__Ensuite,__ je me suis douché.
__Puis,__ je me suis habillé.
__Après,__ je suis sorti.
__Et puis,__ j' ai pris l' autobus.
__Enfin,__ je suis arrivé au travail.

Un moment antérieur

Avant + NOM
__Avant les examens,__ j' étais très nerveuse.

Avant de + INFINITIF
__Avant de me coucher,__ je me suis douché.

Un moment postérieur

Après + NOM
__Après le déjeuner,__ ils ont joué aux cartes.

Après + INFINITIF PASSÉ
__Après avoir déjeuné,__ ils ont joué aux cartes.

8. « JE » EST MULTIPLE
Par groupes de quatre. Chacun réécrit les phrases ci-dessous sur une feuille, puis vous finissez la première phrase comme vous le souhaitez. Ensuite, vous pliez la feuille pour que l'on ne voie pas ce que vous avez écrit et vous la faites passer à votre voisin de droite qui complètera la 2ᵉ phrase, pliera la feuille et la fera passer à son voisin. La feuille doit circuler jusqu'à ce que le texte soit complet.

Samedi matin, à 8 heures, je/j' ....

Ensuite, je/j' ....

Après, vers 11h30, je/j' ....

L'après-midi, entre 14 heures et 16 heures, je/j' ....
et je/j' ....

Comme il faisait beau, je/j' ....

et puis je/j' ....

À 18 heures, je/j' ....

Enfin, je/j' .... C'était une bonne journée !

9. C'EST LA VIE !
A. Écoutez Damien qui raconte à une amie ce qui a changé dans sa vie depuis quelques années. Quels sont les thèmes dont il parle ? Notez-les dans le tableau ci-dessous dans leur ordre d'apparition.

LOISIRS   ASPECT PHYSIQUE   AMIS   LIEU D'HABITATION/LOGEMENT

Thèmes de conversation	Changement
① aspect physique	
②	
③	
④	

B. Écoutez de nouveau leur conversation et notez les changements dont parle Damien. À votre avis, ce sont des changements positifs ou négatifs ?

C. Maintenant, pensez à deux changements dans votre vie, complétez les phrases ci-dessous puis parlez-en avec deux autres camarades.

Avant .... Aujourd'hui, ...

Quand j'étais petit(e)/plus jeune, ...

Mais aujourd'hui, ...

Il y a .... ans, ... Mais aujourd'hui, ...

10. QU'EST-CE QUI S'EST PASSÉ ?

Écoutez cette information retransmise par une radio locale et remettez les dessins dans l'ordre chronologique.

11. INTERROGATOIRE

A. La police soupçonne certains membres de votre classe d'être les auteurs de cet étrange cambriolage. Elle veut les interroger à propos de leur emploi du temps, hier soir entre 19 heures et 23 heures. Divisez votre classe en deux groupes : un groupe d'enquêteurs et un groupe de suspects. Pendant que les enquêteurs, deux par deux, vont préparer un questionnaire, les suspects, deux par deux, vont élaborer leur alibi. Les éléments du tableau ci-contre peuvent également vous aider.

- Où étaient les suspects entre .... et .... ?
- Qu'ont fait les suspects entre .... et .... ?
- Comment étaient-ils habillés ?
- Où sont-ils allés après .... et avant .... ?
- Où ont-ils dîné ? Avec qui ?
- À quelle heure se sont-ils séparés ?
- Autres :

B. Chaque suspect est maintenant interrogé individuellement par un policier. Pour essayer de trouver des failles dans les alibis de vos suspects, vous pouvez leur demander de décrire des lieux, des personnes et les questionner sur de petits détails supplémentaires.

- Où étiez-vous entre 19 heures et 23 heures ?
- Je suis allée au restaurant.
- Avec qui ?
- Avec Aleksandra ?
- Comment était le serveur ?

C. Après les interrogatoires, les enquêteurs comparent les deux déclarations et décident si leurs suspects sont coupables ou non.

- Aleksandra et Nadia sont coupables : Aleksandra dit qu'elle est allée avec Nadia au restaurant à 21 heures, mais Nadia affirme...

A. Lisez ce texte. Comment imaginez-vous Arsène Lupin ? Et dans la littérature de votre pays, existe-t-il un voleur aussi connu que celui-ci ? Comment est-il ?

ARSÈNE LUPIN

Le personnage d'Arsène Lupin est né le jour où Pierre Laffitte, un grand éditeur qui venait de lancer le magazine *Je sais tout*, a demandé à Maurice Leblanc d'écrire une nouvelle policière dont le héros serait l'équivalent français de Sherlock Holmes. C'est donc dans ce contexte, en 1905, que le premier Arsène Lupin s'impose immédiatement. Il est en fait très différent de Sherlock Holmes. D'abord, ce n'est pas un détective, mais un brillant cambrioleur. Et tandis que Holmes a un côté obscur, dans la vie d'Arsène Lupin tout est clair. Il est de nature gaie et optimiste.

S'il y a eu une disparition ou un vol, on sait immédiatement que le coupable ne peut être qu'Arsène Lupin, ce vif, audacieux et impertinent cambrioleur qui se moque de l'inspecteur Ganimard. Il ridiculise les bourgeois et porte secours aux faibles, Arsène Lupin est, en quelque sorte, un Robin des Bois de la « Belle Époque ».

Il ne se prend pas au sérieux et n'a comme arme que les jeux de mots. C'est un anarchiste qui vit comme un aristocrate ; il n'est jamais moralisateur ; il ne donne pas son cœur à la femme de sa vie, mais aux femmes de ses vies. Il symbolise la double vie, la loi transgressée dans l'élégance et la séduction.

Les aventures de Lupin s'étalent sur seize romans, trente-sept nouvelles et quatre pièces de théâtre entre 1905 et 1939. Certains réalisateurs français ou étrangers ont porté le personnage du gentleman-cambrioleur à la télévision et au cinéma. Malgré les performances des acteurs, aucune des réalisations n'a pu rendre compte de l'essence du personnage. Les traits d'un acteur, quel qu'il soit, ne peuvent en effet incarner un personnage qui, justement, n'a pas de visage et que personne, si ce n'est son créateur, ne peut reconnaître. Arsène lupin est une figure sans traits physiques et qui ne peut exister finalement que par les mots, un personnage que chacun dans son imaginaire peut modeler à sa guise.

 B. Écoutez cette chanson : elle raconte l'histoire de deux autres voleurs. Lesquels ?

Vous avez lu l'histoire
De Jesse James
Comment il a vécu
Comment il est mort
Ça vous a plus hein
Vous en d'mandez encore
Eh bien
Ecoutez l'histoire
De Bonnie and Clyde

Alors voilà
Clyde a une petite amie
Elle est belle et son prénom
C'est Bonnie
À eux deux ils forment
Le gang Barrow
Leurs noms
Bonnie Parker et Clyde Barrow

Bonnie and Clyde
Bonnie and Clyde

Moi lorsque j'ai connu Clyde
Autrefois
C'était un gars loyal
Honnête et droit
Il faut croire
Que c'est la société
Qui m'a définitivement abîmé

Bonnie and Clyde
Bonnie and Clyde

Qu'est-c' qu'on n'a pas écrit
Sur elle et moi
On prétend que nous tuons
De sang-froid
C'est pas drôl'
Mais on est bien obligé
De fair' tair'
Celui qui se met à gueuler

Bonnie and Clyde
Bonnie and Clyde

Chaqu'fois qu'un polic'man
Se fait buter
Qu'un garage ou qu'un'

banque
Se fait braquer
Pour la polic'
Ça ne fait d'myster'
C'est signé Clyde Barrow
Bonnie Parker

Bonnie and Clyde
Bonnie and Clyde

Maint'nant chaqu'fois
Qu'on essaie d'se ranger
De s'installer tranquill's
Dans un meublé
Dans les trois jours
Voilà le tac tac tac
Des mitraillett's
Qui revienn't à l'attaqu'

Bonnie and Clyde
Bonnie and Clyde

Un de ces quatr'
Nous tomberons ensemble
Moi j'm'en fous
C'est pour Bonnie que
je tremble
Quelle importanc'
Qu'ils me fassent la peau
Moi Bonnie
Je tremble pour Clyde Barrow

Bonnie and Clyde
Bonnie and Clyde

D'tout'façon
Ils n'pouvaient plus s'en
sortir
La seule solution
C'était mourir
Mais plus d'un les a suivis
En enfer
Quand sont morts
Barrow et Bonnie Parker

Bonnie and Clyde
Bonnie and Clyde

ÇA SERT À TOUT!

...s allons mettre au
...t un produit qui
...itera notre vie.

...cela nous allons
...endre à :

...mmer et présenter des
...jets
...crire et expliquer le
...nctionnement d'un
...jet
...ractériser des objets et
...vanter leurs qualités
...nvaincre

...us allons utiliser :

...lexique des formes et
...s matières
...s pronominaux passifs :
...se casse, ça se boit...
...elques expressions
...ec des prépositions :
...re facile à / utile pour,
...vir à, permettre de...
...s pronoms relatifs *qui*
...*que*
...futur simple
...âce à...
...+ présent
...ur/pour ne pas/
...ur ne plus + infinitif

3

1. À QUOI ÇA SERT ?

A. Regardez ces objets. Vous savez comment ils s'appellent ?

• un grille-pain

• des lunettes de soleil

• une machine à laver

• un ouvre-boites

• un sac à dos

• un casque de vélo

• un sèche-cheveux

• un antivirus d'ordinateur

• une machine à calculer

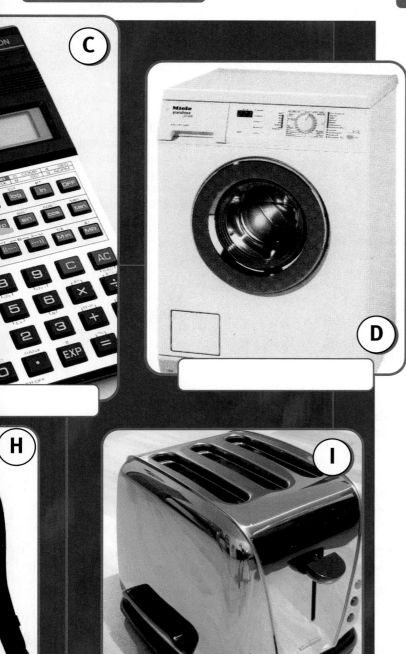

B. À quoi servent ces objets ?

○ Ça sert à ouvrir une boîte de conserve.
○ Ça permet de laver le linge.
○ Ça sert à calculer.
○ Ça sert à griller le pain.
○ C'est utile pour se protéger contre les virus informatiques.
○ C'est utile pour se protéger la tête quand on roule à vélo.
○ Ça permet de se sécher les cheveux.
○ Ça sert à se protéger du soleil.
○ C'est utile pour voyager.

C. Lesquels de ces objets n'utilisez-vous jamais et lesquels utilisez-vous souvent ?

● Moi, je n'utilise jamais de sèche-cheveux.
○ Moi si, je me sers souvent d'un sèche-cheveux.

D. Regardez comment sont construits ces noms. Que remarquez-vous ? Pouvez-vous les classer selon leur structure ?

antivirus	ouvre-boites
sac à dos	casque de vélo

E. Est-ce que vous pouvez penser à d'autres mots construits de la même manière ? Cherchez dans le dictionnaire ou demandez de l'aide à votre professeur.

2. DES INVENTIONS QUI ONT CHANGÉ NOTRE VIE

A. Lisez cet article. Savez-vous en quelle année sont apparus ces objets ? **1925, 1945, 1953, 1974, 1981** ?

B. Lesquelles de ces inventions sont pour vous les plus utiles ? Qu'ajouteriez-vous à cette liste d'inventions qui ont changé notre vie ? Parlez-en avec un camarade.

7 INVENTIONS DU XXᵉ SIÈCLE

Selon Roland Moreno, l'inventeur de la carte à puce, on ne peut pas créer à partir de rien. Toute nouveauté dépend de la capacité à associer deux concepts qui existent déjà. Par exemple, la plume pour écrire et la bille.

C'est en observant des enfants en train de jouer aux billes que l'ingénieur Ladislas Biro a eu l'idée de mettre une bille à la pointe d'une plume. C'est comme ça que le stylo moderne est né !

L'ORDINATEUR PERSONNEL (PC)

L'ordinateur a profondément transformé la manière de communiquer, la manière d'apprendre et la manière de jouer. Il y a à peine deux décennies, pour acheter un billet d'avion ou de train, on était toujours obligé de se déplacer et les lettres d'Amérique mettaient des semaines à arriver. Aujourd'hui, grâce à un ordinateur connecté à Internet, vous pouvez écrire votre courrier et l'envoyer en quelques minutes, écouter des CD ou la radio, lire les informations, réserver un billet d'avion, consulter un médecin, acheter un livre ou une voiture sans bouger de chez vous.

LA CARTE À PUCE

C'est l'ingénieur français Roland Moreno qui a inventé la carte à puce. Autrefois, les gens n'avaient pas de compte bancaire et ils gardaient leur argent chez eux, sous le matelas ou dans une chaussette. La carte à puce a permis le développement de la monnaie électronique : télécartes, cartes bancaires, porte-monnaie électroniques. Aujourd'hui, qui n'a pas deux ou trois cartes à puce dans son portefeuille ?

LE RUBAN ADHÉSIF (SCOTCH)

Avant l'invention du ruban adhésif, toutes les petites réparations étaient très compliquées et exigeaient l'intervention d'un spécialiste. Aujourd'hui, tout le monde se sert de ce ruban adhésif et imperméable. Grâce à lui, vous réparez vous-même et très facilement un livre déchiré, un robinet qui fuit, une boîte qui ferme mal…

LE STYLO BIC

Il a amélioré la vie des écoliers. Autrefois, les écoliers apprenaient à écrire avec une plume et un encrier. Le soir, ils rentraient chez eux couverts de taches d'encre sur leurs vêtements, sur leurs mains… L'apprentissage de l'écriture était bien plus difficile ! Le stylo bic a été une petite révolution. Ses avantages sont nombreux : il est léger, solide, facilement transportable, durable (il permet 3 kilomètres d'écriture !), propre et très bon marché.

LES PLATS SURGELÉS

Pommes Dauphine

Avant, la préparation d'un bœuf-bourguignon ou d'un cassoulet demandait beaucoup de travail. Aujourd'hui, les plats congelés facilitent la vie des personnes qui n'aiment pas faire la cuisine ou qui n'ont pas le temps. L'avantage de cette technique de conservation est que l'aspect, le goût et les qualités nutritives restent pratiquement intacts.

L'AVION

LES MOUCHOIRS EN PAPIER

C. En quoi est-ce que l'avion et les mouchoirs en papier ont changé nos vies ? Avec un camarade, écrivez les textes correspondants.

3. JE CHERCHE QUELQUE CHOSE

A. Regardez ce catalogue de vente par correspondance. Vous avez déjà utilisé ces objets ? Vous croyez qu'ils peuvent vous être utiles ? Parlez-en avec un camarade.

● Tu as déjà utilisé un rasoir à peluches ?
○ Non, jamais, et toi ?

■ La bombe lacrymogène peut m'être utile, parce que je rentre souvent seule le soir et...

BOMBE LACRYMOGÈNE

Aérosol de défense hyper efficace. Son jet puissant neutralise tout agresseur sans risque pour l'environnement.

6,86 €

• Cont. : 75 ml

Le rasoir à peluches

Indispensable !

Le rasoir à peluches élimine les boulaches des tissus en laine. Vos pull-overs retrouveront un aspect neuf. Grâce à sa petite taille, il est très maniable et vous pourrez l'amener en voyage.

14,00 €

AVANT
APRÈS
avec réservoir

• Fonctionne avec 2 piles LR6
• Livré avec brosse de nettoyage

La tente randonnée

Seulement 30,34 !

Grâce à cette tente particulièrement confortable, vous apprécierez les joies du camping. Entièrement doublée en polyester imperméable, son armature est en fibre de verre légère. Livrée avec sac de rangement.

• Environ 3 kg
• Dimensions: 250 x 150
• Convient pour 3 personnes

30,34 €

NOUVEAU

La brosse anti-peluches

Génial !

Pratique et efficace pour enlever les peluches, poils d'animaux, cheveux... Grâce à ses feuilles autocollantes, vos vêtements, canapés, fauteuils et tapis seront toujours propres !

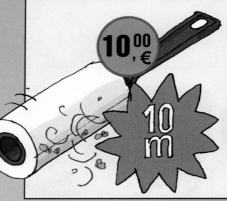

10,00 €

10 m

B. Écoutez maintenant la conversation d'Emma avec un vendeur. Qu'est-ce qu'elle cherche ? Elle devra finalement acheter ce produit par correspondance. Vous pouvez remplir pour elle le bon de commande ?

BON DE COMMANDE		Nom de l'article	Prix unitaire	Total
Quantité	Référence			
				7,50€
Frais de port et d'emballage :				
TOTAL				

4. C'EST UN OBJET QUI COUPE

Écoutez ces personnes qui jouent à deviner des objets. Numérotez les objets qui sont décrits. Ensuite comparez vos réponses avec deux autres camarades.

5. BINGO

A. Nous allons jouer au bingo par groupes de 4 personnes. Remplissez d'abord ce carton de jeu avec le nom de six objets que vous choisirez parmi ceux que nous vous proposons. Attention ! Écrivez au crayon pour pouvoir effacer ensuite.

B. L'un de vous va décrire des objets : en quelle matière ils sont, quelles sont leurs formes, à quoi ils servent..., mais sans les nommer. Le premier qui a coché toutes ses cases gagne.

C'est en plastique, c'est rond et ça sert à écouter de la musique.

C. Vous allez jouer 4 fois de suite au bingo. À chaque fois, l'un de vous devra prendre le rôle du meneur de jeu.

DÉCRIRE UN OBJET

un sac en	**papier**
	tissu
	cuir
	plastique

une boîte en	**carton**
	bois
	porcelaine
	fer
	verre

C'est **petit.**
grand.
plat.
long.
rond.
carré.
rectangulaire.
triangulaire.
lavable.
jetable.
incassable.
imperméable.

Ça **se** *lave facilement.*
Ça **s'**ouvre *tout seul.*
Ça **se** *mange.*

Ça **sert à** *écrire.*
C'est **utile pour** *ouvrir une bouteille.*
Ça **permet d'**écouter *de la musique.*
Ça **marche avec** *des piles.*
de l'électricité.
de l'essence.

PRONOMS RELATIFS : QUI ET QUE

Qui remplace le sujet de la phrase qui le suit.

C'est un objet **qui** *permet de laver le linge.*
(= **l'objet** permet de laver...)

C'est une chose **qui** *sert à griller le pain.*
(=**la chose** sert à...)

Que remplace le complément d'objet direct de la phrase qui le suit.

C'est un objet **que** *vous portez dans votre sac.*
(=vous portez **l'objet**...)

C'est une chose **que** *l'on utilise pour manger.*
(=on utilise cette **chose** pour...)

LE FUTUR

Le futur sert à formuler des prévisions ou à faire des prédictions.

---

*Demain, il **fera** soleil sur tout le pays.*
*Dans 30 ans, nous **marcherons** sur Mars.*

Il sert aussi à faire des promesses.

*Demain, je **viendrai** te chercher à 16 heures.*
*Cet appareil vous **facilitera** la vie.*

Bientôt,
Demain,
***Dans** 5 jours/mois... nous serons plus heureux.*
Au siècle prochain,
Le mois prochain,
...

« Il **fera** beau sur toutes les régions. »

Verbes réguliers

je	manger- étudier-	-ai
tu	finir-	-as
il/elle/on	sortir-	-a
nous	manger- étudier-	-ons
vous		-ez
ils/elles	écrir-	-ont
	prendr-	

Verbes irréguliers

je	ÊTRE	ser-	-ai
tu	AVOIR	aur-	-as
il/elle/on	FAIRE	fer-	-a
nous	SAVOIR	saur-	-ons
	ALLER	ir-	
vous	POUVOIR	pourr-	-ez
ils/elles	DEVOIR	devr-	-ont
	VOIR	verr-	

GRÂCE À + SUBSTANTIF

Grâce à Internet,
à la télévision,
***au** téléphone,*
à l'ordinateur personnel,
***aux** satellites de*
télécommunications,

on se sent moins seul !

6. UN INVENTEUR ET SON INVENTION

A. Lisez le texte suivant. Vous savez de quelle invention il s'agit et quel est le nom complet de l'inventeur ?

Alexander G. B. est né en 1847 en Écosse. Spécialiste en physiologie vocale, il a imaginé un appareil **qui transmet** le son par l'électricité. Cette machine a beaucoup évolué depuis son invention. Aujourd'hui, c'est un **appareil qui fonctionne** à l'électricité ou bien avec des ondes. C'est un **appareil qui vous permet** de parler avec vos amis, votre famille… et **que vous transportez** facilement dans une poche.

B. Observez les phrases avec **qui** et **que**. Que remarquez-vous ? Est-ce que vous pouvez déduire quand on utilise **qui** et quand on utilise **que** ?

7. FUTURS POSSIBLES !

A. À votre avis, comment sera le futur ? Décidez si ces affirmations sont vraies ou fausses. Est-ce que vous pouvez faire deux autres prédictions pour l'avenir ?

	Vrai	Faux
En 2050, on partira en vacances sur Mars.		
Dans 30 ans, on traversera l'Atlantique sur un pont.		
En 2020, les enfants n'iront plus à l'école.		
Au siècle prochain, grâce aux progrès médicaux, nous vivrons 120 ans et plus.		
Bientôt, il n'y aura plus d'animaux sauvages en Afrique.		
Un jour, les voitures voleront.		
Dans 15 ans, l'eau sera aussi chère que l'essence.		
Dans 100 ans, il y aura des mutants.		
Dans deux siècles, les hommes n'auront plus de dents.		
Dans quelques années, nous mangerons des comprimés au lieu de produits frais.		
En 2090, les professeurs de français n'existeront plus.		

B. Comparez vos réponses avec deux autres camarades. Est-ce que vous voyez le futur de la même manière ?

● *Je crois que dans quelques années les enfants n'iront plus à l'école, les cours seront...*

C. Et vous-même, comment rêvez-vous votre futur ?

● *Moi, dans 20 ans, j'aurai une grande maison hyper-moderne, totalement automatisée.*
○ *Eh bien moi, dans 5 ans, je parlerai parfaitement français !*

8. JE VOUS LE RECOMMANDE !

Pensez à un objet que vous avez sur vous. À quoi sert-il ? Quels sont ses avantages ? Maintenant présentez cet objet à deux camarades, qui doivent deviner de quoi il s'agit.

● *Alors... C'est un objet extrêmement pratique et très facile à...*

9. UN PRODUIT QUI VA FACILITER VOTRE VIE

A. Le journal *Pratique* a mené une enquête pour identifier les petits problèmes quotidiens de ses lecteurs.
Lisez les différents témoignages et trouvez à quelle personne ils correspondent.

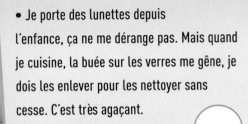

A

B

C

D

E

F

• Je porte des lunettes depuis l'enfance, ça ne me dérange pas. Mais quand je cuisine, la buée sur les verres me gêne, je dois les enlever pour les nettoyer sans cesse. C'est très agaçant.

• J'adore lire et mon mari aussi, alors nous sommes envahis par les livres, nous n'avons toujours pas trouvé de système efficace pour les ranger.

• Pour aller à la fac, je dois toujours transporter des kilos de livres et mon cartable est terriblement lourd à porter. Ma mère m'a offert un cartable à roulettes mais je me sens tellement ridicule avec ça !

• Devant ma maison, il y a un terrain plein de boue, et comme je dois entrer et sortir de chez moi plus de vingt fois par jour, je n'enlève pas mes bottes et salis le sol.

• J'adore lire au lit mais c'est fatigant de tenir le livre et surtout de tourner les pages !

• J'aimerais avoir une cuisine moderne avec tous les robots et appareils électroménagers possibles mais ma cuisine est très très petite et je n'ai pas la place pour mettre un lave-vaisselle, par exemple.

B. Lequel de ces problèmes voulez-vous résoudre ? Cherchez dans la classe d'autres personnes qui veulent résoudre le même problème que vous et mettez au point un produit original qui pourrait apporter une solution.

Nom du produit : ....

Description du produit : ....

....

....

Utilisateurs potentiels : ....

....

....

C. À présent, vous allez rédiger la page catalogue pour vendre votre produit par correspondance.

10. LA PRÉSENTATION

Maintenant, vous allez présenter votre produit à toute la classe. Chaque fois qu'un groupe présente son produit, vous devez, individuellement, décider si ce produit vous semble utile et si vous voulez l'acheter.

CATALOGUE D'OBJETS INTROUVABLES

Jacques Carelman est né à Marseille en 1929. Il vit à Paris depuis 1956. Peintre, sculpteur, illustrateur, scénographe et totalement autodidacte, il utilise l'humour pour créer. Il est connu dans le monde entier principalement pour son *Catalogue d'objets introuvables*, publié en 1969 comme parodie d'un catalogue de vente. Ce catalogue est constitué d'une soixantaine d'objets de la vie quotidienne, originaux et même absurdes. Carelman est un enfant du surréalisme, mais un fils un peu dissident. En effet, tandis que les surréalistes voient les choses d'un point de vue plutôt irrationnel, Carelman contemple leurs côtés absurdes. Carelman fait figure de rebelle dans notre société de consommation car ses œuvres nous disent tout simplement que les objets de notre quotidien sont délibérément inutiles.

Carelman est aussi fondateur de l'OuPeinPo et régent du Collège de pataphysique. La pataphysique est la science des solutions imaginaires et des exceptions, étant donné que dans notre monde, il n'y a que des exceptions (la « règle » étant précisément une exception aux exceptions).

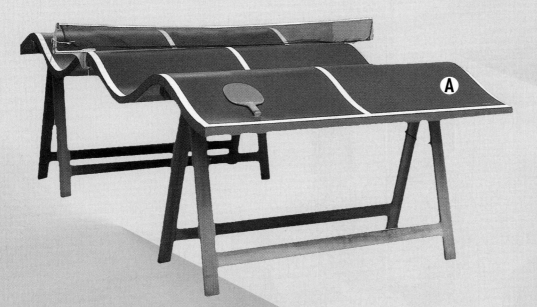

▲ **Table de Ping-Pong « Tous Azimuts »**

Grâce à sa forme, cette table augmente le plaisir du jeu : la balle fait des rebonds inattendus, comparables aux rebonds d'un ballon de rugby.

▼ **Cafetière pour masochiste**

Le dessin nous semble suffisamment explicite !

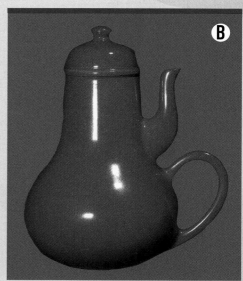

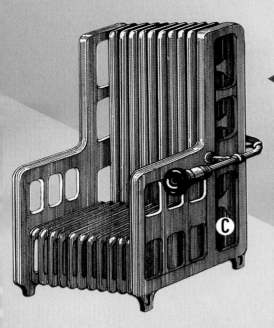

Fauteuil-radiateur

Se branche sans aucune difficulté sur n'importe quel chauffage central. Indispensable pour les frileux.

C

F

Paire de ciseaux optique

Permet aux personnes âgées de mieux voir quand elles cousent.

Robinet économique

Grâce à sa forme, il ne consomme pratiquement pas d'eau.

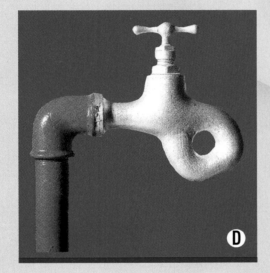

D

Patin à roulette pour danseuse classique

Il évite aux danseuses classiques désireuses de patiner, d'abîmer la cambrure de leurs pieds avec des patins ordinaires.

G

E

Parapluie familial

Un seul manche suffit à tenir les parapluies de toute la famille.

11. OBJETS INSOLITES

A. Parmi ces objets, lesquels vous plaisent le plus ? Pourquoi ?

B. À quels besoins ces objets prétendent-ils répondre ?

JE SERAIS UN ÉLÉPHANT

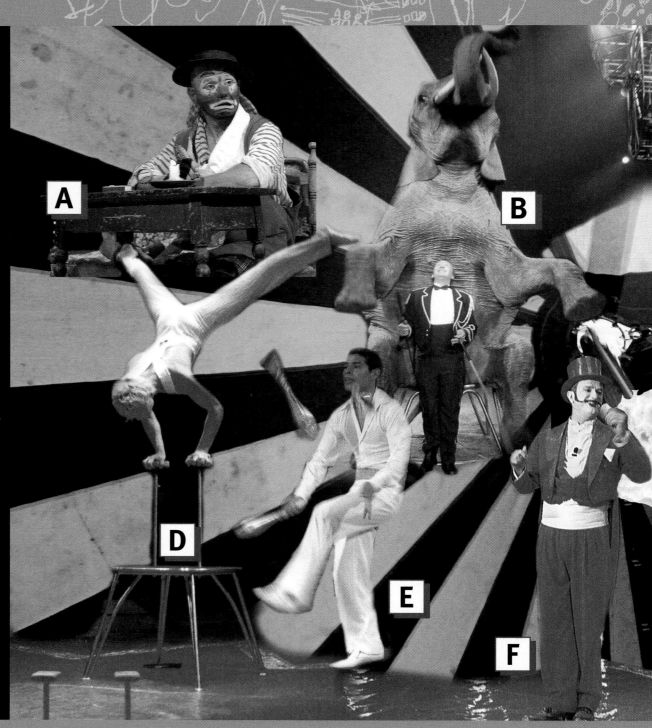

...s allons élaborer un
... de personnalité et
...parer un entretien
...recrutement.

...r cela nous allons
...rendre à :

...valuer des qualités
...ersonnelles
...ormuler des
...ypothèses
...hoisir des manières de
...adresser à quelqu'un
...elon la situation et les
...elations entre les
...ersonnes
...omparer et justifier nos
...hoix

...ous allons utiliser :

...voir du, de la , des + sub-
...tantif
...anquer de + substantif
...hypothèse
... + imparfait, conditionnel
...s pronoms compléments
...irects et indirects : *me*,
..., *le, la, les, lui, leur*, etc.
... tutoiement et le
...ouvoiement
... comparaison

14

1. LE PLUS GRAND SPECTACLE DU MONDE

A. Regardez ces photos, vous pouvez identifier le métier de ces personnes ?

☐ des trapézistes   ☐ un clown   ☐ un présentateur

☐ un cracheur de feu   ☐ un jongleur

☐ un équilibriste   ☐ des acrobates

☐ un dresseur d'éléphants

B. À votre avis, quelles sont les qualités essentielles pour exercer ces métiers ?

Être
adroit / créatif / souple / agile / téméraire...

Avoir
de l'imagination / des réflexes / du sang-froid / un bon sens de la coordination / de l'équilibre / une grande capacité de concentration / une grande confiance en l'autre...

Ne pas avoir
le vertige / peur des animaux sauvages / peur du ridicule...

Aimer
les enfants / les animaux / le risque / faire rire / le contact avec le public...

Savoir
parler en public / se faire obéir par les animaux / raconter des histoires / jouer de la flûte...

● Pour être clown, il faut aimer faire rire.
○ Oui, et il ne faut pas avoir peur du ridicule.

C. Lequel de ces métiers pourriez-vous exercer ? Lequel est-ce que vous ne pourriez pas faire ? Parlez-en avec deux autres camarades.

● Moi, je crois que je pourrais être clown. J'aime bien faire rire et j'aime beaucoup les enfants.
○ Moi, je ne pourrais pas ! Je manque totalement d'imagination et j'ai peur du ridicule.

2. QUALITÉS ANIMALES ?

A. Les animaux sont souvent associés à certaines qualités ou à certains défauts. Vous savez quelles sont les associations que l'on fait en français ? Essayez de deviner !

fort		un agneau
rusé		une mule
malin		un singe
doux		une pie
têtu		une tortue
bavard	**comme**	un bœuf
lent		une limace
fainéant		une taupe
muet		un renard
myope		une carpe

B. Est-ce que l'on fait les mêmes associations dans votre culture ? Est-ce qu'il y en a d'autres ?

3. ÊTES-VOUS SOCIABLE OU MISANTHROPE ?

A. Répondez à ce test puis, avec un camarade, comparez vos réponses. Lequel d'entre vous est le plus sociable ? Pourquoi ?

● Moi, je pense que tu es plus sociable que moi parce que tu as choisi l'agneau comme animal...

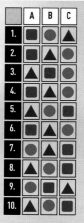

SOCIABLE OU MISANTHROPE ?

1. Vous bloquez la rue avec votre voiture et un automobiliste klaxonne...
   A. Vous lui souriez sans bouger.
   B. Vous vous excusez et vous partez immédiatement.
   C. Vous l'ignorez complètement.

2. Quel animal aimeriez-vous être ?
   A. Un chimpanzé.
   B. Un ours.
   C. Un agneau.

3. Un ami vous a appelé, vous étiez absent...
   A. Vous attendez qu'il rappelle.
   B. Vous l'appellerez après dîner.
   C. Vous le rappelez immédiatement.

4. Si vous deviez partir vivre ailleurs vous iriez à...
   A. New York.
   B. Oulan-Bator en Mongolie.
   C. México.

5. Un touriste vous demande son chemin...
   A. Vous répondez « *Sorry, I don't speak English* ».
   B. Si vous avez le temps, vous l'accompagnez jusqu'à sa destination.
   C. Vous lui recommandez de prendre un taxi.

6. Si vous ne deviez pas travailler, qu'est-ce que vous feriez ?
   A. Vous iriez tous les soirs en boîte.
   B. Vous iriez vivre dans un petit village perdu.
   C. Vous feriez du bénévolat dans une ONG.

7. Si vous vous inscriviez à une activité de loisir, ce serait...
   A. Du basket-ball.
   B. De la natation.
   C. De la salsa.

8. Si vous pouviez vivre la vie d'un personnage de roman, qui aimeriez-vous être ?
   A. Robinson Crusoé.
   B. D'Artagnan.
   C. Arsène Lupin.

9. Si vous invitiez cinq personnes à dîner ce soir et qu'il vous manquait trois chaises, qu'est-ce que vous feriez ?
   A. Vous iriez demander trois chaises à un voisin.
   B. Vous organiseriez un buffet froid.
   C. Vous annuleriez le repas et passeriez la soirée seul(e).

10. Si vous voyiez un aveugle sur le point de traverser un carrefour dangereux, qu'est-ce que vous feriez ?
   A. Vous l'observeriez pour intervenir si c'était nécessaire.
   B. Vous le prendriez par la main pour l'aider à traverser.
   C. Vous penseriez qu'il doit être habitué à traverser ce carrefour et vous continueriez votre chemin.

B. Faites vos comptes. Si vous obtenez le même nombre de réponses pour deux symboles, cela signifie que votre personnalité oscille entre deux portraits.

	A	B	C
1.	■	●	▲
2.	■	▲	●
3.	▲	■	●
4.	●	▲	■
5.	▲	●	■
6.	●	▲	■
7.	●	▲	■
8.	▲	●	■
9.	●	■	▲
10.	▲	●	■

Vous avez une majorité de
Sociable et généreux !

Vous êtes quelqu'un de très sociable. Vous êtes toujours attentif aux besoins des autres et vous avez bon caractère. Par contre, vous manquez d'agressivité et certaines personnes autour de vous ont tendance à abuser de votre gentillesse.

Vous avez une majorité de ■
La société représente pour vous le confort !

Vous êtes sociable par intérêt. En effet, vous préférez les avantages que vous offrent la vie en société et vous êtes quelqu'un de fondamentalement urbain. Pas question pour vous de vous exiler au fond de la forêt amazonienne, car vous pensez que vous n'avez rien à y faire.

Vous avez une majorité de
Vous manquez de confiance en la société !

Vous avez une tendance misanthrope. Vous avez besoin d'être seul pour vous détendre réellement et être capable d'affronter le stress de la vie en société. Vous n'avez pas le sens de l'humour et vous vous sentez parfois attiré par les expériences mystiques.

4. INTRIGUES AMOUREUSES

 A. Voici deux extraits de roman-photo. Des phrases manquent, à vous de les identifier pour compléter les dialogues. Ensuite, écoutez et vérifiez.

a. Asseyez-vous, je vous en prie !
b. Mais asseyez-vous donc !
c. Entrez, je vous en prie !
d. Je te présente ma collègue.
e. Ben, entre !
f. Assieds-toi, si tu veux.
g. Entrez, entrez !

Bonjour !
.... Vous êtes ?

Bonjour, je suis Bertrand Nespopoulos.

Ah oui, j'ai vu votre C.V. Vous avez fait de brillantes études !

....

Merci.

Bien, je vous écoute.

Mon Dieu, comme elle est belle !!

L'INTERVIEW

BERTRAND A UNE INTERVIEW IMPORTANTE...

On se voit demain ?

OK, j'apporte quelque chose ? Du vin ?

D'accord, parfait.

LA FÊTE

NADIA ORGANISE UNE PETITE FÊTE CHEZ ELLE...

Bonjour! ....
.... Vous avez trouvé sans problèmes ?

Oui, tes indications étaient très claires.

....

Marie-Ève.

Bonjour ! Enchantée !

....

Qu'est-ce que je vous offre ?

Salut Paul !
....

Salut !

Qu'est-ce qu'il est mignon !!

....

Tu connais déjà Katia et Marie-Ève ?

Merci.

Non, pas encore ! Bonjour !

B. Quand est-ce qu'on dit **vous** ? Cochez les bonnes réponses.

Quand on parle...

☐ à plusieurs personnes à la fois.	☐ à un ami.	☐ à quelqu'un de notre famille.
☐ à une personne que l'on ne connaît pas.	☐ à une personne âgée.	☐ à un camarade de classe.
☐ à une personne avec qui on a des contacts superficiels (un voisin, un commerçant...).	☐ à un supérieur hiérarchique.	☐ à un collègue de même niveau hiérarchique.
	☐ au professeur.	☐ aux parents de son/sa petit/e ami/e.

5. DEVINETTES

A. Lisez ces phrases, savez-vous ce qu'elles définissent ?

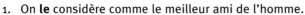

1. On **le** considère comme le meilleur ami de l'homme.
2. On **la** change deux fois par an.
3. On **les** ouvre le matin et on **les** ferme le soir.
4. On **lui** écrit pour avoir des cadeaux.
5. Les marins sont perdus s'ils **les** entendent chanter.
6. On **leur** offre un cadeau en mai.
7. On **leur** envoie des messages sans savoir s'ils existent.
8. Les enfants **lui** confient leurs dents de lait quand elles tombent.

B. Observez les pronoms en caractère gras dans les devinettes. Pouvez-vous compléter le tableau suivant ? Quelle différence observez-vous entre les compléments d'objet direct (COD) et les compléments d'objet indirect (COI) ?

COD	le	MASCULIN SINGULIER	On considère le chien comme le...
	la		
		MASC. ET FÉM. PLURIEL	
COI	lui		

C. Avec un camarade, faites correspondre les termes suivants avec leur définition : **les enfants, la Terre, la télévision, l'eau, les amis, l'amour, l'Univers.** Utilisez le pronom qui convient.

- On le
- On la
- On les
- On lui
- On leur

| attribue 4,5 milliards d'années : .... |
| demande souvent des conseils : .... |
| croit en expansion : .... |
| raconte des histoires avant de dormir : .... |
| cherche toute la vie : .... |
| regarde en moyenne 2 heures par jour : .... |
| doit la vie : .... |

6. TROIS ANIMAUX

Voici un test (très sérieux). D'abord, réfléchissez pour y répondre, puis parlez-en avec un camarade. Après, votre professeur vous donnera des clés afin d'interpréter vos réponses.

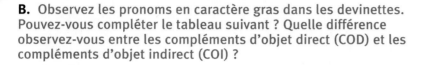

- Si vous étiez un animal, quel animal seriez-vous ? Pourquoi ?
- Si vous ne pouviez pas être cet animal, quel autre animal seriez-vous ? Pourquoi ?
- Si vous ne pouviez pas être ce deuxième animal, quel troisième animal seriez-vous ? Pourquoi ?

● Moi, si j'étais un animal, je serais un éléphant.
○ Pourquoi ?
■ Parce que les éléphants sont très forts...,
● Et si tu ne pouvais pas être un éléphant, qu'est-ce que tu serais ?

LES PRONOMS COD ET COI

Quand on parle de quelqu'un ou de quelque chose qui a déjà été mentionné ou bien est identifiable grâce au contexte, on utilise les pronoms compléments d'objet direct (COD) et compléments d'objet indirect (COI), afin de ne pas le répéter.

Le COD

Le COD représente la chose ou la personne sur laquelle s'exerce l'action exprimée par le verbe.

- ● *Tu regardes beaucoup **la télévision** ?*
  ○ *Non, je **la** regarde surtout le week-end.*

- ● *Tu écoutes **le professeur** quand il parle ?*
  ○ *Bien sûr que je **l'** écoute !*

Pour identifier le COD dans une phrase, on peut poser la question avec **quoi** ou **qui**.

  *Tu regardes **quoi** ?* (**la télévision**)
  *Tu écoutes **qui** ?* (**le professeur**)

Le COI

Le COI est la chose ou la personne qui reçoit indirectement l'action que fait le sujet. Il est introduit par une préposition.

- ● *Qu'est-ce que vous offrez **à Charlotte** pour son anniversaire ?*
  ○ *On **lui** offre un pull-over.*

- ● *Est-ce que tu as téléphoné **à tes parents** ?*
  ○ *Oui je **leur** ai téléphoné ce matin.*

Pour identifier le COI dans une phrase, on peut poser la question **à qui**.

  *Tu as téléphoné **à qui** ?* (**à tes parents**)

Les pronoms COD et COI se placent normalement devant le verbe dont ils sont compléments.

- ● *Et ton travail ?*
  ○ *Je peux **le** faire demain.*   ~~Je le peux faire.~~

- ● *Tu as parlé à Marie-Laure ?*
  ○ *Je vais **lui** parler ce soir.*   ~~Je lui vais parler.~~

À l'oral, on utilise souvent les pronoms COD et COI avant même d'avoir mentionné l'élément auquel ils se réfèrent.

- ● *Alors, tu **les** as faits **tes devoirs** ?*

○ *Qu'est-ce que tu **lui** as acheté, **à maman** ?*

FAIRE UNE HYPOTHÈSE AU PRÉSENT

Pour exprimer une hypothèse au présent, on utilise la forme :

Si + IMPARFAIT, CONDITIONNEL PRÉSENT

- ● *Si vous gagniez* beaucoup d' argent à la loterie, qu' est-ce que *vous feriez* ?
- ○ *Je ferais* le tour du monde.
- ● *Si vous étiez* un animal, quel animal *seriez-vous* ?
- ○ *Moi, je serais* un éléphant.

LE CONDITIONNEL

Pour former le conditionnel, on prend la base du futur simple et on ajoute les désinences de l'imparfait :

ÊTRE	Futur	Conditionnel	
	ser-	je ser**ais**	[e]
		tu ser**ais**	[e]
		il/elle/on ser**ait**	[e]
		nous ser**ions**	[iõ]
		vous ser**iez**	[ie]
		ils/elles ser**aient**	[e]

AVOIR	→	**aur-**	
FAIRE	→	**fer-**	
SAVOIR	→	**saur-**	
ALLER	→	**ir-**	-ais
POUVOIR	→	**pourr-**	-ais
DEVOIR	→	**devr-**	-ait
VOIR	→	**verr-**	-ions
VOULOIR	→	**voudr-**	-iez
VENIR	→	**viendr-**	-aient
ÉTUDIER	→	**étudier-**	
AIMER	→	**aimer-**	
DORMIR	→	**dormir-**	

TU OU VOUS ?

Tu suppose une relation de familiarité et s'utilise pour parler aux enfants, aux membres de la famille, aux amis et, dans certains secteurs professionnels, aux collègues de même niveau hiérarchique. **Vous** s'utilise pour marquer le respect ou la distance. Les statuts des interlocuteurs ne sont pas toujours égaux et souvent l'un des interlocuteurs tutoie tandis que l'autre vouvoie. Quand des locuteurs francophones veulent passer au tutoiement, ils le proposent clairement.

- ● *On se tutoie ?*
- ○ *Tu peux me tutoyer, si tu veux.*

7. DANS LE DÉSERT

A. Vous allez entendre une histoire. Fermez les yeux et imaginez que vous partez en voyage, dans le désert du Sahara. En visualisant ce que l'on vous dit, répondez mentalement aux questions qui vous seront posées ou écrivez vos réponses en profitant de chaque pause. Votre professeur peut vous donner une fiche à remplir.

B. Maintenant, ouvrez lentement les yeux et regardez ce que vous avez écrit. Le professeur va vous donner des clefs pour interpréter vos réponses. Est-ce que vous êtes d'accord avec ces interprétations ? Parlez-en avec un camarade de classe.

8. SI C'ÉTAIT...

Vous connaissez le jeu du portrait ? Toute la classe va élaborer une liste avec 10 personnes connues de tous. Puis, individuellement, vous allez en définir une en répondant aux questions qui vous sont posées.

- Si c'était un animal, ce serait .... ?
- Si c'était un objet, ce serait .... ?
- Si c'était une profession, ce serait .... ?
- Si c'était une couleur .... ?

- Si c'était un pays .... ?
- Si c'était une pièce de la maison
- • .... ?
- Si c'était ....

- ● Si c'était un animal, qu'est-ce que ce serait ?
- ○ Si c'était un animal, ce serait un hippocampe.

9. COMMENT RÉAGISSEZ-VOUS ?

Comment réagissez-vous dans les situations suivantes ? Comparez vos réactions avec celles d'un camarade.

Qu'est-ce que vous faites

- si vous trouvez un animal abandonné ?
- quand vous avez vu un film qui vous a beaucoup plu ?
- quand vous voyez un pantalon qui vous plaît dans une vitrine ?
- si un ami vous demande de lui prêter votre voiture/moto/vélo ?
- quand vos parents vous donnent un conseil ?
- si un ami a un problème ?
- si vous devez de l'argent à un ami/collègue... ?
- quand vous n'avez pas compris ce que le professeur vient d'expliquer ?
- quand vous n'aimez pas le livre que vous venez de commencer ?
- si on vous demande de garder un secret ?

- ● Moi, quand j'ai vu un film qui m'a plu, je le recommande à mes amis.
- ○ Et bien moi, je le recommande à...

10. NE TUTOYEZ PAS VOTRE INTERLOCUTEUR !

A. Cet article donne quelques conseils pour réussir un entretien de recrutement. En le lisant, vous découvrirez ce qu'il faut faire ou ce qu'il ne faut pas faire, dans cette situation. À votre avis, le comportement du candidat de la photo est-il adéquat ? Rédigez la règle correspondante !

B. Est-ce que ces règles sont valables dans votre pays ? Si vous découvrez des règles spécifiques à votre pays, rédigez-les.

- Dans mon pays, on ne doit pas serrer la main de son interlocuteur.

RÈGLES D'OR DE L'ENTRETIEN DE RECRUTEMENT

Tous les conseils pour réussir l'étape finale de votre recherche d'emploi : l'entretien de recrutement

À éviter :

- Manquer de ponctualité.
- Négliger votre aspect vestimentaire.
- Vous approcher à moins de 90 centimètres de votre interlocuteur.
- Serrer mollement la main de votre interlocuteur (votre poignée de main doit être ferme).
- Prendre l'initiative : attendez que votre interlocuteur vous invite à vous asseoir.
- Fuir le regard de votre interlocuteur (regardez-le dans les yeux, mais sans le fixer).
- Lui proposer de vous tutoyer.

Vous êtes jeune diplômé et vous allez vous présenter à votre premier entretien d'embauche ? Vous êtes étranger et vous cherchez du travail en France ? Voici les règles d'or de l'entretien de recrutement.

Sachez que la première impression que vous produirez sera déterminante. Alors, soignez votre apparence, soyez courtois et souriant. Montrez-vous sûr de vous mais pas arrogant. Faites attention à votre gestuelle et à vos mimiques. En effet, selon certaines études, 90% de la communication est constitué sur le langage non-verbal !

11. MÉTIER INSOLITE

A. Par groupes de trois, pensez à un métier peu courant (le professeur peut vous aider), puis définissez quelles sont, à votre avis, les qualités essentielles pour exercer ce métier.

- Je propose « professeur de tai-chi ».
  Un professeur de « tai-chi » doit avoir de l'équilibre et un bon sens de la coordination...
- Moi, je propose souffleur au théâtre ou psychologue pour animaux.

B. Maintenant, toujours en groupes, vous devez préparer un test (en trois exemplaires) : six à huit questions qui permettent d'identifier si une personne a les qualités requises pour exercer ce métier insolite. Attention : dans votre test, ne faites pas référence au métier auquel vous pensez ! Voici quelques exemples de questions.

1 **Lequel de ces trois objets aimeriez-vous être ? Pourquoi ?**
a. une montre
b. un vase
c. un marteau

2 **Si vous deviez travailler ...., que feriez-vous ?**
a. ....
b. ....
c. ....

3 **Aimeriez-vous travailler avec .... ?**

4 **Qu'est-ce que vous feriez si vous pouviez/alliez .... ?**

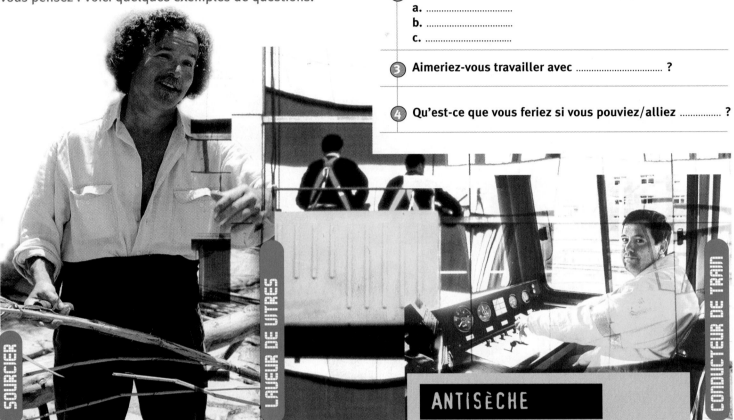

SOURCIER

LAVEUR DE VITRES

CONDUCTEUR DE TRAIN

C. Vous êtes directeur/trice de ressources humaines et vous avez publié dans la presse une petite annonce de recrutement. À présent, chacun d'entre vous va simuler un entretien d'embauche. Vous allez interviewer une personne d'un autre groupe et noter ses réponses. Attention : ne révélez pas à votre candidat pour quel métier il postule !

E ENTREPRISE

sérieuse recrute :

Femme ou homme,
SALAIRE INTÉRESSANT,
PERSPECTIVES D'ÉVOLUTION

Pour un entretien individuel
avec la société, contactez-nous :
Mél : carriere@facil.com
Tél. : 01 56 44 44 44

D. Maintenant, reformez le groupe d'origine et comparez les réponses que vous avez obtenues. Quel est le candidat que vous choisissez et pourquoi ? Ensuite, expliquez votre choix au reste de la classe.

● Nous choisissons Paul pour être ... parce qu'il est ... et aussi parce que ...

12. TRAVAIL, TRAVAIL

Légalement, une semaine de travail représente combien d'heures dans votre pays ? Cela vous semble-t-il beaucoup ? Peu ? Quels seraient les avantages et quels seraient les inconvénients si une loi comme celle des 35 heures en France était appliquée dans votre pays ?

TEMPS DE TRAVAIL ET TEMPS DE LOISIRS

Tout au long du vingtième siècle, de grandes lois sociales ont rythmé la vie des Français au travail. En 1906, le repos dominical est imposé et en 1919 on passe à la journée de 8 heures et à la semaine de 48 heures. Mais la date qui reste dans la mémoire collective correspond à la loi sur les congés payés. Elle est associée au gouvernement du Front populaire. C'est en effet en 1936, sous le gouvernement de Léon Blum, que deux lois sociales instaurent la semaine de 40 heures et le droit pour tous les salariés à 12 jours de congés payés par an.

Une loi aux effets controversés

À partir de 1982, on assiste à une augmentation du temps libre et le droit aux loisirs est finalement mieux respecté que le droit au travail. Cependant beaucoup de Français s'interrogent sur ce temps « libéré », car ils ont le sentiment que le niveau de stress au travail est supérieur. Pour beaucoup de gens, le travail est depuis toujours un moyen de donner un sens à la vie, et ils se demandent si le travail n'a pas été dévalorisé au profit des loisirs.

Avant la mise en application des 35 heures en 2000, les Français se montraient favorables à son principe. Actuellement, 28% des Français concernés par cette loi pensent qu'elle a diminué la qualité de leur vie quotidienne. La principale explication est l'accroissement de la pression exercée sur les salariés concernés, tant en matière de productivité que de flexibilité. Pourtant, dans la majorité des cas, le salaire antérieur a été maintenu. Les salariés ont peur aussi d'une baisse du pou-

L'UNION DES TRAVAILLEURS FERA LA PAIX DU MONDE

1906	• Le repos dominical est imposé.
1919	• Passage à la journée de 8 heures et à la semaine de 48 heures.
1936	• les Français ont droit à 2 semaines de congés payés (réformes du Front populaire), semaine de 40 heures de travail.
1956	• 3ème semaine de congés payés.
1965	• 4ème semaine de congés payés.
1982	• 5ème semaine de congés payés, semaine de 39 heures et retraite à 60 ans.
2000	• application de la loi sur les 35 heures par semaine

voir d'achat compte tenu de la limitation des heures supplémentaires et de la modération des hausses de salaires. Enfin, cette loi n'a pas tenu ses promesses en matière de création d'emploi, d'où une grande déception de la part des salariés.

Travail « à la carte »

Les grands principes de la RTT (réduction du temps de travail) étaient de lutter contre le chômage, en acceptant de répartir davantage le temps de travail. Malheureusement, il semble qu'elle a accentué les inégalités entre, d'une part, les salariés qui travaillent moins et bénéficient de leur salaire antérieur et, d'autre part, les indépendants qui continuent de travailler beaucoup plus de 35 heures par semaine.

Finalement, les Français rêvent d'un travail et d'une retraite « à la carte » plutôt que d'un menu imposé.

(inspiré de Francoscopie 2003)

 ## 13. TRAVAILLER OU NE PAS TRAVAILLER ?

A. Vous allez écouter une chanson intitulée « Le travail c'est la santé », écrite par Boris Vian. Écoutez-la en lisant les paroles. Quelle est, selon vous, l'opinion de l'auteur sur le travail ? Mettez-vous d'accord avec votre camarade.

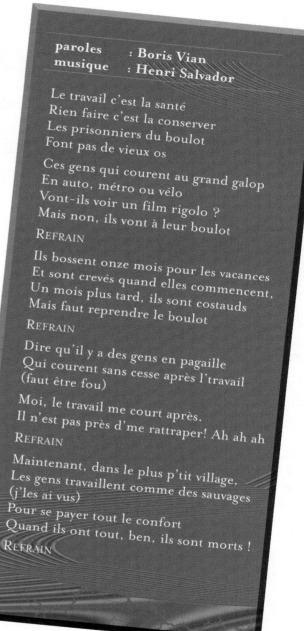

| paroles | : Boris Vian |
| musique | : Henri Salvador |

Le travail c'est la santé
Rien faire c'est la conserver
Les prisonniers du boulot
Font pas de vieux os

Ces gens qui courent au grand galop
En auto, métro ou vélo
Vont-ils voir un film rigolo ?
Mais non, ils vont à leur boulot

REFRAIN

Ils bossent onze mois pour les vacances
Et sont crevés quand elles commencent,
Un mois plus tard, ils sont costauds
Mais faut reprendre le boulot

REFRAIN

Dire qu'il y a des gens en pagaille
Qui courent sans cesse après l'travail
(faut être fou)

Moi, le travail me court après.
Il n'est pas près d'me rattraper! Ah ah ah

REFRAIN

Maintenant, dans le plus p'tit village,
Les gens travaillent comme des sauvages
(j'les ai vus)
Pour se payer tout le confort
Quand ils ont tout, ben, ils sont morts !

REFRAIN

B. En vous aidant des informations sur les congés payés des Français, pouvez-vous dire à quelle époque cette chanson a probablement été écrite ?

C. Y a-t-il des chansons sur le thème du travail dans votre langue ?

JE NE SUIS
PAS D'ACCORD !

[No]us allons organiser
[un] débat sur la télé et
[en] tirer des conclusions
[afi]n d'améliorer la
[pro]grammation de la
[télé]vision.

[Pou]r cela nous allons
[app]rendre à :

[• e]xposer notre point de
[v]ue et à le défendre
[• p]rendre la parole
[• r]eformuler des
[a]rguments
[• u]tiliser des ressources
[p]our le débat

[N]ous allons utiliser :

[• l]e subjonctif après les
[e]xpressions d'opinion à la
[f]orme négative : *je ne crois
[p]as que / pense pas que
[o]n sait que, il est vrai
[q]ue... mais, par rapport à,
[c]'est-à-dire, d'ailleurs, en
[e]ffet, car, par conséquent,
[d]'une part... d'autre part,
[m]ême si, par contre*
[• l]e pronom relatif *dont*

15

1. TÉLÉSPECTATEUR : UN PEU, BEAUCOUP, PAS DU TOUT ?

A. Quels types d'émissions préférez-vous regarder ?

- [ ] les journaux télévisés
- [ ] les documentaires
- [ ] les reportages
- [ ] les films
- [ ] les téléfilms, les séries et les feuilletons
- [ ] les dessins animés

- [ ] les jeux
- [ ] les émissions de télé réalité
- [ ] les débats télévisés
- [ ] les émissions culturelles
- [ ] les programmes pour enfants

● Moi, je regarde les reportages ; c'est intéressant, ça permet de connaître d'autres pays, d'autres cultures. Et toi ?
○ Moi, je préfère les films, ça me relaxe.

B. Le magazine *Télé pour tous* fait une enquête, répondez-y individuellement.

VOUS, TÉLÉSPECTATEUR

LES CHAÎNES	OUI	NON
Êtes-vous un/e adepte du zapping ?		
Avez-vous une chaîne préférée ?		
Si oui, laquelle ?		

LES JOURNAUX TÉLÉVISÉS	OUI	NON
Choisissez-vous votre journal télévisé en fonction du/de la présentateur/trice ?		
En fonction du point de vue adopté pour présenter l'information ?		

AVEC QUI ?	OUI	NON
Aimez-vous regarder la télé avec des amis ?		
Préférez-vous être seul(e) pour regarder la télé ?		

COMBIEN DE TEMPS?		
Combien d'heures par jour regardez-vous la télévision ?		
	moins de 2 heures par jour	
	entre 2 heures et 5 heures par jour	
	plus de 5 heures par jour	

INFLUENCES	OUI	NON
La télévision modifie-t-elle votre façon de voir les choses ?		
Y a-t-il des émissions dont vous parlez avec vos amis ?		
Si oui, lesquelles ?		

TÉLÉ MANIAQUE	OUI	NON
Si vous avez des insomnies, vous mettez-vous devant le petit écran ?		
Quand vous ne savez pas quoi faire, regardez-vous la télévision ?		
Allumez-vous de manière systématique la télévision, même si vous ne la regardez pas nécessairement ?		
Mangez-vous devant la télévision ?		

C. Après avoir répondu au questionnaire, regardez vos réponses et comparez-les avec celles d'un camarade. Quel type de téléspectateur pensez-vous être ?

a. un « accro » de télévision
b. un amateur de télé
c. un antitélé

● Moi, je suis un « accro » de télévision, je la regarde environ 3 heures tous les jours et je zappe beaucoup, et toi ?
○ Moi, …

2. TÉLÉ RÉALITÉ

A. Lisez ces deux opinions sur la télé réalité, puis retrouvez les arguments pour et les arguments contre la télé réalité et placez-les dans le tableau.

Catherine	Pour		Contre	
Catherine	Pour	👍	Contre	👎
Alex	Pour	👍	Contre	👎

La télé réalité ?
Pour ou contre ?

Catherine Pasteur, peintre

Tout dépend de l'émission de télé réalité dont on parle. Prenons, par exemple, l'émission « Star Academy », l'école des jeunes chanteurs. Cette émission permet à de jeunes talents de perfectionner leur technique de chant et les finalistes peuvent enregistrer un ou plusieurs disques. Cette émission offre donc la possibilité à de jeunes talents de réaliser leur rêve.

Mais il y a aussi des émissions de télé réalité comme, par exemple, « Loft Story » où plusieurs personnes sont enfermées dans un appartement pendant trois mois. Dans ce type d'émissions de télé réalité, l'idée est toujours la même : des gens sont filmés dans leur quotidien et les spectateurs les regardent comme au zoo. Il n'y a aucune créativité, aucune esthétique.

Il est vrai que l'une des fonctions de la télévision est de distraire les téléspectateurs, mais quel est l'intérêt de regarder des gens qui se disputent ou qui parlent de leur intimité ? Je ne crois pas que cela soit une distraction saine.

Ce qui me choque aussi, c'est que le scénario de la plupart de ces émissions de télé réalité est écrit à l'avance. En effet, même si le téléspectateur a l'impression que tout est improvisé et naturel, il s'agit en réalité d'un montage. Tout est décidé à l'avance. On trompe le téléspectateur, on lui fait croire qu'il peut décider alors que c'est complètement faux.

En conclusion, je crois que ces émissions n'apportent rien au téléspectateur, elles n'ont qu'un but : faire gagner beaucoup d'argent aux producteurs et à la chaîne télévisée.

Alex Lecocq, psychologue

Pourquoi est-ce que la télé réalité remporte un tel succès auprès des téléspectateurs en France ? Probablement parce que la principale caractéristique de ces émissions est de présenter à l'écran des gens ordinaires avec lesquels les téléspectateurs s'identifient facilement.

C'est bien ou c'est pas bien ? D'un côté, cela représente une démocratisation de la télévision. Tout le monde peut passer à la télévision. Les émissions de télé réalité alimentent aussi les conversations : on en parle en famille, entre amis, avec les collègues et c'est une conversation qui ne provoque pas de conflits.

D'un autre côté, les protagonistes de ces émissions sont des personnes sans mérite particulier, qui deviennent rapidement riches et célèbres grâce à la télévision. Je pense qu'on peut y voir une justification de la médiocrité.

En conclusion, je ne crois pas qu'il faille condamner ce type d'émissions. L'une des fonctions de la télévision est de distraire le spectateur et ces émissions jouent bien ce rôle. Par contre, je crois qu'il faut limiter leur nombre. Il y a, actuellement, trop d'émissions de ce type et c'est plutôt la diversité à la télé qui est en danger.

B. Partagez-vous les opinions de Catherine et d'Alex ? Ajouteriez-vous d'autres arguments ? Commentez-le avec un camarade.

● Je suis d'accord avec Alex. Moi aussi je pense que la télé réalité...

3. LE PIERCING ET LES TATOUAGES

A. Lisez la transcription d'un débat radiophonique au sujet du piercing et des tatouages et ajoutez, là où ils manquent, les mots et expressions du tableau ci-dessous.

• **en tant que**	On situe une opinion à partir d'un domaine de connaissance ou d'expérience.
• **d'ailleurs**	On justifie, développe ou renforce l'argument ou le point de vue qui précède en apportant une précision.
• **il est vrai que... mais**	On reprend un argument et on ajoute une idée qui le nuance ou le contredit.
• **car**	On introduit une cause que l'on suppose inconnue de l'interlocuteur.
• **je ne partage pas l'avis de/d'**	On marque le désaccord avec l'opinion de quelqu'un.
• **par conséquent**	On introduit la conséquence logique de quelque chose.
• **on sait que**	On présente un fait ou une idée que l'on considère admis par tout le monde.

Présentateur : Evelyne Jamel, en tant que sociologue, que pensez-vous du phénomène du piercing et du tatouage chez les jeunes?

Evelyne Jamel : Le piercing comme le tatouage existent depuis très très longtemps dans certaines civilisations. En Afrique, en Océanie ou au Japon le piercing ou le tatouage sont des rites. Mais dans notre société, ils correspondent à deux phénomènes : **d'une part** c'est un phénomène de mode ; on porte un piercing ou un tatouage pour des raisons esthétiques................................... beaucoup de piercings ou de tatouages sont de faux piercings ou de faux tatouages.

P. : Comment ça, de faux piercings et de faux tatouages !?

E. J. : Oui, **c'est-à-dire** qu'ils ne sont pas permanents.

P. : Et d'autre part ?

E. J. : Eh bien, **d'autre part**, il s'agit d'un phénomène de contestation. C'est le mouvement punk qui les a mis à la mode il y a une trentaine d'années. C'est une façon de se révolter ou de montrer que l'on appartient à un groupe.

P. : Est-ce qu'il y a beaucoup de jeunes qui portent un tatouage ou un piercing ?

E. J. : En France, 8% des jeunes de 11 à 20 ans ont un piercing et 1% portent un tatouage.

P. : Albert Lévi, qu'en pensez-vous ?

Albert Lévi : Bien, ... médecin, je dois mettre en garde contre les risques du piercing ou du tatouage. Un piercing au nombril avant 16 ans n'est pas du tout recommandable .... les adolescents peuvent encore grandir et la peau peut éclater. Le piercing représente .... un risque pour la santé.

P. : Et est-ce que les tatouages sont moins dangereux ?

A. L. : C'est pareil. Le matériel de tatouage doit être parfaitement désinfecté et je ne pense pas que ces règles d'hygiène élémentaires soient toujours respectées.

P. : Donc, à votre avis, est-ce que ces pratiques devraient être interdites ?

A. L. : **En effet**, interdire pourrait être une solution.

P. : Evelyne Jamel, êtes-vous d'accord ?

E. J. : Mais non, pas du tout ! .... du docteur Lévi, **même si** ses inquiétudes par rapport à ces pratiques sont justifiées. .... le piercing ou le tatouage comportent des risques .... interdire n'est pas la solution. .... si l'on interdit à un adolescent de se faire un piercing, il s'en fera deux ! **Par contre,** les parents peuvent expliquer à leurs enfants les risques du piercing ou du tatouage et...

 B. Maintenant, écoutez le débat et vérifiez vos réponses.

C. Les invités de l'émission utilisent, pour exposer et défendre leur point de vue, des expressions typiques en situation de débat. Elles sont en caractères gras dans le texte. Comprenez-vous à quoi elles servent ? Trouvez-vous des équivalents dans votre langue ?

4. TOUS CEUX DONT ON PARLE

A. Disposez des chaises en cercle. Chacun s'assoit sur une chaise sauf un élève qui reste au centre. Cet élève lit une des phrases suivantes ou en invente une. Ceux que la phrase concerne se lèvent et, le plus vite possible, essaient de se rasseoir sur une autre chaise. Celui qui est au milieu essaie aussi de s'asseoir. La personne qui reste sans chaise doit donner l'ordre suivant.

- Toutes les personnes dont les yeux sont marron/bleus... se lèvent.
- Toutes les personnes dont les chaussures sont noires/marron... se lèvent.
- Toutes les personnes qui ont des lunettes se lèvent.
- Toutes les personnes dont le prénom commence par D/L/M... se lèvent.
- Toutes les personnes qui portent un pantalon se lèvent.
- Toutes les personnes qui font de la natation se lèvent.
- Toutes les personnes dont les cheveux sont blonds se lèvent.
- Toutes les personnes dont le nom de famille comprend un S se lèvent.

B. Maintenant, observez les phrases avec **dont**. Comprenez-vous comment il s'utilise ?

5. D'ACCORD OU PAS D'ACCORD ?

A. Lisez ces phrases. Êtes-vous d'accord ?

- ☐ Tous les hommes sont égaux.
- ☐ Il y a beaucoup de différences entre les hommes et les femmes.
- ☐ Les voitures doivent être interdites dans les grandes villes.
- ☐ Tout le monde peut choisir ce qu'il veut faire.
- ☐ Les voyages forment la jeunesse.
- ☐ Les extraterrestres existent.
- ☐ La vie est plus facile pour les hommes que pour les femmes.
- ☐ Le français est plus facile que l'anglais.
- ☐ Les examens sont totalement indispensables.

● Moi, je ne crois pas que tous les hommes soient égaux...

B. Quand vous utilisez les expressions **je ne crois pas que** ou **je ne pense pas que**, quelles remarques pouvez-vous faire à propos du verbe qui suit ?

EXPRIMER SON POINT DE VUE

À mon avis, *D'après moi,* *Je pense que* *Je crois que*	**+ INDICATIF** *Martin **est** un bon candidat.*

Je ne pense pas que *Je ne crois pas que*	**+ SUBJONCTIF** *Martin **soit** un bon candidat.*

● *Je pense que le français est plus facile que l'anglais. Tu ne crois pas ?*
○ *Mais non! Je ne pense pas que le français soit plus facile...*

LE SUBJONCTIF

Le présent du subjonctif est construit à partir du radical du verbe à la troisième personne du pluriel du présent de l'indicatif (pour **je, tu, il** et **ils**) ainsi que des formes **nous** et **vous** de l'imparfait.

	DEVOIR
Ils **doiv**ent	que je do**ive**
	que tu do**ives**
	qu'il/elle/on do**ive**
	qu'ils/elles do**ivent**
Nous **devions**	que nous **devions**
Vous **deviez**	que vous **deviez**

Les verbes **être, avoir, faire, aller, savoir, pouvoir, falloir, valoir** et **vouloir** sont irréguliers.

ÊTRE	AVOIR
que je **sois**	que j'**aie**
que tu **sois**	que tu **aies**
qu'il/elle **soit**	qu'il/elle **ait**
que nous **soyons**	que nous **ayons**
que vous **soyez**	que vous **ayez**
qu'ils/elles **soient**	qu'ils/elles **aient**

FAIRE
que je **fasse**
que tu **fasses**
qu'il/elle **fasse**
que nous **fassions**
que vous **fassiez**
qu'ils/elles **fassent**

LES CONNECTEURS

On sait que la télévision est un moyen de communication très important.	On présente un fait ou une idée que l'on considère admis par tout le monde.
En tant que psychologue pour enfant, je dois dire que...	On présente un point de vue à partir d'un domaine de connaissance.
Par rapport à la violence très présente dans les films, je trouve que...	On signale le sujet ou le domaine dont on veut parler.
D'une part, les parents ne surveillent pas suffisamment leurs enfants, **d'autre part...**	On présente deux aspects d'un sujet.
D'ailleurs, nous ne pouvons pas prétendre que la télé est coupable de...	On justifie, développe ou renforce l'argument ou le point de vue qui précède.
C'est-à-dire que les parents et la société en général sont aussi responsables de l'éducation...	On explicite en développant l'idée qui précède.
En effet, la télévision n'est pas la seule responsable de...	On confirme et on renforce l'idée qui vient d'être présentée.
Car la violence est présente aussi dans d'autres aspects de la vie des enfants.	On introduit une cause que l'on suppose inconnue de l'interlocuteur.
Je ne partage pas l'avis de M. Delmas.	On marque son désaccord avec l'opinion de l'interlocuteur.
Il est vrai que les parents doivent surveiller leurs enfants, **mais** la télévision est un service public et...	On reprend l'argument de l'interlocuteur et on ajoute une idée qui le nuance ou le contredit.
Par contre, certaines télévisions ne comprennent pas qu'elles ont un rôle...	On introduit une idée ou un fait qui contraste avec ce qu'on a dit précédemment.

LE PRONOM RELATIF DONT

Dont peut être complément du nom.

● *Je connais un gars **dont** le père est animateur à la télé. (= son père est animateur)*

Il peut être aussi complément prépositionnel d'un verbe qui impose l'utilisation de la préposition **de**.

○ *C'est une chose **dont** on parle souvent.
(= on parle de la télévision)*

6. MESDAMES, MESSIEURS, BONSOIR !

A. Christian Laurier anime un débat télévisé. Il introduit chaque sujet grâce à une sorte de petite énigme. Écoutez ses introductions et notez les mots-clés que vous comprenez. Ensuite, avec un camarade, faites des hypothèses sur les sujets abordés. Voici des indices pour vous aider.

	Indice	Mots-clés	Sujet abordé
1.	C'est un moment dont nous rêvons toute l'année.		
2.	C'est un thème dont les Français se préoccupent beaucoup.		
3.	C'est un gaz dont la Terre a besoin pour se protéger contre les rayons du soleil.		
4.	C'est un engin dont on se sert trop.		

B. Avec un ou deux camarades, essayez à votre tour de préparer une petite introduction sur un sujet de votre choix. Puis lisez-la à voix haute. Vos camarades vont essayer de deviner quel sujet vous voulez introduire.

7. CHIEN OU CHAT ?

A. Par groupes de quatre, choisissez un des sujets suivants. Vous pouvez en ajouter d'autres si vous voulez. Dans le même groupe, deux d'entre vous vont prendre parti pour une option et les deux autres pour l'option contraire.

Prendre la voiture	ou	**les transports publics.**
Vivre en ville	ou	**à la campagne.**
Étudier le français	ou	**une autre langue.**
Travailler à l'étranger	ou	**dans son propre pays.**
Les vacances à la plage	ou	**à la montagne.**
Regarder un film à la télé	ou	**aller au cinéma.**
....	ou	....

B. Chaque binôme doit préparer son argumentation, et défendre brièvement son point de vue en réagissant aux opinions des autres.

● *C'est vrai que les vacances à la montagne sont plus tranquilles que les vacances à la mer, mais ...*

8. ON EN DISCUTE

Jean-Philippe Cuvier présente chaque semaine l'émission « On en discute ». Le thème abordé ce soir est « Pour ou contre la télévision aujourd'hui ». Écoutez-le présenter ses invités et complétez ces fiches de présentation avec l'argument principal de chaque invité.

TU 22

Coralie

• Lycéenne

• 18 ans

❏ pour / ❏ contre

• Argument :

....

....

TU 22

Pascal Lumour

• Association « Front de libération télévisuelle »

• 38 ans

❏ pour / ❏ contre

• Argument :

....

....

TU 22

Valérie Toubon

• Professeur de mathématiques, collège Henri IV à Poitiers

• 48 ans

• 22 ans d'expérience dans l'enseignement

❏ pour / ❏ contre

• Argument :
Les enfants passent trop de temps devant la télévision.

TU 22

Denis Lambert

• Psychologue pour enfants

• 52 ans

❏ pour / ❏ contre

• Argument :

....

....

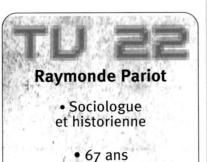

TU 22

Gérard Rhodes

• Cinéaste

• 28 ans

❏ pour / ❏ contre

• Argument :

....

....

TU 22

Raymonde Pariot

• Sociologue et historienne

• 67 ans

❏ pour / ❏ contre

• Argument :

....

....

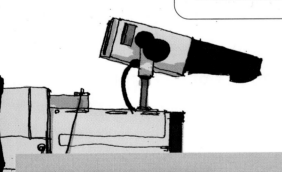

ANTISÈCHE

QUAND ON NE COMPREND PAS QUELQUE CHOSE OU QUAND ON VEUT DEMANDER DES EXPLICATIONS

Tu peux répéter/Vous pouvez répéter, s' il te/vous plaît ?
Je ne comprends pas ce que tu dis/vous dites.
Pardon, mais je ne sais pas si j' ai bien compris.

QUAND ON NE SAIT PAS SI ON A ÉTÉ COMPRIS

Je ne sais pas si je me fais comprendre...
Tu vois/comprends ce que je veux dire ?
Vous voyez/comprenez ce que je veux dire ?

9. ÊTES-VOUS POUR OU CONTRE ?

A. Que pensez-vous des différents arguments présentés par ces personnes ? Choisissez votre camp : pour ou contre, puis formez des groupes avec ceux qui partagent votre opinion. Vous pouvez ensemble ajouter de nouveaux arguments.

● *Moi je suis plutôt d'accord avec Pascal Lumour, je trouve que...*
○ *Moi aussi...*

B. Maintenant, dans chaque groupe, préparez le débat. Justifiez vos points de vue et vos arguments en cherchant des exemples pris dans la programmation de la télévision de votre pays.

● *Bon, nous pouvons dire, en tant que téléspectateurs, que les chaînes de TV nous semblent toutes pareilles, n'est-ce pas ?*
○ *Oui, par, exemple, les émissions sportives sont toujours consacrées au football et au...*

C. Vous allez ensuite débattre avec un autre groupe qui a choisi le camp adverse. Attention, vous devez tirer des conclusions et parvenir à un accord afin d'améliorer la qualité de la télé de votre pays en formulant une série de propositions.

10. PROGRAMMES DU PETIT ÉCRAN

A. Voici quatre émissions emblématiques de la télévision française. Lisez le résumé de ces émissions. En avez-vous déjà entendu parler ? Laquelle ou lesquelles de ces émissions aimeriez-vous voir ?

THALASSA ➡

Ce magazine existe depuis 1975. Il se compose de reportages divers et très complets, toujours en relation avec la mer. Chaque reportage est suivi d'un débat entre les présentateurs et des personnalités invitées sur le plateau.

⬅ DES CHIFFRES ET DES LETTRES

Ce jeu télévisé a été créé en 1965 et il s'est très vite popularisé car, d'emblée, les téléspectateurs ont pris le réflexe de jouer en même temps que les candidats. Cette émission s'est convertie en un véritable phénomène social et les grandes finales attirent de huit à douze millions de téléspectateurs. Plusieurs centaines de clubs existent en France et même à l'étranger. Le décor de l'émission est très sobre et inspire le calme. On n'entend ni rires, ni applaudissements, contrairement aux autres émissions de jeux. L'objectif du jeu est, d'une part, de découvrir le mot le plus long à partir de 9 lettres tirées au sort, et, d'autre part, de parvenir au chiffre annoncé en faisant diverses opérations de calcul.

DICOS D'OR ou LA DICTÉE DE PIVOT 🔊

Imaginez des millions de téléspectateurs, stylo en main, en train d'écrire la dictée lue par le célèbre présentateur Bernard Pivot. La dictée de Pivot est retransmise à la télévision chaque année depuis 1985 et elle remporte un succès énorme. En 2004, ce sont 15 000 adultes et 500 000 enfants qui se sont inscrits à ce concours télévisé d'orthographe française.

Les mots-valises

Que les Libanais se soient déjà adonnés par deux fois à la perverse jouissance de la dictée, n'étonne pas les Français. Ils savent, ne serait-ce que par des on-dit, que les Beyrouthins aiment et pratiquent la langue de La Fontaine, de Chateaubriand et de Mérimée, et qu'ils ne se sont jamais laissé décourager par les règles des participes passés des verbes pronominaux. Ils se sont entraînés à en déjouer les pièges. Ils se sont même amusés à conjuguer des verbes au subjonctif imparfait. Quel courage !

FAUT PAS RÊVER 🔊

Cette émission a été créée en 1990 par Georges Pernoud (le créateur de l'émission THALASSA). On y découvre deux reportages tournés à l'étranger et un troisième tourné en France. Ces reportages sont souvent insolites. Par exemple, vous pouvez partager le quotidien d'une tribu du Kenya, découvrir comment on devient geïsha aujourd'hui, ou encore découvrir de surprenants accents régionaux en France. Après chaque reportage, une personnalité est invitée à réagir et à commenter ce qu'elle vient de voir.

B. Avez-vous des émissions semblables dans votre pays ? Quelles sont pour vous les émissions les plus emblématiques de votre pays ?

QUAND TOUT À COUP...

Nous allons raconter des anecdotes personnelles.

Pour cela nous allons apprendre à :

- raconter au passé
- organiser les événements dans un récit
- décrire les circonstances qui entourent le récit

Et nous allons utiliser :

- l'imparfait, le plus-que-parfait et le passé composé dans un récit
- quelques marqueurs temporels : *l'autre jour, il y a, ce jour-là, tout à coup, soudain, au bout de, à ce moment-là, la veille, le lendemain, finalement*
- la forme passive

16

1. SOUVENIRS, SOUVENIRS

A. Jean-Paul nous montre son album de photos. Regardez les photos et, avec un camarade, retrouvez les titres qui, à votre avis, correspondent à chacune. Vous pouvez deviner où est Jean-Paul sur chaque photo ?

① *Vacances en Bretagne*

② *Tout bronzé au Brésil*

③ *Champions de la ligue, mon premier (et dernier) grand exploit sportif !*

④ *Dans le camion de tonton*

⑤ *Super chic pour le mariage de Denise*

⑥ *À trottinette, j'ai toujours aimé la vitesse !!*

B. Maintenant, écoutez Jean-Paul qui commente les photos. Pouvez-vous identifier certains membres de sa famille et dire quand et où la photo a été prise ? Notez vos réponses.

	AVEC QUI ?	QUAND / À QUEL ÂGE ?	OÙ ?
1			
2			
3			
4			
5			
6			

2. LES AVENTURES DE LA PETITE JO

A. Avez-vous organisé une course d'escargots quand vous étiez enfant ? C'est très facile ! Sur la liste ci-dessous, il y a tout ce qu'il faut. Avec un camarade, essayez d'imaginer comment ça s'organise.

● D'abord on marque chaque escargot.
○ Oui, puis...

LES JEUX DE LA PETITE JO

LA COURSE D'ESCARGOTS

Voilà ce qu'il te faut :

● Des feuilles de salade

● Du fil

● Des cure-dents

● Un escargot pour chaque joueur. Après le jeu, n'oublie pas de lâcher gentiment les escargots dans la nature !

● Quelques peintures et un feutre rouge

B. Lisez maintenant le récit de la Petite Jo. Est-ce que la course d'escargots s'organise comme vous l'aviez pensé ?

Lundi dernier, avec les copains, on est allé jouer derrière la maison du voisin. **C'était** le premier mai, alors on **n'avait** pas école. Là, **on a trouvé** beaucoup d'escargots. C'est vrai qu'il **avait plu** toute la nuit et les escargots adorent la pluie. Alors, **on a pris** quelques escargots et puis, avec tous les copains, Paul, Eric, Lulu et Frédo **on a organisé** une course d'escargots. C'est drôlement marrant les courses d'escargots. **On leur a peint** la coquille avec quelques peintures de différentes couleurs et **on a écrit** des numéros dessus,

puis **on les a tous placés** sur la ligne de départ. **On avait** chacun un cure-dents avec un fil et une feuille de salade attachée au bout du fil. Oui, parce que les escargots, ça aime beaucoup la salade ! **Ça a duré** des heures !!. 50 centimètres, c'est long, c'est drôlement long pour un escargot ! Finalement, **mon escargot a gagné** !!! **J'étais** drôlement contente car normalement je ne gagne jamais les courses d'escargots ! La dernière fois, c'est l'escargot de Paul qui **avait gagné** et, la fois d'avant, c'est celui de Lulu qui **avait gagné** !

C. La Petite Jo utilise trois temps du passé pour raconter son histoire. Ces verbes sont signalés en caractères gras. Est-ce que vous pouvez les distinguer ? À quels temps sont-ils ?

D. Quelles remarques pouvez-vous faire sur la construction du plus-que-parfait par rapport à l'imparfait et au passé composé ?

Le passé composé sert à raconter les événements successifs d'une histoire. L'histoire que la Petite Jo raconte se passe lundi dernier.

L'imparfait ne signale ni le début ni la fin d'une action et sert à expliquer les circonstances de l'histoire qu'on raconte.

Le plus-que-parfait sert à évoquer des événements qui se sont passés avant l'histoire qu'on raconte et qui sont utiles pour mieux comprendre cette histoire.

3. HISTOIRE D'UNE VIE

A. Lisez cette biographie de Mata-Hari. Vous trouvez qu'elle a eu une vie intéressante ?

LES FEMMES QUI ONT CHANGÉ L'HISTOIRE

Mata-Hari
Qui était Mata-Hari ?

Margaretha Geertruida Zelle, alias Mata-Hari, est née aux Pays-Bas. C'était la fille d'un marchand de chapeaux. À 19 ans, elle s'est mariée avec un militaire en poste sur l'île de Java. Après plusieurs années passées aux Indes néerlandaises, elle a divorcé et elle est partie vivre à Paris. C'étaient les années folles et, en ce début de siècle, Paris s'amusait, la ville était avide de modernité et de distractions. Mata-Hari se faisait alors passer pour une danseuse javanaise et Émile Guimet, un grand collectionneur d'art oriental, l'a invitée à danser dans son musée. C'est à lui qu'elle doit son nom de scène : « Mata-Hari » ce qui signifie « soleil levant » en javanais. Mata-Hari ne savait pas danser mais elle était belle et savait se déshabiller avec talent et mouvoir un long corps mince et bronzé. Le spectacle a eu un grand succès et Mata-Hari est partie danser ensuite à Madrid, à Monte Carlo, à Berlin, à Vienne… Elle y a fréquenté des aristocrates, des diplomates, des banquiers, des industriels, des militaires…

Quand la Grande Guerre a éclaté, Mata-Hari, a continué à voyager librement à travers l'Europe. Les services secrets français ont alors voulu profiter de son exceptionnelle facilité de déplacement et du fait qu'elle parlait plusieurs langues. Le capitaine Ladoux, chef des services du contre-espionnage, lui a demandé d'aller espionner le Kronprinz (le prince héritier de l'Empire allemand) dont elle avait fait la connaissance. Mais un peu plus tard, des télégrammes ont été interceptés ; ils apportaient des détails sur les déplacements de l'agent allemand H21, des détails qui correspondaient aux déplacements de Mata-Hari.

Cette année-là, la tension était très forte en France. La guerre durait depuis 3 ans et elle avait fait beaucoup de victimes. La société française inquiète, commençait à douter de la victoire et l'on voyait des espions partout. Les services secrets ont donc pris la décision d'arrêter Mata-Hari. Elle a été jugée rapidement et condamnée à mort par un tribunal militaire. Un jour d'automne, à l'aube, Mata-Hari a été conduite face au peloton d'exécution. Fière et le sourire aux lèvres, elle a refusé d'avoir les yeux bandés, quand l'officier a crié « feu », elle a envoyé, du bout des doigts, un dernier baiser. Elle avait seulement 41 ans.

L'histoire de France en quelques dates

481 : Clovis, roi des Francs, conquiert la Gaule.

1661 : Louis XIV devient roi de France.

1789 : Révolution Française.

1804 : Napoléon Bonaparte devient empereur et part à la conquête de l'Europe.

1870 : La France et l'Allemagne entrent en guerre.

1871 : Victoire de l'Allemagne.

1914 : L'assassinat, à Sarajevo, de l'archiduc d'Autriche déclenche la Première Guerre Mondiale.

1918 : Les États-Unis entrent en guerre aux côtés de la France, l'Angleterre et la Russie.

1939 : La Grande Bretagne et la France déclarent la guerre à l'Allemagne qui suit une politique d'expansion en Europe.

1940 : La France est contrôlée par l'Allemagne.

1944 : Débarquement de Normandie.

1945 : Libération de la France et défaite de l'Allemagne.

1957 : la République Fédérale d'Allemagne, la Belgique, la France, l'Italie, le Luxembourg et les Pays-Bas créent la CEE.

2004 : L'Union Européenne accueille sept nouveaux pays.

B. L'histoire de Mata-Hari est liée à l'histoire de la France. À quel moment de l'histoire se sont passés les événements racontés dans ce texte ?

C. Imaginez la phrase que Mata-Hari aurait pu dire en lançant son dernier baiser.

4. C'EST COMME ÇA, LA VIE

A. Séverine raconte dans un magazine ce qui lui est arrivé alors qu'elle était au restaurant avec un ami. Lisez ce texte et introduisez les marqueurs qui manquent.

- au bout de
- finalement
- l'autre jour
- la veille
- Le lendemain
- soudain
- tout à coup

C'EST COMME ÇA, LA VIE

« Je ne comprenais pas pourquoi on m'apportait des fleurs »

Romantiques, drôles ou surprenantes, rien ne vaut les histoires vécues. Nous t'offrons cette page pour que tu puisses raconter les tiennes. Aujourd'hui, Séverine nous explique ce qui lui est arrivé alors qu'elle dînait au restaurant.

.............., je suis allée au restaurant avec mon ami parce que ...., j'avais terminé tous les examens et je voulais fêter ça. Nous sommes allés dans un restaurant assez chic dans mon quartier. Nous nous sommes installés et nous avons choisi notre menu. À la table à côté de nous, il y avait un couple. Nous en étions au dessert quand ...., le serveur est venu vers moi avec un grand bouquet de roses. Je ne comprenais pas pourquoi on m'apportait des fleurs et surtout qui me les envoyait. Alors, comme mon ami affirmait que ce n'était pas lui qui m'avait fait parvenir ce bouquet, nous avons commencé à nous poser des questions. J'allais appeler le serveur quand ...., un homme s'est dirigé vers moi avec un violon à la main. Mais avant même qu'il arrive jusqu'à moi, notre voisin de table furieux s'est levé et a dit au violoniste de venir devant la jeune femme qui l'accompagnait. .... quelques minutes, le serveur est arrivé, très gêné. Il s'est excusé et m'a dit qu'il s'était trompé de table et que les roses étaient pour la dame de la table voisine. ...., tout s'est arrangé. ...., par hasard, j'ai croisé dans la rue notre voisin de table qui m'a invitée à prendre un café.

Séverine, Strasbourg

 B. Vous allez écouter trois personnes qui commencent à raconter une anecdote. Comment croyez-vous que ces histoires finissent ? Parlez-en avec deux autres camarades.

 C. Maintenant écoutez et vérifiez.

5. UN ÉVÉNEMENT ET SON CONTEXTE

A. En groupe, faites la liste de ce que chacun a fait de spécial récemment : des choses amusantes, importantes ou futiles, prévues ou imprévues... Précisez, si vous le pouvez, la date et l'heure.

- Samedi dernier, à midi, je suis allé manger chez un copain...
- Mercredi soir, j'ai vu un match de football.
- Ben moi, j'ai...

B. Maintenant, choisissez un de ces événements et expliquez certaines circonstances qui ont entouré cet événement.

- Samedi dernier, je suis allé manger chez un copain. C'était son anniversaire, sa mère avait fait un gâteau délicieux...

Nous pouvons raconter une histoire sous la forme d'une succession d'événements au passé composé.

*Il **a versé** le café dans la tasse. Il **a mis** du sucre dans le café. Avec la petite cuiller, il **a remué**. Il **a bu** le café.*

Pour chaque événement, nous pouvons expliquer les circonstances qui l'entourent. On utilise alors l'imparfait.

*Il a versé le café dans la tasse. Il **était** très fatigué et **avait** très envie de prendre quelque chose de chaud. Il a mis du sucre, **c'était** du sucre brun...*

Pour parler des circonstances qui précèdent l'événement, on utilise le plus-que-parfait.

*Il **avait mal dormi** et il était très fatigué, alors il a pris une bonne tasse de café. C'était du café brésilien **qu'il avait acheté** la veille.*

LE PLUS-QUE-PARFAIT

Pour former le plus-que-parfait d'un verbe, on met l'auxiliaire **être** ou **avoir** à l'imparfait et on le fait suivre du participe passé :

J'**avais**	
Tu **avais**	
Il/elle/on **avait**	**dormi**
Nous **avions**	
Vous **aviez**	
Ils/elles **avaient**	

Quand un verbe est conjugué avec l'auxiliaire **être**, il s'accorde en genre et en nombre avec le sujet.

*Cette année, Claire et Lulu sont parties en Italie, l'été dernier, elles étaient all**ées** en Espagne.*

SITUER DANS LE TEMPS

On peut raconter une anecdote, en la situant dans le passé, mais sans préciser quand.

***L'autre jour,** je suis allé à la plage avec des amis.*

On peut raconter une anecdote en la situant d'une manière plus précise dans le passé.

Il y a un mois environ,	
Lundi dernier,	*je suis allée au restaurant avec Louis.*
Samedi soir,	

On peut introduire des circonstances qui entourent ou précèdent l'événement.

À cette époque-là, j' habitais dans le centre-ville.

Lundi dernier je suis allée au centre-ville. Ce jour-là, il pleuvait des cordes.

Samedi soir, j' ai vu une chose étrange. Ce soir-là, j' avais décidé de faire une balade au bord de la rivière...

Certains marqueurs temporels introduisent les circonstances qui ont précédé l'événement.

La police a arrêté jeudi un homme qui, quelques jours auparavant/deux jours avant/ la veille, avait cambriolé la bijouterie de la place Tiers.

D'autres marqueurs indiquent la durée entre deux événements.

Ils se sont mariés en 2001 et, au bout de quelques années, Charline est née.

D'autres marqueurs peuvent signaler le déclenchement d'un événement imprévu.

J' étais en train de regarder la télé quand soudain/tout à coup la lumière s' est éteinte.

Pour conclure le récit et indiquer la conséquence de l'histoire.

Je me suis levée tard, le téléphone a sonné, ma voiture ne voulait pas démarrer. Finalement, je suis arrivée en retard.

LA VOIX PASSIVE

Dans une phrase normale, à la voix active, le sujet du verbe fait l'action.

André Le Nôtre a dessiné les jardins de Versailles.

Dans une phrase à la voix passive, le sujet du verbe ne fait pas l'action.

Les jardins de Versailles ont été dessinés par André Le Nôtre.

La voix passive se construit avec **être** + participe passé. Le temps verbal est indiqué par l'auxiliaire **être** et le participe s'accorde en genre et en nombre avec le sujet.

L' aéroport sera dessiné par Jean Nouvel.
L' église a été dessinée par un grand architecte.
Les ponts sont dessinés par des ingénieurs.

6. PAR QUI ?

A. Vous savez qui a été acteur dans les événements suivants ? Travaillez avec un camarade.

La Bataille de Waterloo a été gagnée		le peuple français le 21 janvier 1793.
La guillotine a été inventée		Gutenberg vers 1440.
L'Amérique a été découverte		les frères Lumière en 1895.
La Joconde a été peinte		Alexander Fleming en 1928.
La Tour Eiffel a été construite		Jules Vernes en 1873.
Louis XVI a été guillotiné		Léonard de Vinci au seizième siècle.
La Bataille de Waterloo a été perdue	**par**	Gustave Eiffel au dix-neuvième siècle.
La Gaule a été conquise		Christophe Colomb au quinzième siècle.
La presse à imprimer a été créée		le duc de Wellington le 18 juin 1815.
« Le Tour du monde en quatre-vingts jours » a été écrit		Vincent Van Gogh en 1888.
La pénicilline a été découverte		Napoléon Bonaparte le 18 juin 1815.
Le cinéma a été inventé		Jules César au premier siècle avant Jésus Christ.
« Les Tournesols » ont été peints		Joseph Ignace Guillotin au dix-huitième siècle.

B. Observez comment ces verbes sont construits. Qu'est-ce que vous remarquez ?

7. LES TITRES À LA UNE

Par deux, vous allez jeter deux fois un dé ou choisir deux numéros entre 1 et 6. Chaque numéro renvoie à une moitié du titre d'un journal. Rédigez ensuite l'article correspondant.

①	La célèbre Madame Soleil
②	Un homme arrêté plusieurs fois pour infraction au code de la route
③	Le maire de la plus petite commune française
④	Un professeur de chimie à la retraite
⑤	Un groupe d'élèves d'une classe de français
⑥	Astérix

①	a décidé de participer au prochain tour de France.
②	vient de publier sa biographie.
③	a été kidnappé(e).
④	a été proposé(e) pour le prix Nobel de la paix.
⑤	est tombé(e) d'un train en marche.
⑥	a gagné 200 millions d'euros au loto.

8. LA PREMIÈRE FOIS

A. On se rappelle souvent des « premières fois ».
Avec un camarade essayez de vous souvenir
de la première fois que vous avez/êtes...

- fait de la bicyclette
- participé à un spectacle
- conduit une voiture
- fait du ski
- fait du cheval
- allé(e) à l'école
- allé(e) à l'étranger
- monté(e) dans un avion
- ....
- ....

● La première fois que je suis allé à l'étranger, j'avais 12 ans. C'était pour les vacances d'été et mon père voulait nous faire une surprise. Alors, nous sommes allés à Amsterdam. C'était super parce que...

B. Vous souvenez-vous de la dernière fois que vous avez fait ces choses-là ?

9. C'EST ARRIVÉ À QUI ?

A. Vous avez sûrement vécu des moments de grande émotion. Regardez la liste proposée. Essayez ensuite de vous rappeler les circonstances et les détails. Puis, individuellement, complétez le tableau. Bien sûr, vous pouvez aussi inventer si vous en avez envie !

Une personne célèbre que j'ai rencontrée	
Un lieu où je me suis perdu(e)	
Un avion/un train/un bus que j'ai raté	
Un plat insolite que j'ai mangé	
Une mauvaise rencontre que j'ai faite	
De l'argent que j'ai perdu	
Un jour où j'ai eu très peur	
Une soirée inoubliable	
Une expérience amusante	
Une expérience embarrassante	
Autre :	

B. Maintenant, mettez-vous par groupe de trois et racontez entre vous les aventures les plus curieuses ou les plus intéressantes. Décidez si c'est vrai ou pas.

● Moi, un jour, j'ai croisé Gérard Depardieu à l'aéroport. Je partais à...

C. Parmi les histoires vraies que l'on vous a racontées, chosissez la plus intéressante. Celui qui a vécu cette histoire la raconte de nouveau aux autres dans les moindres détails. Les deux autres peuvent prendre des notes et poser des questions. Préparez-vous bien car, ensuite. vous allez devoir raconter cette histoire comme si vous l'aviez vécue !

● Il y a quelques années, un jour, pendant l'été...
○ Quel âge tu avais ?
● J'avais 14 ans.
...
❑ La veille, mon grand frère avait eu son permis de conduire et il voulait...

D. Chaque groupe raconte son anecdote devant la classe. À tour de rôle, chacun des trois membres du groupe raconte l'histoire à la première personne, comme s'il l'avait vécue. Ensuite, le groupe-classe a le droit de poser des questions pour essayer de deviner lequel des trois a réellement vécu cette anecdote.

● Moi je crois que c'est William qui a vécu cette aventure parce que...

J'aime sortir ! J'aime le bal, la fête foraine, l'opérette, le restaurant, les films d'amour...

Robert prend une bière...

ICI, ELLE EST TOUJOURS BIEN FRAÎCHE !

Y A PAS BESOIN D'ALLER CHERCHER DES DISTRACTIONS SI LOIN, QUAND Y A QU'À SE BAISSER POUR EN RAMASSER À CÔTÉ DE NOUS !

... moi, un thé nature !

Le Dimanche après-midi, nous partons en balade dans les rues de la ville. Terminus : le café de la poste !

Ensuite, nous rentrons ! Quelquefois, dans l'année, nous sommes invités chez des relations de travail de Robert pour passer la soirée...

LES ANTIHÉROS DE LA BD

Au début du siècle, les Français dessinaient beaucoup pour les enfants puis, dans les années 50 et 60, pour les adolescents. Mais depuis les années 70, il y a des BD pour tous les goûts et tous les âges. À côté des héros positifs comme Astérix, on trouve des héros beaucoup moins brillants et parfois même carrément antipathiques. Par exemple, en 1957, Franquin invente Gaston Lagaffe qu'il surnomme « le héros sans emploi ». En 1977, Christian Binet publie les premières péripéties des Bidochons et, en 1982, Jean-Marc Lelong présente Carmen Cru, une mamie misanthrope.

On dit qu'elle s'est fait arracher les dents pour les vendre et acheter son vélo.

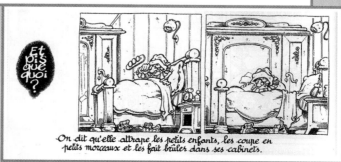

On dit qu'elle attrape les petits enfants, les coupe en petits morceaux et les fait brûler dans ses cabinets.

Gaston Lagaffe

Gaston Lagaffe travaille à la rédaction d'un journal, mais il est totalement inutile et incompétent. Il est lent, maladroit, mou et dangereux pour son entourage. Son plus grand plaisir, quand il ne dort pas au travail, c'est de faire de la musique avec des instruments de sa création, ce qui est très désagréable pour ses collègues. Son obsession : NE PAS TRAVAILLER. Il aime aussi les animaux qu'il garde au bureau car son appartement est trop petit. Comme son nom l'indique, Gaston fait sans arrêt des « gaffes ». Il est ingénieux, mais provoque toujours des catastrophes. Gaston fait aussi de nombreuses blagues à l'agent Longtarin : il se venge ainsi de toutes les amendes qu'il doit payer à cause de ce policier.

Carmen Cru

Carmen Cru est une grand-mère insupportable. Elle vit seule dans une petite maison et les promoteurs l'entourent progressivement d'immeubles en béton. Ils veulent la faire partir pour pouvoir construire d'autres immeubles, mais Carmen Cru résiste et se défend. Elle circule sur un vieux vélo, se soigne avec une boîte de médicaments qui date d'avant la guerre et dans son quartier, tout le monde l'appelle « la vieille ».

Les Bidochons

Raymonde et Robert Bidochon sont une caricature du couple de Français moyens. Robert s'imagine qu'il est beaucoup plus intelligent que sa femme. Quant à elle, elle accepte tous les caprices de son mari. Les Bidochons sont victimes de la société : à l'hôpital, on leur dit qu'ils n'existent pas dans les fichiers ; en voyage organisé, ils n'ont pratiquement pas le temps de descendre de l'autobus ; quand ils achètent un téléphone portable, ils ne savent pas le faire fonctionner...

10. TROIS ANTIHÉROS

A. Lisez le texte sur la bande dessinée et observez ces personnages. Les reconnaissez-vous ?

B. Aimeriez-vous lire les aventures de ces personnages ? Quels sont ceux qui vous intéressent le plus ?

C. Quels autres personnages de la bande dessinée française ou belge connaissez-vous? Il s'agit de héros ou d'antihéros ? Les aimez-vous ?

IL ÉTAIT UNE FOIS...

Nous allons raconter un conte traditionnel en le modifiant.

Pour cela nous allons apprendre à :

♦ exprimer des relations logiques de temps, cause, finalité et conséquence
♦ raconter une histoire

Et nous allons utiliser :

♦ passé simple
♦ *pour que* + subjonctif
♦ *afin de* + infinitif
♦ *si/tellement... que*
♦ *lorsque*
♦ le gérondif
♦ *pendant que, tandis que*
♦ *pourtant*
♦ *puisque*

17

1. QUE TU AS DE GRANDES OREILLES !

A. Lisez bien les phrases du tableau. Elles proviennent de contes traditionnels. À quel conte croyez-vous qu'elles correspondent ?

	A	B	C	D	E	F	G	H	I	J	K	L	M
Cendrillon													
Le loup et les sept chevreaux													
Le vilain petit canard													
Blanche-Neige													
Le Petit Chaperon rouge													
Le Petit Poucet													

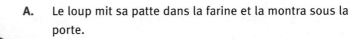

A. Le loup mit sa patte dans la farine et la montra sous la porte.

B. « Miroir, mon gentil miroir, qui est la plus belle en ce royaume ? »

C. Il était tellement petit qu'on l'appelait Petit Poucet.

D. Grand-mère, que tu as de grandes oreilles !

E. « Emmène-la dans la forêt et arrange-toi pour qu'elle n'en sorte pas vivante » ordonna la reine au chasseur.

F. La fée passa sa baguette magique sur la citrouille qui se transforma rapidement en un superbe carrosse.

G. « Montre tes pattes pour que nous puissions voir si tu es vraiment notre chère maman » dirent-ils en cœur.

H. Elle descendit l'escalier tellement vite qu'elle perdit une de ses pantoufles de vair.

I. Pendant que les sept nains travaillaient à la mine, elle s'occupait de la maison.

J. Lorsque la mère canard vit qu'il était si laid, elle dit à ses frères de s'éloigner de lui.

K. « Toi, tu passes par ici, et moi, je passe par là, on verra qui arrivera le premier chez ta grand-mère » dit le loup.

L. Grâce aux bottes magiques de l'ogre, il parcourut sept lieues d'un pas.

M. « Puisque tu es si laid, tu ne joueras pas avec nous » lui crièrent ses frères.

B. Maintenant comparez vos réponses avec celles d'un camarade.

- ● Qu'est-ce que tu as mis ?
- ○ Cendrillon : b...

2. QU'EST-CE QU'UN CONTE ?

A. Qu'est-ce que vous savez sur les contes ? Lisez les affirmations suivantes et répondez individuellement : vous semblent-elles plutôt vraies, plutôt fausses ou vous ne le savez pas ?

1. Les contes n'existent pas dans certaines cultures.

2. Les contes sont souvent des histoires racontées aux enfants pour qu'ils s'endorment.

3. Dans les contes européens, le rôle du méchant est très souvent représenté par un dragon.

4. Les contes sont des histoires pour enfants, mais aussi pour adultes.

5. Les contes commencent par une formule spéciale.

6. Les contes ne se terminent pas toujours bien.

B. Maintenant, écoutez l'interview de Diane Duchêne, une spécialiste en littérature orale et vérifiez vos réponses.

C. Quelles sont les cinq étapes d'un conte ? Écoutez à nouveau la dernière partie de l'interview.

1. ....

2. ....

3. ....

4. Le héros trouve une bonne solution.

5. ....

3. LE PETIT POUCET

A. Vous connaissez le conte du Petit Poucet, n'est-ce pas ? Voici neuf extraits de ce conte, à vous de les remettre dans l'ordre avec l'aide de deux camarades.

Il était une fois un bûcheron et sa femme qui avaient sept fils. Le plus jeune était si petit que tout le monde l'appelait Petit Poucet. Le Petit Poucet était un petit garçon très intelligent et très attentif.

Ce soir-là, après avoir mangé un petit morceau de pain, les enfants allèrent se coucher. Le Petit Poucet qui n'avait pas faim garda le pain dans sa poche. Le lendemain, le bûcheron dit à sa femme : « Ma femme, nous n'avons plus rien à manger. Nous devons abandonner nos enfants. » Un peu plus tard, le bûcheron partit avec ses enfants dans la forêt. Tout au long du chemin, le Petit Poucet jeta des miettes de pain.

○ Une minute et cent mille lieues plus loin, le Petit Poucet arriva devant le palais royal. Il entra dans la salle où le roi tenait un conseil de guerre. « Que viens-tu faire ici, mon garçon ? », demanda le roi. « Je suis venu pour gagner beaucoup d'argent », expliqua le Petit Poucet. « Sire, je peux vous aider à gagner la guerre grâce à mes bottes de sept lieues. » Effectivement, grâce au Petit Poucet et aux bottes de sept lieues, le roi gagna la guerre et donna au Petit Poucet un grand sac d'or.

○ C'est fatigant de parcourir sept lieues à chaque pas et l'ogre, qui n'avait pas vu les enfants, s'arrêta pour se reposer. Mais il était tellement fatigué qu'il s'endormit aussitôt.
Alors, le Petit Poucet chuchota à ses frères : « Partez, courez jusqu'à la maison pendant qu'il dort. »
Ensuite, le Petit Poucet s'approcha de l'ogre qui dormait et lui retira les bottes. Puis il les enfila et partit en courant vers le palais royal.

○ Le Petit Poucet remercia le roi et rentra bien vite chez lui. Depuis ce jour, lui et sa famille ne connurent plus jamais la misère et ils vécurent heureux très longtemps.

③ Le Petit Poucet, qui avait tout entendu, sortit dans le jardin et remplit ses poches de petits cailloux blancs. Ensuite, il alla se coucher. Le lendemain, quand le bûcheron emmena ses enfants dans la forêt, le Petit Poucet jeta tout au long du chemin les petits cailloux. Lorsque le père les abandonna, les enfants se mirent à pleurer. Le Petit Poucet consola ses frères et leur dit qu'il suffisait de suivre les petites pierres pour rentrer à la maison. Lorsque les enfants arrivèrent chez eux, leur mère les embrassa en pleurant de joie.

○ Le lendemain matin, quand l'ogre alla chercher les enfants, il ne trouva personne. Les enfants s'étaient échappés. « Ces petits vauriens se sont échappés !... » hurla l'ogre. « Femme, donne-moi mes bottes de sept lieues ! » Les enfants étaient déjà assez loin. Ils étaient sortis de la forêt et ils voyaient déjà la maison de leurs parents lorsque, tout à coup, l'ogre apparut. Le Petit Poucet et ses frères se cachèrent derrière un arbre.

○ Un soir, alors que les enfants dormaient, sauf le Petit Poucet qui s'était caché sous une chaise, le bûcheron dit à sa femme : « Ma femme, nous ne pouvons plus nourrir nos garçons. Nous devons les abandonner dans la forêt. »
« Abandonner nos chers enfants ! Je ne veux pas ! » dit sa femme en pleurant.
« Il n'y a pas d'autres solutions » répondit le bûcheron.

○ Le Petit Poucet croyait retrouver son chemin grâce aux miettes de pain. Malheureusement, il n'en retrouva pas une seule car les oiseaux avaient tout mangé. Alors, avec ses frères, ils marchèrent pendant des heures dans la forêt. Tout à coup, ils virent une maison et le Petit Poucet alla frapper à la porte. Mais c'était la maison d'un ogre très méchant qui mangeait les enfants. L'ogre les enferma pour les manger le jour suivant.

B. Regardez les verbes dans l'extrait nº 3. Un nouveau temps du passé a été introduit. Soulignez ces nouvelles formes verbales. Ce temps est le passé simple et son usage, sans être obligatoire, est traditionnel dans un conte. Est-ce qu'il y a une autre forme verbale que l'on pourrait utiliser à sa place ?

4. ÊTES-VOUS « POLYCHRONIQUE » ?

A. Une personne « polychronique » est quelqu'un qui fait souvent plusieurs choses en même temps. Posez les questions suivantes à un camarade afin de savoir s'il est « polychronique ».

		jamais	parfois
1.	Est-ce que vous mangez en regardant la télévision ?		
2.	Est-ce que vous parlez en mangeant ?		
3.	Pouvez-vous rire en étant triste ?		
4.	Pouvez-vous être avec votre petit/e ami/e et penser à un/e autre personne ?		
5.	Est-ce que vous travaillez en écoutant la radio ?		
6.	Est-ce que vous travaillez en fumant ?		
7.	Est-ce que vous mangez en travaillant ?		
8.	Est-ce que vous fumez en prenant un bain ?		
9.	Est-ce que vous chantez en vous rasant / en vous maquillant ?		
10.	Pouvez-vous envoyer un SMS à un/e ami/e en écoutant le professeur ?		
11.	Pouvez-vous être aimable avec quelqu'un en pensant : « Quel imbécile ! »		
12.	Est-ce que vous parlez en dormant ?		

B. Maintenant, présentez vos conclusions à votre camarade.

● Je crois que tu es assez polychronique, car tu manges en travaillant...

5. QU'EST-CE QUE C'EST ?

A. Lisez ces phrases et devinez de quoi on parle.

1. Sans lui, la vie est impossible mais il est tellement chaud qu'on ne peut pas l'approcher.

2. Il est tellement apprécié qu'on le boit pour toutes les grandes occasions.

3. Elle est tellement fidèle qu'elle ne nous quitte jamais, mais on ne la voit que lorsque le soleil brille.

4. Il est devenu tellement indispensable dans les pays développés que ces derniers sont prêts à tout pour l'obtenir.

5. Elle a l'aspect d'un meuble et elle a pris tellement d'importance dans notre vie qu'elle est souvent au centre de la salle à manger.

6. On ne l'aime pas beaucoup mais elle est tellement nécessaire que, sans elle, le monde deviendrait un immense désert.

B. Avec un camarade, écrivez d'autres devinettes sur ce modèle en utilisant **tellement ... que**.

6. CHAQUE PROBLÈME A UNE SOLUTION

A. Mettez-vous par groupes de quatre et faites une liste des problèmes les plus importants concernant l'écologie, l'éducation, la distribution des richesses, votre emploi du temps, la santé... Une seule condition : soyez concrets !

· Le trou dans la couche d'ozone s'agrandit.

· Il n'y a pas de métro après 2 heures du matin pour rentrer chez moi.

B. Maintenant, vous allez passer votre liste à un autre groupe qui va écrire en face de chaque problème la solution qu'il propose.

LE PASSÉ SIMPLE

Le passé simple s'emploie seulement à l'écrit et essentiellement à la troisième personne du singulier et du pluriel. Il situe l'histoire racontée dans un temps séparé du nôtre.

*Ils se **marièrent** et **eurent** beaucoup d'enfants.*

*Pâris **lança** une flèche qui **traversa** le talon d'Achille.*

GARD**ER**	il gard**a**	ils gard**èrent**
FIN**IR**	il fin**it**	ils fin**irent**
CONNAÎT**RE**	il conn**ut**	ils conn**urent**

TELLEMENT/SI ... QUE

Tellement/si + adverbe ou adjectif exprime une très grande intensité.

*Je suis **si/tellement fatigué** !*

Tellement/si ... que annonce une conséquence.

*Je suis **si/tellement** fatigué **que** je m'endors absolument partout.*

CAR ET PUISQUE

Car introduit une cause que l'on suppose inconnue par l'interlocuteur.

*Un piercing avant 16 ans n'est pas recommandable **car** les adolescents peuvent encore grandir.*

Puisque introduit une cause que l'on suppose connue par l'interlocuteur.

● *Tu vas au cinéma ce soir ?*
○ *Non, **puisque** tu m'as dit que tu ne m'accompagnais pas.*

AFIN DE ET POUR QUE

Afin de + INFINITIF introduit un objectif, un but à atteindre.

*Je dois étudier beaucoup **afin de** réussir tous les examens et partir tranquille en vacances.*

Pour que + SUBJONCTIF introduit un objectif, un but à atteindre. On l'emploie quand les sujets de la première et de la deuxième phrase sont différents.

*Montre tes pattes **pour que** nous puissions te voir.*

POURTANT

Pourtant met en évidence le fait que quelque chose nous semble paradoxal.

- *Tu t'es perdu ?*
- ○ *Oui, complètement !*
- ● *Pourtant, ce n'est pas la première fois que tu viens chez moi !*

LORSQUE

Lorsque s'utilise de la même manière que **quand**.

Lorsque je suis sorti, il pleuvait. (= Quand je suis sorti, il pleuvait.)

TANDIS QUE ET PENDANT QUE

- ● *Comment les enfants se sont-ils comportés ?*
- ○ *Oh, très bien ! Paul a tout rangé pendant que/tandis que Judith a mis la table.*

LE GÉRONDIF

Quand le sujet fait deux actions simultanées, on peut utiliser le gérondif.

- ● *Moi, je lis toujours le journal en prenant mon petit-déjeuner.*

PRÉSENT	GÉRONDIF
nous **pren**ons	en pren**ant** [ã]
nous **buv**ons	en buv**ant** [ã]
nous **conduis**ons	en conduis**ant** [ã]

Attention :
ÊTRE → en **étant**
AVOIR → en **ayant**
SAVOIR → en **sachant**

Eh bien, j'ai l'habitude de chanter en me rasant !

- Pour réduire le trou dans la couche d'ozone, on devrait interdire la circulation des voitures.

- Pour qu'il y ait des métros après 2 heures du matin, on pourrait envoyer une lettre au maire ou bien au ministre des transports.

7. CAR OU POURTANT ?

A. Complétez chaque phrase avec **car** ou **pourtant** en fonction de ce qui vous semble le plus adéquat. Comparez vos choix avec ceux d'un camarade.

car ou pourtant		
1. Les pays développés détruisent leur surproduction d'aliments		des millions d'enfants dans le monde meurent de faim.
2. Tout le monde sait que l'alcool est dangereux au volant		beaucoup de conducteurs conduisent après avoir bu.
3. Les antivirus ne sont plus assez efficaces pour protéger les ordinateurs		les virus informatiques sont de plus en plus sophistiqués et rapides.
4. Les baleines sont en voie de disparition		on les a trop chassées dans le passé.
5. Les aliments des fast-foods sont très mauvais pour la santé		ils sont saturés de graisses.
6. L'équipe de France a été éliminée en quart de finale de l'Euro 2004		il y avait dans cette équipe de grands joueurs comme Zidane, Lizarazu ou Henry.

B. Est-ce que vous avez déjà été victime d'une injustice ? Est-ce que vous avez déjà observé quelque chose qui n'est pas logique ou qui n'était pas du tout prévisible ? Parlez-en avec deux camarades. Vous aurez sans doute besoin du connecteur **pourtant**.

- Moi, par exemple, je pense que j'ai été victime d'une injustice : j'ai eu une très mauvaise note à l'examen, pourtant j'avais étudié...

8. COURSE CONTRE LA MONTRE

Ce matin, Gilles et Marité ne se sont pas réveillés à temps et doivent tout faire en 30 minutes. Il est 7 h 00 et à 7 h 30 ils doivent partir. Regardez la liste des choses à faire et aidez-les à s'organiser :

- préparer le café : 5 mn
- faire les lits : 5 mn
- prendre le petit-déj' : 10 mn
- s'habiller : 5 mn chacun
- beurrer 4 tartines : 4 mn
- donner à manger au chat : 1 mn
- habiller les enfants : 5 mn
- prendre une douche : 5 mn chacun

	Gilles	Marité
7.00-		
7.20-7.30	Prendre le petit-déjeuner	Prendre le petit-déjeuner

- Pendant que Marité prépare le café, Gilles peut...

9. LA PIERRE PHILOSOPHALE

A. Lisez ce conte moderne. Vous voyez les fragments soulignés ? Pour que l'histoire soit un peu plus claire, essayez de les réécrire en utilisant les mots suivants.

- **afin de**
- **tellement ... que**
- **pourtant**
- **lorsque**
- **car**
- **puisque**

B. Est-ce que vous avez aimé cette histoire ? À votre avis, quel est le sens de cette histoire ? Quelle est sa moralité ? Parlez-en avec deux autres camarades.

● Moi, je pense que la morale de cette histoire, c'est qu'il ne faut pas...

Il était une fois un homme d'affaires qui s'appelait Benjamin. Il voyageait beaucoup : il avait beaucoup de clients importants aux quatre coins du monde et sa femme et ses deux fils ne le voyaient presque jamais. Benjamin ne s'intéressait pas seulement aux affaires, il s'intéressait aussi aux vieux livres et, de temps en temps, il allait dans une petite librairie spécialisée. Un jour il tomba sur un livre dont le titre l'intriga : « La Pierre philosophale ». Il l'acheta puis rentra chez lui : il voulait le lire tranquillement. Ce livre était très intéressant : il le lut en deux heures. On y parlait d'une pierre philosophale qui donnait la sagesse et on expliquait que cette pierre était sur une petite île déserte en Océanie. Benjamin décida de partir à la recherche de cette pierre-là. Il divorça et laissa toute sa fortune à ses deux fils. Il n'avait pas besoin d'argent : il n'y avait rien sur l'île. Quelques jours plus tard, il était sur l'île. Il se mit aussitôt au travail. Le livre ne disait pas où se trouvait exactement la pierre, mais il expliquait qu'elle provoquait une certaine chaleur quand on la tenait dans la main. Alors, Benjamin commença à ramasser une à une les pierres de la plage : il gardait chaque pierre un certain temps dans le creux de sa main pour savoir si elle était chaude. Il ne sentait rien... Il la jetait à la mer. Des jours passèrent puis des semaines, puis des mois et au bout d'un an, Benjamin n'avait encore rien trouvé. Un jour, alors que Benjamin prenait les pierres et les jetait automatiquement à l'eau, il laissa passer la chance de sa vie : en effet, comme il commençait à être fatigué, son geste était devenu automatique. Il toucha alors une pierre qui était plus chaude que les autres, il la jeta à l'eau d'un geste machinal. Désespéré, il se mit à l'eau pour la rechercher mais ne la retrouva jamais. Benjamin avait jeté à l'eau ce qu'il cherchait depuis si longtemps.

10. À VOUS DE RACONTER !

A. Mettez-vous par petits groupes et faites une liste de contes que vous connaissez, puis décidez ensemble lequel de ces contes vous voulez raconter.

B. Maintenant, pensez à un intrus, c'est-à-dire, un personnage réel ou fictif qui normalement n'est pas dans ce conte mais que vous voulez introduire dans l'histoire. Puis écrivez votre version du conte.

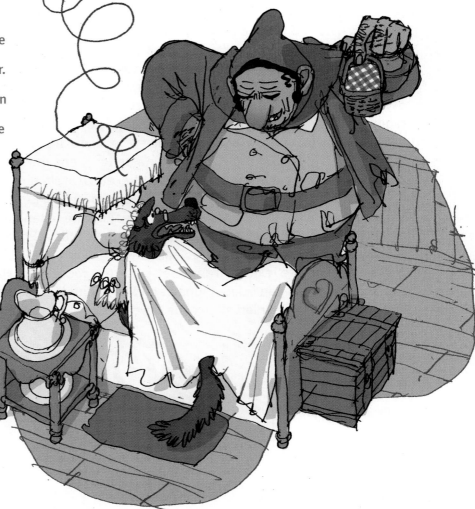

C. Une fois le texte corrigé par votre professeur, vous pourrez mettre au point une lecture dramatisée de votre conte et le présenter à la classe.

11. LE CRÉOLE
Lisez le texte suivant sur l'origine de la langue créole. Est-ce que vous connaissez l'histoire de votre propre langue ou d'autres langues de votre entourage ?

LA LANGUE CRÉOLE

Le créole à base lexicale française est né du métissage du vocabulaire français des XVIIe et XVIIIe siècles avec des expressions d'origine africaine. Capturés sur leur terre natale, les Africains déportés aux Antilles étaient répartis sur diverses îles pour éviter que les tribus se reconstituent et provoquent des révoltes. Ainsi, devant la nécessité de survivre et de communiquer avec des compagnons parlant des langues différentes, ils ont créé une langue commune, reprenant des mots français et quelques termes amérindiens, le tout construit avec une syntaxe proche de celle des langues d'Afrique. Le temps a donné une unité à l'ensemble et s'est développée progressivement toute une littérature orale en langue créole à partir des contes, des chants et des proverbes. Le créole est aujourd'hui une langue à part entière et il est même la langue officielle de deux pays indépendants : Haïti et les îles Seychelles. En fait, il n'existe pas un créole mais plusieurs créoles.

Le créole à base lexicale française se parle aujourd'hui à Haïti, aux Antilles françaises (en Guadeloupe et en Martinique), en Guyane, sur l'île Maurice, à la Réunion et aux îles Seychelles.

enmé :	aimer
chapo-a :	chapeau
appwan :	apprendre
ayen :	rien
gadé :	regarder

TI POCAME était un gentil petit garçon qui vivait chez sa tante car il était orphelin. Sa tante ne l'aimait pas du tout, elle préférait ses deux fils. Elle réservait à ses fils les plus beaux habits et pour Ti Pocame, les vieux habits ; pour ses deux fils, les bons morceaux de viande et pour Ti Pocame, les os. De même, Tipocame faisait toutes les corvées : aller chercher de l'eau à la rivière, nourrir le cochon et les poules, éplucher les légumes... Souvent, Ti Pocame était puni injustement et dans ses colères, sa tante menaçait de le donner au diable.

Mais Ti Pocame était courageux et il ne se plaignait jamais. Il songeait souvent à sa chère marraine chez qui il aimerait bien partir vivre un jour. Un soir, alors qu'ils étaient à table, la Tante ordonna à Ti Pocame d'aller cueillir un piment afin d'épicer le repas. Il faisait noir et, tout de suite, Ti Pocame pensa : « C'est ce soir que ma tante m'envoie au diable ! »

Avant de sortir, il prit soin de glisser dans sa poche les sept pépins d'orange qui portent chance et que sa marraine lui avait donnés pour son anniversaire. Arrivé dehors, la nuit l'enveloppa tout entier. Il prit garde à faire le moins de bruit possible afin que le diable ne le remarque pas. Soudain, il vit une petite lumière comme celle d'une luciole et celle-ci se mit à foncer sur lui, « le diable », pensa-t-il.

 12. TI POCAME

A. Lisez le début de ce conte antillais. À quels autres contes vous fait-il penser ?

B. Comment croyez-vous que le conte continue ? Voulez-vous le savoir ? Écoutez !

JOUER, RÉVISER,
GAGNER

...us allons créer un
...iz sur des thèmes
...histoire, de géogra-
...ie, de cultures fran-
...phones et de langue
...nçaise, et nous
...ons faire un bilan
...obal de notre appren-
...sage du français.

...ur cela nous allons
...prendre à :

...ormuler des questions
...complexes
...épondre à des ques-
...ions sur la France, la
...rancophonie et la langue
...rançaise
...exprimer des désirs et
...des volontés

...nous allons utiliser :

...e subjonctif après les
...verbes qui expriment un
...ésir ou une volonté
...es expressions d'affir-
...nation ou de négation.
...*depuis* et *il y a... que*
...*i* à la forme interro-
...égative

18

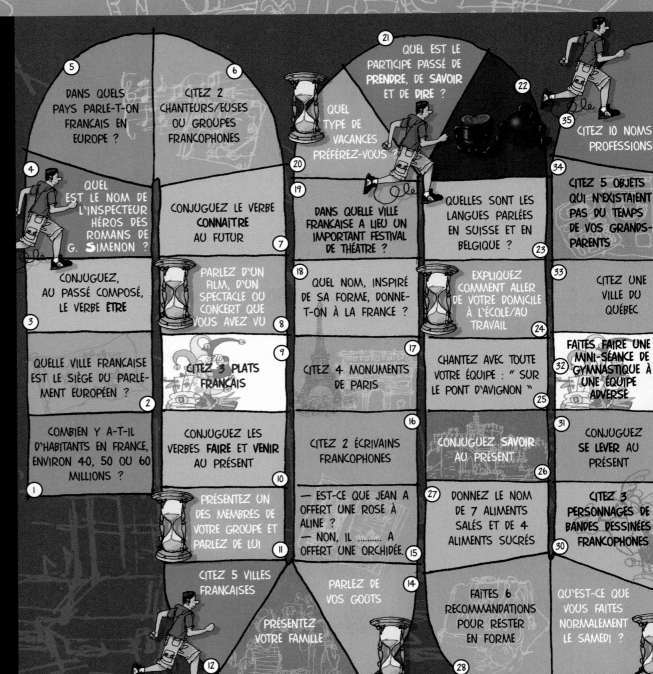

5 DANS QUELS PAYS PARLE-T-ON FRANÇAIS EN EUROPE ?

6 CITEZ 2 CHANTEURS/EUSES OU GROUPES FRANCOPHONES

21 QUEL EST LE PARTICIPE PASSÉ DE **PRENDRE**, DE **SAVOIR** ET DE **DIRE** ?

22

35 CITEZ 10 NOMS PROFESSIONS

4 QUEL EST LE NOM DE L'INSPECTEUR HÉROS DES ROMANS DE G. **S**IMENON ?

20 QUEL TYPE DE VACANCES PRÉFÉREZ-VOUS ?

19 CONJUGUEZ LE VERBE **CONNAÎTRE** AU FUTUR

34 CITEZ 5 OBJETS QUI N'EXISTAIENT PAS DU TEMPS DE VOS GRANDS-PARENTS

3 CONJUGUEZ, AU PASSÉ COMPOSÉ, LE VERBE **ÊTRE**

7 PARLEZ D'UN FILM, D'UN SPECTACLE OU CONCERT QUE VOUS AVEZ VU

18 DANS QUELLE VILLE FRANÇAISE A LIEU UN IMPORTANT FESTIVAL DE THÉÂTRE ?

8 QUEL NOM, INSPIRÉ DE SA FORME, DONNE-T-ON À LA FRANCE ?

23 QUELLES SONT LES LANGUES PARLÉES EN SUISSE ET EN BELGIQUE ?

33 EXPLIQUEZ COMMENT ALLER DE VOTRE DOMICILE À L'ÉCOLE/AU TRAVAIL

CITEZ UNE VILLE DU QUÉBEC

2 QUELLE VILLE FRANÇAISE EST LE SIÈGE DU PARLE-MENT EUROPÉEN ?

9 CITEZ 3 PLATS FRANÇAIS

17 CITEZ 4 MONUMENTS DE PARIS

24 CHANTEZ AVEC TOUTE VOTRE ÉQUIPE : " SUR LE PONT D'AVIGNON "

32 FAITES FAIRE UNE MINI-SÉANCE DE GYMNASTIQUE À UNE ÉQUIPE ADVERSE

1 COMBIEN Y A-T-IL D'HABITANTS EN FRANCE, ENVIRON 40, 50 OU 60 MILLIONS ?

10 CONJUGUEZ LES VERBES **FAIRE** ET **VENIR** AU PRÉSENT

16 CITEZ 2 ÉCRIVAINS FRANCOPHONES

25 CONJUGUEZ SAVOIR AU PRÉSENT

31 CONJUGUEZ SE LEVER AU PRÉSENT

11 PRÉSENTEZ UN DES MEMBRES DE VOTRE GROUPE ET PARLEZ DE LUI

15 — EST-CE QUE JEAN A OFFERT UNE ROSE À ALINE ? — NON, IL .... A OFFERT UNE ORCHIDÉE.

26 DONNEZ LE NOM DE 7 ALIMENTS SALÉS ET DE 4 ALIMENTS SUCRÉS

30 CITEZ 3 PERSONNAGES DE BANDES DESSINÉES FRANCOPHONES

12 CITEZ 5 VILLES FRANÇAISES

13 PRÉSENTEZ VOTRE FAMILLE

14 PARLEZ DE VOS GOÛTS

27

28 FAITES 6 RECOMMANDATIONS POUR RESTER EN FORME

29 QU'EST-CE QUE VOUS FAITES NORMALEMENT LE SAMEDI ?

1. JEU DE L'OIE

A. Formez 4 groupes dans la classe et lisez les règles du jeu. Il vous faut un dé, un pion pour chaque groupe et des cartes joker.

B. Maintenant commencez à jouer. Chaque groupe lance son dé et effectue les épreuves. Le professeur corrige les réponses et joue le rôle d'arbitre en cas de litige.

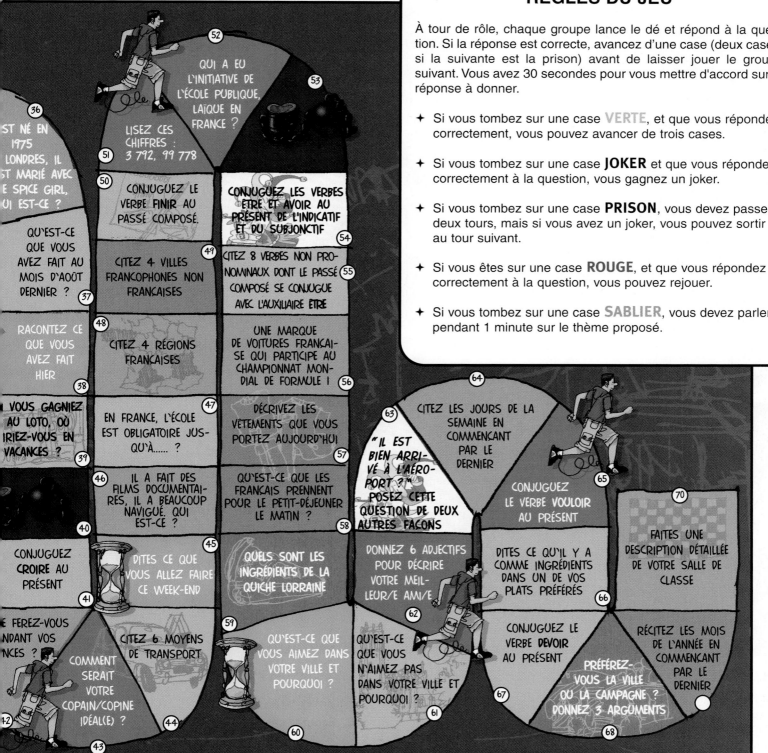

RÈGLES DU JEU

À tour de rôle, chaque groupe lance le dé et répond à la question. Si la réponse est correcte, avancez d'une case (deux cases, si la suivante est la prison) avant de laisser jouer le groupe suivant. Vous avez 30 secondes pour vous mettre d'accord sur la réponse à donner.

✦ Si vous tombez sur une case **VERTE**, et que vous répondez correctement, vous pouvez avancer de trois cases.

✦ Si vous tombez sur une case **JOKER** et que vous répondez correctement à la question, vous gagnez un joker.

✦ Si vous tombez sur une case **PRISON**, vous devez passer deux tours, mais si vous avez un joker, vous pouvez sortir au tour suivant.

✦ Si vous êtes sur une case **ROUGE**, et que vous répondez correctement à la question, vous pouvez rejouer.

✦ Si vous tombez sur une case **SABLIER**, vous devez parler pendant 1 minute sur le thème proposé.

Board game content:

52. QUI A EU L'INITIATIVE DE L'ÉCOLE PUBLIQUE, LAÏQUE EN FRANCE ?

51. LISEZ CES CHIFFRES : 3 792, 99 778

50. CONJUGUEZ LE VERBE FINIR AU PASSÉ COMPOSÉ.

54. CONJUGUEZ LES VERBES ÊTRE ET AVOIR AU PRÉSENT DE L'INDICATIF ET DU SUBJONCTIF

49. CITEZ 4 VILLES FRANCOPHONES NON FRANÇAISES

55. CITEZ 8 VERBES NON PRONOMINAUX DONT LE PASSÉ COMPOSÉ SE CONJUGUE AVEC L'AUXILIAIRE ÊTRE

48. CITEZ 4 RÉGIONS FRANÇAISES

56. UNE MARQUE DE VOITURES FRANÇAISE QUI PARTICIPE AU CHAMPIONNAT MONDIAL DE FORMULE 1

47. EN FRANCE, L'ÉCOLE EST OBLIGATOIRE JUSQU'À...... ?

57. DÉCRIVEZ LES VÊTEMENTS QUE VOUS PORTEZ AUJOURD'HUI

46. IL A FAIT DES FILMS DOCUMENTAIRES, IL A BEAUCOUP NAVIGUÉ. QUI EST-CE ?

58. QU'EST-CE QUE LES FRANÇAIS PRENNENT POUR LE PETIT-DÉJEUNER LE MATIN ?

45. DITES CE QUE VOUS ALLEZ FAIRE CE WEEK-END

59. QUELS SONT LES INGRÉDIENTS DE LA QUICHE LORRAINE

44. CITEZ 6 MOYENS DE TRANSPORT

60. QU'EST-CE QUE VOUS AIMEZ DANS VOTRE VILLE ET POURQUOI ?

61. QU'EST-CE QUE VOUS N'AIMEZ PAS DANS VOTRE VILLE ET POURQUOI ?

63. "IL EST BIEN ARRIVÉ À L'AÉROPORT ?" POSEZ CETTE QUESTION DE DEUX AUTRES FAÇONS

62. DONNEZ 6 ADJECTIFS POUR DÉCRIRE VOTRE MEILLEUR/E AMI/E

64. CITEZ LES JOURS DE LA SEMAINE EN COMMENÇANT PAR LE DERNIER

65. CONJUGUEZ LE VERBE VOULOIR AU PRÉSENT

66. DITES CE QU'IL Y A COMME INGRÉDIENTS DANS UN DE VOS PLATS PRÉFÉRÉS

67. CONJUGUEZ LE VERBE DEVOIR AU PRÉSENT

68. PRÉFÉREZ-VOUS LA VILLE OU LA CAMPAGNE ? DONNEZ 3 ARGUMENTS

70. FAITES UNE DESCRIPTION DÉTAILLÉE DE VOTRE SALLE DE CLASSE

RÉCITEZ LES MOIS DE L'ANNÉE EN COMMENÇANT PAR LE DERNIER

41. CONJUGUEZ CROIRE AU PRÉSENT

42. COMMENT SERAIT VOTRE COPAIN/COPINE IDÉAL(E) ?

40. ...E FEREZ-VOUS ...NDANT VOS ...NCES ?

39. ...N VOUS GAGNIEZ AU LOTO, OÙ IRIEZ-VOUS EN VACANCES ?

38. RACONTEZ CE QUE VOUS AVEZ FAIT HIER

37. QU'EST-CE QUE VOUS AVEZ FAIT AU MOIS D'AOÛT DERNIER ?

36. ...ST NÉ EN 1975 ...LONDRES, IL ...ST MARIÉ AVEC ...E SPICE GIRL, ...UI EST-CE ?

2. LE QUÉBEC, VOUS CONNAISSEZ ?

A. Essayez de répondre individuellement à ce questionnaire sur le Québec.
Si vous avez des doutes, mettez un point d'interrogation.

1. D'où vient le nom « Québec » ?
a. de l'anglais
b. du français
c. d'une langue indienne

2. Sa superficie est de :
a. 7 fois la France
b. 5 fois la France
c. 3 fois la France

3. Au Québec il y a :
a. environ 7 millions d'habitants
b. environ 15 millions d'habitants
c. environ 25 millions d'habitants

4. Climat. La température à Montréal en été est de :
a. 9 à 18 degrés
b. 10 à 26 degrés
c. 17 à 32 degrés

5. La plus grande ville du Québec est :
a. Québec
b. Montréal
c. Ottawa

6. La principale source d'énergie du Québec est :
a. l'énergie solaire
b. l'énergie hydraulique
c. l'énergie nucléaire

7. Au dernier référendum en 1995, les Québécois ont voté :
a. majoritairement pour l'indépendance du Québec
b. majoritairement contre l'indépendance du Québec

8. Le Québec est :
a. un état fédéral au sein du Canada
b. un état souverain
c. un pays indépendant

9. La population est à 82% francophone, 9% anglophone :
a. l'anglais est langue officielle, et les services fédéraux sont bilingues
b. l'anglais et le français sont langues officielles
c. le français est la langue officielle, mais les services fédéraux du Québec sont bilingues

10. Avant la colonisation, les peuples vivant au Québec étaient :
a. les Algonquiens, les Iroquois, les Inuits et les Micmacs
b. les Aztèques, les Mayas, les Incas et les Huicholes
c. les Appaches, les Sioux , les Navajos, les Commanches

11. La population est majoritairement :
a. protestante
b. catholique
c. athée

12. Ces derniers temps, les groupes d'immigrants le plus importants du Québec sont :
a. les Anglais et les Français
b. les Italiens et les populations de l'Europe de l'Est
c. des immigrants francophones de l'Afrique, du monde arabe et des Antilles

B. Comparez vos réponses avec celles d'un camarade.

● Au Québec, je ne pense pas que la religion dominante soit le catholicisme.
○ Moi, si. Il me semble...

C. Écoutez cette émission radiophonique sur le Québec et vérifiez vos réponses.

D. Lisez ce texte sur la revendication identitaire au Québec. Qu'en pensez-vous ?
Avez-vous vécu, ou entendu parler de situations identiques dans votre pays ou dans
d'autres pays ?

QUESTIONS D'IDENTITÉS

Les Québécois sont, en général, très fiers d'être francophones, même s'ils ne sont qu'un petit îlot dans le Canada anglophone.

Ils veulent qu'on leur parle en français et certains aimeraient que le Québec soit un état indépendant du Canada reconnu comme un pays francophone. Pourtant, il y a eu deux référendums à ce sujet, dont le premier en 1980 : le Gouvernement du Québec voulait que le pays obtienne le pouvoir exclusif de faire ses lois, de percevoir ses impôts et de gérer ses relations extérieures. En résumé, le projet de loi proposait que le Québec devienne un état souverain tout en maintenant une association économique avec le Canada. Mais la majorité des Québécois se sont opposés à l'indépendance avec 59,56% de « non ». En 1995, peu de temps après l'arrivée au pouvoir du parti québécois, le premier ministre a proposé un avant-projet de loi sur la souveraineté du Québec. L'option de la souveraineté du Québec a de nouveau échoué au référendum.

Depuis l'arrivée au pouvoir du Parti québécois, en 1976, la politique linguistique du Québec a pris un tournant décisif. La charte de la langue française,

plus connue sous le nom de « loi 101 », adoptée en 1977, assure la prédominance de la langue française. Mais quelle est la réalité linguistique actuelle ?

Le français est la langue officielle du Québec, mais la situation réelle est un quasi-bilinguisme. Le français est devenu la langue de la législature et de la justice, de l'administration publique, du travail, du commerce, des affaires et de l'enseignement. La langue parlée dans 82% des foyers est le français. Mais, si un anglophone au

Québec veut que ses enfants aillent dans une école anglophone ou qu'on lui parle en anglais dans les services publics, il a le droit de l'exiger.

À travers la loi 101, le gouvernement du Québec a aussi voulu que les populations autochtones puissent parler leur langue maternelle, c'est à dire l'algonquin, l'attikamek, le micmac, le montagnais et le mohwh. Cette loi insiste sur l'importance de l'utilisation des langues amérindiennes dans l'enseignement public dispensé aux Amérindiens.

● En Finlande, il y a une minorité qui parle suédois
et, au Nord, il y a aussi les Lapons, qui...
○ Oui, et en Belgique...

3. DEPUIS QUAND ?

Lisez les petites histoires suivantes et, avec un camarade, mettez-vous d'accord pour compléter les espaces vides. Vous devrez, d'abord, faire le calendrier des mois d'avril, mai et juin 2004.

Mars

L	M	M	J	V	S	D
1	2	3	4	5	6	7
8	9	10	11	12	13	14
15	16	17	18	19	20	21
22	23	24	25	25	27	28
29	30	31				

Marie et François

Nous sommes en mars 2004. Le 17 mars exactement.

Marie et François sont mariés depuis 3 ans (date de leur mariage : ....)
et chaque année ils fêtent leur anniversaire de mariage le 17 mars. Mais cette année, ils ne le fêtent pas car Marie est à l'hôpital depuis 3 jours. Elle a eu un accident en traversant la rue, (date de l'accident : ....).

Rien de grave heureusement ! Mais Marie et François ne pourront pas fêter leur anniversaire avant 15 jours, quand Marie sortira de l'hôpital (date de sortie de l'hôpital : ....).

Pierre

Nous sommes le 27 mai 2004.

Pierre est allé aux sports d'hiver il y a exactement 2 mois (date : ....).

C'était un samedi soir. Il est arrivé à Andorre tard dans la nuit.

Le lendemain matin (date : ....), il s'est précipité sur les pistes car il avait très envie de skier.

Il est tombé et s'est cassé la jambe.

Il est resté pendant 3 jours à l'hôpital (dimanche compris), puis il est rentré chez lui un mardi (date : ....).

Depuis sa sortie de l'hôpital, il ne travaille plus.

Il reprendra son travail dans 12 jours (date de reprise du travail : ....).

4. MOTS BIZARRES

Lisez ces mots puis, avec un camarade, mettez-vous d'accord sur ce qu'ils désignent.

un brochet   un objet, un poisson ou une plante ?
une pastèque   un objet, un fruit ou une profession ?
un cygne   une profession, un oiseau ou un objet ?
un plombier   une profession, une plante ou un oiseau ?
une hirondelle un objet, une profession ou un oiseau ?
un jonc   un poisson, une plante ou une profession ?
un flacon   une plante, un fruit ou un objet ?

● Moi, je crois que brochet c'est une plante.
○ Non, pas du tout, c'est un...

LA QUESTION À LA FORME INTERRO-NÉGATIVE

La forme interrogative peut se combiner avec la forme négative.

*La Réunion **n'a-t-elle pas été** une prison ?*
*Est-ce que la Réunion **n'a pas été** une prison ?*

Dans ce cas, si la réponse est affirmative, la réponse n'est pas **oui** mais **si**.

***Si**, c' était une prison dès le xviiᵉ siècle.*

~~*Oui*~~, *c' était une prison.*

RÉPONDRE À UNE QUESTION AUTREMENT QUE PAR OUI OU NON

Si la question est affirmative et la réponse affirmative : **tout à fait, en effet.**

● *Vous connaissez le Québec, n' est-ce pas ?*
○ ***En effet**, je l' ai visité il y a deux ans.*

Si la question est affirmative et la réponse négative : **pas du tout.**

● *Vous avez habité là-bas ?*
○ ***Pas du tout**, j' y suis allé comme touriste.*

Si la question est négative et la réponse affirmative : **si, bien sûr (que si).**

● *Vous n' êtes pas sorti de Montréal, n' est-ce pas ?*
○ ***Si**, j' ai visité une grande partie du Québec.*

Si la question est négative et la réponse est négative : **absolument pas, vraiment pas.**

● *Vous n' avez pas eu peur ?*
○ ***Absolument pas.***

DEPUIS / IL Y A... QUE

Ces deux indicateurs temporels peuvent se construire avec une durée chiffrée.

*La Réunion est française **depuis** le xviiᵉ siècle.*
***Il y a** quatre siècles **que** la Réunion est française.*

Ils se construisent également avec des adverbes de temps : **longtemps, peu de temps**, etc.

***Il y a longtemps qu'** elle est française.*

*Elle travaille ici **depuis peu de temps**.*

DANS

Dans peut représenter un repère dans le futur du locuteur, il est suivi d'une durée chiffrée.

Dans 10 jours, ils partiront pour la Réunion.

Je crois que nous arriverons dans deux heures à Marseille.

LE SUBJONCTIF APRÈS LES VERBES QUI EXPRIMENT UNE VOLONTÉ OU UN DÉSIR

Tu **aimes**
Il **veut**
Elle **préfère**   + SUBJONCTIF
On **exige**   **que**   je **fasse** les courses.
Vous **adorez**
Elles **souhaitent**

Cette construction apparaît quand le sujet des deux verbes n'est pas le même.

Nous voulions que ~~nous festons~~ les courses.

Mes copines veulent toutes que je les emmène dans ma nouvelle voiture. Mes profs aimeraient que je ne sois pas toujours le meilleur.

Ma mère exige que j'arrête de changer de copine

5. NI OUI NI NON

À tour de rôle, vous allez répondre aux questions que la classe va vous poser, mais attention : vous ne pouvez répondre ni **oui** ni **non**. Si la question est mal formulée, votre professeur le signale et vous ne répondez pas. Si vous répondez **oui** ou **non**, vous avez perdu et vous laissez votre place à un camarade.

- ● Tu vas bien aujourd'hui ?
- ○ Parfaitement bien.
- ● Tu es sûr ?
- ○ Absolument.

6. MAIS SI !

Par groupes de trois. Chaque membre du groupe rédige quatre propositions à la forme négative concernant l'un des deux autres. Ensuite, vous lui demandez de confirmer vos suppositions. Celui qui se trompe plus de deux fois, laisse son tour au suivant.

- ● Mario, tu n'aimes pas les fruits de mer, n'est-ce pas ?
- ○ Mais si, j'aime les fruits de mer.
- ● Tu n'habites pas en ville ?
- ○ Non, j'habite à la campagne.

7. ILS VEULENT QUE...

Complétez ces textes comme dans l'exemple en choisissant le verbe correct.

Le stressé

Mon père veut que je *sois* un musicien célèbre.

Ma mère souhaite que je *fasse* le ménage.

Ma sœur exige que je lui .... un petit copain.

Mon prof de maths veut que je lui .... des devoirs tous les jours.

Le je-m'en-foutiste

Les gens veulent que je .... une cravate.

Mon prof de physique exige que je .... une blouse blanche pendant les cours.

Mon père aime que je .... les meilleures notes.

Les gens de mon quartier ne veulent pas que je .... de la batterie le soir.

Le dragueur

Fanny veut que je .... toujours avec elle.

Marianne préfère que je ne .... pas en moto, elle a peur que j'aie un accident.

Julie adore que je l'....................... en boîte.

Stéphanie aime que je .... en rocker.

> **emmener · s'habiller · porter · rouler · faire · jouer · mettre ·**
> **sortir · trouver · avoir**

8. LE QUIZ

A. Formez des équipes de trois ou quatre. Vous devez préparer six questions par groupes sous forme de fiches. Vous écrivez les réponses sur une feuille à part. Les questions peuvent se référer à la culture ou à la langue, mais on doit pouvoir trouver les réponses dans ce manuel.

- On pourrait demander la conjugaison d'un verbe au conditionnel, par exemple. C'est dans l'unité 1.
- D'accord, on pourrait prendre le verbe pouvoir.

B. Maintenant, lisez attentivement les règles du jeu avant de commencer.

- Moi, je crois que le conditionnel de pouvoir, à la première personne, ça s'écrit P, O, U, R, R, A, I.
- Non, il faut un s à la fin.
- D'accord. Donc, " je pourrais " s'écrit : P O U R R A I S.

Règles du jeu

1. Chaque équipe va donner son jeu de questions au professeur qui les distribuera à un autre groupe.
2. Les équipes ont 15 minutes pour décider des réponses qu'elles écriront sur cette même carte.
3. Le porte-parole de chaque équipe lit les questions et les réponses de son groupe.
4. Le professeur dit si la réponse est correcte ou non.
5. Si un groupe ne connaît pas la réponse ou donne une réponse incorrecte, les autres équipes ont alors le droit de donner la réponse.

Ponctuation

Bonne réponse : 3 points
Réponse donnée à la place d'une autre équipe : 5 points
Mauvaise réponse : −3 points

9. MOI ET LE FRANÇAIS : MON BILAN

Répondez individuellement à ces questions, puis commentez vos réponses par petits groupes.

1. Voilà deux ans que vous étudiez le français, et maintenant, que pensez-vous faire ?

- Je pense continuer à l'étudier comme je l'ai fait jusqu'à présent.
- J'en sais suffisamment pour continuer seul.
- Je vais arrêter.
- Autre :

2. Pendant les prochaines vacances, vous voudriez :

- Suivre un cours intensif de français.
- Vous inscrire à un cours de…
- Aller en France ou dans un pays francophone.
- Ne rien faire.
- Autre :

3. Avec ce manuel vous pensez que :

- Vous avez beaucoup appris.
- Vous n'avez pas suffisamment appris.
- Vous avez trop travaillé.
- Vous n'avez pas assez travaillé.
- Autre :

4. Dans ce manuel :

Vous avez aimé qu'il y ait…
Vous avez aimé qu'on fasse…
Vous n'avez pas aimé qu'il y ait…
Vous n'avez pas aimé qu'on fasse…

5. Vous voulez que votre prochain livre de français soit :

Plus…
Moins…
Aussi…

6. Pour vous, le français c'est…

7. Si vous deviez recommencer à apprendre le français, qu'est-ce que vous changeriez ? Qu'est-ce que vous ne changeriez pas ?

10. DEUX ÎLES : LA MARTINIQUE ET L'ÎLE DE LA RÉUNION

Vous connaissez ces îles ? Lisez ces dépliants touristiques.
Laquelle de ces deux îles vous attire le plus ? Pourquoi ?

> **LES D.O.M.-T.O.M.** (Départements et territoires d'outre-mer)
>
> La Guadeloupe, la Martinique, la Guyane et l'île de la Réunion sont des départements d'outre-mer français. Cela signifie qu'elles ont le même statut qu'un département français avec en plus quelques spécificités, notamment en ce qui concerne la fiscalité.

LA MARTINIQUE

La Martinique est une île de 64 km de long qui s'étale sur à peine 20 km de large, et est dominée par la montagne Pelée qui culmine à 1397 m. Elle présente une grande diversité de paysages. Le Sud est constitué de collines à la végétation peu abondante. Le Nord est montagneux. Ses premiers habitants, les indiens arawaks, l'appelaient Madinina, « l'île aux fleurs », en raison de sa végétation tropicale. Sa population est multiculturelle : européenne, africaine, hindoue, caraïbe, asiatique...

Un peu d'histoire

Avec l'arrivée de Christophe Colomb en 1502, commencent de nombreuses guerres pour la domination des Antilles. Anglais, Hollandais et Français se disputent la Martinique jusqu'à ce qu'elle devienne un département français d'outre-mer en 1946. C'est avec l'arrivée de Belain d'Esnambuc, en 1635, que s'ouvre une longue période de commerce entre les Indes Occidentales, l'Afrique et l'Europe. Commence alors la déportation de millions d'esclaves noirs vers les plantations de canne à sucre. Après l'abolition de l'esclavage en 1848, de nombreux indiens viennent remplacer la main-d'œuvre noire dans les champs de canne à sucre.

Le climat

Il y a trois saisons en Martinique. De fin décembre à mai, c'est la saison sèche pendant laquelle il fait très beau. De mi-juin à novembre c'est la saison humide, et de fin août à octobre, la période des cyclones. La température peut dépasser 28 degrés de juillet à octobre et ne descend pas au-dessous de 26 degrés durant la saison sèche. Les pluies peuvent être particulièrement abondantes. Toute l'année, le soleil se lève entre 5 h et 6 h et se couche entre 17 h 30 et 18 h.

Les plages

Elles surprennent par leur beauté et leur incroyable diversité, avec des couleurs qui vont du sable blanc lumineux au noir volcanique. L'eau est transparente et dans les fonds marins on trouve des bancs de poissons colorés. Il y a les plages tranquilles du Sud-caraïbe, bordées de cocotiers, et celles plus tumultueuses, de la côte atlantique.

Production

L'agriculture est dominée par le secteur bananier et plus de la moitié de la récolte de canne à sucre est destinée aux distilleries pour la fabrication de rhums. La Martinique a aussi une assez longue tradition de culture de l'ananas et de l'avocat. À part les fruits, on cultive aussi les fleurs qui sont exportées en Métropole et aux États-Unis ou vendues sur place aux touristes.

L'ÎLE DE LA RÉUNION

L'île est peuplée de 600 000 habitants d'origine africaine, chinoise, européenne, indienne, indonésienne et malgache.

Elle est située dans l'Océan Indien, à l'est de l'Afrique, et son littoral est constitué de 207 km de côtes au pied des montagnes, dont 30 km de plages. La Réunion est une petite île presque ronde. C'est une montagne posée sur la mer que dominent deux pics : le Piton des Neiges (3069 m) et le Piton de la Fournaise (2632 m), un volcan toujours en activité qui entre régulièrement en éruption.

Un peu d'histoire

Jusqu'au milieu du XVIIᵉ siècle, l'île était inhabitée. C'est en 1638 que la petite île devint possession du roi de France, pour être utilisée comme prison. Les premiers colons s'y installent à partir de 1663, développant la culture du café et l'esclavage. Les esclaves étaient capturés par des négriers sur les côtes de Madagascar et d'Afrique de l'Est, puis transportés et vendus aux colons français de la Réunion. En 1848, l'esclavage est aboli. Pour cultiver la canne, on fait alors appel à une population issue des côtes sud-est de l'Inde. Ces Tamouls apportent alors leur mode de vie et leur religion, l'hindouisme. Plus tard, l'île connaîtra d'autres flux de migrations ; elle verra arriver les Indiens musulmans venus du Goujrat et des chinois. En 1946, l'île obtient le statut de Département français d'outre-mer.

Langue et culture métissées

Les Réunionnais d'aujourd'hui sont donc issus de ce métissage de cultures. Pour se comprendre, les habitants de la colonie ont forgé un créole épicé de mots d'origine malgache ou tamoule. Mais la grande majorité de la population s'exprime en français, qui est la langue officielle.

Les pratiques religieuses sont très présentes dans la vie quotidienne d'une majorité d'habitants. L'hindouisme est présent sur les façades des temples qui fleurissent dans toute l'île. Entre octobre et novembre, la fête de la lumière, le « Dipavali », réunit des milliers de fidèles. Les processions et les spectaculaires « marches sur le feu » sont organisées selon le rythme d'un calendrier ancestral.

La nature en fête

Le climat de l'île est tropical : la température sur la côte varie entre 18 et 31 degrés tandis que, en altitude, elle peut chuter à 4 degrés. Grâce à cette variété, une flore originale s'est développée sur le littoral comme dans les forêts de montagne. De nombreuses plantes, issues de tous les rivages tropicaux, ont été apportées par l'homme. On y trouve des palmiers de tous les continents et, dans les bois, des orchidées sauvages.

MÉMENTO GRAMMATICAL

QUI SOMMES-NOUS ?

IDENTIFYING SOMETHING OR SOMEONE: C'EST / CE SONT

C'est and **ce sont** are used to identify, point to, or present something or someone.

SINGULAR
- ● **C'est** *Isabelle Adjani ?*
- ○ *Non,* **c'est** *Carla Bruni, la chanteuse, ex top-modèle.*

- ● *Carine Nacar ?*
- ○ *Oui,* **c'est** *moi.*

PLURAL
- ● **Ce sont** *les îles Seychelles ?*
- ○ *Non,* **ce sont** *les îles Comores.**

*French-speaking people often use the singular instead of the plural form when talking: **C'est** *les îles Comores.*

The negative forms are **ce n'est pas** and **ce ne sont pas**.

- ● *Jorge, c'est Jacques en français ?*
- ○ *Non,* **ce n'est pas*** *Jacques, c'est Georges.*

- ● *La photo nº 4, ce sont les Pays-Bas ?*
- ○ *Non,* **ce ne sont pas*** *les Pays-Bas.*

* The particle **ne/n'** is often omitted in informal oral speech: **C'est pas** *Jacques* ;
C'est pas *les Pays-Bas.*

DEFINITE ARTICLES: LE, LA, L', LES

Definite articles are used to introduce things or people that the speaker is familiar with, or can see/identify.

- ● *Qui est-ce ?*
- ○ *C'est* **le** *professeur de français.*

- ● *C'est quel pays ?*
- ○ **La** *Norvège.*

	MASCULINE	FEMININE
SINGULAR	**le** professeur	**la** directrice
	(in front of a vowel or a silent **h**) **l'**élève	
PLURAL	**les** collègues	

Countries are usually accompanied by a definite article (la France), but there are a few exceptions. For example: **Israël, Malte, Cuba.**

Definite articles are also used to speak in general terms.

Les *professeurs doivent être patients.*
Les *voyages forment* **la** *jeunesse.*

INTRODUCING YOURSELF: S'APPELER

- ● *Comment **tu t'appelles** ?*
- ○ *Je **m'appelle** Grazia.*

The verb **s'appeler** is a verb ending in **-er**. This means that after its stem (**appell-appel**), it will be conjugated in the following way:

S'APPELER						
je m'appell	**-e**	[-]*	nous nous appel	**-ons**	[õ]
tu t'appell	**-es**	[-]*	vous vous appel	**-ez**	[e]
il/elle s'appell	**-e**	[-]*	ils/elles s'appell	**-ent**	[-]*

*Note that out of six different written forms, four have the same pronunciation: **je**, **tu**, **il/elle**, and **ils/elles**.

> Other **-er** verbs you will find in this chapter are: **aimer**, **travailler**, **épeler**, **parler** and **étudier**.
> Whereas **s'appeler** has a short pronoun between the subject pronoun and the verb (je **m'**appelle, tu **t'**appelles), the other **-er** verbs from this chapter do not. Verbs with the short pronoun are called **reflexive verbs** and are not as frequent as non-reflexive verbs. For more information, refer to Unité 4.

PERSONAL SUBJECT PRONOUNS

SINGULAR	**je (j')**	**tu/vous**	**il/elle**
PLURAL	**nous**	**vous**	**ils/elles**

Personal subject pronouns are used with conjugated verbs and are usually placed in front of the verb.

- ● *Éric Descamps ?*
- ○ *Oui, **je** suis là.*

- ● *Manuel ?*
- ○ ***Il** est absent.*

The personal subject pronoun tu

Je, **tu**, **nous**, and **vous** are the personal pronouns used in a conversation.

Tu is used to address a friend, a youth, someone from your family, or a colleague that you address informally.

- ● ***Tu** as une adresse électronique ?*
- ○ *Oui, j' épelle : G, R, A, Z, I, A, arobase, wanadoo, point, I, T.*

The personal subject pronoun vous

Vous has two possible uses: It is the pronoun you need to address a person in a formal way (for example your instructor, anyone older than you, people you don't know).

- ● ***Vous** avez un numéro de téléphone ?*
- ○ *Non, mais j' ai une adresse électronique.*

Vous is also used to address several persons at the same time.

- ● *Pourquoi est-ce que **vous** apprenez le français ?*
- ○ *Moi, j' apprends le français parce que j' aime la culture française.*
- ■ *Moi, parce que mon papa est français.*

The personal subject pronouns il, elle, ils and elles

Il/elle and **ils/elles** are used to talk about someone or something. **Il** represents a masculine singular subject, **elle** a feminine singular subject. **Ils** represent a masculine plural subject, **elles** a feminine plural subject.

> *Tintin est un personnage de fiction. **Il** est toujours accompagné de Milou. **Ils** sont inséparables.*
> *C'est ma sœur, **elle** s' appelle Lidia.*
> *Ce sont mes sœurs, **elles** s' appellent Lidia et Katia.*

> Note that in the plural, if you have both masculine and feminine elements, the masculine plural form is used (**ils**).

STRESSED PRONOUNS

Stressed pronouns are used to reinforce the subject pronouns.

> ***Moi,** je m' appelle Sarah.*

SINGULAR	**moi**	**toi**	**lui/elle**
PLURAL	**nous**	**vous**	**eux/elles**

Stressed pronouns can be used by themselves, without the verb.

> ● *Comment tu t' appelles ?*
> ○ ***Moi,** je m' appelle Grazia, et **toi** ?*
> ■ ***Moi,** Julio.*

> In English, you can place emphasis on a subject pronoun using your voice:
>
> **I** will do the dishes and **you** walk the dog.
>
> In French, however, you need to use a stressed pronoun.
>
> ***Moi,** je m' appelle Jeanne et **lui,** il s' appelle Georges.*

With **c'est**, use a stressed pronoun, not a personal subject pronoun.

> ● *Carine Nacar ?*
> ○ *Oui, c'est **moi.***

GIVING AND ASKING FOR EXPLANATIONS: POURQUOI ? POUR/PARCE QUE

Pourquoi asks a question about an unknown cause (why) and **parce que** gives an explanation (because).

> ● ***Pourquoi** vous apprenez le français ?*
> ○ ***Parce que** j' aime la littérature française.*

Parce que becomes **parce qu'** in front of a vowel.

> ● ***Pourquoi** Stefano apprend le français ?*
> ○ ***Parce qu'**il a une petite amie française.*

Pour introduces an objective, a goal to be reached. It is followed by a verb in the infinitive form or by a noun.

> ● *Moi, j' apprends le français **pour** parler la langue de mon père.* (**POUR** + INFINITIVE)
> ○ *Moi, **pour** le travail.* (**POUR** + NOUN)

EXPRESSING AN OPINION: CROIRE

> ● ***Je crois que** c'est le Luxembourg.*
> ○ *Moi, **je crois que** c'est la Belgique.*

CROIRE (**croi- croy**)	
je cro**is**	nous croy**ons**
tu cro**is**	vous croy**ez**
il/elle/on cro**it**	ils/elles cro**ient**

> **Croire** is an irregular verb. In French, there are many irregular verbs which you will need to memorize.
>
> Whereas in English, you do not have to use **that** after **I believe**, **croire** is always followed by **que** before another clause:
>
> I believe you speak French well.
>
> *Je **crois que** tu parles bien français.*

ELLE EST TRÈS SYMPA

DESCRIBING PEOPLE AND THINGS: ADJECTIVES

Adjectives are used to qualify things and persons.

- *Il est **grand**, il a les yeux **bleus**, il est très **sympa**.*
- *Je le connais, c'est David !*

Adjectives agree in gender and number with the nouns they qualify.

*Le père est tunis**ien**, la mère est pakistana**ise** et les enfants sont espagnol**s**.*

GENDER AGREEMENT

There are several types of adjectives that can be classified according to their various patterns in the feminine form.

	MASCULINE	FEMININE
The adjective is written and pronounced the same way in the masculine and in the feminine.	célibat**aire** sympathi**que** aim**able** facil**e** jeun**e**	célibat**aire** sympathi**que** aim**able** facil**e** jeun**e**
The adjective has a different form in the feminine but the pronunciation does not change.	che**r** mari**é** bl**eu** espagn**ol** traditionn**el**	ch**ère** mari**ée** bl**eue** espagn**ole** traditionn**elle**
The adjective is written and pronounced differently: consonant + **e**	gr**and** [ã] intellig**ent** [ã] franç**ais** [e] mesqu**in** [ɛ̃] améric**ain** [ɛ̃]	gr**ande** [ãd] intellig**ente** [ãt] franç**aise** [ɛz] mesqu**ine** [in] améric**aine** [ɛn]
The adjective is written and pronounced differently: doubling of the consonant + **e**	itali**en** [ɛ̃] b**on** [õ] gr**os** [o]	itali**enne** [ɛn] bo**nne** [ɔn] gro**sse** [os]
There are considerable changes both in writing and pronunciation.	séri**eux** [ø] agress**if** [if] d**oux** [u] vi**eux** b**eau**	séri**euse** [øz] agress**ive** [iv] d**ouce** [us] vi**eille** b**elle**

Ce sont des étudiantes françaises.

Ce sont des étudiants français.

NUMBER AGREEMENT

Adjectives usually take an **-s** in the plural.

C'est un étudiant motivé.	*Ce sont des étudiant**s** motivé**s**.*
C'est une fille très intelligente.	*Ce sont des fille**s** très intelligente**s**.*

If an adjective already ends with an **-s** or an **-x** in the singular, it will not change in the plural.

*Mon grand-père est très **vieux**.*	*Mes grands-parents sont très **vieux**.*
*Ce chat est très **gros**.*	*Ces chats sont très **gros**.*

Adjectives ending in **-eau**, such as **beau**, take an **-x** in the plural.

Le climat est très agréable. Les étés sont beaux et chauds.

Adjectives ending in **-al** will change to **-aux** in the masculine plural.

*Julien est **génial**. Julien et Henri sont **géniaux** !*

PLACEMENT OF ADJECTIVES

In French, adjectives can be placed before or after the nouns they qualify. The majority of adjectives are placed after the noun.

*C'est un homme **sympathique**.*   *C'est un ~~sympathique homme~~.*
*Ce sont des enfants très **polis**.*   *Ce sont des ~~polis enfants~~.*

However, certain adjectives that are used very frequently are often placed before the noun:

*C'est un **excellent** étudiant.*
*C'est une **bonne** élève.*

Some preceding adjectives are: **excellent, bon, mauvais, jeune, vieux, petit, grand, beau, joli, gros, gentil.**

ÊTRE + ADJECTIVES

ÊTRE	
je **suis** fatigué(e)	nous **sommes** fatigués(es)
tu **es** fatigué(e)	vous **êtes** fatigué(e)(s)(es)
il **est** fatigué	ils **sont** fatigués
elle **est** fatiguée	elles **sont** fatiguées

Note that professions, even though they are nouns, behave like adjectives in the sentence.

*Je vous présente mon frère. Il est **acteur**.*   ~~C'est acteur.~~

> Note the structural difference between French and English in the way the verb **être** (to be) is used.
> **Il est, elle est, ils sont** and **elles sont** cannot be followed by article + noun.
>
> *She is a student.*
> ***Elle est étudiante**.*
>
> *Elle est ~~une~~ étudiante*

VARIOUS DEGREES OF INTENSITY: TRÈS, UN (PETIT) PEU, PAS DU TOUT

Très strengthens the adjective. It is always placed in front of the adjective.

● *Le nouveau prof est sympathique, tu ne trouves pas ?*
○ *Oui, il est **très** sympathique.*

To politely negate or nuance the meaning of an adjective, we use **pas très**.

● *Ce restaurant (n') est **pas très** bon.*
○ *C'est vrai.*

Un peu and **un petit peu** cannot be used with all adjectives. These expressions are used to nuance the meaning of adjectives that have negative connotations.

*Excusez-moi, je suis **un (petit) peu** distrait. Vous pouvez répéter ?*

Pas du tout is an absolute negation.

*Le prof de maths **n'**est **pas du tout** agréable avec ses élèves.*

HOW TO ASK AND TELL AGE

- **Quel âge tu as ?**
  ○ Seize ans.

- **Quel âge vous avez ?**
  ○ **J'ai** vingt-cinq ans.

Je ~~suis~~ 25 ans.

J'ai 18 ans !

Quel âge tu as

un bébé de 9 mois
une femme de trente-cinq ans

If you want to give an approximate age, you can use the following expressions:

Robert a **environ** trente-cinq ans.
un **enfant** (un **petit garçon** ; une **petite fille**)
une **jeune fille** ; un **jeune garçon**
un **homme** / une **femme d'âge moyen**
une **personne âgée**

AVOIR	
j'**ai**	nous **avons**
tu **as**	vous **avez**
il/elle **a**	ils/elles **ont**

Careful: Only **avoir** is used to give one's age. Do not use **être**!

TALKING ABOUT OUR STUDIES AND OUR PROFESSION

To ask someone what kind of work they do, you can use the following question:

- **Qu'est-ce que vous faites dans la vie ?**

Here are some possible answers:

○ Je **suis** informaticien.
○ Je **travaille** dans le tourisme.

To find out what someone studies, use the question:

❑ **Qu'est-ce que vous étudiez ?**
■ J' **étudie** les langues orientales.

THE PRESENT OF THE INDICATIVE: ÉTUDIER, TRAVAILLER

Étudier, travailler, and many other French verbs end in **-er**. After their respective stems, they all have the same endings.

ÉTUDIER			TRAVAILLER		
j'étudi	**-e**	[-]	je travaill	**-e**	[-]
tu étudi	**-es**	[-]	tu travaill	**-es**	[-]
il/elle étudi	**-e**	[-]	il/elle travaill	**-e**	[-]
nous étudi	**-ons**	[õ]	nous travaill	**-ons**	[õ]
vous étudi	**-ez**	[e]	vous travaill	**-ez**	[e]
ils/elles étudi	**-ent**	[-]	ils/elles travaill	**-ent**	[-]

Note that the endings **-e, -es, -e, -ent** all have the same pronunciation.

NEGATION: NE ... PAS

Ne and **pas** are the two elements that express negation. **Ne** is placed before the conjugated verb and **pas** is placed after.

*Je **ne** comprends **pas**.*

In front of **a, e, i, o, u**, and silent **h**, **ne** becomes **n'**.

*Il **n'est pas** très sympathique.*
*Je **n'aime pas** le football.*

When talking informally, French-speaking people often leave out **ne**.

*J' Ø ai **pas** compris.*
*Il Ø parle **pas** anglais.*

Pas can be used by itself in front of a stressed pronoun, a noun, an adjective, or an adverb.

● *Qui veut jouer au tennis avec moi ?*
○ ***Pas** moi !*

● *Tu veux aller à la piscine ?*
○ ***Pas** aujourd' hui.*

● *Comment sont vos nouveaux voisins ?*
○ ***Pas** aimables du tout.*

● *Vous parlez italien ?*
○ *Oui, mais **pas** bien.*

POSSESSIVE ADJECTIVES

Possessive adjectives are used to indicate possession.

● *Comment s' appellent les enfants **de** Monsieur Engelmann ?*
○ ***Sa** fille s' appelle Nathalie et **son** fils David.*

*Je vous présente **ma** famille : **ma** femme Angela, **ma** fille Carlota et **mon** fils Marco.*

ONE OWNER

	MASCULINE SINGULAR	FEMININE SINGULAR	MASCULINE OR FEMININE PLURAL
je	**mon** père	**ma** mère	**mes** parents
tu	**ton** père	**ta** mère	**tes** parents
il/elle	**son** père	**sa** mère	**ses** parents

In front of a feminine singular noun that starts with **a, e, i, o, u**, or **silent h,** the masculine singular form is used.

*Vous connaissez **mon** amie Isabelle ?*

SEVERAL OWNERS

	MASCULINE OR FEMININE SINGULAR	MASCULINE OR FEMININE PLURAL
nous	**notre** ami/e	**nos** amis/ies
vous	**votre** ami/e	**vos** amis/ies
ils/elles	**leur** ami/e	**leurs** amis/ies

*J' ai rencontré les enfants **des** Cavallini : **leur** fils Patrick est très amusant et **leurs** deux filles, Gisèle et Claudine, sont adorables !*

THE PREPOSITION DE + DEFINITE ARTICLES: DU / DE LA / DE L' / DES

Du is the contraction of the preposition **de** and the definite article **le**. **Des** is the contraction of the preposition **de** and the definite article **les**. There is no contraction with the definite article **la**.

*Le fils **du** dentiste a 15 ans.*
*Les enfants **des** voisins sont très petits.*
*« Le mari **de la** coiffeuse » est un film français.*

Le fils ~~de le~~ dentiste
Les enfants ~~de les~~ voisins

These forms are very useful when words lack to define something or someone.

● *Comment on appelle le père **du** père ?*
○ *Le grand-père.*

● *C'est son frère ?*
○ *Non, c'est le fils **du** deuxième mari **de** sa mère.*

de + le = **du**
de + la = **de la**
de + l' = **de l'**
de + les = **des**

Non, c'est son mari !

C'est le fils de sa sœur ?

EN ROUTE !

IL Y A

Il y a is an impersonal structure that is used to indicate the presence or the existence of people and things. **Il y a** can designate both singular and plural.

SINGULAR
- *Il y a une pharmacie près d' ici ?*
- ○ *Oui, il y a une grande pharmacie dans la rue Victor Hugo.*

PLURAL
- *Est-ce qu' il y a des commerces dans ce club de vacances ?*
- ○ *Non, il n'y a pas de commerces mais il y a une bonne épicerie à cinq minutes.*

The negative form is **il n'y a pas de/d'**.

À Lans, il n'y a pas | *de piscine municipale.*
| *de commerces.*
| *d'office de tourisme.*

INDEFINITE ARTICLES: UN / UNE / DES

Indefinite articles are used to introduce things for the first time in a conversation. Note that French has a plural indefinite article, which is not the case in English.

À Oroques, il y a | *un bon hôtel au centre-ville.*
| *une piscine municipale.*
| *des chambres d' hôtes très confortables.*

Once the object has been stated, other articles will used.

*À Oroques, il y a **un** bon hôtel au centre-ville : **l'** Hôtel de la Place.*
*À Oroques, il y a **une** petite pharmacie : c'est **la** pharmacie du Calvaire.*

	SINGULAR	PLURAL
Il y a	**une** pharmacie. **un** office de tourisme.	**des** magasins.

AIMER

Aimer is a verb we use to express what/whom we like/love. It is a regular **-er** verb.

j'aim**e**	
tu aim**es**	
il/elle/on aim**e**	le tennis. (NOUN)
nous aim**ons**	faire du tennis. (INFINITIVE)
vous aim**ez**	
ils/elles aim**ent**	

Asking someone whether he/she likes something:

● **Est-ce que vous aimez** *le fromage ?*
○ *Oui, beaucoup.*
● **Tu aimes** *faire du ski ?**
○ *Non, pas beaucoup.*

*When talking informally, your rising intonation indicates it is a question.

Asking someone what he/she likes:

● **Qu'est-ce que vous aimez** *comme sport ?*
○ *Le rugby et le ski.*

☺	☹
j'aime **beaucoup**	je n'aime **pas beaucoup**
j'aime **bien**	je n'aime **pas du tout**

Je n'aime pas du tout la viande !

TALKING ABOUT OUR ACTIVITIES AND HOBBIES: FAIRE

● **Qu'est-ce que vous** *étudiez ?*
○ *Moi, la géographie.*
■ *Moi, les mathématiques.*

● **Qu'est-ce que vous faites** *le week-end ?*
○ *Moi, je fais du sport : du tennis et de la natation.*
■ *Moi, je vais en discothèque avec mes amis.*
❏ *Moi, je regarde la télévision.*

FAIRE	
je **fais**	
tu **fais**	**du** piano.
il/elle/on **fait**	**de la** cuisine.
nous **faisons**	**de l'**équitation.
vous **faites**	**des** voyages.
ils/elles **font**	

PARTITIVE ARTICLES: DU / DE LA / DE L'

Partitive articles allow you to talk about something without specifying a quantity.

*En France, on mange **du** bon fromage.*   on mange ~~bon~~ fromage

*À Chamonix, on respire **de l'**air pur.*   on respire ~~air~~ pur

*Le 21 juin, en France, on écoute **de la** musique partout.*   on écoute ~~la~~ musique partout

	MASCULINE	FEMININE
SINGULAR	**du** fromage	**de la** musique
(in front of a vowel)	**de l'**air	

Note that it is possible to first refer to an unspecified amount using a partitive article and then switch to a specified quantity.

● *Il y a **du** coca-cola ?*
○ *Oui, tu as de la chance, il reste **un** coca-cola dans le réfrigérateur !*

PLUSIEURS, BEAUCOUP DE

To indicate a quantity without being precise about what it is, you can use **plusieurs** or **beaucoup de**.

*Il y a **plusieurs** restaurants à Oroques.* (MASCULINE PLURAL NOUN)
piscines à Oroques. (FEMININE PLURAL NOUN)

Whereas **plusieurs** can only be used for things that can be counted, **beaucoup de** can be used for both things that can and cannot be counted.

*Il y a **beaucoup de** soleil à Nice.*
*Cette année, il y a **beaucoup de** neige dans les Alpes.*

EXPRESSING OUR DESIRES: AVOIR ENVIE DE/D'

Avoir envie de is an expression that can be followed by a noun or an infinitive.

● *Est-ce que **tu as envie de** manger une glace ?*
○ *Non merci, **j'ai envie d'**un gâteau au chocolat !*

AVOIR	
j'**ai**	
tu **as**	
il/elle/on **a**	**envie de** soleil. (NOUN)
nous **avons**	**envie d'**aller en Afrique. (INFINITIVE)
vous **avez**	
ils/elles **ont**	

Moi, je préfère la mer !

Moi, je préfère la montagne !

STATING OUR PREFERENCES: PRÉFÉRER

● *Moi, **je préfère** voyager en voiture.* (INFINITIVE)
○ *Nous, **nous préférons** prendre le train.* (INFINITIVE)

● *Moi, **je préfère** l'hôtel.* (NOUN)
○ *Nous, **nous préférons** le camping sauvage.* (NOUN)

PRÉFÉRER (**préfèr-préfér**)			
je **préfèr-e**	[-]	nous préfér-**ons**	[ɔ]
tu **préfèr-es**	[-]	vous préfér-**ez**	[e]
il/elle/on **préfèr-e**	[-]	ils/elles **préfèr-ent**	[-]

STRESSED PRONOUNS

Stressed pronouns are used to place emphasis on the subject.

● ***Moi,*** *j' aime beaucoup sortir la nuit. Et **toi** ?* ~~Et tu ?~~
○ ***Moi,*** *je préfère faire du sport.*

SINGULAR	**moi**	**toi**	**lui/elle**
PLURAL	**nous**	**vous**	**eux/elles**

Stressed pronouns are also used to express whether we agree or disagree with someone:

● *Je préfère le voyage en Afrique.*
○ ***Moi** aussi.*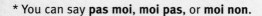
■ ***Pas moi.*** *

* You can say **pas moi, moi pas,** or **moi non.**

● *Je n' aime pas la plage.*
○ ***Moi** non plus, je n' aime pas la plage.*
■ ***Moi** si ! J' aime beaucoup la mer.*

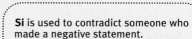

> **Si** is used to contradict someone who made a negative statement.
>
> ● *Je n' aime pas le chocolat.*
> ○ *Moi **si** !*

VERBS WITH ONE STEM AND TWO STEMS: AIMER, PRÉFÉRER

Aimer and **parler,** as well as many other verbs, are **-er** verbs. They follow the same conjugations and after their respective stem (**aim-** and **parl-**), they will have the same pronunciation.

PARLER			
je parl-**e**	[-]	nous parl-**ons**	[ɔ̃]
tu parl-**es**	[-]	vous parl-**ez**	[e]
il/elle/on parl-**e**	[-]	ils/elles parl-**ent**	[-]

All **-er** verbs (except **aller**) have the same endings, yet some of them have two stems. For instance **préférer** (préfèr-préfér), **appeler** (appell-appel), **lever** (lèv-lev).

LEVER (**lèv-lev**)			
je **lèv-e**	[-]	nous lev-**ons**	[ɔ̃]
tu **lèv-es**	[-]	vous lev-**ez**	[e]
il/elle/on **lèv-e**	[-]	ils/elles **lèv-ent**	[-]

NOT REVEALING WHO THE SUBJECT IS: ON

The pronoun **on** enables you to give no precision related to the subject of the verb.

***On** mange très bien dans ce restaurant.*

*Au Québec, **on** parle français.*

*À Oroques, **on** peut faire beaucoup de choses.*

> Depending on the context, **on** may be the equivalent of **nous,** of **ils** or **elles,** of **tu,** sometimes even of **je.** Regardless, it always follows the third person singular for conjugation.
>
> ***On** mange au restaurant ce soir ?*

LEVEZ UNE JAMBE !

TALKING ABOUT OUR HABITS: LE PRÉSENT

The present tense of the indicative is used to to talk about what we do regularly.

> Je **mange** du poisson une fois par semaine.
> Je **prends** toujours le métro pour aller travailler.
> Je **sors** avec mes amis tous les vendredis.

Manger, prendre, and **sortir** do not have exactly the same endings.

-er verbs* such as **manger** : -e/-**es**/-**e**/-ons/-ez/-ent
-dre verbs such as **prendre** : -s/-s/–/-ons/-ez/-ent
Other verbs, such as **sortir** : -s/-s/-t/-ons/-ez/-ent

*Refer to **Mémento grammatical**, Unité 3.

Many verbs have two or three stems or phonetic bases:

The same stem for the singular forms and a different stem for the plural forms.

DORMIR **(dor-dorm)**	
je **dor**-s	nous **dorm**-ons
tu **dor**-s	vous **dorm**-ez
il/elle/on **dor**-t	ils/elles **dorm**-ent

The same stem for the singular forms and the third person plural, and a different stem for **nous** and **vous**.

ACHETER **(achèt-achet)**	
j'**achèt**-e	nous **achet**-ons
tu **achèt**-es	vous **achet**-ez
il/elle/on **achèt**-e	ils/elles **achèt**-ent

One stem for the singular forms, a different stem for **nous** and **vous** and another different stem for **ils**/**elles**.

BOIRE **(boi-buv-boiv)**	
je **boi**-s	nous **buv**-ons
tu **boi**-s	vous **buv**-ez
il/elle/on **boi**-t	ils/elles **boiv**-ent

Certain verbs that are used very frequently have forms in the present tense that are very different from the infinitive. This is the case of the verbs **être, avoir** (refer to **Mémento grammatical** for unités 2 and 3), and **aller.**

ALLER	
je **vais**	nous **allons**
tu **vas**	vous **allez**
il/elle/on **va**	ils/elles **vont**

REFLEXIVE VERBS

Certain verbs are reflexive. This means that the subject is followed by a short pronoun (**me, te, se, nous, vous, se**) which represents the same person.

- ● *À quelle heure tu **te** lèves le matin ?*
- ○ *Je **me** lève à 6 heures trente.*

*Pour aller au travail, Aurélie **s'** habille de manière classique mais pour aller en boîte, elle **s'** habille très mode.*

SE LEVER (lèv-lev)	
je **me** lève	nous **nous** levons
tu **te** lèves	vous **vous** levez
il/elle/on **se** lève	ils/elles **se** lèvent

The negative particles **ne** and **pas** are placed in the following way:

*Mario **ne** se couche **pas** tard le soir.*
*Le week-end, nous (**ne**) nous levons **pas** avant 11 heures.*

FREQUENCY

The adverbs **toujours, souvent, quelquefois, rarement**, and **deux fois (par semaine)**, indicate how frequently an action takes place. They are generally used after the conjugated verb:

*Je mange **toujours** à la même heure.* ~~Je toujours mange à la même heure.~~
*Nous allons **souvent** au cinéma.*
*Alex joue au tennis **deux fois par semaine**.*

These adverbs can be used by themselves when you answer a question.

- ● *Est-ce que vous fumez des cigares ?*
- ○ ***Rarement**.*

Toujours
   Souvent
      Quelquefois
         Rarement
           Jamais

Vous regardez souvent la télé ?

Moi, jamais !

NEGATION: NE ... JAMAIS

In French, the principle for all negative structures is the same. **Ne** is placed before the conjugated verb and the negative word, in this case **jamais**, is placed after.

*Je **ne** prends **jamais** de café l' après-midi.*   *Je ne prends ~~pas jamais~~ de café.*

When speaking informally, many people leave the **ne** out.

*Je Ø fais **jamais** la sieste.*

Jamais can be used by itself.

- ● *Vous regardez la télévision le soir ?*
- ○ ***Jamais**.*

LE LUNDI, L'APRÈS-MIDI, TOUS LES JEUDIS...

Singular definite articles in front of days of the week or moments of the day indicate a habit, an action that one performs regularly.

● *Toni, est-ce que tu joues souvent au tennis ?*
○ *Oui, **le vendredi**.*

● *À quelle heure vous vous levez **le matin** ?*
○ *En général, à six heures.*

Instead of saying **le vendredi, le matin...** we can also say: **tous les vendredis, tous les matins**.

QUANTITY

Peu and beaucoup

Peu and **beaucoup** are adverbs of quantity. When they are placed after the verb, they add information to its meaning: **peu** indicates a small quantity and **beaucoup** a large one.

● *Tu manges **peu**, tu n' as pas faim ?*
○ *Si, j' ai terriblement faim, mais je suis au régime.*

● *Tu as l' air fatigué ?*
○ *Oui, je travaille **beaucoup**.*

When they are followed by nouns, the preposition **de** has to be added.

*Le poisson est un aliment sain qui contient **peu de graisses**.*

Trop and pas assez

Trop and **pas assez** are also adverbs of quantity, but they express a subjective point of view. If you use these adverbs, you are indicating that a quantity is excessive (**trop**) or insufficient (**pas assez**).

● *Je fais des exercices de français 10 minutes par jour.*
○ *C'est **pas assez** !*
■ *C'est **trop** !*

When **trop** and **pas assez** are followed by a noun, the preposition **de** needs to be added.

● *Je prends quatre cafés par jour.*
○ *Vous prenez **trop de café** !*

Plus and moins

Plus and **moins** are adverbs of quantity that establish a comparison.

*Vous dormez 5 heures par nuit ? C'est peu. Il faut dormir **plus** !*

When **plus** and **moins** are followed by a noun, the preposition **de** needs to be added.

*Vous buvez un demi-litre d'eau par jour ? Ce n'est pas assez ! Il faut boire **plus d'eau**.*

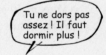

Tu ne dors pas assez ! Il faut dormir plus !

ASKING QUESTIONS: EST-CE QUE ... ?

To ask a question that is answered by **yes** or **no**, we use the interrogative form **est-ce que ... ?**

- *Est-ce que vous parlez anglais ?*
- ○ *Oui, un peu.*

- *Est-ce que vous avez compris ?*
- ○ *Non, pas très bien.*

When speaking informally, the question can be simply asked using a rising intonation and no interrogative form.

- *Vous avez compris ?*
- ○ *Non, pas très bien.*

- *Vous faites du sport ?*
- ○ *Oui, de la natation trois fois par semaine.*

OUI, NON, SI

When a question introduced by **est-ce que** (or by a rising intonation) holds a negation, the answer is **si** if you mean to say **oui**.

- *Vous ne faites jamais de sport ?*
- ○ *Si, de la natation trois fois par semaine.*

If you want to confirm the requested information, the answer is **non**.

- *Vous n' êtes pas français ?*
- ○ *Non, je suis luxembourgeois.*

GIVING ADVICE AND MAKING RECOMMENDATIONS

There are several ways to give advice in French.

The verb devoir

The verb **devoir** followed by an infinitive indicates that an action is necessary or compulsory.

Vous êtes très stressé, vous devez vous détendre !

Je dois faire des courses, je n' ai plus rien à manger à la maison.

- *Tu viens avec moi au cinéma ?*
- ○ *Impossible ! Je dois finir un travail pour demain.*

DEVOIR (doi-dev-doiv)	
je **doi** -s	
tu **doi** -s	
il/elle/on **doi** -t	prendre des vacances.
nous **dev** -ons	boire moins de café.
vous **dev** -ez	
ils/elles **doiv** -ent	

Il faut, il est important de ..., il est nécessaire de ...

Il faut, il est important de/d', and **il est nécessaire de/d'** are impersonal structures. This means that the subject pronoun **il** does not refer to a concrete person. It is strictly a grammatical subject. **Il faut, il est important de/d'**, and **il est nécessaire de/d'** followed by an infinitive express the fact that an action is necessary or compulsory.

*Pour être en bonne santé, **il est nécessaire d'** avoir une alimentation variée.*

● *J' ai mal au dos.*
○ ***Il faut faire** 10 minutes d'exercices de relaxation par jour.*

The imperative

The imperative is a mode that enables you to give orders, advice, or to make recommendations.

***Ne faites pas** de bruit, s' il vous plaît !*

● *J' ai mal au dos.*
○ ***Faites** 10 minutes d'exercices de relaxation par jour.*

The imperative only has three forms and does not use subject pronouns.

		AFFIRMATIVE	NEGATIVE
PRENDRE	(tu)	Prends !	Ne prends pas !
DORMIR	(nous)	Dormons !	Ne dormons pas !
BOIRE	(vous)	Buvez !	Ne buvez pas !

Note that the **-s** disappears from the tu form of **-er** verbs.

***Va** chez ta grand-mère et surtout ne **parle** pas avec des inconnus !*
(Le Petit chaperon rouge)

Pronominal verbs are not the same in the affirmative and in the negative forms. In the affirmative, a stressed pronoun is used after the verb.

	AFFIRMATIVE	NEGATIVE
SE LEVER	Lève-**toi** !	Ne **te** lève pas !
S'AMUSER	Amusez-**vous** !	Ne **vous** amusez pas !

Être and **avoir** have irregular forms in the imperative and need to be memorized.

ÊTRE	**Sois** sage !	**Soyons** prêts !	**Soyez** aimables !
AVOIR	N'**aie** pas peur !	N'**ayons** pas peur !	**Ayez** l'air aimable !

VOUS PARLEZ ITALIEN ?

PROFESSIONS

There is no article in front of the noun to indicate a profession in French.

Je suis acteur.	*Je suis un acteur.*
Elle est médecin.	*Elle est une médecin.*

Qui est-ce ? Un acteur célèbre ?

Professions usually have both a feminine and a masculine form, with some exceptions.

Pierre est enseignant	(MASCULINE SINGULAR)
Marie est enseignant**e**	(FEMININE SINGULAR)
Ils sont enseignant**s**	(MASCULINE PLURAL)
Elles sont enseignant**es**	(FEMININE PLURAL)

The feminine can be formed in various ways.

	MASCULINE		FEMININE	
The noun is written and pronounced in the same way in the masculine and in the feminine forms.	un juge un interprète un architecte		une juge une interprète une architecte	
The noun has a different feminine form but the pronunciation does not change.	un auteur un employé		une auteur**e** une employé**e**	
The noun is written and pronounced differently: consonant + **e**.	un étudiant un marchand	[ã] [ã]	une étudiant**e** une marchand**e**	[ãt] [ãd]
The noun is written and pronounced differently: doubling of the consonant + **e**.	un lycée**n** un pharmacie**n**	[ɛ̃] [ɛ̃]	une lycée**nne** une pharmacie**nne**	[ɛn] [ɛn]
The noun is written and pronounced differently: **-er** → **-ère** **-eur** → **-euse** **-teur** → **-trice**	un boulang**er** un vend**eur** un ac**teur**	[e] [œr] [tœr]	une boulang**ère** une vend**euse** une ac**trice**	[ɛr] [œz] [tris]

TALKING ABOUT OUR EXPERIENCES AND OUR HISTORY: LE PASSÉ COMPOSÉ

The **passé composé** is used to speak about our past experiences.

● *Vous parlez des langues étrangères ?*
○ ***J'ai vécu** deux ans en Angleterre, je parle bien l'anglais.*

● *Tu n' as pas l' air en forme !*
○ ***Je n'ai pas dormi** cette nuit, je suis très fatigué.*

The **passé composé** tells a story; it relates what was accomplished in the past.

*Marco Polo **a vécu** 16 ans en Chine.*

200   *deux cents*

Unité 5

Victor Hugo a publié Les Misérables *en 1862.*

Je suis née en 1984 en Pologne. L'année suivante ma famille est venue vivre à Paris.
J'ai fait toute ma scolarité en français et, à 19 ans, je suis partie travailler en Allemagne,
à Cologne.

HOW TO FORM THE PASSÉ COMPOSÉ

The **passé composé** has two parts: an auxiliary (**avoir** or **être** in the present tense) and the
past participle of the verb.

avoir + past participle

Most verbs are conjugated with **avoir**.

J'ai écouté le dernier album de Salif Keita. J'adore !
Nous avons marché pendant des heures. J'ai les pieds en compote !

être + past participle

Verbs that indicate **transformation** (switching from a state to another) or **movement from a
place to another** are used with the auxiliary **être**. The past participle will then agree in number and gender with the subject of the verb.

Marie est sortie de la maison à 19 heures et elle est allée au théâtre.
Mon père et moi sommes partis en vacances l'été dernier

All pronominal verbs are conjugated with **être**.

Je me suis réveillée à 10 heures ce matin.
Ils se sont mariés l'année dernière.

Here are a few verbs that use **être** as their auxiliary: **naître, mourir, venir, devenir, revenir,
apparaître, arriver, partir, entrer, rentrer, sortir, monter, descendre, aller, rester, passer,
tomber...**

● *Tu es allé au cinéma ce week-end ?*
○ *Non, je suis resté tranquillement chez moi.*

Marilyn Monroe est née en 1926. Elle est morte très jeune, à 36 ans.

Be careful! Certain verbs may signal movement but do not focus on the fact that the subject
is going from a place to another. These verbs will thus use **avoir**.

J'ai couru toute la journée !   ~~*Je suis couru toute la journée !*~~
Nous avons beaucoup voyagé l'été dernier.   ~~*Nous sommes beaucoup voyagé.*~~
Ils ont marché pendant des heures.   ~~*Ils sont marchés pendant des heures.*~~

The passé composé in the negative

In the negative, the particles **ne** and **pas** go around the auxiliary.

Je n'ai pas compris. Vous pouvez répéter, s'il vous plaît ?
Je ne me suis pas réveillé ce matin. Mon réveil n'a pas sonné.
C'est un film horrible, nous ne sommes pas restés jusqu'à la fin.

In informal speech, the negative particle **ne** is often left out.

● *Tu as vu le dernier film de Chéreau ?*
○ *Non, je l'ai pas vu. Il est bien ?*

Past participles

There are eight different endings for the past participles:

-é	J'ai rencontr**é** Paul à Londres.
-i	Je n'ai pas fin**i** mon travail.
-it	Je n'aime pas conduire la nuit. C'est Julien qui a condu**it**.
-is	Ils ont pr**is** le train de nuit.
-ert	Mes amis m'ont off**ert** un super cadeau.
-u	Vous avez l**u** le dernier roman de Nothomb ?
-eint	Qui a p**eint** la Joconde ?
-aint	Un client s'est pl**aint** au directeur.

Note that in the oral form, you can only distinguish five forms:

-é is pronounced [e]
-i, **-it** and **-is** are all pronounced [i]
-ert is pronounced [ɛr]
-u is pronounced [y]
-eint and **-aint** are pronounced [ɛ̃]

The agreement of the past participle

When the verb is conjugated with the auxiliary **être**, the past participle agrees with the subject:

Estelle, à quelle heure tu es rentré**e** cette nuit ?	(FEMININE SINGULAR)
Alain, à quelle heure tu es rentr**é** cette nuit ?	(MASCULINE SINGULAR)
À quelle heure, Estelle et sa sœur, **sont-elles** rentré**es** ?	(FEMININE PLURAL)
À quelle heure **sont** rentré**s** vos **enfants** ?	(MASCULINE PLURAL)

> Note that pronominal verbs that are followed by a direct object will not follow the agreement rule.
>
> *Monique **s'est lavée**.*
> *Monique **s'est lavé** les mains.*

The place of adverbs

Adverbs are usually placed after the conjugated verbs (refer to **Mémento grammatical** for Unité 4). Therefore, in the passé composé, adverbs are placed after the auxiliary.

Il a	**toujours**	travaillé
	beaucoup	dormi
	assez	bu
	mal	compris
	bien	mangé

DÉJÀ, PAS ENCORE, JAMAIS

To say that something has already been done, or to express that we have already experienced something, we use the adverb **déjà**.

● *Tu n' as pas de devoirs à faire pour demain ?*
○ *Ils sont **déjà** faits.*

Il a mal dormi.

● *Vous avez **déjà** mangé des concombres de mer ?*
○ *Oui, une fois, dans un restaurant à Pékin.*

Tu as déjà com-
mencé le gâteau ?!

To say that something has not yet been done or experienced but that it will
at some point, we use **pas encore**.

● *Tu as lu le reportage sur la clonation ?*
○ *Non, **pas encore**. Je vais le lire ce week-end.*

To express that we have not had an experience, we use **ne ... jamais**.

● *Vous êtes déjà allé à New York ?*
○ *Non, je (**ne**) suis **jamais** allé aux États Unis.*

THE PREPOSITIONS: EN, À, AU, AUX

En is placed in front of a feminine country or a country that starts with a vowel
or a silent **h**.

● *Vous connaissez Bucarest ?*
○ *Oui, j' ai habité deux ans **en** Roumanie.*

*L' année dernière, j' ai passé mes vacances **en** Italie et **en** Hongrie.*

*Il travaille **en** Israël.*

The preposition **à** is followed by a city or a feminine noun that designates a place.

● *Est-ce que tu es déjà allé **à** Paris ?*
○ *Oui, et je suis monté **à** la Tour Eiffel.*

● *On va **à** la piscine cet après-midi ?*
○ *D' accord !*

In front of a masculine noun designating a country or a place, **à** and the article **le** merge into
the form **au**.

*Je vais **au** Portugal la semaine prochaine.*

*Allez **au** gymnase deux fois par semaine !*

In front of a plural noun designating a country or a place, **à** and the article **les** merge into the
form **aux**.

*Marinette est née **aux** Antilles.*

*J' ai fait mes études **aux** États-Unis.*

à + le	**au**
à + la	**à la**
à + l'	**à l'**
à + les	**aux**

REFERING TO A PAST EVENT

There are numerous expressions that are used to locate an event in the past.

To refer to a century

*Elle a vécu **au premier siècle** avant Jésus Christ.*

*Il est né **au** deux**ième**, trois**ième**, quatr**ième**, douz**ième**, dix-neuv**ième** ... siècle.*

To refer to a specific year

*J' ai eu mon baccalauréat **en** 1996.*

To refer to a moment of the day, of the week, or of the year

Daniel est parti
***ce matin à** 8 heures*
***hier** (matin / midi / après-midi / soir)*
***lundi / mardi, ...** (matin / midi / après-midi / soir)*
lundi dernier** / **la semaine dernière** / **le mois dernier** / **l'année dernière

- *À quelle heure tu es rentré cette nuit ?*
- *Pas très tard, **à** 2 heures **du matin**.*

IL Y A

Il y a is yet another expression used to locate an action in the past.

- *Quand est-ce que vous vous êtes rencontrés ?*
- ***Il y a** deux ans.*

- *Tu as déjeuné ?*
- *Oui, **il y a** une demi-heure.*

*On a découvert la solution **il y a***
cinq minutes.
une heure.
deux jours.
trois mois.
un siècle.

Nous nous sommes rencontrés il y a deux heures!

Note that **il y a** can be followed by an expression that does not provide precise information.

- *Quand est-ce que vous vous êtes mariés ?*
- *Oh, **il y a** longtemps !*

EXPRESSING HOW LONG SOMETHING LASTED: PENDANT

Pendant indicates duration. It can be used with any tense, not just the past tenses.

*J' ai travaillé comme interprète **pendant** deux jours / une semaine / trois mois / cinq ans / longtemps.*

*Nous allons parler **pendant** une heure ou deux.*

TALKING ABOUT WHAT WE KNOW: CONNAÎTRE AND SAVOIR

There are two verbs to express "to know" in French. **Connaître** is used when you say you know something such as a language, a place or someone.

- *Vous **connaissez** la théorie du Big Bang ?*
- *Oui, assez bien. Je l' ai étudié à l' école.*

Je (ne) **connais** *(pas) la théorie du Big Bang / la solution / le nom de mon professeur / Paris / ...*

Attention ! Je connais jouer de la guitare.

Savoir is used to express a mental or physical skill.

Gabrielle est une enfant douée, elle ne **sait** *pas encore écrire mais elle* **sait** *déjà lire.*

- ● *Qu'est-ce que* **vous savez** *faire ?*
- ○ **Je sais** *jouer du piano, conduire, faire des crêpes, jouer au tennis, jouer aux échecs, parler anglais, japonais et chinois, chanter, danser le cha cha cha, le tango et la polka.* **Je sais** *tout faire !*

CONNAÎTRE **(connai-connaiss)**
je connai**s**
tu connai**s**
il/elle/on connaî**t**
nous connaiss**ons**
vous connaiss**ez**
ils/elles connaiss**ent**

SAVOIR **(sai-sav)**
je sai**s**
tu sai**s**
il/elle/on sai**t**
nous sav**ons**
vous sav**ez**
ils/elles sav**ent**

EXPRESSING WILL: **VOULOIR**

The verb **vouloir** expresses our intentions and our will.

- ● *Qu'est-ce que* **vous voulez** *faire plus tard ?*
- ○ *Moi,* **je veux** *travailler avec les enfants.* **Je veux** *être institutrice.*
- ■ *Eh bien moi,* **je veux** *être vétérinaire. J'aime beaucoup les animaux.*
- ❑ *Moi, je ne sais pas encore.*

VOULOIR **(veu-voul-veul)**
je veu**x**
tu veu**x**
il/elle/on veu**t**
nous voul**ons**
vous voul**ez**
ils/elles veul**ent**

ÇA COÛTE COMBIEN ?

WHAT YOU HAVE AND DON'T HAVE:
AVOIR UN, UNE, DES ... / NE PAS AVOIR DE

● *Tu as* une voiture ?
○ *Non, j'ai* une moto.

Avoir ou ne pas avoir, telle est la question... !

AVOIR	
J'**ai**	une maison sur la Côte d'Azur.
Tu **as**	un problème.
Il/Elle **a**	des vacances en septembre.
Nous **avons**	des amis français.
Vous **avez**	de l'argent.
Ils/Elles **ont**	du travail.

In the negative form, indefinite articles (**un**, **une**, **des**) and partitive articles (**du, de la, de l'**) are replaced by the preposition **de/d'**.

*Je n' ai pas **de** maison sur la Côte d' Azur.*
*Tu n' as pas **de** problème.*
*Il n' a pas **de** vacances.*
*Nous n' avons pas **d'**amis.*
*Vous n' avez pas **d'**argent.*
*Ils n' ont pas **de** travail.*

EXPRESSING NEED: AVOIR BESOIN DE

J'**ai**		(INFINITIVE)
Tu **as**		prendre des vacances.
Il/Elle/On **a**		aller au supermarché.
Nous **avons**	**besoin de/d'**	(NOUN)
Vous **avez**		aspirine.
Ils/Elles **ont**		un ordinateur portable.

In the negative:

*Je **n'ai pas besoin de/d'** prendre des vacances.*
                                      aspirine.
                                      (un) ordinateur.

CHEZ

The preposition **chez** indicates a place. It is followed by a noun, someone's name, or a stressed pronoun that refers to a person.

● *Tu sors ?*
○ *Je vais **chez le pharmacien**.* (NOUN)

Careful!   *Je vais chez ~~la pharmacie~~.*   *Je vais~~à~~ chez le pharmacien.*

● *Où est Colin ?*
○ *Il est chez Chloé.* (SOMEONE'S NAME)   *Il est ~~à~~ chez Chloé.*

● *Qu'est-ce que tu fais ce week-end ?*
○ *Je reste chez moi.* (STRESSED PRONOUN)   *Je re~~ste à~~ chez moi.*

Chez + stressed pronouns

chez	*moi*
	toi
	lui/elle
	nous
	vous
	eux/elles

For the prepositions **à**, **en**, **à la**, **à l'**, **au**, and **aux**, refer to **Mémento grammatical**, Unité 5.

COUNTING: LES NOMBRES

Note that **un** has a feminine form: **une**.

● *Combien de personnes il y a dans notre classe ?*
○ *Vingt et une personnes.*

un euro	*une livre sterling*
vingt et un étudiants	*vingt et une étudiantes*
soixante et un ans	*soixante et une personnes*

1	un/**e**	61	soixante **et** un/**e**
11	onze	71	soixante **et** onze
21	vingt **et** un/**e**	80	quatre-vingts
31	trente **et** un/**e**	81	quatre-vingt-un/**e**
41	quarante **et** un/**e**	91	quatre-vingt-onze
51	cinquante **et** un/**e**	101	cent un/**e**

ASKING FOR AND TELLING PRICE: COÛTER

(SINGULAR)
● *Combien coûte ce pantalon ?*
○ *Il coûte 89 euros.*

(PLURAL)
● *Combien coûtent ces chaussures ?*
○ *Elles coûtent 210 euros.*

In informal speech, the interrogative word tends to be placed at the end of the question:

*Ce pantalon coûte **combien** ?*
*Ces chaussures coûtent **combien** ?*

If you want to ask for a price without naming the object, you can say:

● *C'est combien ?*   ● *Combien ça coûte ?*
○ *89 euros.*   ○ *210 euros.*

When you are checking out in a store and are ready to pay, you can ask:

● *Combien ça fait ?*
○ *299 euros.*

DEMONSTRATIVE ADJECTIVES AND PRONOUNS

Demonstrative adjectives are used to show or identify objects and persons and are the equivalent of **this** and **these** in English.

Ce pantalon coûte combien ?
Comment s' appelle cette fille ?

MASCULINE SINGULAR	**ce** manteau
	cet anorak, **cet h**omme
	(in front of a masculine noun that starts with a vowel or a silent **h**)
FEMININE SINGULAR	**cette** robe
PLURAL	**ces** chaussures

Demonstrative pronouns enable you to refer to objects and persons without naming them. They are the equivalent of **this one**, **that one**, **these ones**, and **those ones** in English.

● *Quel chapeau tu préfères ?*
○ *Celui-ci.*
● *Et toi ?*
❏ *Moi, celui-là.*

MASCULINE SINGULAR	**celui-ci, celui-là**
FEMININ SINGULAR	**celle-ci, celle-là**
MASCULINE PLURAL	**ceux-ci, ceux-là**
FEMININ PLURAL	**celles-ci, celles-là**

ÇA, CELA

If you don't know what something is called, you can use the neutral pronoun **ça** (which is an abbreviated form of **cela**).

● *Combien ça coûte ?*
○ *30 euros.*

● *Qu'est-ce que vous désirez ?*
○ *Cela.*

Note that **ça** and **cela** cannot be used for people.

● *C'est qui Arnaud ?*
○ *C'est lui.*

EST-CE QUE, QU'EST-CE QUE

Est-ce que is used to ask a question that can be answered by **oui** or **non**.

● *Est-ce que vous voulez un café ?*   ~~*Qu'est-ce que vous voulez un café ?*~~
○ *Oui, volontiers !*
■ *Non merci !*

In front of a vowel, **est-ce que** becomes **est-ce qu'**.

● *Est-ce qu'il y a un bon film à la télé ce soir ?*
○ *Non.*

In informal speech, **est-ce que** is often omitted and a rising intonation is used instead to indicate that a question is being asked.

● *Vous faites du sport ?*
○ *Moi oui, un petit peu.*
■ *Moi non, pas du tout.*

Qu'est-ce que can have many answers as opposed to **est-ce que,** which was limited to **oui** or **non**. It corresponds to **what** in English.

● *Qu'est-ce qu'on achète pour son anniversaire ?*
○ *Je ne sais pas. Un disque ? Un pullover ? Un livre ?*

● *Qu'est-ce que nous apportons samedi ? Une bouteille de vin ? Un gâteau ? Des jus de fruits ?*
○ *Apportez un peu de vin.*

● *Qu'est-ce qu'il mange normalement ?*
○ *Il mange de tout. Ce n'est pas un enfant difficile.*

When talking informally, people often use **quoi** instead of **qu'est-ce que**.

*On achète **quoi** pour son anniversaire ?*
*On apporte **quoi** samedi ?*
*Il mange **quoi** ?*

DIRECT AND INDIRECT OBJECT PRONOUNS: LE, LA, L', LES, AND LUI, LEUR

The direct object pronouns are: **le, la, l',** and **les**. They can refer to things or persons and they are used to avoid redundancy.

● *Vous voyez Cédric aujourd' hui ?*
○ *Oui, nous **le** voyons cet après-midi.*   (MASCULINE SINGULAR)

● *Alors, vous avez vu Cédric ?*
○ *Non, finalement, on ne **l'**a pas vu.*   (MASCULINE SINGULAR IN FRONT OF A VOWEL OR A SILENT **H**)

● *Tu connais Viviane ?*
○ *Oui, je **la** connais bien.*   (FEMININE SINGULAR)

● *Vous écoutez la radio ?*
○ *Oui, je **l'**écoute dans la voiture.*   (FEMININE SINGULAR IN FRONT OF A VOWEL OR A SILENT **H**)

● *Qui achète les boissons ?*
○ *Je **les** achète.*   (PLURAL)

MASCULINE SINGULAR	FEMININE SINGULAR	MASCULINE AND FEMININE SINGULAR IN FRONT OF A VOWEL OR A SILENT **H**	PLURAL
le	la	l'	les

The indirect object pronouns are **lui** and **leur**. They refer to people (and animals, but not objects). They are used when the verb has an indirect structure, i.e. when it is followed by the preposition **à**.

Note that **lui** and **leur** make no distinction between masculine and feminine.

- *Qu'est-ce que vous offrez **à Éric** ?*
- *On **lui** offre un pullover.*   (MASCULINE SINGULAR)
- *Et **à Sylvie** ?*
- *On **lui** offre un parfum.*   (FEMININE SINGULAR)

Leur replaces a masculine or feminine noun in plural.

- *Tu as acheté quelque chose **à tes parents** ?*
- *Oui, je **leur** ai acheté un téléphone portable.*   (MASCULINE PLURAL)

- *Qu'est-ce que tu as dit **à Ingrid et Audrey** ?*
- *Je **leur** ai dit de venir.*   (FEMININE PLURAL)

SINGULAR	PLURAL
lui	leur

Direct and indirect object pronouns are placed in front of the verb of which they are the complement.

- *Il est beau ton pull !*
- *Merci, je **l'**ai acheté hier.*

- *Et ton travail ?*
- *Je peux **le** faire demain.*   ~~Je le peux~~ *faire demain.*

- *Tu as parlé à Marie ?*
- *Je vais **lui** parler ce soir.*   ~~Je lui vais~~ *parler ce soir.*

SALÉ OU SUCRÉ ?

WEIGHTS AND MEASUREMENTS

un kilo de viande	(1 kg)
un demi-kilo de viande*	(1/2 kg)
un kilo et demi de viande*	(1,5 kg)
cent grammes de viande	(100 g)
deux cent cinquante grammes de viande	(250 g)

*In a non-official context, people still often use the expression **une livre de ...**, **trois livres de ...** **La livre**, «a pound», in France is an old measure and is the equivalent of 489.5 grams.

un litre d'eau	(1 l)
un demi-litre d'eau	(1/2 l)
un tiers de litre d'eau	(1/3 l)
un quart de litre de vin	(1/4 l)

une douzaine d'œufs	(= 12)
une demi-douzaine d'œufs	(= 6)

PAS DE, PEU DE, UN PEU DE, BEAUCOUP DE, QUELQUES

Pas, **peu**, **un peu**, and **beaucoup** are adverbs of quantity. When followed by a noun, they are preceded by the preposition **de/d'**.

*Je n' ai **pas de** voiture.*
*Le poisson est un aliment sain qui contient **peu de** graisses.*
*Nous avons **un peu de** temps devant nous.*
*Timothée a **beaucoup d'**amis.*

	*Je n' ai **pas d'**argent.*
€	*J' ai **peu d'**argent.*
€€	*J' ai **un peu d'**argent.*
€€€	*J' ai **beaucoup d'**argent.*

Un peu de cannot be used with something that can be counted.

Nous avons ~~un~~ peu d' amis.

To express a small quantity of something that can be counted, we use **quelques**.

*Nous avons **quelques** amis.*
*J' ai fait **quelques** courses au supermarché.*

PAS ASSEZ DE/D', ASSEZ DE/D', TROP DE/D'

Pas assez de/d', **assez de/d'**, and **trop de/d'** express a subjective point of view. If you use these expressions, you are giving your opinion regarding a quantity that you consider insufficient (**pas assez de/d'**), sufficient (**assez de/d'**), or excessive (**trop de/d'**).

*Il n' y a **pas assez de** sucre dans le café, c'est amer !*
*Dix exercices à faire pour demain ! Le professeur de math nous donne **trop de** devoirs.*

● *Est-ce que tu as **assez de** farine pour faire des crêpes ?*
○ *Oui, j'en ai **assez**.*

EN

The pronoun **en** refers to a quantity that was previously mentioned.

- ● *Vous avez **beaucoup d'amis** à Paris ?*
- ○ *J' **en** ai quelques-uns.*

- ● *Est-ce qu' il y a **une pharmacie** près d' ici ?*
- ○ *Oui, il y **en** a une sur la place de la République.*

- ● *Tu as mis **du poivre** ?*
- ○ *Oui, j' **en** ai mis un peu.*

- ● *Est-ce que tu as déjà mangé **des cuisses de grenouilles** ?*
- ○ *Non, je n' **en** ai jamais mangé.*

- ● ***Combien de sucres** tu mets dans ton café ?*
- ○ *J' **en** mets deux morceaux.*
- ● *Et toi ?*
- ■ *Je n' **en** mets pas.*

THE DIRECT OBJECT PRONOUNS: LE, LA, L', LES

The direct object pronouns **le, la, l'**, and **les** replace a noun that was previously introduced. They are usually placed in front of the conjugated verb, in front of the auxiliary of the conjugated verb or in front of the infinitive that they complement.
(Refer to **Mémento grammatical**, Unité 6.)

- ● *Comment fonctionne **ce truc** ?*
- ○ *Tu **l'**ouvres comme ça et tu **le** mets en marche en appuyant ici.*   (MASCULINE SINGULAR)

- ● *Tu vois **Sonia** aujourd' hui ?*
- ○ *Oui, je **la** vois ce soir.*   (FEMININE SINGULAR)

- ● *Qui fait **les courses** ?*
- ○ *Je peux **les** faire demain.*   (PLURAL)

MASCULINE SINGULAR	FEMININE SINGULAR	MASCULINE AND FEMININE SINGULAR IN FRONT OF A VOWEL OR A SILENT H	PLURAL
le	la	l'	les

Ta chambre est désordonnée, range-la !

Imperative and object pronouns

In the imperative and in a positive structure, object pronouns follow the verb.
Note that a dash is used to link the verb and the pronoun.

- ● *Tu n' as pas lu ce livre ?*
- ○ *Non.*
- ■ *Lis-**le**, c'est passionnant !*

*Lavez une pomme et coupez-**la** en petits morceaux.*
*Mettez les lardons dans une poêle et faites-**les** frire.*

In a negative structure, the object pronoun precedes the verb.

*Ne **le** lis pas!*
*Ne **la** coupez pas!*
*Ne **les** faites pas frire !*

METTRE

The verb **mettre** has many uses. It can be used to talk about what you wear or to say what you put in a recipe.

METTRE (met-mett)
je met**s**
tu met**s**
il/elle met
nous mett**ons**
vous mett**ez**
ils mett**ent**

*Je **mets** une robe pour aller au concert ce soir.*

__Mettez__ du lait dans une casserole et faites-le chauffer !

RELATING A SEQUENCE OF EVENTS: D'ABORD, APRÈS, ENSUITE, PUIS, ENFIN

D'abord, ensuite, puis, après, and **enfin** indicate the various stages in a project (such as a recipe). They are also used to tell a story.

SOUPE À L' OIGNON

__D'abord,__ tu épluches les oignons. __Ensuite,__ tu coupes les oignons en morceaux __puis__ tu les fais revenir dans un peu d' huile. __Après,__ tu ajoutes trois cuillères de farine et un verre de vin blanc. Tu mélanges bien. __Enfin,__ tu verses un demi-litre d'eau bouillante et tu laisses cuire pendant dix minutes.

D'abord, tu coupes les oignons, **ensuite,** tu presses le citron, **puis,** tu rapes le fromage et tu mets du sel dans l'eau bouillante. **Après,** ... **Enfin,** ...

DÉJÀ, ENCORE/TOUJOURS

Déjà indicates that an action has already been completed.

- *J' ai fini.*
- *Déjà ? Tu es rapide !*

- *À quelle heure ouvre la banque ?*
- *Elle est déjà ouverte.*

Déjà is usually placed after the conjugated verb or before the past participle in the passé composé.

Il a seulement trois ans mais il sait déjà lire.

- *Tu déjeunes avec nous ?*
- *Non merci, j' ai déjà déjeuné.*

Encore and **toujours** indicate the permanence of an object, a state, or an action. They are usually placed after the conjugated verb or before the past participle in the passé composé.

- *Il y a encore du café ?*
- *Oui, il en reste un peu.*

Tu es toujours étudiant à ton âge ?

- *Tu travailles encore à l' heure qu' il est ?*
- *Oui, j' ai un travail urgent à finir.*

> J'ai déjà fini !

THE NEGATION: NE ... PLUS

Ne ... plus plus indicates a rupture, a change of state or behavior. **Ne** is placed in front of the conjugated verb or auxiliary, while **plus** is placed after.

- *Il y a encore du coca-cola ?*
- *Non, il n'y en a plus, nous avons tout bu.*

- *Il fume encore ?*
- *Non, il ne fume plus depuis deux mois.*

- *Vous êtes toujours chez Danone ?*
- *Non, je n'y travaille plus.*

In informal oral speech, **ne** is left out.

Je Ø fume plus.

ÊTRE EN TRAIN DE + INFINITIVE

Être en train de + INFINITIVE indicates that an action is unfolding at that very moment.

- *Où sont les enfants ?*
- *Ils sont en train de jouer dans leur chambre.*

Je **suis**		manger
Tu **es**		travailler
Il/Elle/On **est**	**en train de/d'**	étudier
Nous **sommes**		lire
Vous **êtes**		dormir
Ils/Elles **sont**		s'habiller

In the negative:

*Je **ne** suis **pas** en train de m' amuser.*

ÊTRE SUR LE POINT DE, VENIR DE + INFINITIVE

Être sur le point de + INFINITIVE indicates that something is just about to happen.
Venir de + INFINITIVE indicates that something just took place.

● *Vite ! Le train **est sur le point de** partir.*
○ *Trop tard ! Il **vient de** partir.*

VENIR (vien-ven-vienn)	
je **viens**	
tu **viens**	
il/elle/on **vient**	**de** + INFINITIVE
nous **venons**	
vous **venez**	
ils/elles **viennent**	

TALKING ABOUT THE FUTURE: ALLER + INFINITIVE

Aller + INFINITIVE is used to express the future.

● *Qu'est-ce que **tu vas** faire ce week-end ?*
○ ***Je vais** dormir !*

Ce soir,	je **vais**	manger au restaurant.
Demain,	tu **vas**	nager moins longtemps.
La semaine prochaine,	il/elle/on **va**	prendre un jour de congé.
Le mois prochain,	nous **allons**	partir au Canada.
L'année prochaine,	vous **allez**	étudier en France.
Dans deux ans,	ils/elles **vont**	acheter une maison.

It is also possible to express the future simply by using the present tense of the indicative followed by an expression that clarifies when the action will take place.

● *Quand est-ce que **vous partez** ?*
○ *Je pars demain.*

● *Quand est-ce que **vous revenez** ?*
○ *La semaine prochaine.*

SITUATING IN TIME: PERIODS AND DATES

PAST
hier
avant-hier
il y a deux jours
lundi (dernier)
la semaine dernière
le mois dernier
l'été dernier
l'année dernière
le 24 juin

FUTURE
demain
après-demain
dans deux jours
lundi (prochain)
la semaine prochaine
le mois prochain
l'été prochain
l'année prochaine
le 24 juin

- *C'est quel jour aujourd' hui ?*
- *Aujourd' hui,* **nous sommes** *lundi.*
- ***Nous sommes le*** *14 juin 2004.*   ~~le 14 de juin de~~ 2004

- *C'est quand votre anniversaire ?*
- *Le 6 décembre.*

Quand est-ce que tu pars en vacances ? ***Le*** *premier août.*
                                          Ce *soir.*
                                          Mercredi.   ~~Le~~ *mercredi*

If you use the definite article **le** in front of a day of the week, you are expressing something habitual that always happens on that particular day.

- *Vous faites de la natation ?*
- *Oui,* **le** *lundi et* **le** *mercredi.*

(Refer to **Mémento grammatical**, Unité 4.)

MOMENTS OF THE DAY

Here are some expressions referring to specific moments of the day.

	matin
hier	**midi**
demain	**après-midi**
	soir
	dans la nuit

- *Quand est-ce que vous partez ?*
- ***Demain matin.***

If you are referring to today, you will add a demonstrative adjective: **ce, cet,** and **cette**.

ce matin	**ce** soir
ce midi	**cette** nuit
cet après-midi	

- *Quand est-ce qu'elle est partie ?*
- ***Ce matin.***
- *Et quand est-ce qu'elle va rentrer ?*
- ***Cette nuit.***

To express that something is habitual or frequent, we use the definite articles **le** and **la**.

Je travaille **la nuit** *et j' étudie* **le jour**.

(Refer to **Mémento grammatical**, Unité 4.)

TELLING TIME

- *Quelle heure **est-il** ?*
- *○ **Il est** une heure / deux heures.*

une heure (**pile**)	**du matin**	(1:00)
une heure **cinq**	**du matin**	(1:05)
deux heures **et quart**	**de l'après-midi**	(14:15)
neuf heures **et demie**	**du soir**	(21:30)
onze heures **moins le quart**	**du soir**	(22:45)

midi cinq	(12:05)
minuit moins cinq	(23:55)

Note that for public services (transportation, business, administrations, etc.), the 24-hour system is used.

douze heures
seize heures
vingt-quatre heures

To indicate at what time something is taking place, add the preposition **à**.

- *● **À quelle heure** commence le film ?*
- *○**À** 8 heures trente.*

To indicate the hours of opening of a store or any other place (business, administration, etc.), the prepositions **de ... à** or **de ... jusqu'à** are used.

- *● Vous ouvrez à quelle heure?*
- *○ **De** huit heures trente **à** douze heures et **de** quatorze heures trente **jusqu'à** seize heures.*

> If you want to insist that it is exactly 1 or 2... or 7, you can add the word **pile**:
>
> *Il est trois heures **pile** !*
>
> This means that it is neither a minute before nor a minute after.

ASKING QUESTIONS

There are three ways of asking questions.

Rising intonation

In informal oral speech, you can ask a question by simply raising your voice at the end of the sentence:

Vous êtes français ?
Hélène est française ?

Est-ce que

A common way of asking questions is to place **est-ce que** at the beginning of the sentence.

Est-ce que vous êtes français ?
Est-ce qu' Hélène est française ?

The inversion

To ask questions in a more formal way, you should use the inversion: the verb is placed before the subject pronoun and a hyphen is added between the verb and the pronoun.

Avez-vous compris ?
Aimes-tu le funk ?

Êtes-vous français ? (SUBJECT PRONOUN)
Hélène est-elle française ? (NOUN)   ~~Est Hélène française ?~~

Note that in the last example, you have to state the noun first and then invert the verb with the pronoun that corresponds to that noun (**elle** refers back to **Hélène**).

THE INTERROGATIVE WORDS: OÙ, QUAND, COMMENT, COMBIEN, POURQUOI

There are also three ways of asking questions with the interrogative words **où**, **comment**, **quand**, etc.: with a rising intonation, with **est-ce que**, or with the inversion verb-subject pronoun.

Rising intonation

In this case, in informal oral speech, the interrogative words can be placed at the beginning or at the end of the question.

> **Comment** il s' appelle ?
> Il s' appelle **comment** ?

> Tu vas **où** ?
> **Où** tu vas ?

> **Combien** ça coûte ?
> Ça coûte **combien** ?

Est-ce que

You can also combine an interrogative word with **est-ce que**.

> **Où est-ce que** vous êtes né ?

The inversion

If you use an inversion, you will need to add **-t-** between two vowels to ensure a smoother pronunciation.

> Comment s' appelle-**t**-il ?   Pourquoi étudie-**t**-elle autant ?

In all cases, your voice will rise slightly on the last syllable of the question.

> Vous partez **quand** ?   Quand est-ce que vous **partez** ?   Quand partez-**vous** ?

THE INTERROGATIVE WORDS: QUI, QUE/QU'

Qui is the interrogative word that refers to a person. **Qui** *never* becomes **qu'** in front of a vowel.

> ● **Qui** est-ce ?
> ○ C'est Hervé, le frère de Céline.

> ● Avec **qui** est-ce que tu sors ce soir ?
> ○ Avec Tim et Caroline.

When **qui** is the subject of the verb, it cannot be placed at the end of the question.

> **Qui** a téléphoné ?   A téléphoné qui ?

> **Qui** est là ?   Est là qui ?

Que is the interrogative word that refers to a thing. It becomes **qu'** in front of a vowel.

- ● *Qu'est-ce que vous prenez ?*
- ○ *Moi, un café.*
- ■ *Moi, de l'eau minérale.*

- ● *Qu'étudie-t-elle ?*
- ○ *L' arabe.*

THE INTERROGATIVE ADJECTIVES: QUEL, QUELLE, QUELS, QUELLES

Interrogative adjectives agree with the noun that follows:

Quel *âge vous avez ?*	(MASCULINE SINGULAR)
Quelle *est votre formation ?*	(FEMININE SINGULAR)
Quels *sont vos projets ?*	(MASCULINE PLURAL)
Quelles *sont ses propositions ?*	(FEMININE PLURAL)

When the verb is **être,** the question cannot be asked with **est-ce que.**

*Quel **est** votre âge ?*   ~~Quel est-ce que votre âge ?~~
*Quel âge **est-ce que** vous **avez** ?*

*Quelle **est** votre formation ?*   ~~Quelle est-ce que votre formation ?~~
*Quelle formation **est-ce que** vous **avez** ?*

Quel est votre style de musique préférée ?

Le jazz. Et le vôtre ?

ON VIT BIEN ICI !

COMPARING

Comparing a quantity

> Paris : 10 561 573 habitants
> Lyon : 1 597 662 habitants
> Tours : 368 314 habitants
> Valenciennes : 368 279 habitants

Je suis plus belle que Blanche-Neige !

You can compare two quantities to indicate superiority (**plus de**), equality (**autant de**), or inferiority (**moins de**).

> *Paris a **plus d'**habitants **que** Lyon.*
> *Il y a **autant d'** habitants à Tours **qu'à** Valenciennes.*
> *Tours et Valenciennes ont **moins d'**habitants **que** Paris.*

With **plus** and **moins**, you can nuance the comparison by adding **un peu, beaucoup, bien, deux / trois... fois**, etc.

> *Tours et Valenciennes ont **beaucoup moins d'**habitants **que** Paris.*
> *Il y a **un peu moins d'** habitants à Valenciennes **qu'à** Tours.*
> *Il y a **six fois plus d'**habitants à Paris **qu'** à Lyon.*

Comparing a quality

Adjectives are placed between the comparative word and **que**. Superiority is indicated by **plus**, equality by **aussi**, and inferiority by **moins**.

> *Paris est **plus** grand **que** Lyon.*
> *Tours est **aussi** grand **que** Valenciennes.*
> *Lyon est **moins** grand **que** Paris.*

The adjectives **bon** and **mauvais** have irregular forms.

Bon/ne/s/es → **meilleur/e/s/es**

> *La qualité de vie est **meilleure** à Tours qu' à Paris.*

Mauvais/e/es → **pire/s**

> *Les conditions de vie sont **pires** dans une grande ville (**que** dans une petite ville).*

But you will often hear people say:

> *Les conditions de vie sont **plus mauvaises**...*

You can nuance the comparison with **un peu, beaucoup, bien**...

> *Lyon est **beaucoup moins grand que** Paris mais les conditions de vie y sont **bien meilleures**.*

Comparing an action

To compare an action, use **plus, autant**, and **moins**, as with the quantities, but these words will not be followed by the preposition **de**.

> *Dans une grande ville, on (ne) travaille (pas)*   ***plus***
> ***autant que** dans une petite ville.*
> ***moins***

Plus, autant and **moins** are placed after the verb.

*Dans une grande ville on sort **plus que** dans une petite ville.*

Dans une grande ville ~~on plus sort~~ ...

LE MÊME, LA MÊME, LES MÊMES

Le même, la même, les mêmes express sameness. They agree in gender and number with the noun.

	MASCULINE SINGULAR	FEMININE SINGULAR	PLURAL
Cannes et Nice ont	**le même** climat.	**la même** histoire.	**les mêmes** ressources économiques.

THE SUPERLATIVE

Superlative forms express the unique quality of objects and beings.

*Paris est **la plus** grande ville de France.*
*Paris est la ville **la plus** grande de France.*

MASCULINE SINGULAR	FEMININE SINGULAR	PLURAL
le plus, le moins	la plus, la moins	les plus, les moins

The adjective **bon** becomes **le meilleur, la meilleure, les meilleurs, les meilleures**.
The adjective **mauvais** becomes **le pire, la pire, les pires**.

*Gérard Depardieu est **le meilleur** acteur français de sa génération.*
*Christine et Aïcha sont **les meilleures** amies de Sophie.*
*C'est **le pire*** film de l' année !*

* People often say: **le plus mauvais, la plus mauvaise** et **les plus mauvais(es)**.

*C'est **le plus mauvais** film de l' année !*

Miroir, miroir, qui est la plus belle ?

THE RELATIVE PRONOUN OÙ

The relative pronoun **où** allows you to incorporate additional information about a place.

*Bruxelles est une ville **où** il pleut beaucoup.* (= Bruxelles a un climat pluvieux)

*J' habite dans un quartier **où** il y a beaucoup de commerces.*
(= J'habite dans un quartier très commercial)

LOCATING IN SPACE: Y

Y is a pronoun that refers to a place that was already mentioned. It allows you not to be redundant.

- *Vous habitez à Lyon ?*
- *Non, j' **y** travaille, je n' **y** habite pas. (à Lyon)*

- *C'est joli Strasbourg ?*
- *Je ne sais pas, je n' **y** suis jamais allé ! (à Strasbourg)*

EXPRESSING AND CONTRASTING OPINIONS

To express your opinion, you can use various expressions such as:

À mon avis	OPINION
Pour moi	*il faut construire un parking au centre ville.*
Je pense que/qu'	

When other people express their opinion, one can show agreement or disagreement in the following way:

Je (ne) suis (pas) d'accord avec	*ce que dit Marcos.*
	toi/lui/elle/vous/eux/elles.
	cela (ça).

Oui, vous avez raison.
Oui, tu as raison.

Oui, bien sûr, mais	OPINION
C'est vrai, mais	*il faut aussi construire...*
Bon, mais	

To sum up and highlight what was just said, we use **ça**.

	c'est une bonne idée !
Ça,	*ce n'est pas vrai !*
	c'est bien !

Ça ~~est une bonne~~ idée !   *~~Ça est bien~~ !*

To establish priorities:

			INFINITIVE
	urgent	**c'est de**	*résoudre le problème des transports.*
Le plus	**important**		NOUNS
	grave	**c'est**	*le manque de transports publics.*
		ce sont	*les transports.*

	nécessaire de	
C'est	**fondamental de**	INFINITIVE
	essentiel de	*résoudre le problème des transports.*
	indispensable de	

CHERCHE COLOCATAIRE

TALKING ABOUT OUR TASTES AND OUR HABITS: THE PRESENT TENSE

The present of the indicative is used to speak about our tastes and habits.

j'aime	la musique brésilienne / ces robes / ... (NOUN)
j'adore	cuisiner / danser ... (INFINITIVE)
je déteste	

The verb **plaire** can be used to express what we like. The structure of this verb is different because the object is stated first. It is the equivalent of saying that something pleases you.

la musique brésilienne / cette robe / ... (NOUN)	me te lui **plaît** nous vous leur
cuisiner / danser ... (INFINITIVE)	

When you want to say that you do not like something, you can use verbs such as **déranger, irriter, gêner, ne pas supporter**.

Je (ne) supporte (pas)	le désordre / la musique techno / ... (NOUN)

SINGULAR NOUN Le bruit / la fumée de cigarette / ...	(ne) me plaî**t** (pas).
	(ne) me dérang**e** (pas).
	(ne) m'irrit**e** (pas).
	(ne) me gên**e** (pas).
PLURAL NOUN Les enfants / les chats / ...	(ne) me plais**ent** (pas).
	(ne) me dérang**ent** (pas).
	(ne) m'irrit**ent** (pas).
	(ne) me gên**ent** (pas).

> Note that **plaire** is followed by the preposition **à**, which means that it has an indirect construction. Therefore, indirect object pronouns such as **lui** and **leur** are used with **plaire**. On the other hand, **déranger, irriter**, and **gêner** have direct constructions (they are not followed by the preposition **à**) and they will take direct object pronouns such as **le, la**, or **les**.
>
> *Cette musique **lui plaît**.*
> *Cette musique **le dérange**.*

All verbs in the present tense do not have the same endings:

-**er** verbs such as **aimer**: -**e**/-**es**/-**e**/-**ons**/-**ez**/-**ent**
-**re** verbs such as **prendre**: -**s**/-**s**/-**Ø**/-**ons**/-**ez**/-**ent**
Other verbs: -**s**/-**s**/-**t**/-**ons**/-**ez**/-**ent**

Certain verbs only have one stem or phonetic basis for all persons.

AIMER
j'**aim**	-e	[ø]
tu **aim**	-es	[ø]
il/elle **aim**	-e	[ø]
nous **aim**	-ons	[ɔ̃]
vous **aim**	-ez	[e]
ils/elles **aim**	-ent	[ø]

Some verbs have two or three stems or phonetic bases.

> Elle m'aime: un peu, beaucoup, passionnément, à la folie, pas du tout ...

Verbs with two phonetic bases have the same stem for **je, tu, il/elle/on** et **ils/elles**, and another one for **nous** and **vous**.

PRÉFÉRER (préfèr-préfér)	
je **préfèr**e	
tu **préfèr**es	
il/elle/on **préfèr**e	
	nous **préfér**ons
	vous **préfér**ez
ils/elles **préfèr**ent	

Some verbs have two stems: one singular stem and one plural stem.

DORMIR (dor-dorm)	
je **dor**s	
tu **dor**s	
il/elle/on **dor**t	
	nous **dorm**ons
	vous **dorm**ez
	ils/elles **dorm**ent

Some verbs have three stems: one stem for the singular persons, one stem for **nous** and **vous**, and one stem for **ils/elles**.

BOIRE (boi-buv-boiv)		
je **boi**s		
tu **boi**s		
il/elle/on **boi**t		
	nous **buv**ons	
	vous **buv**ez	
		ils/elles **boiv**ent

In the present tense, some verbs very frequently used have very irregular conjugations that look quite different from their infinitive form. This is the case with **être, avoir,** and **faire**.

ÊTRE	AVOIR	FAIRE
je **suis**	j'**ai**	je **fais**
tu **es**	tu **as**	tu **fais**
il/elle/on **est**	il/elle/on **a**	il/elle/on **fait**
nous **sommes**	nous **avons**	nous **faisons**
vous **êtes**	vous **avez**	vous **faites**
ils/elles **sont**	ils/elles **ont**	ils/elles **font**

AVOIR L'AIR

The expression **avoir l'air** followed by an adjective expresses the idea of "looking" or "seeming".

● *Quelle impression vous fait Nathalie Reine ?*
○ *Elle **a l'air** sympathique.*

Regarding the agreement of the adjective that follows the expression **avoir l'air**, a distinction needs to be made between visual and non-visual cases. When the statement is based on a visual clue (aspect, resemblance, physiognomy), the adjective agrees with the noun **air**, which is masculine singular.

*Tu as vu ses cernes ? Elle **a l'air** très fatigu**é** !*

But when the statement is based on non-visual clues, or when the expression has the meaning of "must be", the adjective agrees with the subject.

● *Comment tu trouves ta nouvelle collègue ?*
○ *Eh bien, elle est très sympa, mais elle a l' air un peu désordonn**ée**.*
● *Ah oui ? Pourquoi tu dis ça ?*
○ *Elle perd tout.*

Note that nowadays, the tendency is to always agree the adjective with the subject.

Oh là là ! Elle n'a pas l'air drôle, la prof !

j'**ai l'air**	fatigué/e
tu **as l'air**	satisfait/e
il/elle/on **a l'air**	content/e
nous **avons l'air**	surpris/es
vous **avez l'air**	sympathique/s
ils/elles **ont l'air**	sérieux/ses

PLUTÔT

Plutôt indicates a choice between two different qualities.

● *Il est petit ton appartement ?*
○ *Non, il est **plutôt** grand. Il fait 100 m² et il y a un grand balcon.*

Plutôt also allows you to nuance a statement and not be too categorical.

● *Il est comment le nouveau prof d' informatique ?*
○ *Il a l' air sympa.*
■ *Je ne suis pas d' accord ! Il est **plutôt** bizarre !*

TELLEMENT, SI

Tellement and **si** are placed before an adverb or an adjective and express intensity. (For the various degrees of intensity, refer to **Mémento grammatical**, Unité 2, page 187.)

● *Tu aimes Brad Pitt ?*
○ *Oui, j' adore. Il joue **si** bien et il est **tellement** beau !*

Tellement and **si** are interchangeable.

*Il joue **tellement** bien et il est **si** beau !*

SITUATING SOMETHING IN SPACE AND GUIDING SOMEONE

To locate an object or a place vis-à-vis another, you can use the following prepositions:
à droite de, à gauche de, à côté de, en face de, devant, derrière, en haut de, en bas de, au bout de, au-dessus de, au-dessous de.

- *Pardon Monsieur, pourriez-vous me dire où se trouve la poste ?*
- *Oui, elle est **en face de** l' église.*
- *Et où est l' église, s' il vous plaît ?*
- *Derrière l' hôtel de ville.*

Devant and **derrière** are not followed by the preposition **de.**

Derrière ~~de~~ l' hôtel de ville.
Devant ~~de~~ la piscine municipale.

If the preposition **de** is followed by **le** or **les,** changes occur in this manner: **de + le** become **du,** and **de + les** become **des.**

- *Où est-ce que tu habites ?*
- *En face **du** cinéma Le Rex.*   ○ *En fa~~ce de le cinéma.~~*

- *Où sont les toilettes, s' il vous plaît ?*
- *En bas **des** escaliers.*   ○ *En b~~as de les~~ escaliers.*

À droite, à gauche, tout droit are used to orient someone. **Jusqu'à** indicates a limit or a point of arrival.

- *Pardon Monsieur, pour aller à la poste ?*
- *Allez **tout droit jusqu'à** la boulangerie puis tournez **à droite.***

When **jusqu'à** is followed by **le** or **les,** the following changes occur:
jusqu'à + le becomes **jusqu'au,** et **jusqu'à + les** becomes **jusqu'aux.**

*Allez jusqu' **au** carrefour et tournez à droite.*

*J' ai marché jusqu' **aux** galeries commerciales puis j' ai pris le métro.*

With a country or region that is feminine singular, **jusqu'à** becomes **jusqu'en.**

*Les Vikings sont arrivés **jusqu'en** Amérique au VIIᵉ siècle.*

L'IMPÉRATIF

The imperative is a mood that is used to express commands and to give advice. It is therefore often used to give directions to someone.

- *Pardon Monsieur, pour aller à la poste ?*
- *Allez tout droit jusqu' à la boulangerie puis **tournez** à droite.*

- *Comment on va chez toi ?*
- *C' est facile, **prends** le métro jusqu' à la Porte de Clignancourt et quand tu arrives, **passe-moi** un coup de fil.*

The imperative has only three forms and does not use subject pronouns. To form the imperative, start from the present tense conjugations.

Prends !	Ne prends pas !	Va !*	Ne va pas !	Tourne !*	Ne tourne pas !
Prenons !	Ne prenons pas !	Allons !	N'allons pas !	Tournons !	Ne tournons pas !
Prenez !	Ne prenez pas !	Allez !	N'allez pas !	Tournez !	Ne tournez pas !

* Note that the **-s** of the **tu** form disappears with **-er** verbs.

Pronominal verbs used in positive structures in the imperative are followed by stressed pronouns (**toi, nous, vous**).

SE LEVER	Lève-**toi** !	Ne te lève pas !
S'AMUSER	Amusez-**vous** !	Ne vous amusez pas !

The verbs **être** and **avoir** have irregular forms in the imperative.

ÊTRE	**Sois** sage !	**Soyons** prêts !	**Soyez** aimables !
AVOIR	N'**aie** pas peur !	N'**ayons** pas peur !	**Ayez** l'air aimable !

EXPRESSING WISHES: THE CONDITIONAL

The conditional is a virtual mood, which means that the action is considered possible or hypothetical. It is therefore used to express desires and wishes.

- ● *Quelle personne célèbre est-ce que **tu aimerais** rencontrer ?*
- ○ *Moi, **j'aimerais** bien rencontrer la reine d' Angleterre !*
- ● *Tu plaisantes ?*
- ○ *Oui, bien sûr ! C' est absolument impossible !*

The conditional is also used to ask for something politely or to express something with caution.

*Est-ce que **tu pourrais** me prêter ta voiture ce week-end ?*

- ● *Je me sens très fatigué ces derniers temps !*
- ○ ***Tu devrais** prendre un peu de vacances et oublier le travail.*

Quelle horreur ! Et elle voudrait être chanteuse ...

AIMER			
j'aimer**ais**	[ɛ]	nous aimer**ions**	[iõ]
tu aimer**ais**	[ɛ]	vous aimer**iez**	[ie]
il/elle aimer**ait**	[ɛ]	ils/elles aimer**aient**	[ɛ]

Note that **ai** may be pronounced as [e] or [ɛ], with variations related to certain words and local accents.

REGULAR VERBS		
rencontrer	**rencontrer-**	-ais
inviter	**inviter-**	-ais
sortir	**sortir-**	-ait
préférer	**préférer-**	-ions
écrire	**écrir-**	-iez
prendre	**prendr-**	-aient

IRREGULAR VERBS		
être	ser-	
avoir	aur-	
faire	fer-	
savoir	saur-	-ais
aller	ir-	-ais
pouvoir	pourr-	-ait
devoir	devr-	-ions
voir	verr-	-iez
vouloir	voudr-	-aient
venir	viendr-	
valoir	vaudr-	

ASKING QUESTIONS

There are three ways of asking questions.

In informal oral speech, questions can be asked by using a **rising intonation** without altering the structure of the sentence.

> *Vous êtes français ?*
> *Hélène est française ?*

Questions can be asked by adding **est-ce que** at the beginning of the sentence.

> ***Est-ce que*** *vous êtes français ?*
> ***Est-ce qu'****Hélène est française ?*

In a more formal way, questions are asked by **inverting the verb** and the **subject pronoun**.

> ***Êtes-vous*** *français ?*
> *Hélène* ***est-elle*** *française ?*

With the inversion, a hyphen links the verb and the pronoun.

> *Avez-vous déjà vécu en colocation ?*
> *Aimes-tu le hip-hop ?*

THE INTERROGATIVE WORDS: OÙ, QUAND, COMMENT, COMBIEN, POURQUOI

Usually, the intonation will rise slightly on the last syllable of a question.

> *Vous partez quand ?*   *Quand est-ce que vous partez ?*   *Quand partez-vous ?*

In informal oral speech, interrogative words are often placed at the end of the question.

> ***Comment*** *il s' appelle ?*   *Il s' appelle* ***comment*** *?*
> ***Où*** *tu vas ?*   *Tu vas* ***où*** *?*
> ***Combien*** *coûte le loyer ?*   *Le loyer coûte* ***combien*** *?*

When the question is formulated using an inversion, a **-t-** is added between two vowels to ease up pronunciation.

*Comment s' appelle-**t**-il ?*   *Pourquoi étudie-**t**-elle autant ?*

Mais vous allez où ?

THE INTERROGATIVE WORDS: QUI, QUE/QU'

The interrogative word **qui** refers to a person and never becomes **qu'** in front of a vowel.

- *Qui est-ce ?*
○ *C' est Hervé, le frère de Céline.*

- *Avec **qui** est-ce que tu sors ce soir ?*
○ *Avec Tim et Caroline.*

When the interrogative word **qui** is also the subject of the verb, it cannot be placed at the end of the question.

Qui a téléphoné ?
Qui est là ?

The interrogative word **que** refers to a thing and becomes **qu'** in front of a vowel.

- *Qu'est-ce que vous prenez ?*
○ *Moi, un café.*
■ *Moi, de l' eau minérale.*

- *Qu'étudie-t-elle ?*
○ *L' arabe.*

THE INTERROGATIVE ADJECTIVES: QUEL, QUELLE, QUELS, QUELLES

Interrogative adjectives agree with the noun they refer to.

MASCULINE SINGULAR	**Quel** âge avez-vous ?
FEMININE SINGULAR	**Quelle** est votre formation ?
MASCULINE PLURAL	**Quels** sont vos projets ?
FEMININE PLURAL	**Quelles** sont ses propositions ?

When **être** is the verb, the question cannot be formulated with **quel/le/s/les + est-ce que.**

Quel est votre âge ?
Quel âge est-ce que vous avez ?

Quelle est votre formation ?
Quelle formation est-ce que vous avez ?

SI ON ALLAIT AU THÉÂTRE ?

TALKING ABOUT A SHOW OR A FILM

You can talk about a show, praise it, or criticize it in various ways.

C'était + (très) ADJECTIVE

- ● *Ce film, **c'était nul** !*
- ○ *Mais non ! **C'était génial** !*

*Ce spectacle de danse, **c'était très** original, tu ne trouves pas ?*

If you want to insist, you can repeat several times **très** or you can use **vraiment**.

- ● *Ce concert de musique, c' était **vraiment** génial !*
- ○ *Ah, oui ? Tu trouves ?*
- ● *Oui, vraiment **très très** chouette.*

You could also say:

*C' était **très bien** hier en discothèque !*

To give a more moderate opinion, you can say:

*C' était **pas mal**.*   *J' ai **bien aimé**.*

Il y avait plein de + NOUN

When you are describing events, you can use the expression **plein de** instead of **beaucoup de**.

- ● *Tu as vu ? Il y avait **plein de** monde au Festival de la Publicité !*
- ○ *Ouais, il y avait **plein de** gens sympas.*

HOW TO PROPOSE OR SUGGEST TO DO SOMETHING

There are several structures that can be used to ask someone whether they want to do something.

Ça me/te/lui/nous/vous/leur dit de/d' + INFINITIVE

- ● ***Ça te dit d'aller** prendre un verre ?*
- ○ *Oui, d' accord, à six heures au Ricot ?*

Ça **me** dit d'aller en boîte.
Ça **te** dit d'aller au ciné ?
Ça **lui** dit d'aller manger une pizza.
Ça **nous** dit de regarder la télé.
Ça **vous** dit de faire du ski ?
Ça **leur** dit de visiter un musée.

A more subtle and delicate way of asking would be to use the conditional.

> *Ça te dirait de venir chez moi demain ?*

Si on + IMPARFAIT ?

To encourage someone to do something, you can use the following expression:

- ● *Et si on allait au cinéma ce soir ?*
- ○ *Oui, d'accord, à quelle heure ?*

> *Si on faisait des crêpes ?*

> *Si on organisait une fête ?*

The **on** really means «**nous**», but it is still conjugated like the third person singular.

Avoir envie de + INFINITIVE / NOUN

This structure expresses the desire to do something or to get something.

- ● *Tu as envie de danser ?*
- ○ *Oui, allons en boîte !*

- ● *J'ai envie d'une glace au chocolat, et toi ?*
- ○ *Moi, j'ai envie d'un bon café au lait.*

HOW TO ACCEPT OR REFUSE AN INVITATION

You can accept an invitation without committing entirely.

- ● *On va au cinéma ce soir ?*
- ○ *D'accord, pourquoi pas ?*

To refuse an invitation, you can say:

> *Désolé, je ne peux pas, je ne suis pas libre.*

You can provide an explanation:

> *Désolé, je ne peux pas, je ne suis pas libre, je dois aller dîner chez...*

MAKING APPOINTMENTS

If you are making an appointment at the doctor's or at the dentist's, you will use the expression **prendre rendez-vous**.

> *J'ai pris rendez-vous chez le dentiste mardi prochain à 17 heures.*

If you initiated a meeting with someone, alone or with someone else, you would say **donner / se donner rendez-vous**.

> *J'ai donné rendez-vous à Martin devant le cinéma Rodin.*
> *On s'est donné rendez-vous chez lui à 8 heures.*

If you use the expression **avoir rendez-vous**, you are not necessarily the one who initiated the meeting.

> **J'ai rendez-vous** avec Nadia, elle m' a téléphoné hier au soir, on se voit demain.

For other appointments, such as a haircut, you will also use **avoir rendez-vous**.

> **J'ai rendez-vous** chez le coiffeur la semaine prochaine.

MOMENTS OF THE DAY

The day is divided into three parts: **le matin, l'après-midi**, and **le soir**.

> **Samedi matin,** on joue au basket et **samedi après-midi,** on va au festival de ciné.

The expressions **matinée** and **soirée** insist on the temporal space, on duration.
The same difference of focus exists between the words **jour** and **journée, an** and **année**.

> J' ai passé **la matinée** à faire le ménage. (J' ai fait la lessive, puis j' ai nettoyé les vitres, et enfin, j' ai repassé.)

INDICATING A PLACE

To indicate a city, use the preposition **à**.

> Je vais **à** Berlin.

To say you are going downtown:

> Nous allons **au / dans le** centre-ville.

To indicate a certain neighborhood, use the word **quartier**.

> J' habite **dans le quartier** universitaire.

If something is not far, you will say **pas loin de**.

> Le cinéma (n')est **pas loin du** métro Saint Michel.

If something is close, you will say **près de**.

> La bibliothèque est **près de** chez moi.

To say that something is very close, you will add **tout**.

> La bibliothèque est **tout près de** chez moi.

To express the idea of "next to," you will say: **à côté de.** To insist that it is right next to something, you will add **juste**.

> Je travaille **juste à côté de** la Tour Eiffel.

If something is across and facing, use **en face de**.
If it is in front: **devant**.
If it is behind: **derrière**.
If it is at the corner of something: **au coin de**.

Street is **rue,** and if you want to indicate that something is located on a certain street, you would say:

> Le restaurant **est dans la rue** St Martin,   or simply   Le restaurant **est rue** St Martin.

If you indicate a street number, you will add **au**.

> J' habite **au 3,** rue Victor Hugo.

C'EST PAS MOI !

THE IMPARFAIT

The imparfait locates an action in the past without indicating the beginning or the end of the action. It is used to talk about our habits in the past, to describe people, things, actions in progress in the past, or to describe circumstances surrounding an event.
To form the imparfait, you need to start with the **nous** form of the present tense of the verb.

PRESENT	IMPARFAIT	
nous **dorm**ons	je dorm**ais**	[ɛ]
	tu dorm**ais**	[ɛ]
	il/elle/on dorm**ait**	[ɛ]
	nous dorm**ions**	[iɔ̃]
	vous dorm**iez**	[ie]
	ils/elles dorm**aient**	[ɛ]

La mode ce n'est plus ce que c'était.

The verb **être** is an exception and needs to be memorized.

ÊTRE	
j'ét**ais**	nous ét**ions**
tu ét**ais**	vous ét**iez**
il/elle/on ét**ait**	ils/elles ét**aient**

Uses

used to

The imparfait is used to describe things that would take place regularly in the past.

took

PRESENT	IMPARFAIT
Tous les matins, **elle se lève** à 6 heures.	À cette époque-là, **elle se levait** tous les matins à 6 heures.
À notre époque, les gens **travaillent** seulement 8 heures par jour.	Autrefois, les gens **travaillaient** 14 heures par jour.

It is also used to describe an action that was in progress in the past.

interruption was happening

- *Que **faisiez**-vous hier à 17 heures ?*
- *Moi, je **regardais** la télévision.*
- *Moi, je **prenais** un café avec un copain.*

In this case, you could also say:

*J' **étais en train** de regarder la télévision.*
*J' **étais en train** de prendre un café avec un copain.*

The imparfait is used to describe things or people in the past.

- *Comment **était**-il ? Vous pouvez le décrire ?*
- *Il **était** grand. Il **portait** une veste marron et un pantalon noir.*

- *Décrivez-moi ce que vous avez vu.*
- *Et bien, **c'était** une sorte de sphère, très lumineuse. Il y **avait** une petite porte...*

Finally, the imparfait is used to give background information.

> J' **étais** fatigué alors je me suis couché tôt.
> De la fumée **sortait** du moteur alors je me suis arrêté.
> Je ne suis pas venu en cours parce que j' **étais** malade.

THE PASSÉ COMPOSÉ

The passé composé is used to relate an event that is over, either a single completed action or a series of events.

> Lundi 5 juillet, deux hommes **ont attaqué** la superette de la rue des Rosiers. Ils **ont menacé** les clients et le personnel avec des armes à feu et ils **ont emporté** l' argent de la caisse. La police les **a arrêtés** le lendemain matin.

How to form the passé composé

The passé composé is composed of an auxiliary (**avoir** or **être**) conjugated in the present of the indicative, and the past participle (**participe passé**) of the verb. Most verbs are conjugated with the auxiliary **avoir**.

> ● Qu' est-ce que vous **avez fait** samedi ?
> ○ Moi, j' **ai étudié** toute la journée.
> ■ Moi, j' **ai fait** les courses et le ménage.
> ❑ Moi, je **suis allé** au cinéma.

ÉTUDIER		ALLER	
j'**ai** tu **as** il/elle/on **a** nous **avons** vous **avez** ils/elles **ont**	étudié	je **suis** tu **es** il/elle/on **est** nous **sommes** vous **êtes** ils/elles **sont**	allé/e/s/es

Verbs expressing the transformation of a person from one state to another, or from one place to another, use the auxiliary **être**. Pronominal verbs also use the auxiliary **être**.

> Je **me suis réveillée** très tôt ce matin.
> Ils **se sont mariés** à Amsterdam.

SE RÉVEILLER	
je **me suis** tu **t'es** il/elle/on **s'est** nous **nous sommes** vous **vous êtes** ils/elles **se sont**	réveillé/e/s/es

Finally, the auxiliary **être** is used for intransitive verbs, i.e. verbs that cannot be followed by a direct object. Some of these verbs are: **naître, mourir, venir, devenir, revenir, apparaître, arriver, partir, entrer, aller, rester, tomber, demeurer...**

> ● Tu **es** finalement **parti** en vacances ?
> ○ Non, je **suis resté** tranquillement chez moi.

Note that certain verbs, those that are intransitive and that indicate movement, may be conjugated with **avoir**.

*J' **ai couru** toute la journée !*　　　　*Je ~~suis~~ couru toute la journée !*
*Nous **avons** beaucoup voyagé l' été dernier.*　*Nous ~~sommes~~ beaucoup voyagé.*
*Ils **ont marché** pendant des heures.*　　　*Ils ~~sont~~ marchés pendant des heures.*

Also, some verbs can be used with **être** or with **avoir** depending on their structure, which can sometimes be transitive and at other times intransitive. These verbs are **monter, descendre, sortir, passer, retourner, rentrer.**

In their intransitive use, they use the auxiliary **être**.

*L' ascenseur ne marche pas, je **suis monté** à pied.*
*Samedi soir, je **suis sorti** avec mes amis.*

In their transitive use, they use the auxiliary **avoir**.

*Xavier est vraiment en forme, il **a monté les escaliers** en courant.*

● *Est-ce que tu **as sorti** le chien ?*
○ *Oui, je **l'ai sorti** il y a une demi-heure.*

Negative structures

In the negative, the particles **ne** and **pas** go around the auxiliary.

*Je **ne** me suis **pas** réveillé ce matin. Mon réveil **n'** a **pas** sonné.*
*C' est un film horrible, nous **ne** sommes **pas** restés jusqu' à la fin.*

Note that when talking, many people leave out the **ne**.

● *Vous êtes sortis hier ?*
○ *Non, on est **pas** sorti.*

PAST PARTICIPLES

In writing, there are eight different endings for past participles, but only five of them are distinguished orally.

-é	[e]	Lulu et moi, on s'est **rencontré** à Londres.
-i	[i]	Je n'ai pas **fini** mon travail.
-it	[i]	Julien a **conduit** toute la nuit.
-is	[i]	Ils ont **pris** le train de nuit.
-ert	[er]	Mes amis m'ont **offert** un super cadeau.
-u	[y]	Vous avez **lu** le dernier roman de Nothomb ?
-eint	[ɛ̃]	Qui a **peint** la Joconde ?
-aint	[ɛ̃]	Un client s'est **plaint** au directeur de la revue.

Careful! Make sure to differentiate between the present and the passé composé.

je [ə] *finis /* *j' **ai** [e] *fini*　　*je* [ə] *fais /* *j' **ai** [ɛ] *fait*　　*je* [ə] *dis /* *j' **ai** [e] *dit*

Agreement

When a verb is conjugated with the auxiliary **être**, the past participle usually agrees with the subject.

*Alain est **rentré** cette nuit à une heure du matin.*	(MASCULINE SINGULAR)
*Elle est **rentrée** à 8 heures chez elle hier soir.*	(FEMININE SINGULAR)
*René et Thierry sont **rentrés** à 11 heures du soir.*	(MASCULINE PLURAL)
*Estelle et Julie sont **rentrées** à 10 heures du soir.*	(FEMININE PLURAL)

When a verb is conjugated with the auxiliary **avoir**, the past participle does not agree with the subject except when the direct object is placed ahead of the verb, in which case the past participle agrees with that direct object.

● *Tu as sorti le chien ?*
○ *Oui, je **l'** ai **sorti** il y a une demi-heure.*　　　(MASCULINE SINGULAR)

● *Elle est jolie cette chemise !*
○ *Oui, c' est **une chemise** en soie que j' ai **achetée** en Chine.*　　(FEMININE SINGULAR)

● *Et les malfaiteurs ?*
○ *Ce matin, la police **les** a **arrêtés**.*　　　(MASCULINE PLURAL)

● *Est-ce que tu as vu Hélène et sa sœur ?*
○ *Non, je ne **les** ai pas **vues**.*　　　(FEMININE PLURAL)

Where to place adverbs

Adverbs are usually placed after the conjugated verb. Therefore, in the passé composé, adverbs are placed after the auxiliary.

Il (n') **a** (pas)	encore beaucoup trop assez bien mal	travaillé dormi bu

LOCATING IN TIME

Hier, **Hier matin,** **Hier après-midi,** **Hier soir,** **Avant-hier,**	je suis allé au cinéma.

To make it clear that you are referring to a moment of the day that is unfolding, you need to use demonstrative adjectives (**ce, cet,** and **cette**).

ce matin
ce midi
cet après-midi
ce soir
cette nuit

● *Quand est-ce qu' elle est partie ?*
○ **Ce matin.**
● *Et quand est-ce qu' elle va rentrer ?*
○ **Cette nuit.**

Dimanche / lundi / mardi / mercredi… *j' ai joué au football.*

To indicate the hour at which something takes place or took place, you should use the preposition **à.**

● *À quelle heure commence le film ?*
○ **À** *dix heures trente.*

Approximate time

● *À quelle heure est-ce que vous êtes sorti hier soir ?*
○ **Vers** *19 heures.*
  À 20 heures **environ.**

● *Et quand êtes-vous rentrée ?*
○ *Il* **était environ** *minuit.*
  Il **devait être** *23 heures trente.*

SUCCESSION OF EVENTS: D'ABORD, APRÈS, ENSUITE, PUIS…

Words such as **d'abord**, **ensuite**, **puis**, **après**, and, **enfin** indicate a succession of events in a story.

D'abord, *j' ai pris mon petit déjeuner.*
Ensuite, *je me suis douché.*
Puis, *je me suis habillé.*
Après, *je suis sorti.*
Et puis, *j' ai pris l' autobus.*
Enfin, *je suis arrivé au travail.*

Avant de parler, il faut tourner sept fois sa langue dans sa bouche.

What happened before

Avant can be followed by a noun or by a verb in the infinitive, in which case you need to use the preposition **de**.

    + NOUN
Avant *les examens, j' étais très nerveux.*

    + INFINITIVE
Avant de *me coucher, je me suis douché.*

What happened afterwards

Après can also be followed by a noun. If it is followed by a verb, the verb is in the past infinitive.

    + NOUN
Après *le déjeuner, ils ont joué aux cartes.*

    + PAST INFINITIVE
Après avoir déjeuné, *ils ont joué aux cartes.*

The past infinitive is composed of the auxiliary **être** or **avoir** and the past participle of the verb.

J' ai décidé de devenir médecin **après avoir vu** *le film « Johnny s' en va-t-en guerre » de Dalton Trumbo.*

Après être montés *jusqu'au sommet du Mont-Blanc, à 4 807 mètres d' altitude, ils sont redescendus jusqu'à Chamonix.*

REMEMBERING: SE RAPPELER, SE SOUVENIR

Se rappeler and **se souvenir** both mean "to remember."

- *Tu crois qu' elle a oublié notre rendez-vous ?*
- ○ *Impossible, elle a une mémoire incroyable, elle **se rappelle**/**se souvient** toujours de tout.*

Se rappeler has two stems or phonetic bases (**rappell-rappel**). In front of **a silent e** the consonant **l** is doubled.

SE RAPELLER (**rappell-rappel**)			
je me rappel**le**	[ø]		
tu te rappel**les**	[ø]		
il/elle/on se rappel**le**	[ø]		
		nous nous rappel**ons**	[ɔ̃]
		vous vous rappel**ez**	[e]
ils/elles se rappel**lent**	[ø]		

Se souvenir has three stems or phonetic bases (**souvien-souven-souvienn**): one for the first three singular persons, another one for **nous** and **vous,** and a last one for **ils/elles.**

SE SOUVENIR (**souvien-souven-souvienn**)		
je me **souvien**s		
tu te **souvien**s		
il/elle/on se **souvien**t		
	nous nous **souven**ons	
	vous vous **souven**ez	
		ils/elles se **souvienn**ent

Se rappeler has a direct structure whereas **se souvenir,** if followed by an object, will be accompanied by the preposition **de.**

*Tu te **rappelles** notre ancien professeur de mathématiques ?*
*Tu te **souviens de** notre ancien professeur de mathématiques ?*

ÇA SERT À TOUT !

WHAT THINGS ARE MADE OF

To indicate what an object is made of, we use the preposition **en**.

● *C' est **en** quoi ?*
○ *C' est **en** plastique.*

un sac **en**   **papier**
                tissu
                cuir
                plastique

une boîte **en**   **carton**
                   bois
                   porcelaine
                   fer
                   verre

SIZE, SHAPE, AND FEATURES

To describe an object, we use **c'est** + ADJECTIVE.

C' est   **petit**.
           grand.
           plat.
           long.
           rond.
           carré.
           rectangulaire.
           triangulaire.

USAGE: ÇA SERT À..., C'EST UTILE POUR..., ÇA PERMET DE... + INFINITIVE

To ask what something is used for, we ask: **À quoi ça sert ?**

● *À quoi ça sert ?*
○ *À **enlever** les tâches des vêtements.*

Here are some expressions that explain what objects are used for.

*Ça **sert à** écrire.*
*C'est **utile pour** ouvrir une bouteille.*
*Ça **permet d'**écouter de la musique.*

HOW THINGS FUNCTION

The verb **marcher** is used to indicate how objects function.

Ça marche avec de l'/de la/du/des + NOUN.
            à + **definite article** + NOUN.

Ça marche avec   ***de l'*** *essence.*   *Ça marche*   ***à l'*** *essence*
                   de la *vapeur.*   ***à la*** *vapeur*
                   du *gaz.*   ***au*** *gaz.*
                   des *piles.*

                                                Ça marche ~~aux~~ piles.

PASSIVE PRONOMINAL STRUCTURES

If you do not want to state who is performing the action, you can use **ça** + a pronominal structure.

> *Ça **se lave** facilement / en machine.*   (= on peut laver ça facilement / en machine)
> *Ça **se mange**.*   (= on peut manger ça)

Passive pronominal structures are also used to describe a process that does not require someone's intervention. It is a way of saying that an object is very easy to use.

> ● *C' est difficile à mettre en marche ?*
> ○ *Non, ça **se met** en marche tout seul. Tu appuies sur ce bouton, c' est tout.*

> ● *Comment on appelle une porte qui **s'ouvre** toute seule ?*
> ○ *Une porte automatique.*

RELATIVE PRONOUNS : QUI AND QUE

Qui and **que** are relative pronouns. They give additional information about the thing or the person that precedes them in the sentence.

> ● *Qu' est-ce que tu veux pour ton anniversaire ?*
> ○ *Je veux une voiture **qui** se transforme en robot intergalactique.*

> ● *C' est quoi un baladeur ?*
> ○ *C' est un petit appareil **qu'**on porte sur soi pour écouter de la musique.*

Qui represents the grammatical subject.

> *C' est un objet **qui** est rectangulaire, **qui** marche avec l' électricité et **qui** sert à griller le pain.*

Que represents the direct object.

> *C' est un objet **que** vous portez dans votre sac ou dans votre poche et **que** vous devez éteindre en classe, au cinéma ou dans un avion.*

THE FUTURE TENSE

Uses

The future tense is used to make predictions.

> *Demain, il **fera** soleil sur tout le pays.*
> *Dans 30 ans, nous **marcherons** sur Mars.*
> *Au siècle prochain, tout le monde **parlera** chinois.*
> *Bientôt, nous **habiterons** sous la mer.*

It is also used to make plans and to guarantee something.

> *Demain, je **viendrai** te chercher à 16 heures 30.*
> *Cet appareil vous **facilitera** la vie.*

It is used to ask for favors.

> *Tu **pourras** acheter le pain, s' il te plaît ?*

Finally, the future tense is used to give orders.

> ***Vous prendrez** un cachet trois fois par jour après chaque repas.*

Locating in time: dates and periods

ce soir
demain
après-demain
dans deux jours / une semaine / 5 ans / quelques années / le futur
lundi (prochain)
la semaine prochaine
le mois prochain
l'été prochain
l'année prochaine
le 24 juin

Bientôt, prochainement, and **un jour** predict that something will happen in the future without specifying precisely when.

En vente **prochainement** dans votre supermarché, « l' essuie-tout magique » !
Bientôt, il y aura des villes sous la mer.

● J' aimerais bien aller en vacances aux Antilles.
○ On ira **un jour**. Je te le promets.

How to form the future tense

Regular verbs.

MANGER	manger-	
ÉTUDIER	étudier-	-ai
VOYAGER	voyager-	-as -a
SORTIR	sortir-	-ons -ez
DORMIR	dormir-	-ont
FINIR	finir-	

Verbs ending in **-re**.

BOIRE	boir-	-ai -as
ÉCRIRE	écrir-	-a
PRENDRE	prendr-	-ons -ez
ENTENDRE	entendr-	-ont

Verbs ending in **-eter, -eler, -ever, -ener,** or **-eser** either double the consonant or take an **accent grave** in front of a silent **e**.

je/j'		-ai
tu	jetter- appeller- achèter- pèser- lèver- mèner-	-as
il/elle/on		-a
nous		-ons
vous		-ez
ils/elles		-ont

With verbs ending in **-oyer** or **-uyer**, the **y** changes into **i**.

je/j'		-ai
tu		-as
il/elle/on	nettoier- essuier-	-a
nous		-ons
vous		-ez
ils/elles		-ont

Irregular verbs have a future stem that is quite different from their infinitive form.

je/j'	(ÊTRE)	ser-	-ai
	(AVOIR)	aur-	
	(FAIRE)	fer-	
tu	(SAVOIR)	saur-	-as
	(ALLER)	ir-	
il/elle/on	(DEVOIR)	devr-	-a
	(POUVOIR)	pourr-	
nous	(VOIR)	verr-	-ons
	(ENVOYER)	enverr-	
vous	(MOURIR)	mourr-	-ez
	(VOULOIR)	voudr-	
ils/elles	(VENIR)	viendr-	-ont
	(VALOIR)	vaudr-	

EXPRESSING CAUSE: GRÂCE À

Grâce à + NOUN expresses a cause that is considered positive.

Grâce	**à** Internet,	nous ne nous sentons jamais seuls !
	à la télévision,	
	à l'ordinateur personnel,	
	au téléphone,	
	aux satellites,	

Grâce à Internet, je ne suis pas obligée d'aller au bureau tous les jours.

This structure can highlight the positive role someone has played.

Grâce à mes parents, j' ai pu partir étudier aux États-Unis.

Grâce à can also be followed by stressed pronouns.

Grâce à moi/toi/lui/nous/vous/eux/elles, Marie a réussi son examen.

EXPRESSING A GOAL

INFINITIVE
Pour ne pas vous fatiguer, utilisez l' ascenseur !

INFINITIVE
Pour être en forme, reposez-vous bien.

INFINITIVE
Pour ne plus penser à vos problèmes, partez en vacances à la Réunion !

SAYING THAT SOMETHING IS SIMPLE TO DO: SUFFIRE (DE)

Pour obtenir une surface brillante, un simple geste suffit. (= un simple geste est suffisant)

INFINITIVE
Pour ouvrir la porte, il suffit d'appuyer sur le bouton rouge.

JE SERAIS UN ÉLÉPHANT

DIRECT AND INDIRECT OBJECT PRONOUNS

Direct object pronouns are used in direct structures, i.e., when there is no preposition between the verb and the object.
Object pronouns are used to avoid redundancy in speech and writing.

Direct object pronouns

- *Tu regardes beaucoup **la télévision** ?*
- *Non, je **la** regarde surtout le week-end.*

- *Tu écoutes **le professeur** quand il donne des explications ?*
- *Bien sûr que je **l'**écoute !*

- *Vous aimez **les huîtres** ?*
- *Euh non, je ne **les** digère pas très bien.*

*Un véritable ami, c' est quelqu' un qui **nous** écoute, **nous** comprend et **nous** aide.*

Mais si, mais si, je regarde toujours où je les mets.

Mais tu ne fais jamais attention où tu mets les pieds.

Il (ne)	me/m'	regarde (pas)
	te/t'	écoute (pas)
	le/l'	comprend (pas)
	la/l'	aide (pas)
	nous	aime (pas)
	vous	...
	les	

To identify the direct object pronoun in a sentence, ask questions with **que** or **qui**.

- ***Qu'est-ce que** tu regardes ?*
- *La **télévision**.*

- *Tu écoutes **qui** ?*
- *Le **professeur**.*

Indirect object pronouns

Indirect object pronouns are used when the verb structure is indirect, i.e., when the verb is followed by the preposition **à**.

- *Qu' est-ce que vous offrez **à Charlotte** pour son anniversaire ?*
- *On **lui** offre un pull-over.*

- *Alors, qu' est-ce qu' il **t'**a dit ?*
- *Il ne **m'**a rien dit.*

- *Est-ce que tu as téléphoné **à tes parents** ?*
- *Oui, je **leur** ai téléphoné ce matin.*

To identify the indirect object pronoun in a sentence, ask questions with **à qui**.

- *Alors, qu' est-ce qu' il a dit **à qui** ?*
- ***À toi**.*

- *Tu as téléphoné **à qui** ?*
- ***À tes parents**.*

	me/m'	
	te/t'	téléphone (pas)
	lui	offre (pas)
Il (ne)		dit (pas)
	nous	explique (pas)
	vous	parle (pas)
	leur	...

Direct and indirect object pronouns are placed in front of the verb of which they are complements.

● *Et ton travail ?*
○ *Je peux **le** faire demain.*   *Je ̶l̶e̶ peux faire demain.*

● *Tu as parlé à Marie-Laure ?*
○ *Je vais **lui** parler ce soir.*   *Je ̶l̶u̶i̶ vais parler ce soir.*

An exception to this rule is with the imperative in positive structures. In this case, the object pronoun follows the verb.

*Regarde-**moi** quand je te parle !*

*Regarde-**la** bien ! Tu ne trouves pas qu' elle ressemble à mamie Marguerite ?*

● *J' ai invité Yvan et Juliette samedi soir.*
○ *Ah ! Très bien. Explique-**leur** bien le chemin, parce que ce n' est pas facile d' arriver jusqu' ici.*

When speaking, direct and indirect object pronouns can be used before the element to which they refer has even been introduced.

*Alors, tu **les** as faits **tes devoirs** ?*

*Qu' est-ce que tu **lui** as acheté **à maman** pour son anniversaire ?*

With certain verbs, pronouns representing a person are always used in their stressed form: **moi, toi, lui, elle, nous, vous, eux, elles.**

● *Tes parents te manquent beaucoup ?*
○ *Oui, je pense souvent **à eux**.*   *Je ̶l̶e̶u̶r̶ pense souvent.*

● *J' ai rencontré Elisabeth au supermarché.*
○ *Ah justement, je pensais **à elle** ce matin.*   *Je ̶l̶u̶i̶ pensais ce matin.*

● *Je vais faire une course, tu veux bien t' occuper **de ton petit frère** ?*
○ *D' accord, je m' occupe **de lui**.*   *Je me ̶l̶u̶i̶ occupe.*

In informal oral speech, some people use the pronouns **y** and **en** to refer to people.

● *Tu penses souvent **à tes parents** ?*
○ *Oui, j' **y** pense souvent.*

● *Je vais faire une course, tu veux bien t' occuper **de ton petit frère** ?*
○ *D' accord, je m' **en** occupe.*

THE PRONOUNS Y AND EN

Y and **en** represent a thing or an idea. They cannot refer to a person.

- *Tu as pensé à acheter un cadeau à papa ? C' est son anniversaire demain.*
○ *Oui, j' **y** ai pensé.*

- *Est-ce que vous pourriez vous occuper de mes plantes pendant mon absence ?*
○ *Bien sûr. Partez tranquille, je m' **en** occuperai.*

Y and **en** often refer to a situation in space, but their uses are different.

Y refers to a place where you are or where you are going to.

- *J' irai **à Venise** pour le week-end.*
○ *Venise ? J' aimerais bien **y** aller un jour !*

- *Tu habites **à Strasbourg** ?*
○ *Oui, j' **y** habite depuis deux ans.*

En refers to a place from which you are coming.

- *Tu vas **à la piscine** ?*
○ *Non, j' **en** viens.*

En also refers to a quantity.

- *Est-ce qu' il reste **du fromage** dans le frigo ?*
○ *Non, il n' y **en** a plus.*

- *Pour être dompteur, il faut avoir **du sang-froid**.*
○ *Oui, il **en** faut beaucoup.*

If the noun that **en** refers to is a countable noun determined by **un/e,** you will need to add **un/une,** or the appropriate **number** or **quantity**.

- *Pardon Monsieur, est-ce qu' il y a **un parking** par ici ?*
○ *Oui, il y **en** a **un** sur la place du marché et il y **en** a **deux** autres dans la rue Honoré de Balzac.*

- *Qu' est-ce qu' il pleut ! Tu peux me prêter **un parapluie** jusqu' à demain ?*
○ *Oui, pas de problèmes. J' **en** ai **plusieurs**.*

MAKING HYPOTHESES IN THE PRESENT

To express a hypothetical action in the present, we use **si** + IMPARFAIT.
The following verb will be in the PRESENT CONDITIONAL.

- ***Si vous gagniez** beaucoup d' argent à la loterie, qu' est-ce que vous **feriez** ?*
○ *Je **ferais** le tour du monde.*
- *Moi, **j'arrêterais** de travailler*

- ***Si vous étiez** un animal, quel animal **seriez**-vous ?*
○ *Moi, **je serais** un éléphant.*

THE CONDITIONAL

The conditional is formed with the future stem and the endings of the imparfait.

Être

FUTURE	CONDITIONAL		
ser-	je **ser-**	**-ais**	[ɛ]
	tu **ser-**	**-ais**	[ɛ]
	il/elle/on **ser-**	**-ait**	[ɛ]
	nous **ser-**	**-ions**	[iõ]
	vous **ser-**	**-iez**	[ie]
	ils/elles **ser-**	**-aient**	[ɛ]

Other verbs

ÉTUDIER	**étudier-**	
AIMER	**aimer-**	
RENCONTRER	**rencontrer-**	
INVITER	**inviter-**	
SORTIR	**sortir-**	**-ais**
DORMIR	**dormir-**	
PRÉFÉRER	**préférer-**	**-ais**
ÉCRIRE	**écrir-**	
PRENDRE	**prendr-**	**-ait**
AVOIR	**aur-**	
FAIRE	**fer-**	**-ions**
SAVOIR	**saur-**	
ALLER	**ir-**	**-iez**
POUVOIR	**pourr-**	
DEVOIR	**devr-**	**-aient**
VOIR	**verr-**	
VOULOIR	**voudr-**	
VENIR	**viendr-**	

For other uses of the conditional, refer to **Mémento grammatical**, Unité 10, page 101.

TALKING ABOUT OUR QUALITIES

Avoir de la/du/de l'

- ● *Est-ce que vous **avez de la patience** ?*
- ○ *Moi oui, j' en ai beaucoup.*
- ● *Moi non, je n' en ai pas du tout. Je ne pourrais pas m' occuper d' enfants.*

- ● *Il **a de l'imagination**, cet enfant !*
- ○ *Oui, il en a même trop !*

Careful with the negative form:

*Je n' ai pas **de** patience.*	*Je n' ai pas ~~de la~~ patience.*
*Il n' a pas **de** sang-froid.*	*Il n' a pas ~~du~~ sang-froid.*
*Nous n' avons pas **d'**imagination.*	*Nous n' avons pas ~~de l'~~imagination.*

Manquer de/d'

If someone is lacking a quality, we use the verb **manquer de/d'** + NOUN.
- *Est-ce que tu as de la patience ?*
- *Non, je **manque de patience**.*

- *Tu l' imagines écrivain ?*
- *Non, pas du tout. Il **manque d'** imagination.*
- *Oui, et il **manque de** constance aussi.*

TO BE AFRAID: AVOIR PEUR

Avoir peur du/de la/de l'/des + NOUN.

*Joana **a peur du vide**.*
*Éric **a peur de la pollution**.*
*Danièle **a peur de l'eau**.*
*Alain **a peur des chiens**.*
*Maman **a peur de tout**.*
*Et moi, je n' **ai peur de rien** !*

Avoir peur de + INFINITIVE.

- *Pourquoi tu ne viens pas en voiture ? C' est beaucoup plus pratique.*
- *Oui, je sais mais **j'ai peur de me perdre** dans les rues de Paris.*

COMPARISONS

Comme

Comme establishes similarities between two things or persons.

- *Tu ne trouves pas que Rémy ressemble vraiment beaucoup à son père ?*
- *Totalement ! Il est exactement **comme** Christophe quand il était petit. La copie conforme de son père.*

*Les sumotoris ont l' air obèse mais ils sont souples **comme** des chats et forts **comme** des bœufs !*

Be careful not to mix up **comme** and **comment**!

- *Je ne sais pas **comment** ouvrir cette machine. (= de quelle manière ?)*
- *C' est facile ! Tu fais **comme** ça et... hop, c' est ouvert ! (= de cette manière)*

Comparing a quality

The adjective is placed between the two particles of the comparison.

*Lucien est **plus** patient **que** Philippe.*
*Kevin est **aussi** sérieux **que** Sybille.*
*Vincent est **moins** dynamique **que** Nathalie.*

The adjectives **bon** and **mauvais** have a different form.

bon/ne/s → **meilleur/e/s**
mauvais/e/es → **pire/s**

*À mon avis, Sybille est **meilleure que** Vincent pour ce travail.*

The comparison can be nuanced with **un peu, beaucoup, bien**…

*Vincent est **un peu/beaucoup/bien moins** dynamique **que** Nathalie.*

*Sybille est **un peu/bien meilleure que** Vincent pour ce travail.*
Sybille est ~~beaucoup~~ meilleure que Vincent.

Comparing a quantity

Comparing quantities (exact or approximate) indicates superiority, equality, or inferiority.

Paul a beaucoup de patience.
Yannick a très peu de patience.

	plus de	
Paul a	**autant de** patience **que** Janick.
	moins de

Nuances can be added with **un peu, beaucoup, bien, six fois, mille fois**, etc.

*Paul a **un peu / beaucoup / bien / mille fois** plus de patience que Yannick.*

Comparing an action

● *Vincent travaille **moins que** Kevin.*
○ *Non, je crois qu' ils travaillent **autant** l' un **que** l' autre.*

	plus que	
Je travaille	**autant que** Julien.
	moins que

Plus, autant, and **moins** are usually placed after the verb.

*En été, on dort **moins** qu' en hiver.*   *En été on ~~moins~~ dort…*

With a composed tense, you can place the first element of the comparison right after the auxiliary or after the past participle.

*Vincent **a** plus / autant / moins **travaillé** que Kevin l' année dernière.*
*Vincent **a travaillé** plus / autant / moins que Kevin…*

SAYING TU AND VOUS

Depending on with whom they are talking, French-speaking people say **tu** or **vous**.
Tu expresses **closeness** and **familiarity**. It is used to speak with children, family members, friends, or even sometimes with co-workers of the same rank.

Vous is used to indicate **respect** or **distance**.

In a dialogue, it is possible that the speakers are not on an equal basis and one might say **tu** and the other **vous**. This would be the case between teachers and students in a school. When French-speaking people want to switch from **tu** to **vous** in a situation where you would expect them to say **vous**, they will propose this openly to the other person.

On se tutoie ?

○ *Tu peux me tutoyer, si tu veux.*
● *Bien, Monsieur le Directeur !*

JE NE SUIS PAS D'ACCORD !

HOW TO EXPRESS YOUR OPINION

Taking sides

To take side on an issue, you can use expressions such as:

Personnellement, | je suis **pour le/la/les**
| je suis **en faveur du/de la/de l'/des**   + NOM
| je suis **contre le/la/les**

- ● *Qu' est-ce que vous pensez de l' interdiction de fumer dans les restaurants ?*
- ○ **Personnellement, je suis en faveur de l'***interdiction de fumer dans les restaurants.*
- ■ *Moi aussi, **je suis pour** (l' interdiction de fumer dans les restaurants).*
- ☐ *Moi, **je suis contre** (l' interdiction de fumer dans les restaurants).*

Presenting your opinion

There are various ways to introduce your opinion.

À mon avis,
Pour moi,   le français est plus facile que l'anglais.
D'après moi,
Selon moi,

Je pense que/qu'...   + INDICATIVE
Je crois que/qu'...

*Je pense que le français **est** plus facile que l' allemand.*

Je ne crois pas que/qu'...
Je ne pense pas que/qu'...   + SUBJUNCTIVE

*Je ne crois pas que le français **soit** plus facile que l' allemand.*

On va se baigner ?

Je ne crois pas que ce soit le moment...

Agreeing and disagreeing

To indicate whether you agree or disagree with someone, you can use the following expressions:

Je (ne) suis (pas) d'accord avec | ce que dit Marcos / ce que vous dites.
| toi/lui/elle/vous/eux/elles.
| cela/ça.

Je (ne) partage (pas) | l'opinion de Sandra.
| ton/votre/son/leur point de vue.
| l'avis de monsieur Delmat.

Certain adverbs such as **pas du tout, absolument, totalement, tout à fait** will help you nuance your statements.

To express perfect agreement, you can say:

*Oui, vous avez **tout à fait** raison.*
*Oui, tu as **totalement** raison.*

Here is how you would categorically reject someone's opinion:

*Je ne suis **pas du tout** d' accord avec vous.*
*Je ne partage **absolument** pas votre point de vue / le point de vue de...*

You can nuance what you said and express your disagreement politely in the following way:

*Je ne suis pas **tout à fait** / **complètement** / **totalement** d' accord avec vous quand vous dites que...*
*Je ne partage pas **tout à fait** / **complètement** / **totalement** votre opinion.*

Contradicting someone politely

To contradict someone in a polite manner, you should first reformulate the ideas and arguments that were put forward by your interlocutor before introducing your own.

Oui, bien sûr, mais
C'est vrai, mais   + OPINION
Il est vrai que ... mais

***Il est vrai que** les parents doivent surveiller ce que leurs enfants regardent, **mais** la télévision est un service public et...*

OTHER RESOURCES FOR DISCUSSION

***On sait que** le tabac est mauvais pour la santé.*	You are presenting a well-known fact which everyone agrees upon.
***En tant que** médecin, je dois dire que...*	You are formulating an idea from the point of view of authority and knowledge.
***Par rapport à** l' interdiction de fumer dans les restaurants, je pense que...*	You are presenting the topic you want to talk about.
***D'une part,** les jeunes ne sont pas assez informés sur les risques du tabac, **d'autre part**...*	You are presenting two sides of an issue.
*Interdire n' est pas la bonne solution. **D'ailleurs,** l' histoire l' a très souvent démontré.*	You are strengthening your argument.
*Une meilleure communication intergénéra-tions serait souhaitable, **c'est-à-dire** que les parents parlent avec leurs enfants.*	You are providing an explanation.
*Augmenter le prix du tabac pour réduire sa consommation ne sert à rien. **En effet,** les ventes continuent d' augmenter réguliè-rement.*	You are confirming and consolidating an idea that was just presented. This is also a way to signal agreement with your interlocutor.

*Les gens continueront à fumer **même si** le prix du tabac augmente beaucoup.*	You are introducing an idea that you do not agree with.
*Fumer est dangereux, **car** des particules de goudron se fixent dans les poumons et...*	You are giving a reason that your interlocutor might not know.
*Le tabac est en vente dans des distributeurs automatiques, **par conséquent**, il est très facile pour un mineur d' en acheter.*	You are presenting a logical consequence.
*La cigarette est mauvaise pour la santé, **par contre**, un bon cigare de temps en temps ne fait pas de mal.*	You are introducing an idea that contrasts with something you previously stated.

THE SUBJUNCTIVE

The subjunctive is used to express necessity, desires, doubts, and emotions. It requires that the subjects of the two clauses be different. It is used only in the dependent clause and is often introduced by **que**.

> *Pour améliorer votre niveau de français, **il faudrait que vous fassiez** un séjour en France.*
> *J'aimerais que Julio vienne samedi à la fête que j' organise.*
> *Les jeunes ne croient pas **que les tatouages et les piercings soient** si dangereux.*
> *Je ne suis pas sûr **que tu puisses** faire ce travail.*

When the subject of both clauses is identical, the subjunctive is not used and the second verb is in the infinitive.

> *Je ne suis pas sûr **de pouvoir** venir samedi.*   *Je ne suis pas sûr ~~que je puisse~~ venir samedi.*

The present of the subjunctive is formed from the third person plural (**ils**) of the indicative present except for the forms **nous** and **vous** which coincide with the imparfait forms.

> Note the difference between:
>
> *Je veux **aller** en France cet été.*
> *Je veux que **tu ailles** en France cet été.*
> *Je suis contente que **tu ailles** en France cet été.*
>
> In the first example, the subject is the same, whereas in the other examples, there are two different subjects and the first subject **je** is expressing a wish and an emotion that involves the second subject **tu**, hence the use of the subjunctive.

DEVOIR	
Indicative present	**Subjunctive**
ils **doiv**-ent	que je doiv-**e** que tu doiv-**es** qu'il/elle/on doiv-**e** qu' ils/elles doiv-**ent**
Imparfait	**Subjunctive**
nous **devions** vous **deviez**	que nous **devions** que vous **deviez**

Careful! The verbs **être, avoir, faire, aller, savoir, pouvoir, valoir, vouloir,** and **falloir** are irregular.

ÊTRE
que je **sois**
que tu **sois**
qu'il/elle/on **soit**
que nous **soyons**
que vous **soyez**
qu'ils/elles **soient**

AVOIR
que j'**aie**
que tu **aies**
qu'il/elle/on **ait**
que nous **ayons**
que vous **ayez**
qu'ils/elles **aient**

FAIRE
que je **fasse**
que tu **fasses**
qu'il/elle/on **fasse**
que nous **fassions**
que vous **fassiez**
qu'ils/elles **fassent**

ALLER
que je j'**aille**
que tu **ailles**
qu'il/elle/on **aille**
que nous **allions**
que vous **alliez**
qu'ils/elles **aillent**

SAVOIR
que je **sache**
que tu **saches**
qu'il/elle/on **sache**
que nous **sachions**
que vous **sachiez**
qu'ils/elles **sachent**

POUVOIR
que je **puisse**
que tu **puisses**
qu'il/elle/on **puisse**
que nous **puissions**
que vous **puissiez**
qu'ils/elles **puissent**

VOULOIR
que je **veuille**
que tu **veuilles**
qu'il/elle/on **veuille**
que nous **voulions**
que vous **vouliez**
qu'ils/elles **veuillent**

VALOIR
que je **vaille**
que tu **vailles**
qu'il/elle/on **vaille**
que nous **valions**
que vous **valiez**
qu'ils/elles **vaillent**

FALLOIR – il faut (impersonal verb)
qu'il fa**ille**

Careful! Make sure to differentiate the pronunciation of **que j'aie** [ɛ] and **que j'aille** [aj].

CHARACTERIZING PEOPLE AND THINGS: DONT

Dont replaces a group of words introduced by the preposition **de/d'**. There are two cases in which **dont** can be used:

1) With the possessive structure.

*Je connais un garçon **dont** le père est animateur à la télé.*

Note that in this structure, **dont** is always followed by a definite article (**le, la, les**).

- *Mais de qui tu parles ?*
- *De la fille **dont les** parents ont un restaurant sur les Champs Élysées.*
- *De la fille ~~dont~~ ses parents...*

2) With verbs that are followed by the preposition **de**.

*C' est une chose **dont** on parle souvent.*   (= **on parle de** la télévision)

- *Et si on allait au Japon cet été ?*
- *Fantastique ! C' est un voyage **dont** je rêve depuis des années.*
  (= **je rêve de** faire un voyage au Japon.)

INTRODUCING A THEME IN FRENCH

To introduce a theme you want to present or discuss, try to avoid a direct statement such as:

Aujourd' hui, nous allons parler de l' influence de la télévision sur les enfants.

Rather you can catch people's interest by bringing up the topic in a more gradual way, using various rhetorical techniques. For instance, you could start with a **riddle**, a **metaphor**, a **short game**, or even a **question**. Or you could relate a short story or say a proverb. You can also use some **irony**, **repetitions**, **clichés**, etc. All of these techniques will catch people's attention from the beginning.

Elle est présente dans presque tous les foyers et elle a pris une telle ampleur qu' elle est devenue le premier des loisirs. Elle a une place prépondérante au centre du salon et les enfants la regardent en moyenne 12 heures par semaine. Ce soir, nous allons donc parler de la télévision.

QUAND TOUT À COUP...

TELLING STORIES, MEMORIES, AND ANECDOTES

A story is a **succession of events** that we express in the **passé composé**.

> Il *a versé* le café dans la tasse.
> Il *a mis* du sucre dans le café.
> Avec la petite cuillère, *il l'a remué*.
> *Il a bu* le café.

(To review the passé composé, refer to **Mémento grammatical**, Unité 12.)

After each event, you can pause and **explain circumstances surrounding the event**. This background information is given in the **imparfait**.

> Il a versé le café dans la tasse. Il *était* très fatigué et *avait* très envie de prendre quelque chose de chaud. Il a mis du sucre, c' *était* du sucre roux.

(For more information on the imparfait, refer to **Mémento grammatical**, Unité 12.)

If you wish to mention anything that preceded what happens in the story, you will use the **plus-que-parfait**.

> Il *avait* mal *dormi* et avait sommeil, alors il a pris une bonne tasse de café. C' était du café brésilien qu' il *avait acheté* la veille.

The **plus-que-parfait** is also used when the chronological order of events has not been respected and there is a need to jump back in time to add something.

> ● *T' es contente de ta nouvelle voiture ?*
> ○ *Oui très ! Y a plein de gadgets pour garantir la sécurité. Par exemple, ce matin, je m' assois au volant, je vérifie tous mes rétroviseurs, je démarre et, à ce moment-là, j' entends un bip sonore et une lumière rouge se met à clignoter. Je n' **avais** pas **mis** la ceinture de sécurité ! Alors, j' accroche ma ceinture, je passe en première puis j' appuie sur l' accélérateur et, de nouveau, j' entends un bip et une autre lumière rouge s' allume !*
> ● *C' était quoi ?*
> ○ *Je n' **avais** pas **desserré** le frein à main !*

THE PLUS-QUE-PARFAIT

The **plus-que-parfait** is composed of the auxiliaries **être** or **avoir** in the **imparfait** and the **past participle**. As in the passé composé, most verbs are conjugated with **avoir**.

j'**avais**	
tu **avais**	fait
	acheté
il/elle/on **avait**	dormi
	vu
nous **avions**	lu
	peint
vous **aviez**	
ils/elles **avaient**	

Et je pensais que j'avais bien lu les instructions…

Verbs indicating a transformation of the subject from a state to another or a place to another are conjugated with the auxiliary **être**. This is the case of all pronominal verbs as well as certain intransitive verbs.

(To review the list of intransitive verbs that use the auxiliary **être**, refer to **Mémento grammatical**, Unité 12.)

j'**étais**	
tu **étais**	
il/elle/on **était**	**allé**/e/s
nous **étions**	**arrivé**/e/s **sorti**/e/s **entré**/e/s
vous **étiez**	
ils/elles **étaient**	

je m'**étais**	
tu t'**étais**	
il/elle/on s'**était**	**réveillé**/e/s
nous **nous étions**	**perdu**/e/s **assis**/e/s
vous **vous étiez**	
ils/elles s'**étaient**	

THE AGREEMENT OF THE PAST PARTICIPLE

When the verb is conjugated with the auxiliary **être** in the passé composé or the plus-que-parfait, the past participle agrees with the subject.

Quand est-ce que Thierry est parti ?   (MASCULINE SINGULAR)

L' autre jour, j' ai rencontré Catherine aux Galeries Lafayette.
Elle était venue avec sa mère pour acheter une robe de mariée.   (FEMININE SINGULAR)

L' été dernier, Yvan et Stéphane sont allés aux Antilles.   (MASCULINE PLURAL)

À quelle heure Estelle et sa sœur sont-elles rentrées ?   (FEMININE PLURAL)

When the verb is conjugated with the auxiliary **avoir,** the past participle does not agree with the subject. The only possible agreement is with the **direct object, if there is one, and if it happens to be placed ahead of the verb** in the sentence.

● *Tu as vu les photos de nos vacances ?*
○ *Oui, Claudine me **les** a montrées l' autre jour.*

● *Qu' est-ce que tu nous prépares ?*
○ *Une omelette avec **les champignons** que j' ai cueillis ce matin.*

LOCATING IN TIME

L'autre jour, lundi dernier, il y a un mois ...

To recall a childhood memory or an experience from the past, we use **time indicators** that help locate the memory or the story in the past.

To locate a story in the distant past without mentioning when it happened exactly, we use the expression **un jour.**

Un jour, j' étais très petite, je suis allée à la plage avec mes cousins...

To locate a story in the recent past without mentioning when it happened exactly, we use the expression **l'autre jour.**

L'autre jour, je suis allé au cinéma avec des amis.

You can be more precise with the following expressions:

hier
avant-hier
il y a deux jours
lundi / mardi / mercredi /... (dernier)
la semaine dernière
le mois dernier
l'été dernier
l'année dernière
le 24 juin

Il y a un mois environ, j' ai fait un voyage en Italie.
Lundi dernier, je suis allée au restaurant avec mes parents.
Samedi soir, j' ai vu une chose étrange.

(For the moments of the day, refer to **Mémento grammatical**, Unité 11.)

Il y a

Il y a is the equivalent of **ago** in English. Whereas **ago** follows the expression of time, **il y a** precedes it.

- *Quand est-ce que vous vous êtes rencontrés ?*
- ○ *Il y a deux ans.*

- *Tu as déjeuné ?*
- ○ *Oui, il y a une demi-heure.*

	cinq minutes
	une heure
	deux jours
il y a	trois mois
	un siècle
	mille ans

Il y a can be followed by an expression of time that is not precise.

- *Quand est-ce que vous vous êtes mariés ?*
- ○ *Oh, il y a longtemps !*
- ■ *Oui, il y a une éternité !*

À cette époque-là, cette année-là, ce jour-là, ce soir-là, à ce moment-là, ...

These time indicators are used to introduce circumstances surrounding or preceding the event(s) you are relating.

Après mon bac, j' ai fait mes études à la fac de lettres, à Montpellier. À cette époque-là, j' habitais dans un petit appartement au centre-ville.

Lundi dernier, je suis allée au restaurant avec Daniel. Ce jour-là, il pleuvait des cordes.

Samedi soir, j' ai vu une chose étrange. Ce soir-là, j' avais décidé de faire une balade au bord de la rivière.

« Quand la Grande Guerre a éclaté, Mata-Hari, a continué à voyager librement à travers l' Europe. (...) Cette année-là, la tension était très forte en France. La guerre durait depuis trois ans et elle avait fait beaucoup de victimes. »

La veille, deux jours avant, quelques jours auparavant, la semaine précédente, ...

These time indicators introduce circumstances that preceded the event(s).

*La police a arrêté jeudi un homme qui, **quelques jours auparavant** / **deux jours avant** / **la veille** avait cambriolé la bijouterie de la place Thiers.*

Au bout de

This time indicator indicates the duration of time between two events, and it implies that there is a conclusion by the end of the second action.

*J' ai attendu très longtemps puis **au bout de deux heures**, je suis parti.*
(= après avoir attendu deux heures)

*Ils se sont mariés en 2001 et, **au bout de quelques années**, Charline est née.*
(= après quelques années de mariage)

***Au bout de longues négociations**, les deux parties sont enfin tombées d' accord.*

Tout à coup, soudain

These time indicators signal an abrupt interruption by another event.

*J' étais tranquillement assis dans la bibliothèque, (quand) **tout à coup** il y a eu un grand bruit.*

*J' étais en train de regarder la télé, (quand) **soudain** la lumière s' est éteinte.*

Tout à coup and **soudain** are often preceded by **quand**.

Finalement

Finalement concludes a story.

*Je me suis levée tard, j' ai renversé mon café, le téléphone a sonné, ma voiture ne voulait pas démarrer. **Finalement**, je suis arrivée en retard au travail.*

THE PASSIVE VOICE

There are two voices in French: the active voice and the passive voice. **In the active voice, the subject of the verb performs the action.**

*André Le Nôtre **a dessiné** les jardins de Versailles.*

In the passive voice, the subject of the verb does not perform the action.

*Les jardins de Versailles **ont été dessinés** par André Le Nôtre.*

In the passive voice, the agent (the one performing the action) is not always revealed.

*Le château de Versailles et ses jardins **ont été construits** au XVIIe siècle.*

In the passive voice, the verb tense is indicated by the auxiliary, and the past participle always agrees in number and gender with the subject.

*Le cyclone **a été** très violent ; plusieurs maisons ont **été détruites** et beaucoup d' arbres **ont été déracinés**.*

IL ÉTAIT UNE FOIS...

THE PASSÉ SIMPLE

The **passé simple** is a past tense that is used exclusively in writing and mostly in the third person singular/plural. It functions like the passé composé but it locates the story in a time period removed from ours. This is why it is used traditionally in fiction such as myths, legends, and fairy tales.

*Ils **se marièrent** et **eurent** beaucoup d' enfants. (*Blanche Neige et les sept nains*)*

*Pâris **lança** une flèche qui traversa le talon d' Achille. (*Le cheval de Troie*)*

*Georges **demanda** l' aide d' un dieu inconnu de la princesse : le dieu des chrétiens. (*Saint Georges et le dragon*)*

You will also find the passé simple in biographies and novels.

*Dans sa ronde, elle **se heurta** contre moi, **leva** les yeux. **Je vis** se succéder sur son visage plusieurs masques —peur, colère, sourire. (Andreï Makine,* Le testament français*)*

In a story told in the passé simple, the **passé composé** can still be used, especially in dialogues.

Une minute et quatre cent vingt mille lieues plus loin, le Petit Poucet arriva devant le palais royal. Il entra dans la salle où le roi tenait un conseil de guerre.
« Que viens-tu faire ici, mon garçon ? » demanda le roi d' un ton sévère. « Ce n' est pas un endroit pour un petit enfant ! »
*« **Je suis venu** pour gagner beaucoup d' argent », expliqua le Petit Poucet en saluant le roi.*

HOW TO FORM THE PASSÉ SIMPLE

DANSER	FINIR	CONNAÎTRE	VENIR
je dans **-ai**	je fin **-is**	je conn **-us**	je v **-ins**
tu dans **-as**	tu fin **-is**	tu conn **-us**	tu v **-ins**
il/elle/on dans **-a**	il/elle/on fin **-it**	il/elle/on conn **-ut**	il/elle/on v **-int**
nous dans **-âmes**	nous fin **-îmes**	nous conn **-ûmes**	nous v **-înmes**
vous dans **-âtes**	Vous fin **-îtes**	vous conn **-ûtes**	vous v **-întes**
ils/elles dans **-èrent**	ils/elles fin **-irent**	ils/elles conn **-urent**	ils/elles v **-inrent**

TELLEMENT/SI ... QUE

Tellement and **si** are placed in front of an adjective or an adverb to express intensity. (Refer to **Mémento grammatical**, Unité 10, « Si, tellement ».)

Tellement and **si** also announce a consequence that is introduced by **que**.

*Je suis **si/tellement** fatiguée **que** je m' endors absolument partout.*

*Mange plus **lentement** ! Tu manges **si/tellement** vite **que** tu vas avoir mal à l' estomac !*

*Cendrillon descendit l' escalier **tellement** vite **qu'**elle perdit une de ses pantoufles de verre.*

TELLEMENT (DE) / TANT (DE) ... QUE

Tellement and **tant** modify a verb and express intensity.

- *Qu' est-ce qui lui arrive ? Il est aphone ?*
- *Oui, complètement. Il a **tellement/tant** chanté hier soir !*

Tellement and **tant** can also announce a consequence.

- *Qu' est-ce qui lui arrive ? Il est aphone ?*
- *Oui, complètement. Il a **tellement/tant** chanté hier soir qu' il n' a plus de voix du tout !*

*Benjamin voyage **tellement/tant** qu' il ne voit presque jamais sa famille.*

Tellement/**tant de** modify a noun.

- *Et si on allait à la plage ?*
- *Je suis désolé, mais j' ai **tellement/tant de** travail **que** je ne peux pas sortir ce week-end.*

*La télévision a **tellement/tant** pris d'importance dans notre vie, **qu'**elle est souvent au centre de la salle à manger.*

In informal oral speech, **tellement/tant** (**de**) are sometimes placed after the past participle when the verb is in a composed tense (passé composé, plus-que-parfait).

*Il a **chanté tellement/tant** hier soir qu' il n' a plus de voix du tout !*

*La télévision a **pris tellement/tant** d'importance dans notre vie, qu' elle est souvent au centre de la salle à manger.*

Tellement (**de**) is more frequently used than **tant** (**de**).

EXPRESSING A CAUSE: PARCE QUE, CAR, AND PUISQUE

Parce que indicates a cause in a neutral way, i.e., there is no preconception that the interlocutor might know something about what is being said. **Parce que** can be placed at the beginning of a statement or between two clauses.

*Il n' est pas allé en cours **parce qu'**il était malade.*

- *Pourquoi vous n' êtes pas venu en cours ?*
- ***Parce que** j' étais malade.*

Car is used to introduce a cause that we assume not to be known by the interlocutor.

*Un piercing au nombril avant 16 ans n' est pas recommandable, **car** les adolescents peuvent encore grandir et la peau peut éclater.*

(Refer to **Mémento grammatical**, Unité 15.)

Usually, **car** is not used at the beginning of a sentence.

~~Car~~ *les adolescents peuvent encore grandir, un piercing au nombril avant 16 ans n' est pas recommandable.*

Puisque introduces a cause that is supposed to be known by the interlocutor.

- *Tu vas au cinéma ce soir ?*
- *Non, **puisque** tu as dit que tu ne m' accompagnais pas.*

Puisque can be placed at the beginning of a statement or between two clauses.

*Tu pourrais faire les courses **puisque** tu finis à midi.*
***Puisque** tu finis à midi, tu pourrais faire les courses.*

AFIN / POUR QUE

Afin de introduces a goal to be reached. It is followed by the infinitive.

*Je dois étudier beaucoup **afin de** réussir tous les examens et partir tranquille en vacances.*

Afin que is followed by the subjunctive when the subject of the first clause is different from the subject of the second clause.

*Nous avons téléphoné à sa mère **afin que** Pierre **puisse** venir avec nous en vacances.*

Pour que also introduces a goal to be reached, but it can only be used with two different subjects in each clause and will always be followed by the subjunctive.

*« Loup, montre tes pattes **pour que** nous **puissions** voir si tu es vraiment notre chère maman », dirent-ils en cœur. (Le loup et les sept chevreaux)*

POURTANT

Pourtant highlights something that seems paradoxical.

- *Tu t'es perdu ?*
- *Oui, complètement !*
- ***Pourtant** ce n'est pas la première fois que tu viens chez moi !*

Pourtant can be reinforced with **et** or **mais**, to express surprise or vexation.

- *Quel sale temps !*
- *Comme tu dis ! **Et pourtant** la météo avait annoncé du soleil !*

*Je ne retrouve plus mes clefs, **mais pourtant** je suis sûr de les avoir laissées ici !*

LORSQUE

Lorsque is used in the same way as **quand**.

Lorsque can also signify **à l'époque où** «at the time when», **au moment où** «at the moment when», or **chaque fois que** «each time».

***Lorsque** j'étais petite, j'habitais en banlieue parisienne.*
*(= **Quand** j'étais petite, j'habitais en banlieue parisienne.)*

***Lorsque** je suis sorti ce matin, il pleuvait.*
*(= **Quand** je suis sorti ce matin, il pleuvait.)*

*Le week-end, **lorsqu'**il fait beau, nous allons à la plage.*
*(Le week-end, **quand** il fait beau, nous allons à la plage.)*

SIMULTANEITY: TANDIS QUE AND PENDANT QUE

Tandis que and **pendant que** indicate the simultaneity of two actions or two conditions.

- *Comment les enfants se sont-ils comportés ?*
- *Oh, très bien ! Paul a rangé tous les jouets **pendant que** / **tandis que** Judith mettait la table. (= Paul a rangé tous les jouets **et pendant ce temps** Judith a mis la table.)*

- *Claude n' a pas téléphoné ?*
- *Ah, peut-être... Le téléphone a sonné deux fois **pendant que**/**tandis que** je prenais une douche.*

__Tandis que__ le Petit Chaperon rouge marchait dans les bois, le loup mangeait sa grand-mère.

- *Qu' est-ce que tu feras **pendant que** je serai absente ? (= pendant mon absence)*

But if you want to stress the fact that these two actions or these two conditions are very different, **tandis que** is used.

*Parfois il pleut **tandis que** le soleil brille.*

THE GERONDIF

The gérondif is used when a subject performs two actions at the same time.

- *Je n' ai jamais le temps de lire le journal.*
- *Moi, je le lis toujours **en prenant** mon petit déjeuner.*
  *(= Je lis le journal **et en même temps** je prends mon petit déjeuner.)*

You could also say:

*Je prends mon petit déjeuner **en lisant** le journal.*

The gérondif can be used to explain how something happened.

- *Maman, je me suis tordu le genou.*
- *Comment tu t' es fait ça ?*
- ***En jouant** au football.*

It can also express a condition or a cause.

*Tu l' as contrarié **en refusant** de participer.*
*(= Tu l'as contrarié **parce que** tu as refusé de participer.)*

*De nos jours, c' est difficile de trouver un travail de commercial **en ne sachant pas** parler l'anglais.*
*(= C'est difficile de trouver un travail de commercial **si on ne sait pas** parler l'anglais.)*

Whether you express how something happened, a cause, or a condition, the meaning of the sentence can be totally altered depending on the verb that is in the gérondif.

*Je me suis tordu le genou **en jouant** au football.*
J' ai joué au football ~~en me tordant~~ le genou.

*Tu l' as contrarié **en refusant** de participer.*
Tu as refusé de participer ~~en le contrariant~~.

How to form the gérondif

The gérondif is composed of **en** + PRESENT PARTICIPLE.

To form the present participle, use the first person plural of the indicative present of the verb and add the ending **-ant**.

Present	Gérondif	
nous **pren**ons	en **pren**-ant	[pʀənɑ̃]
nous **buv**ons	en **buv**-ant	[byvɑ̃]
nous **conduis**ons	en **conduis**-ant	[kɔ̃dɥizɑ̃]

Here are three irregular gérondifs:

ÊTRE → **en étant**
AVOIR → **en ayant**
SAVOIR → **en sachant**

Negative form

In the negative, the particles **ne** and **pas** go around the present participle.

Tu nous as déçus en ne réussissant pas l' examen.

en **n'**étudiant **pas**
en **ne** sachant **pas**
en **ne** parlant **pas**
en **n'**écoutant **pas**
en **ne** faisant **pas**

JOUER, RÉVISER, GAGNER

DEPUIS (QUE), IL Y A … QUE, ÇA FAIT … QUE

When **depuis** is followed by an expression indicating a precise duration (for instance **deux jours, trois mois**…), it means that the action or the condition has started in the past and is still going on in the present.

> *Marie et François sont mariés **depuis trois ans**.*

There are two other ways to express the same thing.

> ***Il y a** trois ans **que** Marie et François sont mariés.*
> ***Ça fait** trois ans **que** Marie et François sont mariés.*

Depuis, ça fait … que, and **il y a … que** can also be followed by an adverb of time indicating a length of time.

> *J' habite à Paris **depuis longtemps**.*
> ***Ça fait longtemps que** j' habite à Paris.*
> ***Il y a longtemps que** j' habite à Paris.*

Depuis can also be followed by a precise date or a noun expressing an event.

> ● *Depuis quand est-ce que tu habites à Paris ?*
> ○ *J' habite à Paris **depuis 1998**, c' est-à-dire **depuis mon mariage**.*

> ● *Comment tu vas ? Ça fait longtemps qu' on ne s' est pas vus !*
> ○ *Oui, nous ne nous sommes pas vus **depuis l'été dernier** !*

In the cases above, you cannot use the expressions **il y a… que** or **ça fait… que**.

Depuis que is followed by a verb phrase.

> *J' ai arrêté de travailler **depuis que ma fille est née**. (= depuis la naissance de ma fille)*

depuis 1998 / janvier 2004 / Noël / l'été dernier / lundi dernier / mon mariage / le départ de Gérard / la naissance de mes enfants / le jour où je t'ai vue / la première fois où… / toujours / **que** je suis venu en France / **que** ma fille est née / **que** j'ai rencontré Frédéric / …

IL Y A

Il y a locates the action in the past and is followed by an expression indicating a duration. It can be precise as in the following examples:

> ● *Quand est-ce que vous vous êtes rencontrés ?*
> ○ ***Il y a deux ans**.*

> ● *Je t' offre un café ?*
> ○ *Non merci, j' en ai pris un **il y a une demi-heure**.*

> ● *Tu sais où est Sarah ?*
> ○ *Elle était là **il y a deux secondes à peine**.*

Or it can be vague as in the examples below:

> ● *Quand est-ce que vous vous êtes mariés ?*
> ○ *Oh, **il y a longtemps** !*
> ● *Oui, **il y a une éternité** !*

il y a deux secondes / cinq minutes / une heure / deux jours / trois mois / vingt ans / un siècle / mille ans / longtemps / quelque temps / une éternité / …

DANS

Dans locates the action in the future and is followed by an expression indicating duration. It can be precise as in the following examples:

- *Tu es prête ?*
- *Pas tout à fait, **dans cinq minutes** !*

- *Quand est-ce que tu pars pour Atlanta ?*
- ***Dans deux semaines**.*

Or it can be vague as in the examples below:

*Je suis fatiguée de vivre en ville. **Dans quelques années,** j' ai l' intention d' acheter une petite maison tranquille à la campagne et de m' y installer définitivement.*

*. **Dans quelque temps,** nous irons en vacances sur la Lune.*

dans deux secondes / cinq minutes / une heure / deux jours / trois mois / vingt ans / un siècle / mille ans / quelques années / quelque temps / le futur /...

Regarding the expression of the future, refer to **Mémento grammatical**, Unité 13.

Papa, tu me prêtes la voiture, n'est-ce pas ?

OUI, NON, SI

When a question introduced with **est-ce que** or with **a rising intonation** contains a negation, and you want to answer **yes**, you need to say **si**, not **oui**.

- *Vous **ne** faites **jamais** de sport ?*
- ***Si,** de la natation trois fois par semaine.*

- *Vous **n'**avez pas **encore** visité le musée d' Orsay ?*
- ***Si,** je l' ai visité l' année dernière. Il est superbe !*

If you wish to confirm what was asked, the answer is **non**.

- *(**Est-ce que**) vous **n'**aimez **pas** danser ?*
- ***Non,** je n' aime pas danser.*

N'est-ce pas

N'est-ce pas at the end of a question is asking for a confirmation.

- *Vous aimez le fromage, **n'est-ce pas** ?*
- ***Oui,** beaucoup.*

- *Vous savez qui est Ronaldo, **n'est-ce pas** ?*
- ***Oui,** bien sûr, c' est ce joueur de foot si célèbre.*

In informal oral speech, **hein** [ɛ̃] is often used instead of **n'est-ce pas** to ask for a confirmation.

- *N' oublie pas de venir samedi. Tu me l' as promis, **hein** ?*
- ***Oui,** je viendrai.*

- *Maman, je peux aller à la piscine avec mes amis ?*
- *Demande à ton père !*
- *Papa, tu veux bien que j' aille à la piscine avec mes amis, **hein** ?*

Hein can be placed in various places in the sentence.

*Papa, **hein que** tu veux bien que j' aille à la piscine avec mes amis ?*
*Papa, tu veux bien, **hein, que** j' aille à la piscine avec mes amis ?*

ANSWERING QUESTIONS WITHOUT USING OUI, NON, OR SI

There are many words that can be used to answer questions besides **oui, non**, and **si**.

For a positive answer, you can say: **tout à fait, en effet, effectivement, évidemment, absolument, bien sûr, bien entendu...**

- *Vous êtes donc convaincu de votre découverte ?*
- ○ ***Tout à fait,*** *vous en doutez ?*

- *Vous connaissez le Québec, n' est-ce pas ?*
- ○ ***En effet,*** *je l' ai visité il y a deux ans.*

Regarding **en effet**, refer to **Mémento grammatical**, Unité 15.

- *Vous êtes sûr de ce que vous dites ?*
- ○ ***Évidemment,*** *j' en suis certain !*

- *Vous êtes un écologiste perspicace ?*
- ○ ***Absolument.***

- *Vous pensez que l' exercice physique est bon pour la santé ?*
- ○ ***Bien sûr,*** *c' est très sain !*

- *Vous êtes persuadé de ce que vous affirmez ?*
- ○ ***Bien entendu,*** *totalement persuadé.*

For a negative answer, you can say: **pas du tout, absolument pas, vraiment pas, pas vraiment, pas tout à fait...**

- *Vous avez habité en Martinique ?*
- ○ ***Pas du tout,*** *j' y suis allé comme touriste.*

Vraiment pas and pas vraiment

Vraiment pas is a categorical negation on the same level as **pas du tout** or **absolument pas**.

- *Vous aimez la bière, n' est-ce pas ?*
- ○ *Non, **vraiment pas**.*

Pas vraiment is a partial negation. It means **pas beaucoup** and is sometimes used as a polite answer.

- *Vous aimez la bière ?*
- ○ ***Pas vraiment**. Je préfère boire de l' eau si c' est possible.*

- *Vous avez compris, n' est-ce pas ?*
- ○ *Euh, je suis désolé mais **pas vraiment**. Est-ce que vous pourriez répéter ?*

LEXIQUE CLASSÉ PAR UNITÉS
VOCABULARY FOR EACH UNIT

How to work with this glossary

■ As the unit unfolds, you can consult this glossary to help you understand the new vocabulary for each activity. Words and expressions appear in alphabetical order within each exercise.

■ If you cannot find a word, refer to the larger glossary at the end of the textbook.

■ Before each test, you can review your vocabulary with this glossary, going over each activity.

■ All nouns are indicated with definite articles (**le, la, les, l'**). Whenever **l'** is used, the gender of the noun is indicated.

■ If an adjective has a form that is different in the feminine form, both masculine and feminine forms are given.

■ If an adjective has irregular forms, all forms are indicated.

■ The following abbreviations are used throughout the glossary:

abrév	*abréviation*	abbreviation	*fam*	*familier*	informal	*qn*	*quelqu' un*	someone
adj	*adjectif*	adjective	*inf*	*infinitif*	infinitive	*sb*	*somebody*	
adv	*adverbe*	adverb	*m*	*masculin*	masculine	*sth*	*something*	
conj	*conjonction*	conjunction	*pl*	*pluriel*	plural			
f	*féminin*	feminine	*qc*	*quelque chose* something				

Unité 1 QUI SOMMES-NOUS ?
WHO ARE WE?

1. LE PREMIER JOUR DE CLASSE – THE FIRST DAY OF CLASS
We are in a language school and the instructor is taking attendance. Read the names of the students. Are they all present? Check the students who are in class.

le nom	last name
le prénom	first name
présent/e	present

2. SONORITÉS FRANÇAISES – FRENCH SOUNDS
A. Listen to the names one more time. Your instructor will read them to you slowly. Are there any sounds that are new to you?

B. Do you know other French first names? (Think of famous people.) Write as many as you can. Your instructor can write the list on the board.

C. Does your first name have a French equivalent? Ask your instructor!

comment	how
en français	in French
on dit	we say

3. LE FRANÇAIS ET NOS IMAGES – FRENCH AND OUR REPRESENTATIONS
A. Can you associate each of these 12 themes with a picture?

NUMBERS 1–12	
un	one
deux	two
trois	three
quatre	four
cinq	five
six	six
sept	seven
huit	eight
neuf	nine
dix	ten

onze	eleven
douze	twelve

le cinéma	movies
la tradition	tradition
les gens *m pl*	people
la politique	politics
le vin	wine
le sport	sports
la cuisine	cooking, food
la littérature	literature
le monde	world
les affaires *f pl*	business
l'histoire *f*	history
la mode	fashion
moi	me
le tourisme	tourism

B. Which aspects of French culture seem interesting to you?

C. Close your book! Can you now count up to 12 in French?

4. L'EUROPE EN CHANSONS – EUROPE IN SONGS

A. A song contest is broadcast on TV. France is now going to give points to the various participating countries. Complete the chart and indicate the points you hear.

l'Europe *f*	Europe
la chanson	song
l'Allemagne *f*	Germany
l'Autriche *f*	Austria
la Belgique	Belgium
la Bosnie-Herzégovine	Bosnia Herzegovina
la Bulgarie	Bulgaria
Chypre *m*	Cyprus
la Croatie	Croatia
l'Espagne *f*	Spain
l'Estonie *f*	Estonia
la France *f*	France
la Grèce	Greece
la Hongrie	Hungary
l'Irlande *f*	Ireland
l'Islande *f*	Iceland
l'Italie *f*	Italy
la Lettonie	Latvia
le Luxembourg	Luxembourg
la Norvège	Norway
les Pays-Bas *m pl*	Netherlands
la Pologne	Poland
la Roumanie	Romania
le Royaume-Uni	United Kingdom
la Russie	Russia

le Portugal	Portugal
la Slovénie	Slovenia
la Suède	Sweden

B. Now close your book. Can you tell, in French, the names of six countries from the list?

5. PAYS D'EUROPE – COUNTRIES OF EUROPE

A. Can you write in French the names of the seven following countries? They are all in Europe.

ça s'écrit	it is written
je	I
je crois	I think
je crois que	I think that
c'est	it is
non	no
ce n'est pas	it is not
la Finlande	Finland
le Danemark	Denmark
la Lituanie	Lithuania
la Biélorussie	Belarus
l'Ukraine *f*	Ukraine
la République Tchèque	Czech Republic
la Slovaquie	Slovakia
la Moldavie	Moldova
la Suisse	Switzerland
la Yougoslavie	Yugoslavia
l'Albanie *f*	Albania

B. Can you locate these seven countries on the map?

C. Do you know the name of the four European countries where French is spoken? With another student, list them.

6. IMAGES D'EUROPE – IMAGES FROM EUROPE

Do you have any idea in which countries these pictures were taken? In groups of three, share your opinions.

le numéro	number

7. SONS ET LETTRES – SOUNDS AND LETTERS

A. Listen to the first and last names on the recording. Look at their spelling. What do you notice?

B. Find two letters that are pronounced the same way.

C. Find three letters that are pronounced in two different ways.

D. Are all these letters pronounced in a similar fashion in any other languages you speak?

8. ILS SONT CÉLÈBRES EN FRANCE – THEY ARE FAMOUS IN FRANCE

A. Here are some people and characters that are well known in France. Do you know any of them? Discuss this with your classmates.

algérien/ne	Algerian
allemand/e	German
belge	Belgian
créé/e par	created by
d'origine algérienne	of Algerian origin
en Indochine *f*	in Indochina
je sais	I know
l'acteur *m*, l'actrice *f*	actor/actress
l'auteur *m*, l'auteure *f*	author
l'écrivain *m, f*	writer
l'inspecteur *m*, l'inspectrice *f*	inspector
la mère	mother
le chanteur, la chanteuse	singer
le compositeur, la compositrice	composer
le dessinateur, la dessinatrice	(*here*) cartoonist
le joueur, la joueuse de football	soccer player
le père	father
le personnage	character
le/la commissaire de police	police chief
le/la peintre	painter
la photo	picture
les parents *m pl*	parents
né/e	born
russe	Russian

B. Do you know other people or characters from French culture?

9. POURQUOI APPRENDRE LE FRANÇAIS ? – WHY LEARN FRENCH?

A. You will hear a recording of three dialogues in which people explain why they are learning French. Number the sentences below from 1 to 6 to identify who says what.

connaître	to know
il aime	he likes
j'apprends	I am learning
l'ami *m*, l'amie *f*	friend
l'école	school
la langue	language
les vacances *f pl*	vacation
obligatoire	mandatory, compulsory
parler	to speak
petit/e	small
pour + *inf*	in order to
pour + *nom*	for
son, sa, ses	his, her
travailler	to work

B. How about you? Why are you learning French? Share your reasons with three classmates. If you don't know the meaning of a word, make sure to ask your instructor!

ANTISÈCHE

faire du tourisme	to travel
faire *qc*	to do *sth*
j'aime	I like
l'antisèche *f*	antiflunk
la langue étrangère	foreign language
le pays	country
le petit ami, la petite amie	boyfriend, girlfriend
le travail	work
les études *f pl*	studies
mon, ma, mes	my
voisin/e	neighbor

10. CARNET D'ADRESSES – ADDRESS BOOK

Do you know all your classmates? Find out the following information from each person: first name, last name, phone number or e-mail address. Ask them why they are learning French.

étudier	to study
j'épelle	I spell
l'adresse électronique *f*	e-mail address
la motivation	motive
le moyen de contact	contact information
le numéro de téléphone	phone number
le point	period, dot
tu apprends	you learn
tu as	you have
tu t'appelles	your name is

ANTISÈCHE

Tu or **vous**?
Depending on whom they address, French speakers use **tu** or **vous**. **Tu** is informal and is used to address children, members of your family, friends, and colleagues of the same rank. **Vous** is used to show respect or distance.

demander	to ask
épeler	to spell
s'appeler	to be named
s'il te plaît	please (*informal*)
s'il vous plaît	please (*formal*)
tu	you (*informal*)
vous	you (*formal or for more than one person*)

11. LA FRANCOPHONIE – FRENCH-SPEAKING COUNTRIES

Look at the map below. In how many countries is French spoken? In which country is French the main language?

administratif/ive	administrative
avoir	to have
bleu/e	blue
Bruxelles	Brussels
différent/e	different
Haïti	Haiti
l'Afrique f	Africa
l'Amérique f	America
l'Angola m	Angola
l'Asie f	Asia
l'Australie f	Australia
l'enseignement m	teaching
la Côte-d'Ivoire	Ivory Coast
la Guadeloupe	Guadeloupe
la Guyane Française	French Guiana
la manière	way
la Mauritanie	Mauretania
la Nouvelle-Calédonie	New Caledonia
la raison	reason
la République du Congo	Republic of Congo
la Réunion	Reunion
le Cambodge	Cambodia
le continent	continent
le Laos	Laos
le Maroc	Morocco
le Mozambique	Mozambique
le nord	north
le pays	country
le Québec	Québec
le sud	south
le Tchad	Tchad
le Viêtnam	Vietnam
Madagascar m	Madagascar
officiel/le	official
orange	orange
parlé	spoken
rouge	red

B. Read the text above and discover on which continent French is spoken.

culturel/le	cultural
dans	in
divers/e	various
également *adv*	also
elles n'empêchent pas	they don't prevent
en raison de	because of
être	to be
francophone	French-speaking
historique	historical
ils peuvent	they can
l'accent m	accent
l'immigration f	immigration

l'influence f	influence
l'ouest m	west
la colonisation	colonization
la communication	communication
la différence	difference
la difficulté	difficulty
le monde	world
le sud-est	southeast
mais	but
parfois	sometimes
pourtant	yet
se comprendre	to understand each other
très	very

12. TOUT LE MONDE NE PARLE PAS FRANÇAIS DE LA MÊME MANIÈRE – EVERYONE DOES NOT SPEAK FRENCH THE SAME WAY

Three women of different origins will give their information to a secretary. Listen to each conversation. Your instructor will tell you where each woman comes from (Québec, Southwestern France, and Paris).

Unité 2 ELLE EST TRÈS SYMPA
SHE IS VERY NICE

1. QUI EST QUI ? – WHO IS WHO?

A. You don't know these people, but you can try to guess the nationality, the age, and the profession of each one. With a classmate, complete an information card for each photograph.

allemand/e	German
cinquante-cinq	fifty-five
dix-huit	eighteen
espagnol/e	Spanish
français/e	French
italien/ne	Italian
japonais/e	Japanese
l'architecte m, f	architect
l'étudiant m, l'étudiante f	student
le cuisinier, la cuisinière	cook
le musicien, la musicienne	musician
quarante	forty
quinze	fifteen
trente-huit	thirty-eight
vingt-six	twenty-six

B. Now ask your instructor whether your guesses were correct.

moi aussi	me too

2. DE QUI PARLENT-ILS ? – WHOM ARE THEY TALKING ABOUT?

A. Listen to the recorded conversations while looking at the pictures from the previous activity. In your opinion, whom are they talking about?

agréable	pleasant
amusant/e	funny
bavard/e	talkative
excellent/e	excellent
intelligent/e	intelligent
l'homme *m*	man
l'impression *f*	impression
oui	yes
pas du tout	not at all
seulement	only
timide	shy
un peu	a little

B. Underline all adjectives from the dialogues above. Observe the forms and classify these adjectives into two categories: masculine and feminine.

3. RUE FONTAINE D'AMOUR – STREET FONTAINE D'AMOUR

A. All these people live in the street Rue Fontaine d'amour. If you look at the pictures and read the texts, you will learn a lot about them. Look for the people that have the following characteristics.

âgé/e	old
célibataire	single
étudier *qc*	to study *sth*
faire du sport	to exercise, to play sports
jeune	young
l'amour *m*	love
la dame	lady
la fontaine	fountain
la rue	street
le garçon	boy
quelqu'un	someone

NUMÉROS 1–8	NUMBERS 1–8
ambitieux/euse	ambitious
avoir (...) ans	to be (...) years old
beau, bel, belle	pretty
beaucoup	lots of
bon/ne	good
cinquante-huit	fifty-eight
collectionner *qc*	to collect *sth*
contemporain/e	contemporary
coquet/te	stylish
cultivé/e	well-educated
dix-neuf	nineteen

elle va	she goes
faire de l'escalade *f*	to rock climb
faire du bricolage	to putter around the house doing small repairs/projects
gentil/le	nice
gros/se	fat
il fait des études *f*	he studies
il fait	he does
jouer	to play
jouer au football	to play soccer
jouer de la trompette	to play the trumpet
l'agence bancaire	bank agency
l'animal *m*, les animaux *pl*	animal(s)
l'art *m*	art
l'assistant social *m*, l'assistante sociale *f*	social worker
l'école *f*	school
l'élève *m*, *f*	school boy/girl
l'enfant *m*, *f*	child
l'immobilier *m*	real estate
l'infirmier *m*, l'infirmière *f*	nurse
l'informaticien *m*, l'informaticienne *f*	computer specialist
la danse	dance
la géographie	geography
la mode	fashion
la moto	motorcycle
la musique	music
la plante	plant
la rue	street
la télévision	television
le bruit	noise
le chat	cat
le chien	dog
le copain, la copine	friend
le dentiste	dentist
le directeur, la directrice	director
le football	soccer
le professeur	teacher
le retraité, la retraitée	retired person
le sculpteur, la sculptrice	sculptor
le timbre	stamp
le veuf, la veuve	widower, widow
le/la journaliste	journalist
le/la percussionniste	drummer
le/la publicitaire	publicist
malin/maligne	clever
moderne	modern
parler de	to talk about
poli/e	polite
prétentieux/euse	conceited
quarante et un	forty-one
quarante-cinq	forty-five

quarante-quatre	forty-four
rire	to laugh
sociable	sociable
soixante-cinq	sixty-five
soixante-neuf	sixty-nine
sortir avec des copains	to go out with friends
sympathique	nice, friendly
travailleur/euse	hard-working
trente	thirty
trente-cinq	thirty-five
trente-trois	thirty-three
vingt-sept	twenty-seven

B. Listen to the recorded conversations between two neighbors. Whom are they talking about? What do they say? With a classmate, complete the chart below.

parler de	to talk about

4. DES GENS CÉLÈBRES – FAMOUS PEOPLE

Work in groups of two or three. Find...

brésilien/ne	Brazilian
européen/éenne	European
islandais/e	Icelandic
l'homme politique	politician
le personnage historique	historical figure
le scientifique	scientist
le sportif	athlete

5. EUROPÉEN, EUROPÉENNE – EUROPEAN

Here is a map of Europe. First, associate the names of the countries with the corresponding adjectives. Then, try to complete the list below.

anglais/e	English
autrichien/ne	Austrian
britannique	British
danois/e	Danish
estonien/enne	Estonian
finlandais/e	Finnish
généralement	generally
grec, grecque	Greek
hollandais/e	Dutch
hongrois/e	Hungarian
luxembourgeois/e	Luxemburguese
on devrait	we should
portugais/e	Portuguese
suédois/e	Swedish

6. VOTRE PAYS ET VOTRE VILLE – YOUR COUNTRY AND YOUR CITY

Do you know the name of your country and its people in French?

If you don't, ask your instructor. Inquire about the name of your city as well. It might have a French version.

7. L'ARBRE GÉNÉALOGIQUE – FAMILY TREE

A. Irène is speaking about her family. Listen to her and complete her family tree.

décédé/e	deceased
la fille unique	single daughter
le fils unique	single son

B. Now compare your answers with those of another student.

8. VOTRE FAMILLE – YOUR FAMILY

Draw your family tree. Here is a suggestion: Draw their faces! Then present your family to another student.

faire des études	to study
le commerce	business

9. VOS GOÛTS ET VOS ACTIVITÉS – YOUR TASTES AND YOUR ACTIVITIES

A. Work in groups of three. Each one of you will say three things. The two others must decide whether each statement is true (**c'est vrai**) or false (**c'est faux**).

aimer	to like/love
aller au cinéma	to go to the movies
chanter	to sing
danser	to dance
étranger/ère	foreign
faire de la natation	to swim
faire du théâtre *m*	to act
faire la fête	to party
jouer au football	to play football
jouer au tennis	to play tennis
jouer aux cartes *f pl*	to play cards
jouer aux échecs *m pl*	to play chess
jouer de l'accordéon	to play the accordion
jouer de la guitare	to play the guitar
jouer du piano	to play the piano
l'anglais *m*	English
l'histoire *f*	history
la sociologie	sociology
le soir	evening
le voyage	travel
les langues *f pl*	languages
les mathématiques	mathematics
sortir	to go out
vrai/e	true

B. Now do you know what your classmates like to do? Tell the whole class!

10. LES INVITÉS À UN MARIAGE – THE GUESTS AT A WEDDING

A. Irène and Thierry are getting married. At the wedding, there will be 23 persons total (the couple, their parents, and 17 guests). Can you identify them?

à onze heures	at 11 o'clock
ancien/ne	ancient
assez	enough
assister à	to attend
bien *adv*	well
divorcé	divorced
extraverti/e	outgoing
faire du camping	to go camping
faire le tour du monde	to go around the world
il aura lieu	it will happen
il fait de la moto	he rides a motorcycle
il lit	he reads
jouer du saxo *m*	to play the saxophone
l'agence de voyage	travel agency
l'ami/e	friend
l'écologiste *m, f*	environmentalist
l'employé/e de banque	bank employee
l'enfance *f*	childhood
l'époux *m*, l'épouse *f*	spouse
l'espagnol *m*	Spanish
l'instituteur *m*, l'institutrice *f*	schoolteacher
l'oncle *m*	uncle
la course automobile	car race
la femme au foyer	housewife
la fille	daughter
la joie	joy
la mairie	city hall
la marine marchande	merchant navy
la multinationale	multinational business
la tante	aunt
la terre	earth
le capitaine	captain
le cousin *m*, la cousine *f*	cousin
le directeur commercial	marketing manager
le fils	son
le grand-père	grandfather
le japonais	Japanese
le marié, la mariée	groom, bride
le portugais	Portuguese
le voilier	sailboat
les mariés	the married couple
maternel/le	maternal
militant/e	political activist
ouvert/e	open
s'intéresser à	to be interested in
samedi 6 juin	Saturday, June 6
un peu	a little bit
voyager	to travel

B. Compare your answers with those of a classmate.

ANTISÈCHE

à côté de	next to
avec	with
la table d'honneur	table of honor
la table	table
le/la même, les mêmes	the same
parce que	because
tous les deux	both

11. LE REPAS DE MARIAGE – THE WEDDING DINNER

A. Both families are wondering how to place their guests at the different tables for the wedding dinner. Listen to the conversation between Irène and Thierry to obtain more information about the guests.

B. Now work in small groups and organize the tables!

C. You need to explain and justify to the class how you placed the guests.

D. How about you? Imagine you are invited to this wedding. Whom would you like to sit next to? Why?

12. OÙ SONT PAPA ET MAMAN ? – WHERE ARE MOM AND DAD?

Here is a text about the different family structures in France. In your own country, what is the most frequent model?

actuel/le	current
adopté/e	adopted
aujourd'hui	today
biologique	biological
correspondre	to correspond
être né/e	to be born
il n'y a plus	there is no longer
ils veulent	they want
juridique	legal
l'union libre *f*	couple that lives together without being married
la demi-sœur	half sister
la famille élargie	extended family
la famille homoparentale	family with parents of the same sex
la famille monoparentale	single-parent family
la famille nucléaire	nuclear family
la famille pacsée	legalized couple but not married
la famille recomposée	restructured family (two families merging)
la famille	family

le demi-frère	half brother
le schéma	pattern
le sexe	gender, sex
les grands-parents *m pl*	grandparents
ne ... plus	no longer
plusieurs	several
pour cent	percent
précédent	former
remarié/e	remarried
sans	without
semblable	similar
souvent	often
traditionnel/le	traditional
un enfant sur trois	one child out of three
un/e seul/e	a single
unique	sole, only
vivant	living

Unité 3 EN ROUTE !
LET'S GO!

1. LES VACANCES EN FRANCE – VACATION IN FRANCE

Take a look at this poster of France. What can you do in these cities?

bien	well
bronzer	to tan
faire de la planche à voile	to windsurf
faire de la randonnée	to go hiking
faire du shopping	to go shopping
faire du ski	to go skiing
la nuit	night
la randonnée	hike
le monument	monument
le musée	museum
le parc thématique	theme park
le spectacle	show
le VTT (vélo tout terrain)	mountain bike
les vacances *f pl*	vacation
manger	to eat
se baigner	to go swimming
sortir	to go out
visiter *qc*	to visit *sth*
voir	to see

2. CENTRES D'INTÉRÊT – HOBBIES

Estelle, Luc, and Sylvain are talking about their favorite activities.

A. Listen, write down what they each like to do, and then compare your answers with those of a classmate.

B. How about you? What are your three favorite activities? Talk about them with two other students.

3. UN SONDAGE SUR VOS VACANCES – A POLL ABOUT YOUR VACATION

A. The magazine *Évasion* published this short poll to find out about your tastes regarding vacation. Answer it!

aller	to go
alors	so, then
connaître	to know
l'automne *m*	autumn
l'aventure *f*	adventure
l'avion *m*	airplane
l'été *m*	summer
l'hiver *m*	winter
la campagne	countryside
la mer	sea
la montagne	mountain
la voiture	car
le calme	calm
le printemps	spring
le train	train
partir	to leave
préférer	to prefer
prochain/e	next
quand	when
seul/e	alone
toi	you
tu peux	you can

B. Form small groups and share your answers.

4. LES VACANCES DE RICHARD, DE JULIEN ET DE NICOLAS – RICHARD'S, JULIEN'S, AND NICOLAS' VACATION

A. First, take a look at the photos of Richard, Julien, and Nicolas. You are given three sentences that sum up their ideas about vacation. In your opinion, who likes what?

au bord de la mer	by the sea
le moyen de transport	transportation mode
tranquille	quiet

B. Now listen to Richard, Julien, and Nicolas talking about their vacation. Did you learn anything else?

l'année *f*	year
la saison	season

5. CHERCHE COMPAGNON DE VOYAGE – LOOKING FOR A TRAVEL COMPANION

A. You are planning a vacation. You found these four advertisements, which offer four completely different trips. Using the sentences below, choose the one that appeals to you the most.

à partir de	starting at
août	August
Appelle !	Call!
autrement *adv*	otherwise
avoir envie de	to feel like
avril	April
bon marché	cheap
châteaux de la Loire	castles on the Loire
classique	classic
Contacte-nous !	contact us!
différemment *adv*	differently
dormir	to sleep
février	February
idéal/e	ideal
intéressé/e	interested
juillet	July
km à l'heure	km per hour
l'appartement *m*	apartment
l'autocar *m*	bus
l'expédition *f*	expedition
l'hôtel *m*	hotel
l'offre exceptionnelle *f*	exceptional offer
la basse saison	low season
la chambre	bedroom
la dégustation de vins	wine tasting
la jeep	jeep
la motoneige	snowmobile
la piscine	swimming pool
la piste	trail, track
la semaine	week
la sensation	sensation
la vitesse	speed
le château, les châteaux *pl*	castle(s)
le circuit	tour
le dollar	dollar
le forfait	rate
le Grand Nord	far north
le jour	day
le Niger	Nigeria
le skidoo	Ski-doo
le soleil	sun
le transport	transportation
le vertige	dizziness
le voyage organisé	organized travel
libre	available
mai	May
mars	March

par jour	per day
septembre	September
tonique	strong
tu veux	you want
voyage en 4x4	travel in SUV
y aller	going there

B. Now, in groups of three, talk about your preferences and what you want to do.

la plage	beach

6. WWW.OROQUES.FR

A. If you go on vacation to the South of France, you can find small towns such as this fictional one. Read the information about Oroques and take a good look at the map of the town. What can you locate on the map? Work with another student.

animer	to liven up
ardéchois/e	someone from Ardèche
chaud/e	hot
construit/e	built
elle offre	she offers
idéalement *adv*	ideally
il y a	there is
joli/e	pretty
l'association *f*	association
l'atmosphère *f*	atmosphere
l'auberge *f*	inn
l'autoroute *f*	freeway
l'église *f*	church
l'étoile *f*	star
l'office *m* de tourisme	tourist information office
la cigale	cicada
la correspondance	correspondance
la découverte	discovery
la descente	descent
la faune	wildlife
la flore	flora
la fourchette	fork
la gare	train station
la place	plaza
la Provence	Provence
la rivière	river
la route	road
la rue piétonnière	pedestrian street
la sortie	exit
la vallée	valley
le cadre	setting
le camping	camping
le centre	center
le château fort	fortified castle
le marché	market

le matin	morning
le parc national	national park
le patrimoine	heritage
le pin	pine
le renseignement	information
le restaurant	restaurant
le Rhône	Rhône river
le siècle	century
les gorges *f pl*	gorge
magnifique	magnificent
naturel/le	natural
on a conservé	they have preserved
où ?	where?
parfait/e	perfect
près de	next to
probablement	probably
que ?	what?
quoi ?	what?
quoi d'autre	what else
sec, sèche	dry
situé/e	located
tout le monde	everybody
traverser *qc*	to cross *sth*
typique	typical
Venez !	Come!
vous aimerez	you will like

B. Together, write 10 sentences based on the text and on the map, using the following structures. The first team that is done writing the 10 sentences wins!

il y a	there is
l'étoile	star

7. DEUX CLUBS DE VACANCES – TWO VACATION RESORTS

Many people like to spend their vacation in resorts. Which one of these two resorts would you prefer? Why? Talk about it together.

l'argent *m*	money
la crèche	daycare
la discothèque	disco, club
la laverie automatique	laundromat
la pharmacie	pharmacy
la salle de sports	exercise room
le bar	bar
le bien-être	well-being
le court de tennis	tennis court
le distributeur automatique	ATM machine
le minigolf	minigolf
le salon de coiffure	hair salon
le sauna	sauna

8. UN ENDROIT QUE J'AIME BEAUCOUP – A PLACE I LIKE A LOT

Think of a place where you went on vacation that you enjoyed. Individually, prepare a short presentation: Where was it, what is there to do in that place, why did you like it, etc.

grand/e	big
le casino	casino
le week-end	weekend

COLONNE DE GRAMMAIRE

goûter *qc*	to taste *sth*
ici	here
l'équitation *f*	horseback riding
la peinture	painting
la spécialité	specialty
le magasin	store
local/e	local
pardon	sorry

9. VACANCES EN GROUPE – GROUP VACATION

A. Indicate your preferences below.

en auto-stop	hitchhiking
l'auberge *f* de jeunesse	youth hostel
l'hébergement *m*	lodging
l'intérêt *m*	interest
la location meublée	furnished rental
la nature	nature
le gîte rural	vacation rental in countryside

B. Express your preferences and listen well to what others are saying. Write down the names of those who have the same tastes as you.

je veux	I want

10. GROSPIERRES OU DJERBA ? – GROSPIERRES OR DJERBA?

A. First, form teams according to the results of the preceding exercise.

à proximité	close to
à votre portée	within reach
aménagé/e	equipped
chercher *qc*	to look for *sth*
direct/e	direct
directement *adv*	directly
environ	about
équipé/e	equipped
extérieur/e	exterior
gastronomique	gastronomical
international/e	international

l'accès *m*	access
l'aéroport *m*	airport
l'air conditionné *m*	air conditioning
l'île *f*	island
l'infrastructure *f*	infrastructure
la crêperie	crêpe restaurant
la fête	party, celebration
la grotte	cave
la lumière	light
la réservation	reservation
la restauration	gastronomy
la situation	situation
la spéléologie	caving
la suite	suite
la terrasse	deck
la Tunisie	Tunisia
le balcon	balcony
le centre de fitness	fitness center
le désert saharien	Sahara desert
le jazz	jazz
le mini bar	minibar
le plaisir	pleasure
le service	service
le terrain de golf	golf course
le trou	hole
le village	village
les activités de plein air	outdoor activities
les équipements *m pl*	equipment
les sports aquatiques *m pl*	water sports
médiéval/e	medieval
privé/e	private
si	if
souhaiter	to wish
tout est pensé pour	everything is made for
transformé/e	transformed
un bungalow tout confort	bungalow with all comforts

B. For your group vacation, you can choose between Grospierres and Djerba. Read the ads and choose a destination.

Allons !	Let's go!

C. You must agree on the dates, the type of lodging, and the activities.

décembre	December
janvier	January
novembre	November
octobre	October

ANTISÈCHE
avoir envie de	to feel like
préférer	to prefer

D. Each group is going to explain their choice and their reasons to the class.

le projet	project
loger	to stay overnight
nous voulons	we want
revenir	to come back

11. CARTE DE FRANCE – MAP OF FRANCE
Look at this map. What do you recognize (regions, cities, monuments, traditions...)?

12. SUR LE PONT D'AVIGNON, L'ON Y DANSE, L'ON Y DANSE... – ON THE BRIDGE OF AVIGNON, THEY ARE DANCING, THEY ARE DANCING...
A. Do you know this famous French song? Listen to it!

comme ça	like this
en rond	in a round
encore	more

B. Then read the information from the Tourist Office of Avignon. Can you locate Avignon on the map?

dater de	to date from
grâce à	thanks to
la partie	part
le pont	bridge
rester	to stay
vieux, vieil, vieille	old

Unité 4 LEVEZ UNE JAMBE !
RAISE A LEG

1. POUR ÊTRE EN FORME – TO BE IN GOOD SHAPE
A. In the following list, you will find good health habits and bad health habits. Indicate your good habits (+) and your bad habits (-). You can also add others to the list.

boire *qc*	to drink *sth*
dormir	to sleep
en plein air	outdoors
frais, fraîche	fresh
fumer	to smoke
jamais	never
l'eau *f*	water
l'ordinateur *m*	computer
la viande	meat
le bus	bus
le fast-food	fast food

le fruit	fruit
le lait	milk
le légume	vegetable
le petit-déjeuner	breakfast
le poisson	fish
les sucreries *f pl*	sweets
marcher	to walk
prendre *qc*	to take *sth*
se coucher	to go to bed
se déplacer	to move
sortir	to go out
tard	late

B. Compare your habits with two classmates. Look for habits you have in common.

C. Now tell the rest of the class what your common habits are.

2. DÉTENDEZ-VOUS ! – RELAX!

A. The magazine *Ta Santé* suggests some relaxation exercises. If you read the texts and look at the images on these two pages, you will discover the names of various body parts.

Asseyez-vous !	Sit down!
assis/e	seated
avoir mal au dos	to have a backache
considérer	to consider
contracter *qc*	to contract *sth*
décontracter	to relax
derrière	behind
détendre *qc*	to relax *sth*
droit/e	right
en direction de	towards
en moyenne	in average
étonnant/e	surprising
facile	easy
finalement	finally
gauche	left
l'étude *f*	study
l'exercice physique *m*	exercise
l'œil *m*, les yeux *pl*	eye(s)
la bouche	mouth
la chaise	chair
la jambe	leg
la main	hand
la majorité	majority
la pointe	tip
la tête	head
le bras	arm
le bureau	desk
le concitoyen, la concitoyenne	fellow citizen
le dos	back
le Ministère de la Santé	health department

le mouvement	movement
le muscle	muscle
le nez	nose
le pied	foot
même	same
mettre *qc*	to put *sth*
observer *qc*	to observe *sth*
poser *qc*	to put *sth* down
réaliser *qc*	to realize *sth*
recommencer	to start again
rien	nothing
se détendre	to relax
selon	according to
tendre *qc*	to extend *sth*
tirer *qc*	to draw *sth* in
vers le haut	upwards

B. Now write the text for image 6.

C. According to you, what physical activities are good for...?

l'athlétisme *m*	track
l'escrime *f*	fencing
la gymnastique	gymnastics
la marche à pied	walking
la voile	sailing
le badminton	badminton
le basket-ball	basketball
le cœur	heart
le cyclisme	biking
le handball	handball
le pentathlon	pentathlon
perdre du poids	to lose weight

3. EST-CE QU'ILS FONT DU SPORT ? – DO THEY EXERCISE?

A. Listen to the interviews. Do all these people exercise? If yes, what sport do they do?

B. Prepare four questions you will ask a classmate to find out whether he/she is athletic. Then communicate this information to the rest of the class.

deux fois par semaine	twice a week

4. GYM EN DOUCEUR – SOFT GYM

A. Here is a space for you to create a workout. In pairs, imagine a sequence of movements that can follow the first illustration. First draw four simple illustrations and write some directions under each. You can use a dictionary or ask your instructor for help.

le geste	movement

B. Now give your directions to two classmates. They have to do the movements as you describe them.

C. Now the class is going to vote: Who created the best workout?

5. LE STRESS ET SES CAUSES – STRESS AND ITS CAUSES

A. Many people suffer from stress for various reasons. You will find some possibilities on the list, but you might know other reasons. Write them down! Then ask questions of a classmate and write down his/her answers.

après	after
avoir des devoirs à faire	to have homework to do
bruyant/e	loud
fréquemment *adv*	frequently
irrégulier/ère	irregular
l'environnement *m*	environment
l'examen *m*	exam
l'horaire *m*	schedule
le budget	budget
limité/e	limited
passer des examens	to take exams
pendant	during
penser à *qc/qn*	to think of *sth/sb*
se disputer	to argue

B. Do you think that this classmate suffers from stress? Why?

6. BIEN MANGER POUR ÊTRE EN FORME ! – EATING WELL TO BE IN SHAPE!

A. Nowadays, people lead a very sedentary life, and nutrition needs are not the same as what they used to be. In your opinion, what should we eat to have a balanced diet that is well adapted to our lifestyle? Talk about it in pairs and complete the chart below.

il faut manger	one must eat
la graisse	fat
le sucre	sugar
moins de	less
plus de	more

B. Now listen to Dr. Laporte and check whether you have a good knowledge of nutrition!

C. Find out about another student's diet. Do you think this person has a healthy and balanced diet? Why?

7. DE TROP MAUVAISES HABITUDES POUR UNE VIE SAINE – HABITS THAT ARE TOO BAD FOR A HEALTHY LIFE

Listen to the following interviews conducted by Radio Centre and complete the form below for each person.

sain/e	healthy

COLONNE DE GRAMMAIRE

aller	to go
chaque	each
devoir faire *qc*	to have to do *sth*
dimanche *m*	Sunday
donner *qc* à *qn*	to give *sth* to *sb*
finir *qc*	to finish *sth*
important/e	important
jeudi *m*	Thursday
l'après-midi *m*	afternoon
le café	coffee
le club de sports	sports club
le conseil	advice
le midi	noon
le soda	soda
le soir	evening
le yoga	yoga
lundi *m*	Monday
mardi *m*	Tuesday
mercredi *m*	Wednesday
nécessaire	necessary
personnel/le	personal
quelquefois	sometimes
rarement	rarely
recommander *qc* à *qn*	to recommend *sth* to *sb*
samedi *m*	Saturday
se doucher	to shower
se lever	to get up
se réveiller	to wake up
tôt	early
tous les jours	every day
trop	too much
varié/e	varied
vendredi *m*	Friday

8. RÈGLES POUR VIVRE EN BONNE SANTÉ – RULES FOR LEADING A HEALTHY LIFE

To be healthy, three things are important:
a. eating well
b. exercising
c. living without stress

Look at the following rules and try to identify to which category they each correspond.

boire	to drink
contrôler *qc/qn*	to control *sth/sb*
être de bonne humeur	to be in a good mood
la minute	minute
la sieste	nap
poids	weight

régulier/ère	regular	optimiste	optimistic
rencontrer *qn*	to meet *sb*	par conséquent	therefore

9. NOTRE GUIDE SANTÉ – OUR HEALTH GUIDE

A. In groups of three, you are going to write a guide to health. But first, read each text individually. Each member of the group will pick one text: Read it, choose the main points, and complete the form.

à condition de + *inf*	if, so long as
accepter *qc*	to accept *sth*
affronter	to face, to confront
avant tout	foremost
avoir faim *f*	to be hungry
bien sûr	of course
complet/ète	whole
conclure *qc*	to conclude *sth*
conseillé/e	advised
consommer	to consume
constant/e	constant
contenir *qc*	to contain *sth*
essayer	to try
être capable de	to be able to
face à	facing
facilement *adv*	easily
fondamental/e	fundamental
garder *qc*	to keep *sth*
il suffit de	it is enough
indispensable	indispensable
insister sur *qc*	to insist on *sth*
intense	intensive
l'aliment *m*	food
l'alimentation *f*	diet (*what you eat*)
l'attitude *f*	attitude
l'estime de soi *f*	self-esteem
la boisson	drink
la façon	way
la fibre	fiber
la protéine	protein
la société	society
le diététicien, la diététicienne	nutritionist
le fait	fact
le footing	jogging
le litre	liter
le pain	bread
le problème	problem
le riz	rice
le titre	title
le vélo	bicycle
lutter contre *qc*	to struggle against *sth*
mince	thin
nécessairement *adv*	necessarily

parvenir	to reach, to achieve
permettre *qc*	to allow *sth*
positif/ive	positive
posséder *qc*	to own *sth*
possible	possibly
pratiquer *qc*	to practice *sth*
riche	rich
rire	to laugh
se maintenir en forme	to stay in good shape
se sentir	to feel
sédentaire	sedentary
signifier	to mean
un litre et demi	a liter and a half
vouloir	want
vraiment	really

B. Each member of the group is now going to present the main ideas of his or her text. Then, together, based on this information, decide what the ten most important ideas are. Note other important aspects of healthy living.

C. It is time to write your guide to health. The title is: *Dix attitudes pour mieux vivre*. The introduction is already written. You can now write the advice.

adopter *qc*	to adopt *sth*
apporter *qc*	to bring *sth*
essentiel/le	essential
l'effort *m*	effort
l'habitude *f*	habit
la conviction	conviction
la qualité	quality
mentalement *adv*	mentally
physiquement *adv*	physically
se transformer	to change oneself
supposer *qc*	to assume *sth*

LE TEMPS DES FRANÇAIS

domestique	domestic
en revanche	on the other hand
être consacré/e à *qc*	to be dedicated to *sth*
fortement *adv*	strongly
il a augmenté	it has increased
il a baissé (de...)	it declined (by...)
l'hypermarché	huge supermarket
l'individu *m*	individual
la catégorie socio-professionnelle	socio-economic group
la demi-heure	half hour
la journée	day
la lessive	laundry

la moitié	half
le domicile	place of residence
le ménage	housecleaning
le supermarché	supermarket
le temps passé	time spent
le temps	time
les courses *f pl*	errands
les hobbies *m pl*	hobbies
moyen/ne	average
occuper	to occupy
physiologique	physiological
proche	close to
respectivement *adv*	respectively
se décomposer	to decompose
se laver	to wash oneself
se préparer	to prepare oneself
varier	to vary

10. LES FRANÇAIS AU JOUR LE JOUR – THE FRENCH IN DAILY LIFE

A. Here is a riddle: How do French people spend the half hour of free time they have earned in the past ten years?

B. Think of your own habits as well as your family's habits. Do you observe a similar use of time? Talk about it with two classmates.

Unité 5 VOUS PARLEZ ITALIEN ? DO YOU SPEAK ITALIAN?

1. IL FAUT ÊTRE DOUÉ/E – YOU HAVE TO BE TALENTED

A. Here are some pictures of people at work. Do you recognize their professions? Write the picture numbers corresponding to the professions below.

l'artisan *m*, la femme artisan	artisan
l'interprète *m, f*	interpreter
l'ouvrier *m*, l'ouvrière *f*	factory worker
le camionneur, la camionneuse	truck driver
le coiffeur, la coiffeuse	hairdresser
le dentiste *m, f*	dentist
le juge, la femme juge	judge
le mécanicien, la mécanicienne	mechanic
le médecin, la femme médecin	doctor
le musicien *m*, la musicienne *f*	musician
le pompier, la femme pompier	fireman, firewoman
le serveur, la serveuse	waiter/waitress
le vendeur, la vendeuse	salesperson
le/la chef cuisinier	chef
le/la détective	detective
le/la secrétaire	secretary
le/la styliste	designer

B. What qualities are necessary for the following professions? Talk about it with some classmates.

aimable	kind
avoir bonne présentation	to present well
commander	to lead
convaincre *qn*	to convince *sb*
créatif/ive	creative
écouter	to listen
être disposé/e à faire *qc*	to be inclined to do *sth*
être doué/e	to be talented
être habitué/e à *qc*	to be used to *sth*
franc/che	straightforward
l'informatique *f*	computer science
la force	strength
la patience	patience
le diplôme universitaire	university diploma
le permis de conduire	driver's license
organisé/e	organized
ouvert/e	open-minded
patient/e	patient
savoir	to know
travailler en équipe	to do teamwork

2. MOI, JE VEUX TRAVAILLER... – I WANT TO WORK...

How about you? What would you like to become? Why? If you work already, what do you do?

chimique	chemical
l'assurance *f*	insurance
l'entreprise *f*	business
le produit	product

3. À CHACUN SON MÉTIER – TO EACH HIS OWN WORK

A. Each profession has positive and negative aspects. Next to each job, indicate one positive and one negative aspect. Look below for some ideas. You can add others too.

aider *qn*	to help *sb*
beaucoup d'heures de suite	many hours in a row
dangereux/euse	dangerous
devenir	to become
difficile	difficult
ennuyeux/euse	boring
être loin de chez soi	to be far away from home
gagner de l'argent *m*	to earn money
indépendant/e	independent
intéressant/e	interesting
l'agriculteur *m*, l'agricultrice *f*	farmer
l'avocat *m*, l'avocate *f*	lawyer
l'employé/e de bureau	office worker

l'enseignant *m*, l'enseignante *f*	teacher
la responsabilité	responsibility
le chauffeur de taxi	taxi driver
le métier	work, profession
le policier, la policière	policeman
le/la psychologue	psychologist
motivant/e	motivating
pénible	painful, hard
stressant	stressful

B. Then, comment your answers with two classmates.

trouver que	to find that

4. LÉA CHERCHE DU TRAVAIL – LÉA IS LOOKING FOR WORK

A. Léa spent a year in England. She just came back to France and is now looking for work. Listen to her interview at an employment agency. Complete the sentences below with information she provides.

B. Now read the two job advertisements and decide whether Léa's profile corresponds to one of them.

adjoint/e	adjunct
au moins	at least
autonome	independent
Bac+3	three years of college after high school
constituer	to build
consulter	to consult
discret/ète	discreet
encourager	to encourage
envoyer *qc*	to send *sth*
féminin/e	feminine
général/e	general
immédiat/e	immediate
l'allemand *m*	German
l'assistant *m*, l'assistante *f*	assistant
l'égalité de chances	equal opportunities
l'orthographe *f*	spelling
la candidature	candidacy
la Commission Européenne	European Commission
la Cour des Comptes	finance court
la direction	direction
la disponibilité	availability
la lettre	letter
la mémoire	memory
la page web	Web Page
la prétention	(*here*) claim
la rémunération	income
la réserve	reserve
le concours	competitive exam

le CV/*Curriculum Vitæ*	résumé
le parlement	parliament
le/la titulaire	(*here*) you have
manuscrit/e	handwritten
merci de	thanks for
mettre en œuvre	to carry out
motivé/e	motivated
parler couramment	to speak fluently
recruter *qn*	to recruit *sb*
se présenter	(*here*) to apply
vivement	much

C. Talk about it with two classmates and reach an agreement regarding which is the best job for Léa.

croire *qc*	to believe *sth*
postuler pour un emploi	to apply for a job

5. FAN DE ZIZOU – ZIZOU'S FAN

A. Read the following biography carefully. Do you know who Zizou is?

commencer	to begin
devenir	to become
entrer	to enter
gagner	to win
jouer	to play
la biographie	biography
la coupe du monde	world cup
professionnel/le	professional
rencontrer	to meet
rester	to stay
se marier	to get married

B. In this text, a new tense is used. Look for and underline the verbs that are conjugated with this tense. What do you notice about the way it is structured?

6. QUIZZ – QUIZ

Form two or three teams and try to guess who did the following things. The team who has the most number of correct answers wins.

cent	hundred
décrire *qc*	to describe *sth*
depuis	since
énorme	huge
interpréter un rôle	to play a role
la comédie	comedy
la condition	condition
la peine de mort	death penalty
le base-ball	baseball
le champion, la championne	champion

le changement	change	déjà	already
le documentaire	documentary	descendre	(here) to go down
le drame	drama	deuxième	second
le film	film	disparaître	to disappear
le mouvement impressionniste	Impressionist movement	distinguer	to distinguish
le quartier ouvrier	blue-collar neighborhood	être en troisième année f	to be a third-year student
le roman	novel	habiter	to live
le soleil levant	rising sun	il y a deux ans	two years ago
le succès	success	l'explication f	explanation
le visiteur, la visiteuse	visitor	la crêpe	crêpe
le/la misérable	miserable, poor	la durée	duration
Londres	London	la théorie	theory
mourir	to die	le baccalauréat	high school exit exam
naviguer	to sail	mal adv	bad
peindre	to paint	monter	(here) to go up
se battre contre	to fight against	ouvrir qc	to open sth
		partir	to leave
		quatrième	fourth
		s'habiller	to get dressed
		tomber	to fall
		troisième	third
		venir	to come

7. IL ET ELLE – HE AND SHE

Work in pairs. Think of a famous person whom everyone knows and prepare a few sentences about this person's life. Read your sentences to the rest of the class. Let's see if they can guess whom you are talking about.

inventer qc	to invent sth

8. EXPÉRIENCES DIVERSES – DIFFERENT EXPERIENCES

Get together in groups of three or four and ask each other the questions from the chart below. Write down everyone's positive and negative answers. Of course, you can also ask other questions.

faire du deltaplane	to hang-glide
la cuisse de grenouille	frog's leg
la grotte préhistorique	prehistoric cave
la mine	mine
la tour	tower
perdre qc	to lose sth

9. LE JEU DU MENSONGE – THE GAME OF LYING

A. Think of things that you have done and things that you have not done. Select three of them and tell them to your classmates. At least one of these things must be true. The others can be lies. You may use the verbs given below.

B. Form groups of four. Take turns reading the sentences you have prepared. The others must guess what is true and what is not true.

le/la diplomate	diplomat

COLONNE DE GRAMMAIRE

arriver	to arrive
conduire une voiture	to drive a car

10. OFFRES D'EMPLOI – JOB OFFERS

A. "Radio-jeunesse" is a program for young people that provides, among other things, a job offer segment. You will hear that segment, but first read what Jeanlou is going to announce, and try to complete the ads with the missing words.

apprécié/e	appreciated
artistique	artistic
exigé/e	demanded
l'école hôtelière f	hotel school
l'instrument de musique	music instrument
la comptabilité	accounting
la gestion	management
le caissier, la caissière	cashier
le secteur	sector
le sens	sense
les Champs-Élysées	famous Parisian avenue
littéraire	literary
saisonnier/ière	seasonal
sérieux/euse	serious

B. Now listen to the recording and check whether you completed the ads correctly.

11. SÉLECTION DE CANDIDATS – SELECTION OF CANDIDATES

A. You are working for a recruitment agency. You need to select candidates for the four jobs advertised in the previous activity. At the moment, you have four candidates. Read their information. Then, in small groups, try to reach an agreement regarding which candidate is best for each job.

à ton avis	in your opinion	l'ingénieur *m*, la femme ingénieur	engineer
anglais courant	fluent English	l'Instruction Publique *f*	public instruction
distrait/e	distracted	la Grande École	higher education system recruiting the best students in a selective way at the national level
divers *m pl*	varied		
électrique	electrical		
l'amateur *m*, l'amatrice *f*	amateur		
l'expérience professionnelle	professional experience	la licence	bachelor's degree
la colonie de vacances	summer camp	la scolarité	schooling
la flûte	flute	laïque	lay
la formation	training	le boulanger, la boulangère	baker (*bread*)
la librairie	bookstore	le collège	junior high school
la maîtrise en lettres modernes *f*	M.A. in literature	le doctorat	doctorate, PhD
la naissance	birth	le haut fonctionnaire, la haute fonctionnaire	public official
le BTS (Brevet de Technicien Supérieur)	certificate for two-/three-year professional training	le lycée professionnel	high school that offers work apprenticeship
le lieu	place	le lycée	high school
le meilleur	the best	le mastaire	master's degree
le moniteur, la monitrice	instructor	le pâtissier, la pâtissière	baker (pastries)
le test psychotechnique	psycho-technical test	le Sénat	Senate
les Beaux Arts *m pl*	fine arts	le système éducatif	education system
les notions *f pl*	notions	le/la comptable	accountant
les vacances scolaires *f pl*	school vacation	le/la ministre	minister
passionné/e	passionate	le/la professeur agrégé/e	teacher with a special certification

B. Now, each group will present their results.

ANTISÈCHE

à mon avis	in my opinion	long, longue	long
autant de … que	as many … as	quelques-uns *m*, quelques-unes *f*	a few of them
comparer *qc*	to compare *sth*	Sans Dieu ni Roi	without God or a king
introduire une opinion	to present an opinion	spécialisé/e	specialized
		suivre *qn/qc*	to follow *sb/sth*
		terminer *qc*	to end *sth*

C. Now, complete the following information card. Then take a minute to think: Which of the four jobs would you prefer to apply for and why? Discuss with two persons from your group.

12. BAC+8 ? – DOCTORATE?
A. Read the text about training and professions in France. Are things different in your country?

auprès de	(*here*) with
court/e	short
défendre *qn/qc*	to defend *sb/sth*
établir *qc*	to establish *sth*
gratuit/e	free
IUT - Institut universitaire de technologie / STS - Section de techniciens	technical college
l'école maternelle *f*	preschool
l'école primaire *f*	primary school
l'enseignement supérieur *m*	higher education
l'humanité *f*	humanity

1. LE QUARTIER SAINT QUENTIN – THE SAINT QUENTIN NEIGHBORHOOD
A. What is sold in the following stores?

l'eau *f*	water
l'épicerie *f*	grocery store
l'hygiène *f*	hygiene
l'optique *f*	optical
la beauté	beauty
la bière	beer
la boisson	drink
la boulangerie	baker's, bakery
la chaussure	shoe
la couleur	color
la fleur	flower
la matière	material

la papeterie	stationery store
la parfumerie	perfume/cosmetic store
le croissant au beurre	butter croissant
le disque	CD
le DVD	DVD
le fromage	cheese
le gâteau, les gâteaux *pl*	cake(s)
le journal, les journaux *pl*	newspaper(s)
le jus de fruits	fruit juice
le médicament	medicine
le parfum	perfume
le prix	price
le produit laitier	dairy product
le traiteur	caterer
le vêtement	article of clothing
le yaourt	yogurt
vendre *qc*	to sell *sth*

B. Now, do you know what the various stores are called?

2. LA LISTE DE COLIN – COLIN'S LIST

A. Colin is going shopping in his neighborhood. His girlfriend Chloé's birthday is tomorrow and he wants to buy her a present. He brings along a list . Which stores does he need to go to? Check the stores on the list below.

l'anniversaire	birthday
l'aspirine *f*	aspirin
l'enveloppe *f*	envelope
l'œuf *m*	egg
la baguette	baguette
la bouteille	bottle
la pâtisserie	pastry shop
la pellicule	film for camera
la pile	battery
la salade	lettuce
le bouquet de fleurs	bouquet
le camembert	camembert
le champagne	Champagne
le chemisier	blouse
le dentifrice	toothpaste
le marchand, la marchande de chaussures	shoe seller
le paquet	package
le pâté	pâté
le shampoing	shampoo
le sucre en morceau	sugar cube
le/la fleuriste	florist
le/la photographe	photographer
moulu/e	ground

B. Imagine that you are Colin and you are the one going shopping. Take a look at the map of the neighborhood (on the preceding pages) and plan your itinerary with two classmates.

acheter *qc*	to buy *sth*

C. Do you have any shopping to do today or tomorrow? Make a list. You can use the dictionary or ask your instructor.

D. Now, with a partner, explain which store you are going to go to.

avoir besoin de	need
le stylo	pen

3. COLIN FAIT LES COURSES – COLIN GOES SHOPPING

A. A sentence is missing in each of the following dialogues. Which one?

C'est combien ?	How much is it?
C'est en quoi ?	What is it made of?
cher/ère	(*here*) expensive
en argent massif	made of pure silver
essayer	to try
euh…	hmm…
faire mal à	to hurt
l'étage *m*	floor (*as in* second floor)
l'euro *m*	Euro
l'or *m*	gold
la carte bleue	credit card
la carte	card
la perle	pearl
le collier	necklace
naturel/le	natural
Non, désolé/e !	No, sorry!
vendre	to sell
vous trouverez	you will find

B. Listen and check.

C. Now, indicate in which conversation…

indiquer *qc*	to indicate *sth*
payer *qc*	to pay for *sth*
quelque chose	something
se renseigner sur	to get information about

D. Finally, Colin buys all this. Look at his slips. What seems cheap or expensive to you? In your country, how much do these items cost?

bleu marine	navy blue
en cas de	in case of

la carte bancaire	bank card
la pomme	apple
la réclamation	complaint
la soie	silk
la tablette	bar
la veste	jacket
la visite	visit
le chocolat	chocolate
le cuir	leather
le lin	linen
le mocassin	moccasin
le paiement en espèces	cash payment
le pantalon	pants
le total	sum, total
par contre	however
rendre *qc* à *qn*	to give *sth* back to *sb*
vert/e	green
veuillez présenter	please show

4. COMBIEN ÇA COÛTE ? – HOW MUCH DOES IT COST?

Your instructor is going to read some of the following prices. Check the ones that are read.

le franc suisse	Swiss franc
la livre sterling	British pound
le rouble	ruble
la couronne	crown
le dinar algérien	Algerian dinar
le franc C.F.A.	African franc
le dirham	dirham
le yuan	yuan
la roupie	rupee
le yen	yen
le peso	peso

5. CINQ CENTS – FIVE HUNDRED

Listen to the series of five that your instructor is going to read. With a partner, write another series with a different number. Read it to the class, but not in a linear way, and have them write down the numbers you are saying.

cent	hundred
mille	thousand

6. CELUI-LÀ ? – THAT ONE?

Look at those hats. In pairs, decide which hat you will give to each person of the class, including your instructor.

le chapeau	hat
celui-ci	this one
celui-là	that one

7. UN JEU – A GAME

Get together in groups of three and try to guess what each of you has in his pockets or her bag. If you need additional vocabulary, consult your instructor or a dictionary.

l'agenda électronique *m*	Palm Pilot
la trousse de maquillage	makeup pouch

8. VOUS AVEZ UN AGENDA ÉLECTRONIQUE ? – DO YOU HAVE A PALM PILOT?

A. Victor is a compulsive buyer who always needs to buy something and who has many objects. How about you? Say what you don't have among the things that Victor owns.

l'appareil photo *m*	camera
l'appareil photo numérique	digital camera
l'ordinateur portable *m*	laptop
le baladeur	Walkman
le réveille-matin	alarm
les lunettes *f pl*	glasses
les rollers *m pl*	roller blades

B. What do you need?

9. COMMENT S'HABILLER ? – WHAT TO WEAR?

A. The following people are going to different places. How should they dress? Write it down.

aller en boîte *f*	to go out dancing
dîner	to have dinner
l'entretien *m*	job interview

B. Now talk about it in pairs.

la jupe	skirt
la robe	dress
mettre *qc*	to put on *sth*

C. How about you? What are you going to wear for New Year's Eve?

COLONNE DE GRAMMAIRE

blanc/che	white
désirer *qc*	to want *sth*
gris/e	gray
jaune	yellow
l'anorak *m*	ski jacket
la botte	boot
la confiture	jam
le pull	sweater
le téléphone portable	cell phone
marron	brown

| noir/e | black |
| rose | pink |

10. C'EST QUAND VOTRE ANNIVERSAIRE ? – WHEN IS YOUR BIRTHDAY?

You want to find out when everyone's birthday is in your class. Get up and go ask each person. Write the dates on the chart below.

11. QU'EST-CE QU'ON ACHÈTE POUR SON ANNIVERSAIRE ? – WHAT DO WE BUY FOR HIS/HER BIRTHDAY?

A. Marie and Thomas will soon have a birthday. Their friends want to buy them a present. Listen to their conversation. What ideas do they have? Write them down.

B. What do they decide to buy?

12. LA FÊTE D'ANNIVERSAIRE – THE BIRTHDAY PARTY

A. Imagine that our class is going to organize a party. In small groups, decide what you need and make a list.

| le coca | Coke |

B. Figure out who brings what.

ANTISÈCHE
en plastique	made of plastic
le couvert	silverware
merci	thank you
offrir *qc* à *qn*	to offer *sth* to *sb*
remercier *qn*	to thank *sb*
tenez	(*here*) there you go (*vous* form)
tiens	(*here*) there you go (*tu* form)

13. UN CADEAU POUR CHACUN ! – A PRESENT FOR EACH ONE!

A. In pairs, you are going to buy birthday presents for two other classmates. First, prepare four questions that will help you know more about their tastes and their needs.

B. Ask your questions and then choose a present for each one. Think about the price, since you are the one buying it! Once you have decided, write what the present is on a piece of paper as well as the name of the recipient.

C. Now it is time to go offer your presents.

14. FÊTES ET CONSOMMATION – HOLIDAYS AND CONSUMPTION

Do you have the same holidays in your country? Do you have others? Write them down on this calendar.

LA CONSOMMATION DES FRANÇAIS
dépenser de l'argent	to spend money
doubler	to double
fêter *qc*	to celebrate *sth*
l'occasion *f*	opportunity
la consommation	consumption
la Deuxième Guerre Mondiale	Second World War (1939-1945)
la fête des mères	Mother's Day
la fête des pères	Father's Day
la naissance	birth
la nourriture	food
la priorité	priority
la source	source
le logement	accommodation
le revenu annuel	yearly income
Noël *m*	Christmas
presque	almost
répartir *qc*	to spread *sth* out
sans aucun doute	without a doubt
tout au long de l'année	throughout the year

15. QU'EST-CE QU'ON ACHÈTE COMME CADEAU ? – WHAT PRESENT DO WE BUY?

In all cultures, people give each other presents, but what we give in certain circumstances may vary across cultures. Complete the chart below and comment it with some classmates.

l'hôpital *m*	hospital
la maison	house
la pâtisserie	pastry
le service rendu	favor

Unité 7 SALÉ OU SUCRÉ ?
SALTY OR SWEET

1. CUISINES FRANÇAISES – FRENCH CUISINES

In reality, there is not one French cuisine, but several. Each region has its own cuisine and uses different products. Here are some of these food items. Do you know what they are called? Discover their names on the list and check your answers with those of a classmate or with your instructor.

l'ail *m*	garlic
l'escargot *m*	snail
l'huître *f*	oyster
l'oignon *m*	onion
la carotte	carrot
la chèvre	goat
la moule	mussel
la moutarde	mustard
la pomme de terre	potato
la tomate	tomato

le chou	cabbage
le haricot blanc	navy bean
le jambon	ham
le poulet	chicken
le raisin	grape
le saucisson	dry sausage

B. Look at the list above. What things do you like? Indicate your tastes using the following signs.

adorer *qc*	to love *sth*
détester *qc*	to hate *sth*

C. Compare your tastes with two classmates. Then tell the rest of the class what likes and dislikes you have in common.

2. LA LISTE DES COURSES – THE SHOPPING LIST

A. Julie and Amandou have guests over for dinner. In this conversation, they are deciding on the menu and preparing a grocery list. Listen to them, look at the pictures, and write down the items and the quantities they want to buy. What is the menu?

B. Work in pairs. Think of a dish you both like and write down the list of ingredients you need to make that dish. Don't forget to indicate the quantities.

3. CUISINE SÉNÉGALAISE – SENEGALESE CUISINE

A. Amandine and Rachid are going out to a Senegalese restaurant. They don't know this type of cuisine, so the waiter gives them some advice. Look at the menu, listen to the recording, and indicate what they chose.

exotique	exotic
l'ananas *m*	pineapple
l'entrée *f*	appetizer
la glace	ice, ice cream
le dessert	dessert
le melon	cantaloupe
le plat principal	entree, main dish
nature	(*here*) plain
TVA comprise	sales tax included

B. Can you identify some of the ingredients in those dishes?

C. The whole class is going to that restaurant. A student acts as the waiter and takes everyone's order. What dish is ordered the most?

4. UN BON PETIT-DÉJEUNER POUR BIEN COMMENCER LA JOURNÉE – A GOOD BREAKFAST TO START THE DAY WELL

Read this article about eating habits in France and plan the breakfasts for Friday, Saturday, and Sunday, taking into account the nutritionists' recommendations.

abuser	to abuse
avec modération *f*	in moderation
comporter	to comprise, to incorporate
consommer *qc*	to consume *sth*
couvrir	to cover
en général	generally
équilibré/e	balanced
il s'agit de	it is about
l'apport énergétique de la journée	daily calorie intake
l'huile *f*	oil
l'œuf à la coque	soft-boiled (two-minute) egg
l'orange *f*	orange
la confiserie	candy store
la pyramide	pyramid
la section	section
la tasse	cup
la tranche	slice
le beignet	doughnut
le carburant	fuel
le cerveau	brain
le déjeuner	lunch
le dîner	dinner
le féculent	starch
le fruit sec	dried fruit
le hors-d'œuvre	hors d'œuvre
le laitage	dairy product
le pain grillé	toast
le petit-déj'	*abbrev for* breakfast
le petit-déjeuner	breakfast
le riz au lait	rice pudding
le sandwich	sandwich
les céréales *f pl*	cereals
les frites *f pl*	French fries
les pâtes *f pl*	noodles
rapide	quick
répondre à un besoin	to answer a need
se trouver	to find oneself
suivi/e de	followed by

5. ACHATS POUR LE MENU DU JOUR – PURCHASES FOR THE DAY'S MENU

The cook for the restaurant L'Eau Vive went shopping for his day's menu. Can you estimate what would be in each dish? Use the dictionary and make guesses. Then discuss with a classmate.

flambé/e	flambé
l'assiette de crudité *f*	raw vegetable/salad plate

l'assiette *f*	plate
l'olive *f*	olive
la charlotte	cake with ladyfingers, cream, and fruit
la crème chantilly	whipped cream with sugar
la farine	flour
la fraise	strawberry
la salade niçoise	salad with eggs, tomatoes, anchovies, and other vegetables
le biscuit	cookie
le bœuf	beef
le canard	duck
le cassoulet	dish with sausage and navy beans
le concombre	cucumber
le thon	tuna

6. C'EST QUOI ? – WHAT IS THAT?

When you are at the restaurant, it is sometimes important to be able to ask information about the ingredients, the dishes, and the way they are prepared. Ask your instructor some questions about the following dishes and decide whether you would like to taste them.

farci/e	stuffed
l'aligot *m*	potato dish from Auvergne
la garniture	dressing
la ratatouille	vegetable dish from Provence
le gésier	gizzard

7. C'EST COMMENT ? SUCRÉ OU SALÉ ? – HOW IS IT? SWEET OR SALTY?

A. Think of dishes you know. In pairs and with the help of a dictionary, a recipe book, or your instructor, try to complete the cards below with sweet, salty, and spicy dishes.

l'épinard *m*	spinach
le citron	lemon
le couscous	couscous
le morceau, les morceaux *pl*	piece(s)
le vinaigre	vinegar
par exemple	for example

B. What flavors do you like best: salty, sweet, bitter, or sour?

8. VIVE LE CAMPING SAUVAGE ! – HURRAY FOR CAMPING!

The Picarts are going camping for four days. There are three adults and two children in the family. Here is a list of what they are bringing. Do you think they forgot anything important? Do they have sufficient amounts? Work in pairs to add or remove items from their list.

fromage râpé	grated cheese
les spaghettis *m pl*	spaghetti

COLONNE DE GRAMMAIRE

à la casserole	in a saucepan
à la vapeur	steamed
à point	medium (*for meat*)
acide	sour
amer/ère	bitter
au restaurant	at the restaurant
bien fait/e	well done
bleu/e	rare (*for meat*)
bouilli/e	boiled
cuit/e	cooked
demi/e	half
épicé/e	spicy
frit/e	fried
froid/e	cold
gazeux/euse	with bubbles
gras/se	fat
ingrédients et saveurs	ingredients and flavors
l'addition *f*	bill (*at the restaurant*)
l'eau minérale *f*	mineral water
l'épice *f*	spice
la boîte	box
la carafe	carafe
la cuillère à soupe	tablespoon
la dégustation	tasting
la livre	pound
la noix de coco	coconut
la poêle	pan
la sauce	sauce
le (café) crème	coffee with milk
le barbecue	barbecue
le centilitre	centiliter
le four	oven
le gramme	gram
le poivre	pepper
le pot	jar
le quart	fourth
le sachet	bag
le sel	salt
le tiers	third
les modes de cuisson	cooking modes
piquant/e	spicy, hot
poids et mesures	weights and measures
quantités	quantities
râpé/e	grated
saignant/e	very rare (*for meat. Literally: bloody*)
vous prendrez	you will take

9. LA QUICHE LORRAINE – QUICHE LORRAINE

A. A **quiche** is a salty tart traditionally made with small pieces of bacon and cheese. Read the recipe we are proposing here and put the pictures back in chronological order.

battre *qc*	to beat *sth*
chauffer *qc*	to heat *sth* up
disposer *qc*	to arrange *sth*
faire revenir de la viande	to sauté some meat
la cuillère à café	teaspoon
la noix de muscade	nutmeg
la pâte brisée	pie dough
la pâte	dough
la pincée	pinch
la préparation	preparation
le degré	degree
le gruyère	Swiss cheese
le lait entier	whole milk
le lardon	thinly sliced bacon
le moule	(*here*) mold
par-dessus	on top of it
tout d'abord	first of all
verser *qc*	to pour *sth*

B. There are different ways of making quiche. Listen to Virginie explain how she makes it, and write down the differences with our recipe.

servir *qc*	to serve *sth*

10. VOS RECETTES – YOUR RECIPES

A. Get together in small groups. Each group will write the recipe for a dish they like and know how to make. First you must choose the dish and complete the form below. It can be something simple like a sandwich or a salad.

B. Now, write out the recipe. You can use the quiche recipe as a model. You can also use a dictionary.

ANTISÈCHE

couper *qc*	to cut *sth* up
éplucher *qc*	to peel *sth*
faire cuire *qc*	to cook *sth*
frire *qc*	to sauté *sth*
la matière grasse	fat
laver *qc*	to wash *sth*
mélanger *qc*	to mix *sth*
rédiger	to write
tartiner *qc*	to spread *sth*

11. LE RECUEIL DE RECETTES DE NOTRE CLASSE – RECIPE BOOK FROM OUR CLASS

Each group is going to explain to the class how to prepare their recipe. At the end, all the class recipes can be posted or copied into a book with our specialties.

UN REPAS À LA FRANÇAISE

à la française	the French way
digestif/ive	digestive
en dernier lieu	at the end
l'apéritif *m*	apéritif (drink before meal)
la charcuterie	cold cuts, pork products
la purée	mashed potatoes
le plateau de fromage	cheese tray
le saumon fumé	smoked salmon
structurer *qc*	to structure *sth*
suivant la saison	according to the season

12. UN BON REPAS – A GOOD MEAL

A. Read the text above and give a hand to the headwaiter by writing on the menu the name of the dishes that would best fit your tastes, as well as the season of the year.

anisé/e	with anise
l'alcool *m*	alcohol
l'œuf dur *m*	hard-boiled egg
la mousse au chocolat	chocolate mousse
le café au lait	coffee with milk
le civet	rabbit stew
le lapin	rabbit
le petit crème	small coffee with milk
le rôti	roast
le sanglier	wild boar
le veau	veal
le viennois	coffee the Viennese way
le cassis	black currant

B. How about you? How many dishes do you eat during a traditional meal? Are they brought to the table one after the other or all at the same time? Do you finish with a dessert? Do you eat cheese, meat, fish?

13. DES CONSEILS SI VOUS ÊTES INVITÉ CHEZ DES FRANÇAIS – SOME ADVICE TO FOLLOW IF YOU ARE INVITED TO A FRENCH HOME

What advice would you give a foreigner invited over to your house for a meal?

apprécier *qn/qc*	to appreciate *sth*
attendre	to wait
d'ailleurs	moreover
durer	to last

hésiter	to hesitate
l'attention *f*	attention
l'étiquette *f*	etiquette
l'hôte *m*, *f*	the host
qu'on vous serve	that you be served (*subjunctive*)
vous-même	yourself

Unité 8 EN TRAIN OU EN AVION ?
BY TRAIN OR BY PLANE?

1. L'AGENDA D'AMÉLIE LECOMTE – AMÉLIE LECOMTE'S AGENDA

A. Amélie is a sales executive for a candy company. She travels a lot and therefore is not available often. Here is her schedule. Would you like to meet her? When would that be possible?

accompagner *qn*	to accompany *sb*
appeler *qn*	to call *sb*
avoir des choses à faire	to have things to do
contacter *qn*	to contact *sb*
faire la grasse matinée	to sleep in
l'accueil *m*	welcome
l'usine *f*	factory
la cinémathèque	media center
la confirmation	confirmation
la piscine	swimming pool
la réunion	meeting
le catalogue	catalog
le départ	departure
le hall	hall
le Lyonnais, la Lyonnaise	someone from Lyon
le pressing	dry cleaner
le rendez-vous	appointment
le salon	living room
le stand	stand
le vol	flight
libre	available
ou bien	or
récupérer *qc*	to get *sth* back

B. You must do your French homework with a friend. Think of your schedule and decide on a moment of the week you could meet.

2. BAGAGES – LUGGAGE

Look at the contents of this bag. These are things that are usually brought on trips. Do you also take these objects? What do you need when you travel?

3. UNE ÉTAPE DU TOUR DE FRANCE – ONE LEG OF THE TOUR DE FRANCE: TROYES-NEVERS

A. Read the text below on the origins of the Tour de France. In your country, do you have a similar sport or cultural event of such importance?

à travers la France	through France
à vélo	by bike
il était	it was
l'auto *f*	car
l'épreuve *f*	test
l'opération publicitaire *f*	advertising campaign
la compétition	competition
le coureur, la coureuse	(*here*) rider
le kilomètre	kilometer
le/la cycliste	cyclist
parcourir	to travel
tout de suite	right now
une vingtaine d'étapes *f*	about twenty legs

B. Look at the map of this leg of the Tour and read the information. Can you identify the seven riders on the map?

C. Did you know that the following seven names are the first names of seven great champions of the Tour de France? Yes? So you might also know their last names and in what year they won the Tour. Your instructor can help you.

4. RÉSERVER UNE CHAMBRE – RESERVING A ROOM

Lucas is calling the Beaulieu Hotel in Poitiers to reserve a room for him and his girlfriend. Listen to their phone conversation and complete the hotel receptionist's form.

l'acompte versé *m*	deposit
l'arrivée *f*	arrival
la carte de crédit	credit card
la chambre double	double room
la chambre simple	single room
le chèque	check
le code postal	zip code
le liquide	(*here*) cash

5. LE TOUR DE FRANCE EN SEPT MOYENS DE TRANSPORT – THE TOUR DE FRANCE IN SEVEN TRANSPORTATION MODES

A. In this competition, you must do the Tour de France using seven different modes of transportation. First, find a partner. Then read the rules of the game and prepare your itinerary.

à pied	by foot
en autobus	by bus

en train	by train
entre	between
gagner	to win
indiquer *qc*	to indicate *sth*
la distance maximum	maximum distance
le concurrent, la concurrente	contestant
mettre du temps pour faire *qc*	to take time to do *sth*

B. How about you? Imagine that you can do a trip of 1000 km maximum, all expenses covered. Which journey would you choose? How would you travel? Explain your project to the class.

6. HÔTEL LES ALPES – THE HOTEL LES ALPES

You are the receptionist in a small hotel in the mountains. The hotel has only seven rooms. Several customers phone in to make, modify, or confirm a reservation. Listen to the recording. What changes and observations do you need to write in the reservation book? Once you are done, compare your results with those of a classmate.

7. JEU DES SEPT ERREURS —OU PLUS ! – GAME OF THE SEVEN MISTAKES —OR MORE!

Work with a classmate and look for the differences between these two apparently identical drawings, in which people seem to do the same things.

8. DE 10 H À 18 H – FROM 10 AM TO 6 PM

A. At this precise moment, while you are in class, which of these businesses are open?

B. Are the opening hours of businesses and services similar in your country? What differences are there?

COLONNE DE GRAMMAIRE
à l'heure	on time
en retard	late
excuse-moi	excuse me (*informal*)
excusez-moi	excuse me (*formal*)
fermer	to close
normalement	normally
se dépêcher	to hurry

9. UN VOYAGE D'AFFAIRES – A BUSINESS TRIP

A. Imagine that you are working as Mr. Doucet's secretary. He is the CEO of a company located in Lyon. Next week he must go to Brussels, then to Paris. Work in pairs and organize his trip, taking into account his schedule as well as the plane and train schedules. The travel agency has just sent you an e-mail with information concerning transportation. You also know that Mr. Doucet does not like to get up too early, and that in Brussels, he is going to stay with some friends.

à votre disposition *f*	at your disposal
ci-joint/e	hereby attached
communiquer *qc* à *qn*	to communicate *sth* to *sb*
cordialement	cordially
de Bruxelles à Paris	from Brussels to Paris
effectuer *qc*	to carry out *sth*
en réponse à	in answer to
la demande	request
le retour	return
le service des ventes	sales department
le siège	headquarters
le TGV (train à grande vitesse)	bullet train

B. Now you are going to make the reservation. One of you plays the role of the travel agency employee and the other one calls to reserve the tickets.

10. L'HÔTEL ET L'AGENDA – THE HOTEL AND THE SCHEDULE

A. You must also reserve the hotel room in Paris. Mr. Doucet wants to stay in a quiet hotel that would not be too expensive yet is close to the city center. The travel agency is proposing the following hotels. Which one are you going to choose? Listen to the recording to obtain more information.

à deux pas de	two steps from
confortable	comfortable
insonorisé/e	soundproof
l'aérogare *f*	terminal
l'architecture *f*	architecture
l'ascenseur *m*	elevator
l'atrium *m*	atrium
la chaîne	channel
la prise	plug
la rive gauche	left bank
la salle de musculation	fitness room
la télévision satellite	cable TV
le carrefour	intersection
le coffre-fort	safe
le modem	modem
le pôle d'activités	center
le Quartier latin	neighborhood in Paris
panoramique	panoramic
parfaitement *adv*	perfectly
spacieux/euse	spacious

B. Fill out Mr. Doucet's schedule according to your decisions.

11. UN COURRIEL POUR LE DIRECTEUR – AN E-MAIL FOR THE DIRECTOR

Work again with your partner. You need to write Mr. Doucet an e-mail to inform him about his trip. How and when is he going to travel? Where will he stay and why?

12. BRUXELLES, VOUS CONNAISSEZ ? – DO YOU KNOW BRUSSELS?

compter qc	to count sth
flamand/e	Flemish
fort/e	strong
germanophone	German-speaking
inférieur/e à	inferior to
la capitale	capital
la communauté	community
la population	population
la superficie	surface
le Conseil de l'Union Européenne	the European Union Council
le Flamand, la Flamande	Flemish person
le royaume	kingdom
le Wallon, la Wallonne	Walloon
OTAN f	NATO
représenter qc	to represent sth

A. Read this tourist information and look at the pictures. Can you identify these places?

À VOIR	TO BE SEEN
en forme de	in the shape of
incarner qc	to embody sth
l'atome m	atom
l'exotisme m	exoticism
l'exposition universelle f	World's Fair
l'humour m	humor
la marionnette	puppet
la représentation	representation
la statue	statue
le bâtiment	building
le Bruxellois, la Bruxelloise	someone from Brussels
le caractère	character
le classique	classic
le folklore	folklore
le parler bruxellois	Brussels dialect

COMMENT SE DÉPLACER ?	HOW TO GET AROUND?
étendu/e	spanned
le réseau	network
le tramway	tramway

OÙ MANGER ?	WHERE TO EAT?
comme chez soi	as if at home
cosmopolite	cosmopolitan
ne payer que moitié prix	to pay only half price

OÙ DORMIR ?	WHERE TO SLEEP?
bruyant	noisy
dense	dense
l'antiquaire m, f	antique dealer

la circulation	traffic
la Gare centrale	central train station
pittoresque	picturesque
utile	useful

B. Listen to these three people. They are all Belgian but they speak different languages. Identify the language of each person.

Unité 9 ON VIT BIEN ICI !
LIFE IS GOOD HERE

1. QUATRE VILLES OÙ L'ON PARLE FRANÇAIS – FOUR CITIES WHERE FRENCH IS SPOKEN

A. Read the information below and try to figure out to what city from the chart they correspond.

Genève	Geneva
l'organisation gouvernementale f	governmental organization
la capitale financière	financial capital
la Croix-Rouge	Red Cross
la fondation	foundation
la négociation	negociation
la star	(movie) star
la station balnéaire	seaside resort
les Jeux Olympiques m pl	Olympic Games
pleuvoir	to rain
siéger	to have one's headquarters
sous terre	underground
tripler	to triple

B. Compare your answers with your classmates'.

2. ENQUÊTE SUR LA QUALITÉ DE VIE – SURVEY ON THE QUALITY OF LIFE

A. The city hall in the city where you study French is conducting a poll to learn the opinion of its people related to their quality of life. Answer the following questionnaire individually.

accueillant/e	welcoming
exclus/e	excluded
fluide	flowing
fonctionner	to function
l'écologie f	ecology
l'éducation f	education
l'enquête f	survey
l'espace vert m	green space
l'installation f	(here) complex
l'urbanisme m	town planning
la délinquance	delinquency
la drogue	drug

la grande surface	supermarket
la piste cyclable	bicycle lane
la pollution	pollution
la taille	size
le bouchon	traffic jam
le cadre de vie	life setting
le concert	concert
le jardin	garden
le logement social	social housing
le moyen de communication	communications medium
le pire	the worse
le questionnaire	questionnaire
le service d'urgence	emergency room
le service sanitaire	health services
le transport public	public transportation
les alentours *m pl*	surroundings
manquer de *qc*	to lack *sth*
s'impliquer	to be involved
social/e, sociaux *pl*	social
suffisamment *adv*	sufficiently

B. Now give a grade to the quality of life in this city (maximum is 10, minimum is 0) reflecting your answers on the questionnaire.

C. In small groups: Give your opinion. Justify yourself by referring to what seem to you to be the most important positive and negative aspects.

à mon avis	in my opinion

3. DEUX VILLES POUR VIVRE – TWO CITIES WHERE YOU COULD LIVE

A. The magazine *Bien vivre* has just published a study on the quality of life in France. Imagine that you are going to move to France for professional or family-related reasons. You can choose either Besançon or Bordeaux. Read the article and underline the information that will determine your choice.

BORDEAUX

à l'écoute de + *nom*	attentive to
attirer	to attract
cardiovasculaire	cardiovascular
en ce qui concerne	regarding, so far as … is concerned
en effet	actually
en particulier	particularly
en tous cas	in any case
enseigner	to teach
faible	weak
l'apprentissage linguistique *m*	language learning
l'espérance de vie	life expectancy
l'océan *m*	ocean
la banlieue	suburbs

la forêt	forest
la formule	formula
la mortalité	mortality
la volaille	poultry
le département	département (France is divided into 22 regions and 96 départements)
le record	record
le roller parc	skate park
le/la touriste	tourist
longtemps	for a long time
modéré/e	moderate
réputé/e pour	famous for
résider	to reside
se caractériser par	to be characterized by
spécialement *adv*	especially

BESANÇON

continuer de faire *qc*	to continue to do *sth*
en mouvement	moving
l'ensoleillement *m*	sun exposure
la baignade	swim
la création	creation
la dimension	dimension
la salle de spectacle	showroom
le lac	lake
le taux de chômage	unemployment rate
logique	logical
partout	everywhere
pollué/e	polluted

B. Compare your choice with a classmate's.

4. CASTELFLEURI, BEAUREPAIRE, ROQUEMAURE

A. At the office of the Regional Council, they can't remember what cities the data appearing on the chart correspond to. Can you help them?

l'église *f*	church
la municipalité	municipality
le centre commercial	shopping mall

B. Now we can compare the services of these three cities. Each student compares two cities. Who in the class will guess the fastest what city it is!

5. MA VILLE EST COMME ÇA – THIS IS WHAT MY CITY IS LIKE

What is your city like? Look at the list of options and complete the following sentences.

l'immeuble *m*	building

l'opéra *m*	opera	l'autorité *f*	authority
la maison de retraite	retirement home	l'axe *m*	axis
la salle de cinéma	movie theater	l'économie *f*	economy
le chenil	kennel	l'élimination *f*	elimination
le commissariat	police station	l'embouteillage *m*	traffic jam
le fleuve	river	l'excrément *m*	excrement
le métro	subway	l'incinérateur *m*	incinerator
le terrain de football	soccer field	l'intensité *f*	intensity
		la berge	riverbank

6. LA VILLE MYSTÉRIEUSE – THE MYSTE-RIOUS CITY

In groups, describe a city that you know well. Without revealing its name, describe it to the other students. They must guess which city it is.

7. LA VILLE OU LA CAMPAGNE – THE CITY OR THE COUNTRYSIDE

According to you, what are the most obvious characteristics of life in the city and life in the countryside? In pairs, organize the following ideas on the chart.

anonyme	anonymous	la chaîne	chain
dur/e	hard, difficult	la clinique	clinic
la distraction	distraction	la dioxine	dioxin
s'ennuyer	to be bored	la fumée	smoke
vite	fast	la ligne de bus	bus line
		la myrtille	blueberry
		la norme	norm

COLONNE DE GRAMMAIRE

économique	economical	la personne âgée	older person
être d'accord	to be in agreement	la pétition	petition
l'excès *m*	excess	la polémique	polemic
le manque	lack	la résidence	residence
pour moi	for me	la rocade	bypass (highway)
		la salubrité	healthiness
		la sécurité	security

8. VILLEFRANCHE-SUR-GARENCE

A. Villefranche-sur-Garence is a fictional town that looks like many small French towns. Read these recently published data from the local press and underline the most severe problems that Villefranche is facing.

à cause de	because of	la structure d'accueil	welcome structure
à l'extérieur de	outside of	le baby boom	baby boom
accessible	accessible	le brûle-parfum	perfume burner
actuellement *adv*	currently, presently	le camion	truck
dévier	to sidetrack	le centre sportif	sport complex
en plein/e	in the middle of	le cinéma multisalle	movie theater
être conforme à *qc*	to conform to	le civisme	civic spirit
être mal entretenu/e	to be poorly maintained	le gaz	gas
faire circuler	to circulate	le lit	bed
il n'y a que	there is only	le parking	parking
intégrer *qc*	to integrate *sth*	le rejet	rejection
l'acte de violence	act of violence	le stade	stadium
l'augmentation *f*	increase	le stationnement	parking
		le tilleul	linden
		le trafic routier	traffic
		le trottoir	sidewalk
		loin de	far from
		municipal/e	municipal
		oublier *qc*	to forget *sth*
		permanent/e	permanent
		public, publique	public
		récemment *adv*	recently
		recenser	to make a census
		relier	to link
		rentable	profitable
		s'implanter	(*here*) to expand
		s'opposer à *qc*	to be opposed to *sth*
		sale	dirty
		se multiplier	to multiply
		squatter *qc*	to occupy a place that is not yours

suffire	to be enough
toxicomane	drug addict
toxique	toxic

B. A local radio is conducting a poll in Villefranche. Write down the problems that are mentioned.

C. In groups of three, decide which are the four most urgent problems of the city. Then inform the class about your choice.

ANTISÈCHE

améliorer *qc*	to improve *sth*
avoir raison	to be right
conserver *qc*	to keep *sth*
construire *qc*	to build *sth*
démolir *qc*	to destroy *sth*
déplacer *qc*	to move *sth*
élargir *qc*	to widen *sth*
engager	to hire
fermer	to close
investir dans *qc*	to invest in *sth*
nettoyer *qc*	to clean up *sth*
ouvrir	to open
promouvoir *qc*	to promote *sth*
résoudre un problème	to solve a problem

9. LES FINANCES DE VILLEFRANCHE – VILLEFRANCHE'S FINANCES

A. You and your classmates must make important decisions regarding the future of the city. Now is the moment to determine the budgets for next year.
In groups, re-read the published report as well as the notes that you took while listening to the radio poll.
You have a budget of 200 million Euros to invest in new infra-structures. How much do you devote to each concept?

la construction	construction

B. A spokesperson will defend the budgets from his/her group during a meeting of the city council. The others can formulate some critiques.

10. CHANGEMENTS DANS VOTRE VILLE – CHANGES IN YOUR CITY

What are the choices that seem necessary to you to lead a better life in your city? Write a short text about your city and suggest three things that would improve everyone's quality of life.

11. SOLUTIONS URBAINES – URBAN SOLUTIONS

A. Each day, modern cities face new problems. Read this text from the media and think of possible solutions to the problems that are mentioned.

au quotidien	daily
autoritaire	authoritarian
consensuel/le	consensual
constater	to observe
en tête de	at the head of
envahir	to invade
industriel/le	industrial
l'entrée *f*	entrance
la bande de jeunes	a group of young people
la file d'attente	line
la grève	strike
la nuisance	nuisance
la place de stationnement	parking place
la tension	tension
le dégât	damage
le graffiti	graffiti
le Parisien, la Parisienne	Parisian
le pigeon	pigeon
le stationnement sauvage	illegal parking
le tag	graffiti
le vandalisme	vandalism
le voisinage	neighborhood
les déjections *f pl*	excrement
original/e	original
paralyser *qn/qc*	to paralyze *sb/sth*
parisien/ne	Parisian
produit/e par	produced by
provoquer *qc*	to provoke *sth*
récent/e	recent
subir *qc*	to undergo
supporter *qc*	to endure *sth*

B. Now that you are aware of the problems, can you tell what solution would solve each of them?

assurer un travail	to do a job
déguiser en	disguised as
diffuser de la musique	to play music
écologiquement *adv*	environmentally
être interdit/e	to be forbidden
faire rire *qn*	to make *sb* laugh
garer	to park
gratuitement *adv*	for free
haut/e	high
l'isolation *f*	insulation
l'oiseau *m*, les oiseaux *pl*	bird(s)
la diminution	decrease
la discussion	discussion
la foule	crowd
la lutte	struggle
la mesure	measure
le formulaire	form
le long de	along

le mur	wall
le revêtement de chaussée	road surface
le robot	robot
le volume	volume
les travaux *m pl*	works
négocier	to negotiate
nourrir *qn*	to feed *sb*
saluer *qn*	to greet *sb*

12. UNE VILLE ANIMÉE ? – A LIVELY CITY?

A. Look at these photos. Where are these places, and how do people live there? What elements of the list would you associate with these photos?

agricole	agricultural
américain/e	American
humide	humid
la résidence secondaire	vacation home

B. Now listen to four people talk about these places. Which photo corresponds to which interview? Does that match what you said previously?

C. How about you? Would you like to present the characteristics of your city or of a place where you have lived before?

Unité 10 CHERCHE COLOCATAIRE
LOOKING FOR A ROOMMATE

1. WWW.COLOCATAIRESYMPA.FR

A. These four young women live in Paris and are looking for a roommate to share their rent. Read the messages that they posted on the Internet and look at the photos. Can you tell who is who?

à la fois	at the same time
bien s'entendre avec *qn*	to get along well with *sb*
comme moi	like me
cuisiner *qc*	to cook *sth*
de temps en temps	from time to time
déjà *adv*	already
déranger *qn*	to bother *sb*
être matinal/e	to rise early in the morning
facile à vivre	easy to live with
faire de la méditation	to meditate
irriter *qn*	to irritate *sb*
l'annonce *f*	advertisement
l'autre, d'autres *pl*	the other, others
l'enfant *m, f*	child
l'offre *f*	offer
l'ordre *m*	neatness
la colocation	sharing a rental place
la personne	person

la propreté	cleanliness
la question	question
la survie	survival
la vie active	active life
le danseur classique, la danseuse classique	ballet dancer
le désordre	disorder
le guide	guide
le mot	word
le non fumeur, la non fumeuse	non-smoker
le/la colocataire	roommate
le/la partenaire	partner
partager *qc* avec *qn*	to share *sth* with *sb*
plutôt *adv*	rather
quelques *pl*	a few
qui ?	who?
regarder la télé	to watch TV
trois nuits par semaine	three nights per week
vivre avec *qn*	to live with *sb*

B. What do you think of each of them?

antipathique	not nice
avoir l'air + *adj*	to look + *adj*
bruyant/e	noisy
coincé/e	stuck up
désordonné/e	messy
sympa (*abrév de* sympathique)	nice
tolérant/e	tolerant

C. Imagine that you are going to live for one year in Paris. You are looking for a room to rent. Read these ads one more time. Whom would you prefer living with?

2. DES APPARTEMENTS À LOUER – APARTMENTS FOR RENT

A. Look at this real estate advertisement. Can you identify each room?

haut standing *m*	luxury
immédiatement *adv*	immediately
l'agence immobilière *f*	real estate agency
la pièce	room
la salle à manger	dining room
la salle de bains	bathroom
le centre ville	downtown
le salon	living room
les toilettes *f pl*	toilet
les WC *m pl*	toilet
remis/e à neuf	renovated
totalement *adv*	totally

B. The real estate agent is showing you this apartment. Listen to the conversation. Where is each room?

à côté (de)	next to
à droite (de)	to the right
à gauche (de)	to the left
au fond (de)	at the end
en face (de)	facing

C. What is your place like? Complete the chart below and present your home to a classmate.

chez moi	at my place
ensoleillé/e	sunny
sombre	dark

3. VOTRE VEDETTE AU QUOTIDIEN – YOUR CELEBRITY IN DAILY LIFE

A. Read this interview of singer Lara Garacan and complete the chart below.

accueillir *qn*	to welcome *sb*
autour d'un bon plat	around a good meal
avoir besoin de	need
avoir du temps pour *qn/qc*	to have time for *sb/sth*
c'est pour ça que	that is why
ça	this
dépenser de l'énergie *f*	to spend some energy
dès que *conj*	as soon as
donner un ordre à *qn*	to give an order to *sb*
en ville *f*	in town
et puis	and then
être sur scène *f*	to be on stage
faire du ponting	to bungee jump
hypocrite	hypocritical
il faut + *inf*	it is necessary
il n'y a rien de meilleur	there is nothing better
impatient/e	impatient
imposer *qc* à *qn*	to impose *sth* on *sb*
l'interview *f*	interview
la bonne table	good food
la ferme	farm
la mer	sea
la passion	passion
la révolte	rebellion
la surmédiatisation	excessive media exposure
la vie de famille	family life
le détail	detail
le Gers	département in the mid-Pyrénées region
le révolté, la révoltée	rebel
le rire	laughter

le sport à risques	extreme sport
le système	system
les sensations fortes *f pl*	strong sensations
nerveux/euse	nervous
particulièrement *adv*	particularly
permettre à *qn* de + *inf*	to allow *sb* to
plein de	full of
qu'en pensez-vous ?	what do you think about it?
s'occuper de	to take care of
se protéger de	to protect oneself from
se retrouver seul avec soi-même	to find yourself alone

B. What do you think of Lara Garacan?

C. Do you have anything in common with Lara Garacan? Talk about it with a classmate.

4. MON APPART – MY APARTMENT

A. Individually, draw a floor plan of your apartment or your house, writing the name of each room.

B. Now tell a classmate about this floor plan. He/she will need to draw it as you explain.

rentrer	to come in/back
voilà	here

5. MOI, JE M'ENTENDRAIS BIEN AVEC... – I WOULD GET ALONG WITH...

Pick a person that you know (a friend, a cousin, a sister, a brother...) and complete the chart below. Then, in groups of four, read this description. Everyone must decide whether they would get along with this person or not.

faire des voyages *m pl*	to travel
faire du vélo	to ride bike
faire la sieste	to take a nap
gêner *qn*	to bother *sb*
la saleté	dirt
nager	to swim

COLONNE DE GRAMMAIRE

à l'angle (de)	at the corner of
agacer *qn*	to irritate *sb*
au coin (de)	at the corner of
en tête-à-tête	one-to-one
énerver *qn*	to get on someone's nerves
la tranquillité	quiet
le maquillage	makeup
passer du temps avec *qn*	to spend time with *sb*
plaire à *qn*	to be liked by *sb*

qu'est-ce que c'est + *adj* !	How + *adj*!
sembler	to seem
si + *adj*	so
tellement *adv*	so
trouver *qn* + *adj*	to find *sb*
volontiers	gladly

6. COLIN-MAILLARD

Rules of the game: On a piece of paper, draw a trajectory (you can get inspiration from the example). Your partner needs to follow it with his/her eyes closed while trying to follow your directions. The goal is to stay within the limits as much as possible.

aller tout droit	to go straight
arrêter	to stop
colin-maillard	children's game (someone is blindfolded and tries to catch others to guess who they are)
tourner	to turn

7. TELLEMENT SÉDUISANT ! – SO SEDUCTIVE!

Think of persons, famous or not,
– whom you would like to meet
– with whom you would gladly spend a week-long vacation
– with whom you would like to have dinner (just the two of you)
– with whom you would go on a trip full of adventures
– with whom you would like to go out one evening
– whom you would invite at your home for Christmas

célèbre	famous
partir en voyage *m*	to go on a trip
séduisant/e	seductive

8. À LA RECHERCHE D'UN APARTEMENT – LOOKING FOR AN APARTMENT

A. You are looking for a place with two classmates. Here are three apartment floor plans. There is a large and bright two-bedroom, an average-size three-bedroom, and a four-bedroom that has small and darker bedrooms. You need to agree on which apartment to pick.

B. You just rented this apartment with your two classmates. Decide how you will share the space and organize your cohabitation.

9. LE/LA QUATRIÈME COLOCATAIRE – THE FOURTH ROOMMATE

A. The rent of your apartment went up a lot. You decide to look for a fourth roommate. Where is he/she going to sleep?

partager	to share
ne pas croire que + *subj*	not to believe that

B. You put an ad in the paper, and some people have contacted you. What are you going to ask them to find out whether you would get along? Each of you will interview one candidate. Together, prepare the questions you are going to ask.

C. Each of you is going to meet a classmate from another group, and that person will play the role of the potential roommate. You are going to interview him/her and show him/her where he/she will sleep.

d'accord	OK

D. Now go back to your groups and put together all the answers from the potential roommates. Decide whom you want to pick to share your apartment.

10. UN COURRIEL POUR LE QUATRIÈME COLOCATAIRE – AN E-MAIL FOR THE FOURTH ROOMMATE

Have you decided who the fourth roommate will be? Good, so send an e-mail to the person you chose.

convenir	to suit
l'élu *m*, l'élue *f*	(*here*) the chosen one
la clef, la clé	key
salut	hi
se mettre d'accord	to agree

11. ENCORE CHEZ LEURS PARENTS – STILL LIVING WITH THEIR PARENTS

A. Read the text. Are things similar in your country?

amoureux/euse	in love
au sujet de	regarding
comme	like
décider de + *inf*	to decide to
éloigné/e de	far from
essentiellement *adv*	essentially
être obligé de + *inf*	to be obliged to
être préparé/e pour + *inf*	to be ready to
faire des études universitaires *f pl*	to study in college
faire la vaisselle	to do the dishes
l'Île-de-France *f*	Paris region
la faculté	university
la fille	girl
la proximité	proximity
la relation	relation
la tendance	tendency
le conflit	conflict
le Francilien, la Francilienne	someone from the Île-de-France
le reste	rest
le salaire	salary, income

les jeunes *m pl*	young people	dès aujourd'hui	from now on
mieux	better	drôle	funny
pourquoi	why	intéresser *qn*	to interest *sb*
poursuivre des études *f pl*	to study	l'école d'arts	art school
quitter *qn/qc*	to leave *sb/sth*	l'exposition *f*	exhibition
rester à la maison	to stay home	l'heure *f*	hour
s'accentuer	to intensify	l'image *f*	image
s'émanciper	to become independent	l'oasis *f*	oasis
s'expliquer par	to be explained by	l'Olympique de Marseille	soccer team from Marseille
tenir une maison	to take care of a house	la finale	championship
		la foire	fair

B. Look at the chart. The percentages show the number of young people still living with their parents in the Paris region. What do you notice?

C. In your opinion, why do girls leave their parents' house earlier? Pick an answer.

D. Now listen to sociologist Philippe Douchard and check your answer.

12. TÉMOIGNAGES – TESTIMONIES
Read these young French people's testimonies. Do you see any common points with what happens in your country?

à moins de	less than	la Ligue des Champions	Champions' League
avoir l'intention de + *inf*	to plan on	la partie	game
compréhensif/ive	understanding	la photo numérique	digital photography
être pressé de + *inf*	to be in a hurry to	le bain de vapeur	steam bath
faire des économies *f pl*	to save money	le cirque	circus
grandir	to grow	le clown	clown
l'aide-soignant *m*,	nurse assistant	le cours basique	beginners' class
l'aide-soignante *f*		le hammam	Turkish bath
l'emploi stable *m*	stable job	le jeu de rôle	role-playing
l'indépendance *f*	independence	le palais des expositions	exhibition hall
la présence	presence	les nuits blanches *f pl*	sleepless night
le loyer	rent	meilleur/e	better
le quartier	neighborhood	s'inscrire à *qc*	to register for *sth*
louer *qc*	to rent *sth*	simultané/e	simultaneous
mutuellement *adv*	mutually		
ne poser aucun problème	to be no problem		
s'installer	to settle in		
se soutenir	to support each other		
travailler en intérim	to work part-time		

B. Imagine that you are spending the weekend in this city. Which one of the following activities are you interested in? Talk about it with two classmates.

faire du patin à glace	to ice-skate
faire une partie de *qc*	to play a game
l'internaute *m, f*	Internet surfer
le match de football	soccer game
le monde entier	the whole world
prendre un bain	to take a bath
suivre un cours	to take a class

Unité 11 SI ON ALLAIT AU THÉÂTRE ? HOW ABOUT IF WE WENT TO SEE A PLAY?

1. À FAIRE – TO DO
A. Look at the pictures. What activities can one do in this city on the weekend?

2. ÇA TE DIT ? – DO YOU FEEL LIKE IT?
A. Now listen to these conversations between friends who are talking about what they will do this weekend. Where are they going?

(ne ...) jamais *adv*	never
chater	to chat online
faire de la danse	to dance
jouer	to play
la soirée	evening
le jeu de société	board game
le repas	meal
organiser *qc*	to organize *sth*
quelquefois *adv*	sometimes

3. VIVEMENT LE WEEK-END ! – I CAN'T WAIT FOR THE WEEKEND!

A. All these people are talking about their plans for the weekend. For instance, Luc would like to go out with Roxanne, but is she going to accept? Look at the illustrations. In each of them, a sentence is missing. Put the sentences back in the correct dialogues.

allô	(phone) hello
c'est pas mon truc	it is not my cup of tea
c'est pas terrible	it is not too good
c'est pas vrai !	I can't believe it!
ça te dit de + inf ?	do you feel like ...?
génial/e	great
il paraît que	I heard that...
je suis désolé/e	I am sorry
l'ambiance f	atmosphere
le murmure	whisper
ouais fam)	yes
prévenir qn	to warn sb
proposer à qn de + inf	to offer sb to
refuser qc	to refuse sth
se charger de qc	to take charge of sth
si	yes
super	super
y' a (abrév il y a)	there is

B. Listen to the complete dialogues and check whether you were right, then sum up what they are going to do this weekend.

C. Listen one more time. Did you notice how...
...we offer to do something with someone?
...we express a desire?
...we accept an offer?
...we refuse an invitation?

4. TROIS CINÉPHILES – THREE MOVIE FANS
A. Read these summaries. Do you know the title for each of them?

accomplir qc	to achieve sth
attaquer	to attack
commis/e par	committed by
connu/e sous le nom de	known as
courageusement adv	courageously
découvrir	to discover
dernier, dernière	last
descendre	to go/come down
détourner l'attention f de qn	to distract sb from
donner à qn une chance de + inf	to give sb a chance to
elle se poursuivra	it will continue
ennemi/e	enemy
enquêter sur qc	to investigate
épouvantable	horrible

être chargé/e de + inf	to be in charge of
faire tout pour + inf	to do everything to
hier au soir	last evening
l'amour f	love
l'adresse f	address
l'agneau m	lamb
l'amitié f	friendship
l'anneau m	ring
l'armée f	army
la plongée en apnée	free diving
la rivalité	rivalry
la série	series
la vie d'adulte	adult life
le livre	book
le membre	member
le meurtre	murder
le seigneur	lord
le silence	silence
le/la psychopathe	psychopath
le/la stagiaire	intern
lequel, laquelle, lesquels, lesquelles	which one
les humains m pl	human beings
négatif/ive	negative
néo-zélandais/e	New Zealander
penser	to think
se reposer sur qn	to rely on sb
tandis que conj	while
tenter qn	to tempt sb
voyageant	traveling

B. Marc, Léna, and Stéphane are three young people who chat sometimes on the Internet. Here is a part of one of their chats, which is related to the movies mentioned. What movies did they see? When? What did they think about them?

ah ouais fam	oh yeah
autre chose f	something else
c'est sur	it is about
extraordinaire	extraordinary
la merveille	wonder
la publicité	advertisement
le ciné (abrév de cinéma)	movies
le dauphin	dolphin
le film policier	police drama
le gars	guy
le roi, la reine	king, queen
le suspense	suspense
poétique	poetic
pour la troisième fois	for the third time
raconter qc	to tell sth
revoir qn/qc	to see sb/sth again
s'attendre à qc	to expect sth

se souvenir de *qc*	to remember *sth*
sous-titré/e	subtitled
superbe	superb

C. Do you like movies? Think of a movie that you liked, and recommend it to your classmates.

5. QU'EST-CE QUE VOUS AVEZ FAIT CE WEEK-END ? – WHAT DID YOU DO THIS WEEKEND?

A. You are going to find out what your classmates did this weekend. But first, fill out the questionnaire.

ailleurs	somewhere else
faire du football	to play soccer
faire du skate	to skateboard
faire une partie de cartes *f pl*	to play cards
peut-être	maybe
rester chez soi	to stay home

B. Now talk with two or three classmates about your weekend activities.

c'était	it was
chouette	great
nul/le	terrible, lousy
pas mal	not bad
s'amuser	to have fun
s'ennuyer	to get bored
vachement *adv fam*	very

C. What are the three most frequent activities in your class?

D. Do you already have plans for the next weekend? Talk about it with two classmates.

6. J'AI A-DO-RÉ ! – I JUST LOVED IT!

In groups of three, talk about a place where you went and that you either loved or hated. You can use a dictionary or ask your instructor for help.

le lieu, les lieux *pl*	place(s)
la Sicile	Sicily
il faisait beau	the weather was good

COLONNE DE GRAMMAIRE

au centre de	in the center of
avoir le temps	to have time
ça ne me dit rien de + *inf*	I don't feel like
en boîte *f*	in a club
entendu	OK
être là	to be there

évaluer *qc*	to evaluate/assess *sth*
hier	yesterday
impossible de + *inf*	impossible to
juste	just
l'est *m*	east
la fac	university
la retransmission sportive	sports broadcast
la série télévisée	TV series
le jeu concours	competitive game
le journal d'informations	news broadcast
le port	harbor
mauvais/e	bad
poliment *adv*	politely
pouvoir	can
respirer	to breathe
rien du tout	nothing at all
se retrouver	(*here*) to meet
sur la place du marché	on the marketplace
tout près de	very close to

7. CE SOIR À LA TÉLÉ – TONIGHT ON TV

A. In pairs: Look at the program listings for four TV channels. What type of shows are they?

à contre-courant	countercurrent
au milieu de	in the middle of
demain	tomorrow
devoir	have to
emmener *qn/qc*	to take *sb/sth*
enfermé/e	locked up
étrange	strange
filmer	to film
gagner *qc*	to win *sth*
Jack l'éventreur	Jack the Ripper
l'affaire *f*	deal
l'avenir *m*	future
l'enlèvement *m*	kidnapping
l'enquête *f*	investigation
l'ensemble *m*	(*orchestra*) ensemble
l'envoyé spécial *m*, l'envoyée spéciale *f*	special correspondent
l'escale *f*	layover
la côte	coast
la météo	weather report
la retransmission en direct	live broadcast
la suite	sequel
la vie au quotidien	daily life
le candidat, la candidate	candidate
le championnat	championship
le folk	folklore
le journal (télévisé)	news on TV
le million	million
le Pacifique	Pacific

le passager clandestin, la passagère clandestine	illegal passenger
le Pérou	Peru
le/la millionnaire	millionaire
mettre sa vie en danger	to risk one's life
s'affronter	to fight against each other
s'en aller	to go away
sur les traces de *qn*	tracking *sb*
tunisien/ne	Tunisian
vers	toward

B. Do these programs look like what is on TV in your country? What shows do you like to watch?

8. ON PREND RENDEZ-VOUS – LET'S MAKE AN APPOINTMENT

In pairs, imagine that these are the activities offered this week in your city. Agree on one to choose.

au moyen de *qc*	with
comme	like
de près	close up
en plein/e	in full
juin *m*	June
l'insecte *m*	insect
l'univers *m*	universe
la cité	town
la liberté	freedom
la piste (de bowling)	bowling lane
la réserve (animalière)	wildlife preserve
la scénographie	scenography
la séance	showing
le jour	day
le musée	museum
le pont	bridge
le son	sound
ludique	playful
ouvert/e	open
sauvage	wild
spectaculaire	spectacular
transporter	to transport
trop	too (much)

9. CE WEEK-END, ON SORT ! – LET'S GO OUT THIS WEEKEND!

A. Imagine that a friend is coming to spend the weekend in your city. Can you recommend places for him to go?

à faire	to do
dans les environs *m pl*	in the surrounding area
l'activité *f*	activity

B. Compare your recommendations with those of two classmates. Do you all know these places?

10. CHARLINE, RACHID ET SARAH

A. Charline, Rachid, and Sarah are looking for pen pals. Read the messages they posted on the Internet. Do they like to do the same things as you? Look for points you have in common with them and discuss them with one or two classmates.

authentique	authentic
botanique	botanical
correspondre avec *qn*	to correspond with *sb*
curieux/euse	inquisitive
devenir	to become
écologique	ecological
faire de la randonnée	to hike
faire partie de *qc*	to be part of *sth*
jusqu'à présent	up to now
la B.D. (*abrév de* bande dessinée)	comic strip
la collection	collection
la course	running
la natation	swimming
la réponse	answer
le correspondant, la correspondante	pen pal
le court-métrage	short film
le parc de loisirs	amusement park
le pays	country
le roman de voyage	travel novel
le scarabée	beetle
le/la biologiste	biologist
le/la supporter	fan
le/la vétérinaire	vet
rêver de *qc*	to dream of *sth*
surtout *adv*	above all
tout	everything

B. Imagine that these three young people are coming next weekend to your city. Are there places in your city that you could recommend to them, taking their tastes into consideration? Are there any events at the moment (shows, exhibitions, concerts, etc.) that might be of interest to them? Discuss it with two classmates.

C. Your school and the school that Charline, Rachid, and Sarah attend have organized an exchange. They are arriving Friday night! With two classmates, decide which pen pal you want to take around this weekend and plan what you will do.

D. Now present your plan to the class.

11. DEUX GÉNÉRATIONS DE FRANÇAIS ET LEURS LOISIRS – TWO GENERATIONS OF FRENCH PEOPLE AND THEIR PASTIMES

A. Read these two short texts about leisure activities in two generations of French people. Do 11–20-year-olds and 25–35-year-olds have similar behaviors in your country? Do they also have allowances? Talk about your opinions with two classmates.

à leurs yeux *m pl*	in their eyes
changer	to change
défiler	to parade
disposer de *qc*	(*here*) have
en matière de	with regard to
entre	between
géant/e	giant
l'adolescent *m*, l'adolescente *f*	teenager
l'adulte *m, f*	adult
l'argent de poche	allowance
l'écran *m*	screen
l'émission *f*	show
l'émotion *f*	feeling, emotion
l'extrait *m*	excerpt
l'importance *f*	importance
l'Internet *m*	Internet
la génération	generation
la marque	brand
la nostalgie	nostalgia
la télé réalité	reality TV
la tribu	tribe
le forum	forum
le jeu, les jeux *pl*	game(s)
le look	appearance
le mois	month
le SMS	text message
le style de vie	lifestyle
le/la trentenaire	thirty-year-old
les jeunes gens *m pl*	young people
les loisirs *m pl*	pastime
mener une vie	to lead a life
naître	to be born
nouveau, nouvelle, nouveaux	new
recevoir *qc*	to receive *sth*
s'exprimer	to express oneself
trépidant/e	hectic
vieillir	to grow old

B. How old are you? Do you belong to one of these generations? If so, do you recognize yourself in their descriptions? Write a short text in which you will describe your generation's way of life in your country.

12. TOUS LES JEUNES FONT LES MÊMES CHOSES ? – DO ALL YOUNG PEOPLE DO THE SAME THINGS?

Listen to these interviews with three young people who come from different countries. Following the model given on the chart below, write what they do during their free time.

Unité 12 C'EST PAS MOI !
IT'S NOT ME!

1. GRANDS ÉVÉNEMENTS – BIG EVENTS

A. Look at these photos. What events do they show?

atteindre *qc*	to reach *sth*
contre	against
inaugurer *qc*	to inaugurate *sth*
incroyable	unbelievable
la brebis	ewe
la chute du mur	fall of wall
la lune	moon
la Manche	Channel
le Brésil	Brazil
le clonage	cloning
le président, la présidente	president
le tunnel	tunnel
le/la sixième	the sixth
moi non plus	me neither
se marier	to marry
sous	under

B. It was in what year?

remporter la victoire	to win

C. Do you remember some of those events? How old were you then?

je n'étais pas né/e,	I was not born
se rappeler *qc/qn*	to remember *sth/sb*

2. UN BON ALIBI – A GOOD ALIBI

Try to answer: Where were you? Here are a few suggestions below to help you.

à minuit	at midnight
avant-hier	the day before yesterday
dimanche dernier	last Sunday
être en train de faire *qc*	to be doing *sth*
l'anniversaire *m*	birthday

3. LE COMMISSAIRE GRAIMET MÈNE L'ENQUÊTE – COMMISSAIRE GRAIMET IS LEADING THE INVESTIGATION

A. Here is an excerpt of a police novel in which the commissaire Graimet is leading an investigation regarding a theft that happened last week. Read this dialogue between the commissaire Graimet and one of the witnesses of the armed robbery. Can you identify the two gangsters among the five suspects?

à ce moment-là	at that moment
allumer *qc*	to light up *sth*
beaucoup de monde	lots of people
blond/e	blond
brun/e	dark-haired
châtain	brown-haired
chauve	bald
crier *qc*	to scream *sth*
de taille moyenne	average size
entrer en courant	to come in running
et alors?	and then?
être habillé/e	to be dressed
faire la queue	to wait in line
frisé/e	curly
haut les mains !	hands up!
hier matin	yesterday morning
la banque	bank
la chemise	shirt
la cravate	tie
la pipe	pipe
la poche	pocket
la porte d'entrée	entrance door
le blouson	jacket
le cheveu, les cheveux *pl*	hair
le guichet	(*here*) window
le hold-up	armed robbery
le jean	jeans
le revolver	gun
les cheveux raides *m pl*	straight hair
lever *qc*	to raise *sth*
porter *qc*	to wear *sth*
retirer de l'argent *m*	to withdraw money
roux, rousse	red-headed
se passer	to happen
sortir *qc*	to take *sth* out
soudain	suddenly
suspect/e	suspect

B. Look at the verbs used in this dialogue: They are all in the past but they are conjugated in two different tenses. Can you separate them into two groups? What do you notice regarding their structure?

C. Read the dialogue again and try to explain what these two verb forms are used for.

D. Think of one of the characters and describe him to a class-mate, who will have to guess who it is.

la barbe	beard
la casquette	cap
la moustache	mustache
maigre	scrawny
mince	thin

4. FAIT DIVERS – NEWS IN BRIEF

A. Olivier Debrun was the victim of a robbery. The policeman who interrogated him took some notes in his book. Read these notes, then, with a partner, try to imagine what happened to Olivier Debrun.

à main armée	armed
ainsi que	as well as
apparaître	to appear
comme d'habitude	as usual
demander	to ask
emporter *qc*	to take *sth*
en voiture *f*	by car
être contraint/e de + *inf*	to have to
faire signe	to signal
garer la voiture	to park the car
l'arme à feu	firearm
l'automobiliste *m, f*	car driver
la clef/la clé	key
la route nationale	highway
la victime	victim
le malfaiteur	criminal
le moteur	motor
le problème mécanique	motor problem
le vol	theft
le/la complice	accomplice
mal rasé	poorly shaved
menacer *qn* avec *qc*	to threaten *sb* with *sth*
mettre *qc* en marche	to start *sth* up
porter *qc*	to carry *sth*
s'arrêter	to stop
s'enfuir	to run away
se cacher	to hide
se garer	to park
se rendre à	to go to
sur le bord de	on the side of

B. Listen to the victim's deposition. Does it match what you were imagining? Now, based on this deposition, complete this article which is going to be published in the paper.

5. JE PORTAIS – I WAS WEARING

A. Find a partner. Do you remember what your friend was wearing during the previous French class?

B. Now, on your own, write on a piece of paper what you were wearing during the previous French class. Then turn in this anonymous description to your instructor, who will post all descriptions on the board.

C. In groups of four, read the descriptions on the board and try to remember who was wearing what. The group that recognizes the most people wins.

6. CROYEZ-VOUS À LA RÉINCARNATION ? – DO YOU BELIEVE IN REINCARNATION?

Imagine that you can remember a previous lifetime. Think of a profession from past times (you can use a dictionary or ask your instructor). Then, take turns explaining what you were like and what you did. Your classmates must guess what profession you had.

craindre	to fear
féroce	ferocious
l'épaule *f*	shoulder
le bandeau	headband
le bateau	boat
le perroquet	parrot
respecter	to respect

7. DEVINEZ CE QU'IL A FAIT AVANT ET APRÈS ! – GUESS WHAT HE DID BEFORE AND AFTER!

A. What did you do yesterday? Complete the following sentences.

aussitôt après	right after
juste avant	just before

B. In pairs, try to guess what your partner did yesterday.

COLONNE DE GRAMMAIRE

à cette époque-là	at that time
déjeuner	to have lunch
descendre	to go down
faire de la gymnastique	to exercise
hier après-midi	yesterday afternoon
la fièvre	fever
malade	sick
monter	to go up
parce que	because
passer	to stop by
prendre l'autobus *m*	to take the bus
prendre son petit déjeuner	to have breakfast
samedi soir dernier	last Saturday night
tous les matins	every morning
venir en classe	to go to class

8. « JE » EST MULTIPLE – THERE ARE SEVERAL « JE »

Form groups of four. Write down the sentences below on a piece of paper and finish the first sentence whichever way you want. Then, fold the paper so that what you wrote is hidden, and give the paper to the person sitting on your right, who will then complete the second sentence, fold it, and pass it on to the next person. The paper must circulate until the text is finished.

enfin	finally
ensuite	then
vers	around

9. C'EST LA VIE ! – THAT'S LIFE!

A. Listen to Damien tell a friend what has changed in his life in the past few years. What topics is he bringing up? Write them down on the chart below in the order they appear.

l'aspect physique *m*	physical appearance
la conversation	conversation
le lieu d'habitation	place of residence
le thème	theme

B. Listen to the conversation one more time and write down the changes that Damien is talking about. In your opinion, are these positive or negative changes?

C. Now, think of two changes in your life and complete the sentences below, then talk about them with two classmates.

10. QU'EST-CE QUI S'EST PASSÉ ? – WHAT HAPPENED?

Listen to this story broadcast by a local radio and put the drawings back in chronological order.

11. INTERROGATOIRE – INTERROGATION

A. The police suspect that certain people in your class committed this strange burglary. They want to interrogate them about what they did last night between 7 PM and 11 PM. Form two groups: a group of investigators and a group of suspects. While the investigators, two by two, prepare their interrogation, the suspects, also two by two, will elaborate their alibi. The elements on the chart may also help you.

B. Each suspect is now going to be interrogated individually by a policeman. In order to find weaknesses in your suspects' alibi, you can ask them to describe places and people, and you can also question them on additional details.

C. After the interrogations, the investigators compare their statements and decide whether the suspects are guilty or not.

affirmer *qc*	to claim *sth*

coupable	guilty
se séparer	to separate

12. GENTLEMAN OU CAMBRIOLEUR ? – GENTLEMAN OR BURGLAR?

A. Read this text. What do you imagine Arsène Lupin is like? In the literature of your country, is there a thief as famous as this one? What is he like?

à eux deux	between the two of them
à sa guise	whichever way he/she wants
abîmer *qc*	to damage *sth*
audacieux/euse	audacious
autrefois	in the past
avoir un côté obscur	to have a dark side
brillant/e	brilliant
chacun/e	each
chaque fois	each time
d'abord	first
de sang-froid	in cold blood
de toute façon	anyway
définitivement *adv*	definitely
différent/e de	different from
donner son cœur à *qn*	to give one's heart to *sb*
dont	of which
droit/e	straightforward
en demander encore	to want more
en fait	in fact
en quelque sorte	in a certain way
ensemble	together
être de nature + *adj*	to have a (*adj*) nature
être obligé/e de	to have to
exister	to exist
faire la peau à *qn fam*	humorous expression used to threaten to kill *sb*
faire taire *qn*	to silence *sb*
former *qc*	to build *sth*
gai/e	joyful
gueuler *fam*	to scream
hein *fam*	what?
honnête	honest
impertinent/e	sassy
l'anarchiste *m, f*	anarchist
l'aristocrate *m, f*	aristocrat
l'arme *f*	weapon
l'éditeur *m*, l'éditrice *f*	editor
l'élégance *f*	elegance
l'enfer *m*	hell
l'équivalent *m*	equivalent
l'essence *f*	gas
l'imaginaire *m*	dream world
la Belle Époque	1900's
la disparition	disappearance

la double vie	double life
la femme de sa vie	the woman of his life
la loi	law
la mitraillette	machine gun
la nouvelle	short story
la pièce de thêâtre	play
la réalisation (cinématographique)	directing
la séduction	seduction
lancer *qc*	(*here*) to launch *sth*
le cambrioleur, la cambrioleuse	burglar
le contexte	context
le créateur, la créatrice	creator
le héros *m*, l'héroïne *f*	hero/heroine
le jeu de mots	wordplay
le meublé	furnished place
le premier, la première	first
le réalisateur, la réalisatrice	director
le seul, la seule	the only one
le visage	face
le/la coupable	criminal
les faibles *m pl*	the weak
le trait *m*	feature
lorsque	when
malgré	in spite of
modeler	to form, mold
moralisateur/trice	sanctimonious
personne (… ne …)	no one
porter *qc* à la télévision	to adapt *sth* to TV
porter secours à *qn*	to help *sb*
prétendre	to pretend
quel/quelle qu'il/elle soit	whatever he/she may be
quelle importance !	how important!
reconnaître	to recognize
rendre compte de	to give an account of
revenir à l'attaque	to attack again
ridiculiser *qn*	to ridicule *sb*
Robin des Bois	Robin Hood
s'en foutre de *qc fam*	not to care about *sth*
s'en sortir de *qc*	to make it
s'étaler sur	to spread over
s'imposer	to impose
se faire braquer	to get broken into
se faire buter *fam*	to get killed
se mettre à + *inf*	to start
se moquer de *qn/qc*	to mock *sb/sth*
se prendre au sérieux	to be full of oneself
se ranger *fam*	to straighten up
si ce n'est	except
signer *qc*	to sign *sth*
symboliser *qc*	to symbolize *sth*
transgresser la loi	to go against the law
trembler	to shake (out of fear)

tuer	to kill	à peine	hardly
un de ces quatre	one of these days	associer à	to associate with
venir de + *inf*	to have just done *sth*	bien plus difficile	much more difficult
vif, vive	lively	bouger	to move
		compliqué/e	complicated

B. Listen to this song: It tells the story of two other thieves. Which ones?

Unité 13 ÇA SERT À TOUT ! – IT CAN BE USED FOR ANYTHING!

1. À QUOI ÇA SERT ? – WHAT IS IT USED FOR?

A. Look at these objects. Do you know what they are called?

l'ouvre-boîte *m*	can opener
la machine à calculer	calculator
la machine à laver	washing machine
le casque	helmet
le grille-pain	toaster
le sac à dos	backpack
le sèche-cheveux	hair dryer
les lunettes de soleil	sunglasses

B. What are these objects used for?

c'est utile pour + *inf*	it is useful for
calculer *qc*	to calculate *sth*
griller *qc*	to grill/toast *sth*
la boîte de conserve	canned food
le linge	laundry
le virus informatique	computer virus
rouler à vélo	to ride a bike
se protéger contre	to protect oneself against
se servir de *qc*	to use *sth*
sécher *qc*	to dry *sth*

C. Which of these objects do you never use and which ones do you use often?

D. Look at the structure of these words. What do you notice? Can you classify them according to their structure?

E. Can you think of other words that are built in the same way? Look in the dictionary or ask your instructor for help.

2. DES INVENTIONS QUI ONT CHANGÉ NOTRE VIE – SOME INVENTIONS THAT CHANGED OUR LIVES

A. Read this article. Do you know in which year these objects appeared? 1925, 1845, 1953, 1974, 1981?

congelé/e	frozen
consulter un médecin	to see a doctor
couvert/e de *qc*	covered with
créer *qc*	to create *sth*
déchirer *qc*	to tear *sth*
demander du travail	to ask for work
dépendre de *qc*	to depend on *sth*
durable	lasting
électronique	electronic
être connecté/e à *qc*	to be connected to *sth*
faciliter *qc* à *qn*	to make it easy for *sb*
faire la cuisine	to cook
imperméable	waterproof
intact/e	intact
l'apprentissage *m*	learning
l'avantage *m*	advantage, privilege
l'écolier *m*, l'écolière *f*	schoolboy/girl
l'écriture *f*	writing
l'encre *f*	ink
l'encrier *m*	inkwell
l'inventeur *m*, l'inventrice *f*	inventor
l'invention *f*	invention
l'ordinateur	computer
la bille	ballpoint (pen)
la capacité à + *inf*	capacity to
la carte à puce	chip card
la chaussette	sock
la conservation	conservation
la décennie	decade
la manière	way
la monnaie	change
la nouveauté	novelty
la plume	feather
la qualité nutritive	nutritious value
la radio	radio
la réparation	repair
la révolution	revolution
la tache	stain
la technique	technique
la télécarte	phone card
le billet d'avion	plane ticket
le bœuf bourguignon	beef stew with wine sauce
le compte bancaire	bank account
le courrier	mail
le développement	development
le goût	taste
le matelas	mattress
le mouchoir en papier	tissue, Kleenex

le portefeuille	wallet
le porte-monnaie électronique	electronic wallet
le robinet	faucet
le ruban adhésif	(Scotch) tape
le stylo bic	ballpoint pen
le xxᵉ siècle	20th century
le/la spécialiste	specialist
léger, légère	light
les informations *f pl*	news
les plats surgelés	frozen food
nombreux, nombreuse	numerous
pratiquement *adv*	practically
profondément *adv*	profoundly, deeply
propre	clean
réparer *qc*	to repair *sth*
soi-même	oneself
solide	solid
surgelé/e	frozen
toujours *adv*	always
transformer *qc*	to transform *sth*
un robinet qui fuit	leaking faucet

B. Which of these inventions seems to be the most useful to you? What would you add to this list of inventions that changed your life? Talk about it with a classmate.

C. How did planes and tissues change our lives? With a classmate, write the corresponding texts.

3. JE CHERCHE QUELQUE CHOSE – I AM LOOKING FOR SOMETHING

A. Look at this catalog. Did you ever use these objects? Do you think they can be useful? Talk about it with a classmate.

amener *qc*	to bring *sth*
autocollant/e	self-adhesive
doublé/e en *qc*	lined with *sth*
efficace	efficient
éliminer *qc*	to eliminate *sth*
en voyage	traveling
enlever *qc*	to take away *sth*
entièrement *adv*	entirely
incapacitant	incapacitating
l'aérosol *m*	spray
l'agresseur *m, f*	attacker
l'armature *f*	frame
la bombe lacrymogène	tear gas
la bouloche	small wool ball
la brosse anti-peluches	anti-lint brush
la brosse	brush
la défense	defense
la fibre de verre	fiberglass
la laine	wool

la peluche	lint
la tente	tent
le bon de commande	order form
le canapé	couch
le fauteuil	armchair
le jet	stream
le nettoyage	cleaning
le poil	(*body*) hair
le rasoir à peluches	lint razor
le sac de rangement	bag
le tapis	rug
le tissu	fabric
les frais *m pl*	cost
livrer *qc*	to deliver *sth*
maniable	easy to handle
neuf, neuve	new
neutraliser *qn/qc*	to neutralize
pratique	practical
puissant/e	powerful
utiliser	to use

B. Now listen to this conversation betweem Emma and a salesman. What is she looking for? She will eventually have to buy this product by mail. Can you fill out the order slip for her?

l'emballage *m*	packaging
les frais de port *m*	shipping cost
unitaire	per unit

4. C'EST UN OBJET QUI COUPE – IT'S AN OBJECT THAT CUTS

Listen to these people guessing what objects are. Number the objects as they are described. Then compare your answers with two classmates.

5. BINGO

A. We are going to play bingo in groups of four. First, complete the chart below with the name of six objects that you will choose among the ones we are proposing below. Careful! Write with a pencil so you can erase it later.

B. One of you is going to describe some objects: what they are made of, what shape they have, what they are used for... but without saying what they are. The first person who has checked all his objects wins.

rond/e	round

C. You are going to play bingo four times. Each time, one of you takes the role of the leader.

COLONNE DE GRAMMAIRE

bientôt	soon

ça marche	it works
ça se lave	it can be washed
carré/e	square
faire une promesse	to promise *sth*
heureux/euse	happy
il fait beau	the weather is nice
il fait soleil	it is sunny
incassable	unbreakable
jetable	disposable
l'électricité *f*	electricity
l'essence *f*	gasoline
la chose	thing
la porcelaine	porcelain
la vie	life
lavable	washable
le bois	wood
le carton	cardboard
le fer	iron
le papier	paper
le plastique	plastic
le sac	bag
le verre	glass
plat/e	flat
rectangulaire	rectangular
savoir	to know
tout seul	by itself
triangulaire	triangular
venir chercher *qn*	to pick *sb* up

6. UN INVENTEUR ET SON INVENTION – AN INVENTOR AND HIS INVENTION

A. Read the following text. Do you know what the invention is and the full name of the inventor?

évoluer	to progress
imaginer *qc*	to imagine *sth*
l'appareil *m*	equipment, appliance
l'Écosse *f*	Scotland
l'onde *f*	wave
la physiologie	physiology
transmettre	to transmit

B. Observe the sentences with **qui** and **que**. What do you notice? Can you figure out when we use **qui** and when we use **que**?

7. FUTURS POSSIBLES ! – POSSIBLE FUTURES!

A. In your opinion, what will the future be like? Decide whether these statements are true or false. Can you predict two more things for the future?

au lieu de	instead of
automatisé/e	automated

faux, fausse	false
l'Atlantique *m*	Atlantic
l'école *f*	school
la dent	tooth
le comprimé	tablet (*medicine*)
le mutant, la mutante	mutant
le produit frais	fresh product
le progrès	progress
médical/e, médicaux *m pl*	medical
voler	to fly

B. Compare your answers with two classmates. Do you have similar visions for the future?

C. And how do you envision your own future?

8. JE VOUS LE RECOMMANDE ! – I RECOMMEND IT TO YOU!

Think of an object that you have with you. What is it used for? What are its qualities? Now describe this object to two classmates. They must guess what it is.

extrêmement *adv*	extremely

9. UN PRODUIT QUI VA FACILITER VOTRE VIE – A PRODUCT THAT WILL MAKE YOUR LIFE EASIER

A. The paper *Pratique* has polled its readers to identify their small daily problems. Read the various testimonies and find what person they correspond to.

à roulettes *f pl*	on (small) wheels
agaçant/e	irritating
avoir la place	to have room
devant	in front
envahi/e par	invaded by
fatigant/e	tiring
l'appareil électroménager *m*	household appliance
l'utilisateur *m*, l'utilisatrice *f*	user
la boue	mud
la buée	steam, condensation
la description	description
la page	page
le cartable	schoolbag
le lave-vaisselle	dishwasher
le sol	ground
le terrain	lot
les verres de lunettes	glass lenses
lourd/e	heavy
potentiel/le	potential
ranger *qc*	to clean *sth* up
ridicule	ridiculous
salir *qc*	to make *sth* dirty

sans cesse	unceasingly
tenir *qc*	to hold *sth*
terriblement *adv*	terribly

B. Which one of these problems would you like to solve? Find other people in the class who want to solve the same problem as you and invent an original product that could bring a solution.

C. Now, write the page of the catalog that will sell your product by mail.

ANTISÈCHE

l'ascenceur *m*	elevator
le geste	movement
le manuel	textbook
le soulier	shoe
obtenir *qc*	to obtain *sth*
passer *qc* sous l'eau	to rinse *sth*
se fatiguer	to get tired
suffire	to be enough

10. LA PRÉSENTATION – THE PRESENTATION

Now you are going to present your product to the class. Each time a group presents its product, you must, individually, decide whether this seems useful to you and whether you want to buy it.

CATALOGUE D'OBJETS INTROUVABLES	CATALOG OF OBJECTS ONE CANNOT FIND
absurde	absurd
augmenter *qc*	to increase *sth*
autodidacte	self-taught
car	because
contempler *qc*	to contemplate *sth*
coudre *qc*	to sew *sth*
délibérément *adv*	deliberately
désireux/euse de	wishing
dissident/e	dissident
et même	and even
étant donné que	given that
être connu/e pour *qc*	to be known for *sth*
être constitué/e de	to be made of
éviter à *qn* de + *inf*	to prevent
explicite	obvious
faire figure de *qc*	to appear as
faire un rebond	to bounce
frileux/euse	sensitive to the cold
imaginaire	imaginary
inattendu/e	unexpected
inutile	useless
irrationnel	irrational
l'exception *f*	exception
l'illustrateur *m*, l'illustratrice *f*	illustrator
l'objet *m*	object

l'œuvre *f*	work
la balle	ball (small)
la cafetière	coffee machine
la cambrure du pied	curve of the foot
la forme	shape
la paire de ciseaux	pair of scissors
la parodie	parody
la personne âgée	older person
la règle	rule
la science	science
la société de consommation	consumer society
la vente	sale
le chauffage central	central heating
le côté	side
le dessin	drawing
le fondateur, la fondatrice	founder
le manche	handle
le parapluie	umbrella
le patin à roulette	rollerskate
le point de vue	point of view
le radiateur	radiator
le régent, la régente	regent
le/la rebelle	rebel
le/la scénographe	script writer
n'importe quel/quelle	any
ordinaire	ordinary
patiner	to skate
précisément *adv*	precisely
principalement *adv*	mainly
publier *qc*	to publish *sth*
quotidien/ne	daily
se brancher	to plug
simplement *adv*	simply
tous azimuts	in all directions
un ballon	ball (big)
une soixantaine	about sixty

11. OBJETS INSOLITES – STRANGE OBJECTS

A. Among these objects, which are your favorites? Why?

B. To what needs do these objects claim to respond?

Unité 14 JE SERAIS UN ÉLÉPHANT
I WOULD BE AN ELEPHANT

1. LE PLUS GRAND SPECTACLE DU MONDE – THE LARGEST SHOW IN THE WORLD

A. Look at these photos. Can you identify each person's job?

l'acrobate *m, f*	acrobat
l'éléphant *m*	elephant
l'équilibre *m*	balance

l'équilibriste *m, f*	tightrope walker
le cracheur de feu, la cracheuse de feu	fire breather
le dresseur, la dresseuse	trainer
le jongleur, la jongleuse	juggler
le présentateur, la présentatrice	presenter, M.C.
le/la trapéziste	trapeze artist

B. In your opinion, what qualities are essential to do these jobs?

adroit/e	dexterous
agile	agile
avoir peur de *qc*	to be afraid of
jouer de la flûte	to play the flute
l'imagination *f*	imagination
la concentration	concentration
la confiance	trust
la coordination	coordination
la peur	fear
le bon sens de *qc*	good sense of
le contact	contact
le public	public
le réflexe	reflex
le risque	risk
le vertige	fear of heights, vertigo
parler en public	to speak in public
se faire obéir	to be obeyed
souple	flexible
téméraire	daredevil

C. Which one of these jobs could you do? Which one could you not do? Talk about it with two classmates.

je pourrais	I could
manquer	to lack

2. QUALITÉS ANIMALES ? – ANIMAL QUALITIES?

A. Animals are often associated with certain positive and negative qualities. Do you know what associations we make in French? Try to guess!

doux/ce	soft
fainéant/e	lazy
la carpe	carp
la limace	slug
la mule	mule
la pie	magpie
la taupe	mole
la tortue	turtle
le renard	fox

le singe	ape
lent/e	slow
muet/te	mute
myope	shortsighted
rusé/e	clever
têtu/e	stubborn

B. Do people make the same associations in your country? Are there others?

3. ÊTES-VOUS SOCIABLE OU MISANTHROPE ? – ARE YOU SOCIABLE OR A MISANTHROPE?

A. Take this test, then compare your answers with those of a classmate. Who is the most sociable? Why?

absent/e	absent
annuler *qc*	to cancel *sth*
autour de	around
bloquer *qc*	to block
capable	able
complètement *adv*	completely
continuer *qc*	to continue *sth*
demander son chemin à *qn*	to ask for directions
être sur le point de faire *qc*	to be about to do *sth*
faire du bénévolat	to volunteer
ignorer *qn*	to ignore *sb*
intervenir	to intervene
jusqu'à	up to
klaxonner	to honk
l'aveugle *m, f*	blind
l'expérience *f*	experience
l'ONG *f* (*abrév d'* Organisation Non-Gouvernementale)	NGO
l'ours *m*	bear
la destination	destination
la Mongolie	Mongolia
la salsa	salsa
le buffet	buffet
le chemin	way
le chimpanzé	chimpanzee
le confort	comfort
le stress	stress
le taxi	taxi
le village perdu	lost village
México	Mexico City
nécessaire	necessary
prendre par la main	to take by the hand
prendre un taxi	to take a taxi
rappeler	to call back
s'excuser	to apologize
sourire à *qn*	to smile at *sb*

B. Add your numbers. If you obtain the same number of points for two symbols, it means that your personality is in between two portraits.

amazonien/ne	Amazonian
attentif/ive	alert
avoir tendance à	to have the tendency to
fondamentalement *adv*	fundamentally
généreux/euse	generous
l'agressivité *f*	aggressiveness
la gentillesse	kindness
le besoin	need
le sens de l'humour	sense of humor
misanthrope	misanthropic, unfriendly
mystique	mystical
par intérêt	out of interest
pas question de	out of the question to
réellement *adv*	really
s'exiler	to go in exile
se sentir attiré/e par *qc*	to feel attracted to *sth*
urbain/e	urban

4. INTRIGUES AMOUREUSES – LOVE INTRIGUES

A. Here are two excerpts from a photo-novel. Some sentences are missing, and you need to identify them to complete the dialogues. Then, listen and check.

clair/e	clear
comme elle est belle !	she is so beautiful!
donc	so
enchanté/e	nice to meet you
je vous en prie	(*here*) please
l'indication *f*	direction
le C.V. (*abrév de* curriculum vitæ)	résumé
le/la collègue	colleague
mignon/ne	cute
mon Dieu !	my God!
pas encore	not yet
présenter *qn*	to introduce *sb*
s'asseoir	to sit down
se voir	to meet, to see each other

B. When do we say **vous**? Check the right answers.

le commerçant, la commerçante	storekeeper
le niveau hiérarchique	hierarchical level
le supérieur hiérarchique, la supérieure hiérarchique	senior
superficiel/le	superficial

5. DEVINETTES – RIDDLES

A. Read these sentences. Do you know what they define?

attribuer *qc* à *qn*	to give *sth* to *sb*
changer *qc*	to change *sth*
confier *qc* à *qn*	to entrust *sb* with *sth*
considérer comme	to consider as
en expansion	expanding
entendre	to hear
être perdu/e	to be lost
la dent de lait	baby tooth
le cadeau, les cadeaux *pl*	present(s)
le marin	sailor
le message	message
le milliard	billion

B. Observe the pronouns in bold in the riddles. Can you complete the following chart? What difference do you notice between direct object complements (COD) and indirect object complements (COI)?

C. Work with a classmate and try to match the following terms with their definitions: **les enfants, la terre, la télévision, l'eau, les amis, l'amour, l'Univers.** Use the correct pronouns.

6. TROIS ANIMAUX – THREE ANIMALS

Here is a (very serious) test. First, think about your answers and talk about them with a classmate. Then, your instructor is going to give you some clues so you can interpret your answers.

COLONNE DE GRAMMAIRE

faire les devoirs *m pl*	to do homework
la loterie	lottery
le/la professeur	teacher
maman *f*	mom
se tutoyer	to say **tu** to each other
se vouvoyer	to say **vous** to each other
téléphoner à *qn*	to call *sb*

7. DANS LE DÉSERT – IN THE DESERT

A. You are going to hear a story. Close your eyes and imagine that you are going on a trip in the Sahara Desert. As you visualize what is being said, answer mentally the questions that are asked or write down your answers during each pause. Your instructor can give you a paper to fill out.

B. Now open your eyes slowly and look at what you wrote. The instructor will give you clues to interpret your answers. Do you agree with these interpretations? Discuss them with a classmate.

8. SI C'ÉTAIT... – IF IT WERE...

You know the game of the portrait? Together, the whole class will make a list of ten people known by all. Then, individually, you are going to define one of them as you answer the questions asked.

l'hippocampe *m*	seahorse
la profession	profession

9. COMMENT RÉAGISSEZ-VOUS ? – HOW DO YOU REACT?

How do you react in the following situations? Compare your reactions with a classmate.

abandonner	to abandon
devoir de l'argent à *qn*	to owe money
donner un conseil	to give some advice
garder un secret	to keep a secret
la vitrine	shop window
le secret	secret
prêter *qc* à *qn*	to loan *sth* to *sb*

10. NE TUTOYEZ PAS VOTRE INTERLOCUTEUR ! – DON'T SAY « TU » TO YOUR INTERVIEWER!

A. This article gives some advice on how to succeed at a job interview. As you read it, you will discover what to do and what not to do in this situation. In your opinion, is the candidate in the picture behaving appropriately? Write the corresponding rule!

à éviter	to be avoided
arrogant/e	arrogant
chercher du travail	to look for work
courtois/e	courteous
déterminant/e	crucial
faire attention à *qn/qc*	to watch for *sb/sth*
ferme	firm
fixer *qn*	to stare at *sb*
fuir le regard	to avoid someone's eyes
l'entretien d'embauche, de recrutement	job interview
l'étape finale *f*	last step
l'interlocuteur *m*, l'interlocutrice *f*	the interviewer
la gestuelle	movements
la mimique	facial expression
la poignée de main	handshake
la ponctualité	punctuality
la recherche	research
la règle d'or	golden rule
le centimètre	centimeter
le jeune diplômé, la jeune diplômée	young graduate

le langage	language
mollement	limply
négliger *qc*	to neglect *sth*
non-verbal	nonverbal
prendre l'initiative *f*	to take the initiative
produire une impression	to make an impression
regarder *qn* dans les yeux	to look *sb* in the eyes
réussir	to succeed
s'approcher de *qn/qc*	to approach someone
sachez que	know that
se montrer + *adj*	to show oneself (*adj*)
se présenter à *qn*	to introduce yourself to *sb*
serrer la main de *qn*	to shake someone's hand
soigner son apparence *f*	to take care of one's appearance
souriant/e	smiling
sûr/e de soi	self-confident
vestimentaire	related to clothing
voici	here

B. Are these rules applicable in your country? If you discover rules that are specific to your country, write them down.

11. MÉTIER INSOLITE – STRANGE JOB

A. In groups of three, think of an unusual job (your instructor can help you), then define what, in your opinion, are the essential qualities to do that job.

choisir	to choose
individuel/le	individual
l'évolution *f*	evolution
la carrière	career
la perspective	perspective
le souffleur, la souffleuse	prompter
le tai-chi	tai chi
le théâtre	theater

B. Now, still working in your groups, you need to prepare a test (copied three times): six to eight questions that will enable you to identify whether a person has the qualities necessary to do this unusual job. Careful: Do not refer to the job about which you are thinking in your test! Here are a few questions as an example.

la montre	watch
le conducteur, la conductrice	driver
le laveur de vitres, la laveuse de vitre	window washer
le marteau	hammer
le sourcier, la sourcière	dowse
le vase	vase

C. You are director of human resources and you have placed a job advertisement in the paper. Each of you is now going to simulate a job interview. You are going to interview a person from another group and write down his/her answers. Careful: Do not reveal to your candidate what job he/she is applying for!

D. Now get back to your groups and compare the answers that you noted. Which candidate are you choosing and why? Then explain your choice to the rest of the class.

12. TRAVAIL, TRAVAIL – WORK, WORK

From a legal standpoint, how many hours is the work week in your country? Does it seem like a lot to you? Not much? What would be the advantages and disadvantages if a law such as the 35-hour work week in France were to be applied in your country?

accentuer *qc*	(*here*) to accentuate *sth*
au profit de	in favor of
avoir le sentiment que	to have the feeling that
bénéficier de *qc*	to benefit from *sth*
cependant	however
compte tenu de	given
concerner	to pertain
controversé/e	controversial
correspondre à *qc*	to correspond to *sth*
d'une part … d'autre part	on the one hand, on the other hand
dans la majorité des cas	in the majority of cases
davantage	more
de la part de *qn*	on the side of
dévaloriser	to downgrade
diminuer *qc*	to decrease *sth*
dominical/e, dominicaux	Sunday…
donner un sens à *qc*	to give meaning to *sth*
être maintenu/e	to be preserved
exercer *qc* sur *qn/qc*	to exert *sth* over *sb/sth*
imposer *qc* à *qn*	to impose *sth* to *sb*
inspirer *qn*	to inspire *sb*
instaurer *qc*	to establish *sth*
l'accroissement *m*	increase
l'effet *m*	effect
l'heure supplémentaire *f*	extra hours
l'inégalité *f*	inequality
la baisse	decline
la création d'emploi	job creation
la déception	disappointment
la flexibilité	flexibility
la hausse	rise
la limitation	limitation
la mémoire collective	collective memory
la mise en application	enforcement
la modération	moderation
la pression	pressure
la productivité	productivity
la retraite	retirement

la RTT (*abrév de* Réduction du Temps de Travail)	reduction of work time
le chômage	unemployment
le droit	right
le Front populaire	Popular Front (1936–1938)
le gouvernement	government
le menu	menu
le moyen	way, means
le niveau	level
le pouvoir d'achat	purchasing power
le principe	principal
le repos	rest
le salarié, la salariée	salaried worker
le temps de loisirs	leisure time
le temps de travail	work time
le temps libre	free time
le/la vingtième	twentieth
les congés payés *m pl*	paid vacation
libérer	to free up
malheureusement *adv*	unfortunately
principal/e, principaux	main
rythmer *qc*	to give rhythm to *sth*
s'interroger sur *qc*	to wonder about *sth*
se demander	to ask oneself
se montrer favorable à *qc*	to be in favor of *sth*
supérieur/e	superior
tenir ses promesses *f*	to keep one's promises
tout au long de	all along

13. TRAVAILLER OU NE PAS TRAVAILLER ? – TO WORK OR NOT TO WORK?

A. You are going to listen to a song called «Le travail c'est la santé», written by Boris Vian. Listen to it as you read the lyrics. What is, in your view, the opinion of the author about work? Reach an agreement with a classmate.

au grand galop	at the speed of a galloping horse
bosser *fam*	to work
costaud/e	strong
courir après *qn*	to run after *sb*
courir	to run
crevé/e *fam*	tired
dire que	to say that
en pagaille	in a mess
fou, folle	crazy
la santé	health
le boulot *fam*	work
le métro	subway
le prisonnier, la prisonnière	prisoner
le refrain	chorus
les paroles *f pl*	lyrics
mort/e	dead

ne pas être près de + *inf*	to not even be close to
ne pas faire de vieux os *fam*	to not last long
rattraper *qn/qc*	to catch up with
reprendre *qc*	to take *sth* back
rigolo	funny
se payer *qc*	to buy *sth* for oneself

B. With the help of information about paid vacation in France, can you say when the song was probably written?

C. Are there songs about work in your language?

Unité 15 JE NE SUIS PAS D'ACCORD
I DON'T AGREE

1. TÉLÉSPECTATEUR : UN PEU, BEAUCOUP, PAS DU TOUT ? – TV VIEWER: A LITTLE, A LOT, NOT AT ALL?

A. What type of shows do you prefer watching?

ça me relaxe	it relaxes me
l'émission culturelle *f*	cultural show
l'émission *f* de télé réalité	reality TV show
la culture	culture
la série	series
le débat télévisé	televised debate
le dessin animé	cartoon
le feuilleton	soap opera
le jeu, les jeux *pl*	game(s)
le programme pour enfants	kids' program
le reportage	report
le téléfilm	film made for TV
le/la télémaniaque	TV addict

B. The magazine *Télé pour tous* is conducting a survey. Answer it individually.

combien de... ?	how much/many...?
de manière systématique	systematically
en fonction de	according to
l'adepte *m, f*	disciple
l'insomnie *f*	insomnia
le petit écran	small screen
le téléspectateur, la téléspectatrice	TV viewer
le zapping	zapping
même si	even if
modifier *qc*	to modify *sth*
se mettre devant le petit écran	to sit in front of the TV

C. After answering the questionnaire, look at your answers and compare them with those of a classmate. What type of TV viewer do you think you are?

a. a TV addict
b. someone who likes TV
c. an anti-TV person

être accro *fam*	to be addicted

2. TÉLÉ RÉALITÉ – REALITY TV
A. Read these two opinions about reality TV, then find the arguments in favor of and those against reality TV. Write them on the chart.

à l'avance	ahead of time
alimenter les conversations *f pl*	to be a topic of discussion
avoir l'impression *f*	to have the feeling that
choquer *qn*	to shock, offend *sb*
condamner	to condemn
contre	against
d'un côté ... d'un autre côté	on one hand, on the other hand
décider *qc*	to decide *sth*
distraire *qn*	to distract *sb*
en conclusion	in conclusion
en réalité *f*	in reality
enregistrer un disque	to record a CD
être en danger *m*	to be in danger
faire croire *qc* à *qn*	to make *sb* believe *sth*
il est vrai que	it is true that
improviser *qc*	to improvise *sth*
jouer un rôle	to play a role
l'esthétique *f*	æsthetics
l'idée *f*	idea
l'intimité *f*	intimacy
la caractéristique	characteristic
la créativité	creativity
la diversité	diversity
la fonction	function
la médiocrité	mediocrity
la plupart de	most
la possibilité	possibility
la technique de chant	singing technique
le mérite	merit
le montage	montage
le producteur, la productrice	producer
le rêve	dream
le scénario	scenario
le spectateur, la spectatrice	viewer
le type	type
le zoo	zoo
le/la finaliste	finalist
le/la jeune talent	young talent

le/la protagoniste	main character
limiter *qc*	to limit *sth*
ne rien apporter à *qn*	to bring nothing
particulier/ère	particular
passer à la télévision	to be on TV
perfectionner *qc*	to improve *sth*
pour	for
présenter à l'écran	to present on screen
provoquer un conflit	to start a conflict
rapidement *adv*	rapidly
remporter un succès	to be successful
s'identifier avec *qn/qc*	to identify with *sb/sth*
sain/e	healthy
tel, telle, tels, telles	such
tout dépend de	it all depends on
tromper *qn*	to deceive *sb*

B. Do you share the same views as Catherine and Alex? Would you add other arguments? Comment with a classmate.

3. LE PIERCING ET LES TATOUAGES – PIERCING AND TATTOOS

A. Read the following transcript of a radio debate regarding piercing and tattoos. Add the words and expressions from the chart below where they are missing in the text.

ajouter *qc*	to add *sth*
appartenir à *qn/qc*	to belong to *sb/sth*
apporter	to bring
c'est pareil	it is the same
c'est-à-dire	that is to say
comment ça !?	how come!?
contredire *qn/qc*	to contradict *sb/sth*
désinfecter *qc*	to disinfect *sth*
développer *qc*	to develop *sth*
éclater	to burst
élémentaire	elementary
en tant que	as
esthétique	æsthetic
inconnu/e	unknown
interdire *qc* à *qn*	to forbid *sth*
introduire *qc*	to introduce *sth*
justifier *qc*	to justify *sth*
l'argument *m*	argument
l'inquiétude *f*	worry
l'Océanie *f*	Oceania
l'opinion *f*	opinion
la cause	cause
la civilisation	civilization
la conséquence	consequence
la contestation	protest
la peau	skin
la pratique	practice

la précision	precision
la raison	reason
le désaccord	disagreement
le docteur *m, f*	doctor
le domaine de connaissance	field of knowledge
le Japon	Japan
le matériel	(*here*) equipment
le nombril	navel
le phénomène	phenomenon
le piercing	piercing
le rite	ritual
le tatouage	tattoo
le/la sociologue	sociologist
mettre *qc* à la mode	to make *sth* fashionable
mettre *qn* en garde contre *qc*	to warn *sb* against *sth*
montrer *qc*	to show *sth*
nuancer *qc*	to nuance *sth*
on sait que	we know that
par rapport à *qn/qc*	regarding
partager l'avis de *qn*	to share someone's opinion
précéder *qn/qc*	to precede *sb/sth*
recommandable	advisable
renforcer *qc*	to reinforce *sth*
se faire un piercing	to get a piercing
se révolter	to rebel
situer *qc*	to locate *sth*
une trentaine	about thirty

B. Now listen to the debate and check your answers.

C. The guests from the show use typical expressions in debate situations to present and defend their points of view. They are in bold type in the text. Do you understand their function? Can you find equivalents in your language?

4. TOUS CEUX DONT ON PARLE – ALL THOSE WE TALK ABOUT

A. Put chairs in a circle. Everyone sits on a chair except one student who stays in the middle. This student reads one of the following sentences or invents another one. Those students that are described by the sentence get up and they try to sit on another chair as quickly as possible. The student standing in the middle also tries to sit down. Whoever remains in the middle gives the following order.

comprendre *qc*	(*here*) to contain

B. Now, observe the sentences with **dont**. Do you understand how it is used?

5. D'ACCORD OU PAS D'ACCORD ? – AGREE OR DISAGREE?

A. Read these sentences. Do you agree?

égal/e	equal
interdit/e	forbidden
l'extraterrestre *m, f*	extraterrestrial
la jeunesse	youth

B. When you use the expressions **je ne crois pas que** or **je ne pense pas que**, what do you notice regarding the verb that follows?

COLONNE DE GRAMMAIRE

comprendre *qc*	to understand *sth*
d'ailleurs	moreover
d'après moi	in my opinion
dire	to say
en effet	indeed
falloir (il faut)	to be necessary
partager l'avis *m*	to share someone's opinion
responsable de	responsible for
surveiller *qn/qc*	to supervise *sb/sth*
valoir (il vaut)	to be worth

6. MESDAMES, MESSIEURS, BONSOIR ! – LADIES AND GENTLEMEN, GOOD EVENING!

A. Christian Laurier moderates a televised debate. He introduces each topic with a kind of short enigma. Listen to his introductions and write down the key words that you understand. Then, with a classmate, make guesses as to what topics are brought up. Here are some clues to help you.

l'engin *m*	the machine
l'indice *m*	clue
le mot-clé	keyword
le sujet abordé	topic of discussion
se préoccuper de *qc*	to worry about *sth*

B. With one or two classmates, try to prepare a short introduction to a topic of your choice. Then read it out loud. The other students will try to guess what topic you want to introduce.

7. CHIEN OU CHAT ? – DOG OR CAT?

A. In groups of four, choose one of the following topics. You can add other topics if you want. Then, two of you will take the side of one option and the other two will take the opposite side.

l'étranger *m*	foreigner
propre	(*here*) own

B. Each pair must present their arguments and defend briefly their point of view while reacting to the opinions of other students.

8. ON EN DISCUTE – WE TALK ABOUT IT

Each week, Jean-Philippe Cuvier presents the show «On en discute». This evening's theme is "For or against TV today". Listen

to him present his guests, then complete the presentation cards, writing each guest's main argument.

l'historien *m*, l'historienne *f*	historian
le lycéen, la lycéenne	high school student
le/la cinéaste	filmmaker

ANTISÈCHE

se faire comprendre	to make oneself understood

9. ÊTES-VOUS POUR OU CONTRE ? – ARE YOU FOR OR AGAINST IT?

A. What do you think of the different arguments brought up by these people? Choose your side: for or against, then get in groups with those who share your opinion. You can add new arguments together.

B. Now, in each group, prepare the debate. Justify your point of view and your arguments as you look for examples in the TV program of your own country.

n'est-ce pas ?	isn't it so?
pareil/le	same
se consacrer à *qc*	to devote oneself to *sth*

C. You are now going to hold a debate with the group who picked the opposite side. Careful—you must reach conclusions and agree on something that would lead to an improvement of the quality of TV in your country, as you formulate a series of suggestions.

10. PROGRAMMES DU PETIT ÉCRAN – TV PROGRAMS

A. Here are four shows representative of French TV. Read the summaries. Did you ever hear about these shows? Which one(s) would you like to see?

annoncer *qc*	to announce *sth*
commenter	to comment
conjuguer *qc*	to conjugate
contrairement à *adv*	in contradiction to
d'emblée	from the beginning
déjouer le piège	to foil a plot
en main	in hand
en même temps que	at the same time as
étonner *qn*	to surprise *sb*
être lu/e par	to be read by
être retransmis/e	to be broadcast
insolite	strange
l'applaudissement *m*	applause
l'objectif *m*	goal
l'opération de calcul	math problem
la centaine	hundred

la dictée	dictation
la jouissance	pleasure
la lettre	letter
la personnalité	leading figure, famous person
le chiffre	number
le concours télévisé	competition on TV
le dico (*abrév de* dictionnaire)	dictionary
le Libanais, la Libanaise	Lebanese
le mot-valise	portmanteau word
le on-dit	hearsay
le participe passé	past participle
le phénomène social	social phenomenon
le plateau	set
le verbe pronominal	reflexive verb
le verbe	verb
les Beyrouthins *m pl*	people from Beirut
ne serait-ce que	if only
pervers/e	perverse
prendre le réflexe de + *inf*	to get into the habit of
quel courage !	how courageous!
réagir à *qc*	to react to *sth*
régional/e/aux	regional
s'adonner à *qc*	to devote oneself to *sth*
s'entraîner à + *inf*	to train
se composer de *qc*	to be composed of
se convertir en *qc*	to become
se laisser décourager par *qn/qc*	to get discouraged by
se populariser	to become popular
sobre	sober
surprenant/e	surprising
tirer au sort	to draw
tourner un reportage	to film a report
véritable	real, true

B. Do you have similar shows in your country? What are, in your opinion, the shows that are most representative of your country?

Unité 16 QUAND TOUT À COUP...
WHEN SUDDENLY...

1. SOUVENIRS, SOUVENIRS – MEMORIES, MEMORIES

A. Jean-Paul shows us his photo album. Look at the photos and, with a classmate, find the titles that match the photos. Can you guess who Jean-Paul is in each photo?

l'exploit *m*	feat
la Bretagne	Brittany
la ligue	league
la trottinette	scooter (for kids)
la vitesse	speed
le mariage	wedding

tonton *m fam*	uncle
tout bronzé/e	all tanned

B. Now listen to Jean-Paul comment on the photos. Can you identify some of his relatives and say when and where the picture was taken? Write down your answers.

2. LES AVENTURES DE LA PETITE JO – LITTLE JO'S ADVENTURES

A. Did you ever organize a snail race when you were a child? It is very easy! You will find on the list below everything that you need. With a classmate, try to imagine how it works.

l'escargot *m*	snail
la feuille	leaf
la peinture	paint
le cure-dent	toothpick
le feutre	marker
le fil	thread
le joueur, la joueuse	player

B. Now read the story of la Petite Jo. Is the snail race organized as you had imagined?

attacher *qc*	to fasten *sth*
au bout de *qc*	after
avoir école *f*	to have school
content/e	happy
dessus	on top of it
drôlement *adv*	really, amazingly
évoquer *qc*	to recall *sth*
expliquer *qc*	to explain *sth*
gentiment *adv*	gently
l'action *f*	action
la circonstance	circumstance
la coquille de l'escargot	snailshell
la dernière fois	the last time
la fin	end
la fois d'avant	the time before
la ligne de départ	starting line
la pluie	rain
lâcher	(*here*) to free up
le copain *m*, la copine *f*	friend
le début	beginning
le plus-que-parfait	pluperfect
le premier mai	May first
le voisin *m*, la voisine *f*	neighbor
marrant/e	funny
placer *qc*	to put *sth*
signaler *qc*	to indicate

C. La Petite Jo is using three past tenses to tell her story. These verbs are in bold characters in the text. Can you distinguish them? What tense are they conjugated in?

D. What do you notice about the structure of the plus-que-parfait in comparison with the imparfait and the passé composé?

3. HISTOIRE D'UNE VIE – STORY OF A LIFE

A. Read this biography of Mata Hari. Do you think she had an interesting life?

alias	known as
arrêter *qn*	to arrest *sb*
avide de	hungry for
avoir du succès	to be successful
condamner *qn* à mort	to sentence *sb* to death
conduire *qn*	to lead *sb*
devoir	(*here*) to owe
divorcer	to divorce
douter de *qn/qc*	to doubt *sb/sth*
du bout des doigts	from the tips of one's fingers
éclater	to erupt
en poste	stationed
espionner *qn*	to spy *sb*
exceptionnel/le	exceptional
faire des victimes *f*	to cause casualties
faire la connaissance de *qn*	to meet *sb*
fier/ère	proud
fréquenter *qn*	to date *sb*
inquiet/ète	worried
intercepter *qc*	to intercept
javanais/e	Javanese
juger *qn*	to judge *sb*
l'agent *m, f*	agent
l'aube *f*	daybreak
l'Empire allemand *m*	German empire
l'espion *m*, l'espionne *f*	spy
l'industriel *m*, l'industrielle *f*	industrialist
l'officier *m*, la femme officier *f*	officer
la facilité	ease
la Grande Guerre	First World War (1914–1918)
la guerre	war
la modernité	modernity
le baiser	kiss
le banquier, la banquière	banker
le collectionneur, la collectionneuse	collector
le déplacement	moving around
le fait que	the fact that
le feu	fire
le marchand, la marchande	merchant
le militaire, la femme militaire	soldier
le nom de scène	stage name

le peloton d'exécution	firing squad
le prince héritier	heir prince
le sourire aux lèvres	with a smile on her lips
le talent	talent
le télégramme	telegram
le tribunal militaire	military court
le/la chef	chief
les années folles *f pl*	the golden years
les services du contre-espionnage	counter-intelligence services
les services secrets *m pl*	secret services
les yeux bandés *m pl*	blindfolded
librement *adv*	freely
mouvoir *qc*	to move *sth*
prendre la décision de + *inf*	to decide to
profiter de *qn/qc*	to take advantage of *sb/sth*
se déshabiller	to undress
se faire passer pour *qn*	to pretend to be *sb* else
un peu plus tard	a little later
Vienne	Vienna

B. Mata Hari's story is linked to the history of France. At what moment of history did the events related in the story happen?

C. Imagine the sentence that Mata Hari could have said as she blew her final kiss.

L'HISTOIRE DE FRANCE EN QUELQUES DATES

au/x côté/s de	along with
conquérir *qn/qc*	to conquer
déclarer la guerre	to declare war
déclencher *qc*	to start *sth*
entrer en guerre	to start a war
être contrôlé/e par	to be controlled by
l'archiduc *m*, l'archiduchesse *f*	archduke, archduchess
l'assassinat *m*	murder
l'empereur *m*, l'impératrice *f*	emperor, empress
l'Union Européenne *f*	EU
la CEE (*abrév de* Communauté Économique Européenne)	EEC
la défaite	defeat
la Grande-Bretagne	Great Britain
la Première Guerre Mondiale	First World War
la Révolution Française	French Revolution
le débarquement	landing
les États-Unis *m pl*	USA
partir à la conquête de *qc*	to go conquer *sth*

4. C'EST COMME ÇA, LA VIE – THAT'S LIFE

A. Séverine is telling her story for a magazine about what happened to her when she was at a restaurant with a friend. Read this text and write the words that are missing.

alors que	while
arriver à *qn*	to happen to *sb*
au bout de	after
avant même que	before
croiser *qn*	to go by *sb*, to cross paths with *sb*
en être au dessert	to be eating dessert
faire parvenir *qc* à *qn*	to send *sth* to *sb*
furieux/euse	furious
gêné/e	embarrassed
l'autre jour *m*	the other day
la jeune femme	young woman
la veille	the day before
le lendemain	the next day
le tien, la tienne, les tiens, les tiennes	yours
le voisin de table	*sb* sitting at a nearby table
par hasard	by chance
prendre un café	to have some coffee
rien ne vaut...	nothing compares with...
romantique	romantic
s'arranger	to get back in order
se diriger vers *qn*	to go toward *sb*
se poser des questions	to wonder
se tromper de + *nom*	to make a mistake
tout à coup	suddenly
vivre *qc*	to experience *sth*

B. You will hear three persons tell the beginning of a story. How do you think these stories end? Talk about it with two classmates.

C. Now listen and check.

5. UN ÉVÉNEMENT ET SON CONTEXTE – AN EVENT AND ITS CONTEXT

A. In groups, make a list of special things everyone did recently: funny things, important or not important, planned or not planned... Indicate if possible the date and time.

à midi	at noon

B. Now choose one of these events and explain the circumstances that surrounded this event.

délicieux/euse	delicious

COLONNE DE GRAMMAIRE
au bord de la rivière	by the river
auparavant *adv*	beforehand
cambrioler *qc*	to break into *sth*
chaque	each
démarrer	to start up
fatigué/e	tired

la balade	walk
la bijouterie	jewelry store
la petite cuiller	teaspoon
le centre-ville	downtown
le sucre brun	brown sugar
pleuvoir des cordes *f pl*	to rain cats and dogs
remuer *qc*	to mix
s'éteindre	to go out (*lights*)
sonner	to ring

6. PAR QUI ? – BY WHOM?

A. Do you know who were the main characters in the following events?

Christophe Colomb	Christopher Columbus
dix-neuvième	nineteenth
la Bataille de Waterloo	Battle of Waterloo
la guillotine	guillotine
la Joconde	Mona Lisa
la pénicilline	penicillin
la presse à imprimer	printing press
la Tour Eiffel	Eiffel Tower
le duc, la duchesse	duke, duchess
le peuple	people
Le Tour du monde en quatre-vingts jours	*Around the World in Eighty Days*
le tournesol	sunflower
perdre *qc*	to lose *sth*
quinzième	fifteenth
seizième	sixteenth

B. Observe how these verbs are structured. What do you notice?

7. LES TITRES À LA UNE – NEWS HEADLINES

In pairs, throw a dice twice and pick two numbers between one and six. Each number refers you to half of a headline. Write the corresponding article.

à la retraite	retired
l'infraction *f*	offense
la chimie	chemistry
la commune	town
le code de la route	driving rules
le loto	lottery (lotto)
le maire *m*	mayor
le prix Nobel de la paix	Nobel Peace Prize
le train en marche	operating train
participer à *qc*	to participate in

8. LA PREMIÈRE FOIS – THE FIRST TIME

A. We often remember our "first times." With a classmate, try to remember the first time you:

- rode a bicycle
- participated in a show
- drove a car
- skied
- went horseback riding
- went to school
- went abroad
- took a plane

monter dans *qc*	to step into *sth*

B. Do you remember the last time you did these things?

9. C'EST ARRIVÉ À QUI ? – IT HAPPENED TO WHOM?

A. You have certainly experienced highly emotional moments. Look at the list below. Try to remember circumstances and details. Then, complete the chart individually. Of course, you can use your imagination if you want to!

embarrassant/e	embarrassing
faire une rencontre	to meet *sb*
inoubliable	unforgettable
rater *qc*	to miss *sth*
se perdre	to get lost

B. Now, in groups of three, tell your weirdest or most interesting stories. Decide whether they are true or not.

C. Among the true stories that were told, choose the most interesting. The one who told this story is going to tell it again to the others, but this time with many details. The others can take notes and ask questions. Prepare yourself well, because you will have to relate that person's story as if you had lived it.

D. Each group is going to tell their story to the class. Taking turns, each member of the group tells the story using **je** as if they lived it. Then the class can ask questions to try to guess who, among the three, has really lived that anecdote.

10. TROIS ANTIHÉROS – THREE ANTI-HEROES

A. Read the text about comic strips and observe these three characters. Do you recognize them?

au travail	at work
carrément *adv*	totally
circuler	(*here*) to go around
désagréable	unpleasant
dessiner	to draw
entourer	to surround
faire fonctionner *qc*	to make *sth* work
faire partir *qn*	to make *sb* leave
faire une blague à *qn*	to play a joke on *sb*

incompétent/e	incompetent
ingénieux/euse	inventive
insupportable	unbearable
l'agent *m*, une femme agent	policeman/woman
l'amende *f*	fine
l'entourage *m*	people around
la BD (*abrév de* bande dessinée)	comic strip
la caricature	caricature
la gaffe *fam*	blunder
la grand-mère	grandmother
la mamie	grandma
la rédaction	editing
le béton	concrete
le caprice	whim
le fichier	files
le Français moyen	average Frenchman
le promoteur, la promotrice	contractor
les péripéties *f pl*	adventures
maladroit/e	clumsy
mou/molle	limp
progressivement *adv*	little by little
provoquer *qc*	to cause *sth*
quant à	as regards
résister à *qn/qc*	to resist
s'imaginer que	to imagine that
sans arrêt	constantly
sans emploi	without work
se défendre	to defend oneself
se soigner	to cure oneself
se venger de *qn/qc*	to retaliate
surnommer *qn*	to nickname

B. Would you like to read the adventures of these characters? What are those that interest you the most?

C. What other characters from French or Belgian comic strips do you know? Are they heroes or anti-heroes? Do you like them?

Unité 17 IL ÉTAIT UNE FOIS...
ONCE UPON A TIME...

1. QUE TU AS DE GRANDES OREILLES ! – YOU HAVE SUCH LARGE EARS!

A. Read the following sentences carefully. They come from traditional fairy tales. Which tales do you think they come from?

Blanche-Neige	Snow White
Cendrillon	Cinderella
cher, chère	dear
en cœur *m*	together
l'escalier *m*	stairs
l'ogre *m*, l'ogresse *f*	ogre

l'oreille *f*	ear	aussitôt	right away
la citrouille	pumpkin	chez eux	at home
la fée	fairy	chuchoter	to whisper
la lieue	mile	consoler *qn*	to comfort *sb*
la pantoufle de vair	glass slipper	effectivement *adv*	indeed
la patte	paw	embrasser *qn*	to kiss *sb*
la porte	door	enfermer *qn*	to lock *sb* up
laid/e	ugly	enfiler *qc*	to slip into *sth*
le carrosse	coach	frapper à la porte	to knock at the door
le chasseur, la chasseuse	hunter	hurler	to scream
Le Loup et les sept chevreaux	*The Wolf and the Seven Little Kids*	il était une fois	once upon a time
		jeter *qc*	to throw *sth*
le loup, la louve	wolf	l'arbre *m*	tree
le miroir	mirror	la miette de pain	bread crumb
le nain, la naine	dwarf	la misère	poverty
le pas	step	la pierre	stone
Le Petit Chaperon rouge	*Little Red Riding Hood*	la salle	room
Le Petit Poucet	*Tom Thumb*	le bûcheron, la bûcheronne	woodcutter
Le vilain petit canard	*The Ugly Duckling*	le caillou, les cailloux *pl*	small rocks
magique	magical	le palais royal	king's palace
parcourir	to travel	le vaurien, la vaurienne	rascal
passer la baguette magique	to wave the magic wand	méchant/e	mean
puisque	since, because	partir	to leave
s'éloigner de *qn/qc*	to move away from	pendant que	while
s'occuper de	to take care of	pleurer	to cry
vivant/e	alive	remplir *qc*	to fill up
		rentrer chez soi	to go back home
		retirer *qc* à *qn*	to take *sth* away from *sb*
		retrouver son chemin	to find one's way back
		s'échapper	to escape
		sauf	except
		se mettre à faire *qc*	to start doing *sth*
		se reposer	to rest
		sortir	to go out
		tenir un conseil de guerre	to hold a war council
		vivre	to live

B. Now compare your answers with those of a classmate.

2. QU'EST-CE QU'UN CONTE ? – WHAT IS A FAIRY TALE?

A. What do you know about fairy tales? Read the following statements and answer individually: Do they seem rather true, false, or you don't know?

le conte	tale
le dragon	dragon
le méchant, la méchante	villain
pour que + *subjonctif*	so that
s'endormir	to fall asleep
se terminer	to end

B. Now listen to Diane Duchêne's interview. She is a specialist in oral literature. Check your answers.

C. What are the five stages of a tale? Listen one more time to the last part of the interview.

3. LE PETIT POUCET – TOM THUMB

A. You know the story of Tom Thumb, don't you? Here are nine excerpts from this tale. You need to put them back in order with the help of two classmates.

B. Look at the verbs in excerpt number 3. A new past tense was introduced. Underline these verbs. This tense is the **passé simple** and it is used traditionally in fairy tales, although not necessarily. Is there another past tense that we could use instead?

4. ÊTES-VOUS « POLYCHRONIQUE » ? – CAN YOU MULTI-TASK?

A. A person who is **polychronique** is someone who multi-tasks, i.e., someone who can do several things at the same time. Ask the following questions to a classmate to find out whether he/she is «polychronique».

aimable	kind, nice
l'imbécile *m, f*	idiot
se maquiller	to put on makeup
se raser	to shave
triste	sad

B. Now tell your classmate about your conclusions.

5. QU'EST-CE QUE C'EST ? – WHAT IS IT?

A. Read these sentences and guess what they are talking about.

approcher *qn/qc*	to get close to *sb/sth*
avoir l'aspect de *qn/qc*	to look like
ce dernier, cette dernière,	the latter
ces derniers, ces dernières	
fidèle	faithful
le désert	desert
le meuble	furniture
le soleil brille	the sun is shining
les pays développés *m pl*	industrialized countries
prendre de l'importance *f*	to become important
prêt/e à tout pour + *inf*	ready to do anything for...

B. In pairs, write down other riddles following the same model (using **tellement ... que**).

6. CHAQUE PROBLÈME À UNE SOLUTION – EACH PROBLEM HAS A SOLUTION

A. In groups of four, make a list of the most important problems related to ecology, education, wealth distribution, your schedule, health... Just one rule: Be concrete!

la couche d'ozone	ozone layer
le/la ministre des transports	transportation minister
réduire *qc*	to reduce *sth*
s'agrandir	to grow

B. Now give your list to another group, which will then write a solution next to each problem.

COLONNE DE GRAMMAIRE

avoir l'habitude de *qc*	to be used to *sth*
grandir	to grow
la première fois	the first time
lancer une flèche	to shoot an arrow
le talon d'Achille	Achilles' heel
mettre la table	to set the table
réussir un examen	to pass an exam
se comporter	to behave
tellement	so

7. CAR OU POURTANT ? – BECAUSE OR YET

Complete each sentence either with **car** or **pourtant**, choosing what you believe to be the most adequate one. Compare your choices with a classmate.

au volant	behind the wheel
chasser	to hunt
de plus en plus	more and more

détruire *qc*	to destroy *sth*
être en voie de disparition	to be endangered
l'équipe *f*	team
l'injustice *f*	injustice
la baleine	whale
la faim	hunger
la note	grade
la surproduction	overproduction
le quart de finale	quarter-final
protéger *qn/qc*	to protect *sb/sth*
saturer *qn/qc*	to saturate *sb/sth*
sophistiqué/e	sophisticated

B. Were you ever the victim of something unfair? Have you ever observed something that is not logical or that was totally unexpected? Talk about it with two classmates. You will certainly need to use the connecting word **pourtant**.

8. COURSE CONTRE LA MONTRE – RUNNING AGAINST TIME

This morning, Gilles and Marité did not wake up on time and they need to do everything they have to do within 30 minutes. It is 7:00 AM and they have to leave at 7:30 AM. Look at the list of things to do and help them get organized.

beurrer une tartine	to put butter on a slice of bread
donner à manger	to feed
faire le lit	to make the bed
habiller *qn*	to dress *sb*
la tartine	slice of bread with butter and/or jam
prendre une douche	to take a shower

9. LA PIERRE PHILOSOPHALE – THE PHILOSOPHER'S STONE

A. Read this modern tale. Do you see the underlined segments? In order to make the story a little more understandable, try to rewrite these sections using the following words.

afin de + *inf*	in order to
automatiquement *adv*	automatically
aux quatre coins du monde	everywhere in the world
chercher *qn/qc*	to look for
désert/e	deserted
désespéré/e	desperate
exactement *adv*	exactly
intriguer *qn*	to intrigue *sb*
l'homme d'affaires,	businessman/woman
la femme d'affaires	
la chaleur	heat
la fortune	fortune
la morale	morale
la sagesse	wisdom

laisser *qc* à *qn*	to leave *sth* for *sb*
le client, la cliente	customer
machinal/e	automatic
partir à la recherche de *qc*	to go look for *sth*
passer	to go by
ramasser *qc*	to pick *sth* up
se mettre à l'eau *f*	to put oneself in the water
se mettre au travail *m*	to put oneself to work
sentir *qc*	to feel *sth*
tomber sur *qn/qc*	to chance upon
toucher	to touch
tranquillement *adv*	quietly
un/e à un/e	one by one

B. Did you like this story? In your opinion, what is the meaning of this story? What is the moral? Talk about it with two classmates.

10. À VOUS DE RACONTER ! – YOUR TURN TO TELL!

A. In small groups, make a list of tales that you know, then together, decide which of these tales you would like to tell.

B. Now think of an intruder, i.e., a real or fictional character that is usually not in that tale but whom you want to introduce in the story. Then write your version of the tale.

C. Once the text has been corrected by your instructor, you can plan a dramatized reading of your tale and present it to the class.

11. LE CRÉOLE – CREOLE

Read the following text about the origin of the creole language. Do you know the story of your own language or of other languages around you?

à part entière	full-fledged
ainsi	thus
amérindien/ne	American Indian
capturer *qn*	to capture *sb*
commun/e	common
déporter *qn*	to deport *sb*
donner une unité *f*	to give a unity
éviter *qc*	to avoid *sth*
l'expression *f*	expression
l'origine *f*	origin
la base lexicale	vocabulary basis
la littérature orale	oral literature
la nécessité	necessity
la syntaxe	syntax
la terre natale	native land
le chant	song
le compagnon, la compagne	companion
le créole	creole
le métissage	mixed race

le proverbe	proverb
le terme	word
le tout	the whole thing
le vocabulaire	vocabulary
les Antilles *f pl*	West Indies
reprendre *qc*	to take *sth* back
se développer	to develop
se parler	to be spoken
se reconstituer	to rebuild
survivre	to survive

12. TI POCAME

A. Read the beginning of this tale from the West Indies. What other tale does it make you think of?

courageux/euse	courageous
cueillir *qc*	to pick *sth*
dehors	outside
envelopper *qn*	to wrap up
envoyer *qn* au diable	to send *sb* to the devil
épicer *qc*	to spice *sth* up
être puni/e	to be punished
faire du bruit	to make noise
faire noir	to be dark
foncer sur	to bolt toward
glisser *qc* dans sa poche	to slip *sth* in one's pocket
injustement *adv*	unfairly
l'habit *m*	outfit
l'orphelin *m*, l'orpheline	orphan
l'os *m*, les os *pl*	bone(s)
la colère	anger
la corvée	chore
la luciole	firefly
la marraine	godmother
la poule	hen
le cochon	pig
le diable	devil
le pépin	seed
le piment	hot pepper
porter chance *f*	to bring luck
prendre garde à + *inf*	to watch for
prendre soin de + *inf*	to take care of
remarquer	to notice
se plaindre de *qc*	to complain about *sth*
songer à *qn/qc*	to think of *sb/sth*

B. How do you think the story continues? Would you like to know? Listen!

Unité 18 JOUER, RÉVISER, GAGNER
PLAY, REVIEW, WIN

1. JEU DE L'OIE – GAME OF THE GOOSE

A. Divide the class into four groups and read the rules of the game. You will need a die and a pawn for each group as well as joker cards.

à tour de rôle	taking turns
avancer d'une case	to move forward one space
lancer le dé	to throw the die
le sablier	hourglass
les règles du jeu	game rules
passer un tour	to skip a turn
rejouer	to play again
tomber sur une case	to land on a certain space

B. Now start playing. Each group throws the die and does what is required on the game. The instructor corrects the answers and acts as the referee in case of a dispute.

avoir lieu	to take place
avoir l'initiative de *qc*	to take the initiative to do *sth*
citer *qc*	to quote *sth*
correctement *adv*	correctly
détaillé/e	detailed
faire faire *qc* à *qn*	to have *sb* do *sth*
la case	space on a board game
la mini-séance	mini-session
la quiche lorraine	quiche with ham and cheese
l'adjectif *m*	adjective
l'auxiliaire *m*	auxiliary
le film documentaire	documentary
le jeu de l'oie	the game of the goose (*French board game*)
le moyen de transport	transportation means
les goûts *m pl*	tastes
l'habitant *m*, l'habitante *f*	inhabitant
l'orchidée *f*	orchid
mondial/e	worldwide
rester en forme *f*	to stay in shape

2. LE QUÉBEC, VOUS CONNAISSEZ ? – QUÉBEC: WHAT DO YOU KNOW ABOUT IT?

A. Try to answer this questionnaire about Québec individually. If you are in doubt, write a question mark.

anglophone	English-speaking
athée	atheist
au sein de	within
bilingue	bilingual
catholique	Catholic

dominant/e	main
fédéral/e	federal
hydraulique	hydraulic
indien/ne	Indian
la religion	religion
la source d'énergie	source of energy
la température	temperature
le climat	climate
le monde arabe	Arab world
le Québécois, la Québécoise	person from Québec
l'état *m*	state
l'Europe *f* de l'Est	Eastern Europe
l'immigrant *m*, l'immigrante *f*	immigrant
majoritairement *adv*	in majority
nucléaire	nuclear
protestant/e	Protestant
solaire	solar
souverain/e	sovereign
voter	to vote

B. Compare your answers with those of a classmate.

C. Listen to this radio show about Québec and check your answers.

D. Read this text about Québec's identity claim. What do you think about it? Did you experience or hear about identical situations in your country or in other countries?

QUESTIONS D'IDENTITÉS

adopter une loi	to pass a law
assurer *qc*	to guarantee *sth*
autochtone	native
avoir le droit de + *inf*	to have the right to
c'est à dire	that is to say
de nouveau	again
dispenser *qc* à *qn*	to give to
échouer à *qc*	to fail
en résumé	to sum up
exclusif/ive	exclusive
gérer *qc*	to manage *sth*
l'identité *f*	identity
la charte	charter
la langue maternelle	mother tongue
la minorité	minority
la réalité	reality
la souveraineté	sovereignty
le bilinguisme	bilingualism
le foyer	household
le Lapon, la Lapone	Lapp
le parti	political party
le pouvoir	power
le premier ministre	prime minister

le projet de loi	bill
le suédois	Swedish
les relations extérieures *f pl*	foreign relations
l'état souverain *m*	sovereign state
l'îlot *m*	small island
l'option *f*	option
l'utilisation *f*	use
maintenir	to maintain
percevoir des impôts *m pl*	to collect taxes
prendre un tournant décisif	to take a decisive turn
reconnu/e comme	recognized as
réel/le	real
tout en + gérondif	while...

3. DEPUIS QUAND ? – SINCE WHEN?

Read the following short stories and, with a classmate, try to agree on how to fill out the empty spaces. First, you will need to figure out the calendar for April, May, and June 2004.

compris/e	included
heureusement *adv*	fortunately
la reprise du travail	getting back to work
l'accident *m*	accident
les sports d'hiver *m*	winter sports
rien de grave	nothing bad
se casser *qc*	to break *sth*
se précipiter sur	to throw yourself on
skier	to ski

4. MOTS BIZARRES – STRANGE WORDS

Read these words and, with a classmate, try to agree on what they refer to.

la pastèque	watermelon
le brochet	pike
le cygne	swan
le flacon	flask
le jonc	rush (plant)
le plombier	plumber
l'hirondelle *f*	swallow

COLONNE DE GRAMMAIRE

absolument pas	absolutely not
changer de *qc*	to change *sth*
là-bas	there
le meilleur, la meilleure	the best
peu de temps	little time
vraiment pas	really not

5. NI OUI NI NON – NEITHER YES NOR NO

Taking turns, you will answer questions that the class will ask you, but be careful: You cannot answer with **oui** or **non**. If the question is not asked well, your instructor will signal to you and you don't answer it. If you answer **oui** or **non**, you lose and someone else replaces you.

| absolument *adv* | absolutely |
| sûr/e | sure |

6. MAIS SI ! – BUT YES!

Form groups of three. Each member of the group writes four negative statements about the other two persons. Then, you ask each person to confirm your assumptions. Whoever makes more than two mistakes skips a turn.

| le fruit de mer | seafood |

7. ILS VEULENT QUE... – THEY WANT...

Complete these texts following the model, using the correct verb.

faire le ménage	to clean the house
je m'en fous	I don't care
la batterie	drums
la blouse	overall
la physique	physics
le devoir (d'école)	homework
le dragueur, la dragueuse	someone who likes to flirt
le rocker, la rockeuse	rocker
le stressé, la stressée	stressed-out person
rouler	to drive

8. LE QUIZ – THE QUIZ

A. Form teams of three or four. You need to prepare six questions per group and write them down on a flash card. Write the answers on a separate piece of paper. The questions can be of a cultural or linguistic nature, but the answers need to be somewhere in the book.

à la place de *qn/qc*	instead of
la conjugaison	conjugation
la première personne	the first person
l'unité *f*	unit

B. Now, read the rules of the game carefully before starting.

à la fin	at the end
distribuer *qc*	to distribute *sth*
la ponctuation	punctuation
le conditionnel	conditional
le/la porte-parole	spokesperson

9. MOI ET LE FRANÇAIS : MON BILAN – ME AND FRENCH: MY EVALUATION

A. Answer these questions individually, then comment on your answers in small groups.

continuer à + *inf*	to continue to	l'esclavage *m*	slavery
le cours intensif	intensive class	l'esclave *m, f*	slave
s'inscrire	to register	lumineux/euse	luminous
suffisamment	enough	mi-juin	mid-June
voilà deux ans que	it has been two years since	montagneux/euse	mountainous
		multiculturel/le	multicultural
		peu abondant/e	not abundant
		s'étaler sur	to spread over
		sur place	on the premises
		surprendre *qn*	to surprise *sb*
		tumultueux/euse	stormy

10. DEUX ÎLES : LA MARTINIQUE ET L'ÎLE DE LA RÉUNION – TWO ISLANDS: MARTINIQUE AND REUNION

Do you know these islands? Read these tourist brochures.
Which one of these two islands seem the most attractive to
you? Why?

la fiscalité	tax system		
la spécificité	specificity		
le territoire	territory		
les D.O.M.-T.O.M. (*abrév de* Départements et territoires d'outre-mer)	overseas French territories		
notamment *adv*	especially		
outre-mer	overseas		

L'ÎLE DE LA RÉUNION

		abolir *qc*	to abolish
		au pied de	at the foot of
		chinois/e	Chinese
		chuter	to fall
		des milliers de	thousands of
		en activité *f*	active
		entrer en éruption *f*	to erupt
		faire appel à *qn/qc*	to call on *sb*
		fleurir	to bloom
		forger *qc*	to forge *sth*
		indonésien/ne	Indonesian
		inhabité/e	uninhabited
		issu/e de	coming from
		la colonie	colony
		la culture métissée	mixed-race culture
		la façade	front of a building
		la pratique religieuse	religious practice
		la variété	variety

LA MARTINIQUE

asiatique	Asian	le bois	wood
au-dessous de	under	le calendrier	calendar
bordé	lined with	le littoral	coast
caraïbe	Caribbean	le mode de vie	lifestyle
coloré/e	colored	le négrier, la négrière	slave trader
culminer	to culminate	le palmier	palm tree
cultiver *qc*	to grow *sth*	le pic	peak
dépasser *qc*	to go over	le Réunionnais, la Réunionnaise	someone from Réunion Island
dominer *qc*	to rule over *sth*	le rivage	shore
durant	during	le rythme	rhythm
exporter *qc*	to export *sth*	le Tamoul, la Tamoule	Tamil
hindou/e	Hindu	le volcan	volcano
la canne à sucre	sugar cane	le/la fidèle	believer
la colline	hill	l'hindouisme *m*	Hinduism
la domination	domination	l'Inde *f*	India
la main-d'œuvre	manpower	l'Océan Indien *m*	Indian Ocean
la Métropole	mainland	malgache	Madagascan
la récolte	harvest	musulman/e	Muslim
la végétation	vegetation	peuplé/e de	populated
l'abolition *f*	abolition	régulièrement *adv*	regularly
large	wide	se comprendre	to understand each other
l'avocat *m*	avocado	sud-est	southeast
le banc de poisson	school of fish		
le champ	field		
le cocotier	coconut tree		
le fond marin	bottom of the sea		
le paysage	landscape		
le sable	sand		
le secteur bananier	banana sector		
le soleil se couche	the sun sets		
le soleil se lève	the sun rises		

GLOSSAIRE
GLOSSARY

A

à cause de because of U9 | 8A
à ce moment-là at that moment U12 | 3A
à cette époque-là at that time U12 | Gr
à côté (de) next to U10 | 2B
à deux pas de close to (literally, two steps away from) U8 | 10A
à droite (de) to the right of U10 | 2B
à éviter to be avoided U14 | 10A
à faire to be done/made U11 | 9A
à gauche (de) to the left of U10 | 2B
à l'angle (de) at the corner of U10 | Gr
à l'avance early on U15 | 2A
à l'écoute de + noun attentive to U9 | 3A
à l'extérieur de outside of U9 | 8A
à l'heure on time U8 | Gr
à la casserole cooked in a pan U7 | Gr
à la fin at the end U18 | 8B
à la fois at the same time U10 | 1A
à la française the French way U7 | 11
à la place de qn/qc instead of U18 | 8B
à la retraite retired U16 | 7
à la vapeur cooked by steam U7 | Gr
à leurs yeux m pl in their eyes U11 | 11B
à main armée armed, with a weapon U12 | 4B
à midi at noon U16 | 5A
à minuit at midnight U12 | 2
à moins de unless U10 | 12
à mon avis in my opinion U9 | 2C
à onze heures at 11 o'clock U2 | 10A
à part entière full-fledged U17 | 11
à partir de from U3 | 5A
à peine hardly U13 | 2A
à pied on foot U8 | 5A
à point medium rare U7 | Gr
à proximité near, not far from U3 | 10A
à quoi ça sert ? what is it used for? U13
à roulettes f pl on small wheels U13 | 9A
à ton avis in your opinion U5 | 11A
à tour de rôle taking turns U18 | 1A
à travers la France through France U8 | 3A
à vélo by bike U8 | 3A
à votre disposition f at your disposal U8 | 9A
à votre portée f within reach U3 | 10A
abandonner to abandon U14 | 9
abîmer qc to damage U12 | 12B
abolir qc to abolish U18 | 10
abolition f abolition U18 | 10
absent/e absent U14 | 3A
absolument adv absolutely U18 | 5
absolument pas absolutely not U18 | Gr
absurde absurd U13 | 10

abuser to abuse, to overuse U7 | 4
accent m accent U1 | 11B
accentuer qc to accentuate sth U14 | 12
s'accentuer to intensify U10 | 11A
accepter qc to accept sth U4 | 9A
accès m access U3 | 10A
accessible accessible U9 | 8A
accident m accident U18 | 3
accompagner qn to accompany sb U8 | 1A
accomplir qc to accomplish sth U11 | 4A
accroissement m growth U14 | 12
accueil m welcome U8 | 1A
accueillant/e welcoming, friendly U9 | 2A
accueillir qn to welcome sb U10 | 3A
acheter qc to buy sth U6 | 2B
acide bitter, sour U7 | Gr
acompte versé m money deposited U8 | 4
acrobate m, f acrobat U14 | 1A
acte de violence m act of violence U9 | 8A
acteur m, actrice f actor/actress U1 | 8A
action f action U16 | 2D
activité f activity U11 | 9A
activités de plein air f pl outdoor activities U3 | 10A
actuel/le current, present U2 | 12
actuellement adv currently, presently U9 | 8A
addition f addition, sum U7 | Gr
adepte m, f disciple, adept U15 | 1B
adjectif m adjective U18 | 1B
adjoint/e adjunct, assistant U5 | 4B
administratif/ive administrative U1 | 11A
administration publique f public administration U18 | 2D
adolescent m, adolescente f teenager U11 | 11B
s'adonner à qc to devote oneself to sth U15 | 10A
adopté/e adopted U2 | 12
adopter qc to adopt sth U4 | 9C
adopter une loi to pass a new law U18 | 2D
adorer qc to love sth U7 | 1B
adresse f address U11 | 4B
adresse électronique f e-mail address U1 | 10
adroit/e dexterous U14 | 1B
adulte m, f adult U11 | 11B
aérogare f terminal U8 | 10A
aéroport m airport U3 | 10A
aérosol m spray U13 | 3A
affaire f matter, deal U11 | 7A
affaires f pl business U1 | 3A

affirmer qc to state/claim sth U12 | 11C
affronter to confront, to face U4 | 9A
s'affronter to struggle/fight with sb U11 | 7A
afin de + inf in order to U17 | 9A
Africain m, Africaine f African U17 | 11
africain/e African U17 | 11
Afrique f Africa U1 | 11A
agaçant/e irritating U13 | 9A
agacer qn to annoy sb U10 | Gr
âgé/e old U2 | 3A
agence bancaire f bank agency U2 | 3B
agence de voyage f travel agency U2 | 10A
agence immobilière f real estate agency U10 | 2A
agenda électronique m Palm Pilot U6 | 7
agent m, femme agent f agent U16 | 3A
agile agile, nimble U14 | 1B
agneau m lamb U11 | 4A
s'agrandir to expand U17 | 6A
agréable pleasant U2 | 2A
agresseur m, f attacker U13 | 3A
agressivité f aggressiveness U14 | 3B
agricole agricultural U9 | 12A
agriculteur m, agricultrice f farmer U5 | 3A
agriculture f agriculture U18 | 10
ah ouais fam oh yeah U11 | 4B
aider qn to help sb U5 | 3A
aide-soignant m, aide-soignante f nurse helper U10 | 12
ail m garlic U7 | 1A
ailleurs somewhere else U11 | 5A
aimable kind, nice U17 | 4A
aimant participe présent d'aimer loving U10 | 1A
aimer qc/qn to like, to love sth/sb U2 | 1A
vous aimerez futur d'aimer you will like/love U3 | 6A
ainsi in this way, so, thus U17 | 11
ainsi que as well as U12 | 4B
air conditionné m air conditioning U3 | 10A
ajouter qc to add sth U15 | 3A
Albanie f Albania U1 | 5C
alcool m alcohol U7 | 12A
alentours m pl surroundings U9 | 2A
algérien/ne Algerian U1 | 8A
aligot m potato and cheese specialty from Auvergne U7 | 6
aliment m food U4 | 9A
alimentation f diet, food intake, nourishment U4 | 9A
Allemagne f Germany U1 | 4A
Allemand m German U5 | 4B

allemand/e German U1 | 8A
aller to go U4 | Gr
aller au cinéma to go to the movies U2 | 9A
aller en boîte *f* to go out dancing (in a club) U6 | 9A
aller tout droit to go straight U10 | 6
s'en aller to go away U11 | 7A
allô hello (telephone) U11 | 3A
Allons! *impératif d'aller* Let's go! U3 | 10B
allumer qc to light up/ turn on *sth* U12 | 3A
alors so, then U3 | 3B
alors que as, while U16 | 4A
amateur *m*, **amatrice** *f* amateur U5 | 11A
ambiance *f* atmosphere U11 | 3A
ambitieux/euse ambitious U2 | 3B
améliorer to improve U9 | 8C
aménagé/e equipped U3 | 10A
amende *f* ticket/fine U16 | 10A
amener qc to bring *sth* U13 | 3A
amer/ère bitter U7 | Gr
américain/e American U9 | 12A
Amérindien *m*, **Amérindienne** *f* American Indian U18 | 2D
amérindien/ne Native American U17 | 11
Amérique *f* America U1 | 11A
ami *m*, **amie** *f* friend U1 | 9A
amitié *f* friendship U11 | 4A
amour *m*, *f* love U11 | 4A
amoureux/euse in love U10 | 11C
amusant/e funny U2 | 2A
s'amuser to have fun U11 | 5B
ananas *m* pineapple U7 | 3A
anarchiste *m*, *f* anarchist U12 | 12A
ancestral ancestral U18 | 10
ancien/ne ancient U2 | 10A
anglais courant *m* fluent English U5 | 11A
anglais *m* Englishman U2 | 9A
anglais/e English U2 | 5
Angleterre *f* England U16 | 3A
anglophone English speaking U18 | 2A
animal *m*, **animaux** *pl* animal(s) U2 | 3B
animateur *m*, **animatrice** *f* presenter, moderator U15 | Gr
animer to liven, to lead a debate U3 | 6A
anneau *m* ring U11 | 4A
année *f* year U3 | 4B
années folles *f pl* the 1920's U16 | 3A
ces années-là in those years U11 | 11B
anniversaire *m* birthday U12 | 2
annonce *f* notice, ad, announcement U10 | 1A
annoncer qc to announce *sth* U15 | 10A
annuler qc to cancel *sth* U14 | 3A
anonyme anonymous U9 | 7
anorak *m* ski jacket U6 | Gr
antérieur previous U12
antihéros *m*, **antihéroïne** *f* anti-hero U16 | 10A
Antilles *f pl* West Indies U17 | 11
Antilles françaises *f pl* French West Indies U17 | 11

antipathique not friendly U10 | 1B
antiquaire *m*, *f* antique dealer U8 | 12A
anti-télé *m*, *f sb* against television U15 | 1C
antivirus *m* antivirus U13 | 1A
août *m* August U3 | 5A
apéritif *m* pre-dinner drink U7 | 11
apparaître to appear U12 | 4A
appareil *m* equipment, appliance U13 | 6A
appareil électroménager *m* appliance for the home U13 | 9A
appareil photo *m* camera U6 | 8
appareil photo numérique *m* digital camera U6 | 8
appartement *m* apartment U3 | 5A
appartenir à qn/qc to belong to *sth/sb* U15 | 3A
appeler qn to call *sb* U8 | 1A
s'appeler to be named U17 | 9A
Appelle! *impératif d'appeler* Call! U3 | 5A
tu t'appelles *présent d'appeler* you are named RP 1 U1 | 10
applaudissement *m pl* applause U15 | 10A
application *f* enforcement, industriousness U14 | 12
apport énergétique de la journée daily calorie intake U7 | 4
apporter qc to bring *sth* U4 | 9C
ne rien apporter to bring nothing U15 | 2A
appréciation *f* estimation U11 | 4B
apprécié/e appreciated/ enjoyed U5 | 10A
apprécier qc/qn to appreciate *sth/sb* U7 | 13
j'apprends *présent d'apprendre* I learn U1 | 9B
tu apprends *présent d'apprendre* you learn U1 | 10
apprentissage *m* learning U13 | 2A
apprentissage linguistique *m* language learning U9 | 3A
approcher qn/qc to approach *sb* U17 | 5A
s'approcher de qn/qc to come close to *sb/sth* U14 | 10A
après after U4 | 5A
après-midi *m* afternoon U4 | Gr
arbre *m* tree U17 | 3A
archiduc *m*, **archiduchesse** *f* great duke/duchess U16 | 3A
architecte *m*, *f* architect U2 | 1A
architecture *f* architecture U8 | 10A
ardéchois/e from the Ardèche region U3 | 6A
argent de poche *m* allowance, pocket money U11 | 11B
argent *m* money U3 | 7
argument *m* point, argument U15 | 3A
aristocrate *m*, *f* aristocrat U12 | 12A
armature *f* frame U13 | 3A
arme *f* weapon U12 | 12A

arme à feu *f* firearm U12 | 4A
armée *f* army U11 | 4A
arobase *f* @, at U1 | 10
s'arranger to manage U16 | 4A
arrêter to stop U10 | 6
arrêter qc to interrupt/stop *sth* U12 | 4B
arrêter qn to arrest *sb* U16 | 3A
s'arrêter to stop U12 | 4B
arrivée *f* arrival U8 | 4
arriver to arrive U5 | Gr
arriver à qn to happen to *sb* U16 | 4A
arrogant/e arrogant U14 | 10A
art *m* art U2 | 3B
article *m* article U13 | 3B
artisan *m*, **femme artisan** *f* artisan U5 | 1A
artistique artistic U5 | 10A
ascenseur *m* elevator U8 | 10A
asiatique Asian U18 | 10
Asie *f* Asia U1 | 11A
aspect (physique) *m* physical aspect, looks U12 | 9A
aspirine *f* aspirin U6 | 2A
assassinat *m* murder U16 | 3A
Asseyez-vous! *impératif de s'asseoir* Sit down! U4 | 2A
assez enough U2 | 10A
assiette *f* plate U7 | 5
assiette de crudité *f* raw vegetable plate U7 | 5
assis/e seated U4 | 2A
assistant *m*, **assistante** *f* assistant U5 | 4B
assistant social *m*, **assistante sociale** *f* social worker U2 | 3B
assister à to attend U2 | 10A
association *f* association, society U3 | 6A
associer qn/qc à qn/qc to associate *sb/sth* with *sb/sth* U13 | 2A
s'asseoir to sit down U14 | 4A
assurance *f* insurance U5 | 2
assurer qc to guarantee *sth* U18 | 2D
assurer un travail to do a job U9 | 11B
atelier *m* workshop, shop for artisan U11
athée atheistic U18 | 2A
athlétisme *m* track (sports) U4 | 2C
atlantique Atlantic U18 | 10
Atlantique *m* Atlantic U13 | 7A
atmosphère *f* atmosphere U3 | 6A
atome *m* atom U8 | 12A
atrium *m* atrium U8 | 10A
attacher to fasten, to tie up U16 | 2B
attaquer to attack U11 | 4A
atteindre to reach U12 | 1A
attendre to wait U7 | 13
s'attendre à qc to expect *sth* U11 | 4B
attentif/ive alert, thoughtful, aware U14 | 3B
attention *f* attention, carefulness U7 | 13
attirer to attract U9 | 3A
attitude *f* attitude U4 | 9A
attribuer qc à qn to attribute/ascribe *sth* to *sb* U14 | 5C

au bord de la mer by the sea U3 | 4A
au bord de la rivière by the river U16 | Gr
au bout de after U16 | 4A
au bout de *qc* at the end of *sth* U16 | 2B
au centre de in the center of U11 | Gr
au coin (de) at the corner of U10 | Gr
au fond (de) at the bottom of U10 | 2B
au grand galop at the speed of a galloping horse U14 | 13A
au lieu de instead of U13 | 7A
au milieu de in the middle of U11 | 7A
au moins at least U5 | 4B
au moyen de *qc* with U11 | 8
au pied de at the foot of U18 | 10
au profit de for U14 | 12
au quotidien daily U9 | 11A
au sein de within U18 | 2A
au sujet de about U10 | 11C
au travail at work U16 | 10A
au volant behind the wheel U17 | 7A
au/x côté/s de at *sb*'s side of U16 | 3A
aube *f* daybreak U16 | 3A
auberge *f* inn, hostel U3 | 6A
auberge de jeunesse *f* youth hostel U3 | 9A
audacieux/euse audacious, courageous U12 | 12A
au-dessous de under U18 | 10
audimat *m* number of viewers/listeners U15
augmentation *f* increase U9 | 8A
augmenter to increase U13 | 10
il a augmenté *passé composé d'*augmenter it increased U4 | 10
aujourd'hui today U2 | 12
auparavant *adv* beforehand U16 | Gr
auprès de by, near U5 | 12A
il aura lieu *futur d'*avoir lieu it will take place U2 | 10A
aussi also U2
aussitôt right away U17 | 3A
aussitôt après right after U12 | 7A
Australie *f* Australia U1 | 11A
autant de ... que as much ... as U5 | 11B
auteur *m*, **auteure** *f* author U1 | 8A
authentique authentic U11 | 10A
auto *f* car, auto U8 | 3A
autocar *m* bus U3 | 5A
autochtone native U18 | 2D
autocollant/e self-adhesive U13 | 3A
autodidacte self-taught U13 | 10
automatique automatic U17 | 9A
automatiquement *adv* automatically U17 | 9A
automatisé/e automated U13 | 7C
automne *m*, autumn U3 | 3A
automobiliste *m*, *f* car driver U12 | 4B
autonome autonomous U5 | 4B
autoritaire authoritarian U9 | 11A
autorité *f* authority U9 | 8A
autoroute *f* freeway U3 | 6A
autour d'un bon plat around a good meal U10 | 3A
autour de around U14 | 3B

autre other U10 | 5
l'autre *m*, f, **d'autres** *pl* the other, others U10 | 1A
autre chose *f* sth else U11 | 4B
autre jour *m* other day U16 | 4A
autrefois in the past U12 | 12B
autrement *adv* otherwise U3 | 5A
Autriche *f* Austria U1 | 4A
autrichien/ne Austrian U2 | 5
aux quatre coins du monde everywhere in the world U17 | 9A
auxiliaire *m* auxiliary U18 | 1B
avancer d'une case to advance one space U18 | 1A
avant même que before U16 | 4A
avant tout foremost U4 | 9A
avantage *m* advantage, privilege U13 | 2A
avant-hier the day before yesterday U12 | 2
avec modération *f* in moderation U7 | 4
avenir *m* future U11 | 7A
aventure *f* adventure U3 | 3A
aveugle *m*, *f* blind U14 | 3A
avide hungry for U16 | 3A
avion *m* airplane U3 | 3A
avocat *m* avocado U18 | 10
avocat *m*, **avocate** *f* lawyer U5 | 3A
avoir to have U2
avoir besoin de *qn/qc* + *inf* to be in need of *sth/sb* U10 | 3A
avoir bonne mine *f* to look healthy U12
avoir bonne présentation to present well U5 | 1B
avoir des choses à faire to have things to do U8 | 1A
avoir des devoirs à faire *m pl* to have homework U4 | 5A
avoir droit à *qc* to have the right to *sth* U14 | 12
avoir du sang-froid *m* to remain calm in the face of danger U14
avoir du succès *m* to be successful U16 | 3A
avoir du temps pour *qn/qc* to have time for *sth/ sb* U10 | 3A
avoir école *f* to have school U16 | 2B
avoir envie de *f* to feel like U3 | 10C
avoir faim *f* to be hungry U4 | 9A
avoir l'air + *adj* *m* to look U10 | 1B
avoir l'aspect de *qn/qc* *m* to look like *sth/sb* U17 | 5A
avoir l'habitude de *qc* *f* to be used to *sth* U17 | Gr
avoir l'idée *f* **de** + *inf* to have the idea to U13 | 2A
avoir l'impression que *f* to be under the impression that U15 | 2A
avoir l'intention *f* **de** + *inf* to be planning to U10 | 12
avoir la place to have room U13 | 9A
avoir le droit de + *inf* to have the right to U18 | 2D

avoir le sentiment que to have the feeling that U14 | 12
avoir le temps to have time U11 | Gr
avoir le vertige *m* to be afraid of heights U14
avoir lieu to take place U18 | 1B
avoir l'initiative de *qc* to initiate *sth* U18 | 1B
avoir mal au dos to have a backache U4 | 2A
avoir peur de *qc* to be afraid of U14 | 1B
avoir *qc* **à y faire** to have *sth* to do with *sth* U14 | 3B
avoir raison to be right U9 | 8C
avoir tendance à to tend to U14 | 3B
avoir un côté obscur to have a dark side U12 | 12A
avril *m* April U3 | 5A
axe *m* axis U9 | 8A

 B

B.D. (*abrév de* **bande dessinée**) *f* comic strip U11 | 10A
Bac+3 three years of college after high school U5 | 4B
baccalauréat *m* high school exit exam U5 | Gr
baguette *f* baguette U6 | 2A
baignade *f* swimming U9 | 3A
se baigner to swim U3 | 1
bain *m* bath U11
bain de vapeur *m* steam bath U11 | 1A
baiser *m* kiss U16 | 3A
baisse *f* decline U14 | 12
il a baissé *passé composé de* **baisser** it declined U4 | 10
balade *f* walk U16 | Gr
baladeur *m* Walkman U6 | 8
balcon *m* balcony U3 | 10A
baleine *f* whale U17 | 7A
balle *f* ball (small) P U13 | 10
ballon *m* ball (larger size) U13 | 10
banc de poisson school of fish U18 | 10
bandeau *m* headband U12 | 6
banlieue *f* suburbs U9 | 3A
banque *f* bank U12 | 3A
banquier *m*, **banquière** *f* banker U16 | 3A
barbe *f* beard U12 | 3D
basse saison *f* low season U3 | 5A
Bataille de Waterloo *f* Battle of Waterloo U16 | 6A
bateau *m* boat U12 | 6
bâtiment *m* building U8 | 12A
batterie *f* battery, drums U18 | 7
battre *qc* to beat *sth* U7 | 9A
se battre contre to fight against U5 | 6
bavard/e talkative U2 | 2A
beau, bel, belle beautiful U2 | 3B
beaucoup a lot, lots U2 | 3B
beaucoup d'heures de suite lots of hours in a row U5 | 3A

beaucoup de monde lots of people U12 | 3A

beauté *f* beauty U6 | 1A

Beaux Arts *m pl* fine arts U5 | 11A

beignet *m* doughnut U7 | 4

belge Belgian U1 | 8A

Belge *m, f* Belgian U8 | 12A

Belgique *f* Belgium U1 | 4A

Belle Époque *f* 1900's U12 | 12A

ben *fam* uh, hmm U11 | 4B

bénéficier de *qc* to benefit from *sth* U14 | 12

berge *f* bank (river) U9 | 8A

besoin *m* need U14 | 3B

béton *m* concrete U16 | 10A

beurrer une tartine to put butter on bread U17 | 8

bicyclette *f* bicycle U16 | 8A

bien *adv* well U2 | 10A

bien fait/e well done, well built U7 | Gr

bien plus difficile much more difficult U13 | 2A

bien s'entendre avec *qn* to get along well with *sb* U10 | 1A

bien sûr of course U4 | 9A

bien-être *m* well-being U3 | 7

bientôt *adv* soon U13 | Gr

bière *f* beer U6 | 1A

bijouterie *f* jewelry store U16 | Gr

bilingue bilingual U18 | 2A

bilinguisme *m* bilingualism U18 | 2D

bille *f* marble (toy) U13 | 2A

billet d'avion *m* plane ticket U13 | 2A

billet de banque *m* bill U8

biographie *f* biography U5 | 5A

biologique biological U2 | 12

biologiste *m, f* biologist U11 | 10A

biscuit *m* cookie U7 | 5

blanc/che white U6 | Gr

Blanche-Neige Snow White U17 | 1A

bleu/e blue U1 | 11A

bleu marine navy blue U6 | 3D

bloc-notes *m* notepad U8

blond/e blond U12 | 3A

bloquer *qc* to block *sth* U14 | 3A

blouse *f* overall U18 | 7

blouson *m* jacket U12 | 3D

bœuf *m* beef U7 | 5

boire *qc* to drink *sth* U4 | 1A

bois *m* wood U13 | U18 | 10

boisson *f* drink U4 | 9A

boîte *f* box U7 | Gr

boîte de conserve can (food) U13 | 1B

bombe lacrymogène *f* tear gas U13 | 3A

bon de commande *m* order slip U13 | 3B

bon marché cheap U3 | 5A

bon sens common sense U14 | 1B

bon/ne good U2 | 3B

bonne table *f* place with good food U10 | 3A

bordé/e de to be lined with U18 | 10

bosser *fam* to work U14 | 13A

botanique botanical U11 | 10B

botte *f* boot U6 | Gr

bouche *f* mouth U4 | 2A

bouchon *m* here: traffic jam U9 | 2A

boue *f* mud U13 | 9A

bouger to move U13 | 2A

bouilli/e boiled U7 | Gr

boulanger *m*, **boulangère** *f* baker U5 | 12A

boulangerie *f* bakery U6 | 1A

boulot *fam m* work U14 | 13A

bouquet de fleurs *m* flower bouquet U6 | 2A

bouteille *f* bottle U6 | 2A

se brancher to plug in U13 | 10

bras *m* arm U4 | 2A

brebis *f* ewe U12 | 1A

Brésil *m* Brazil U12 | 1A

brésilien/ne Brazilian U2 | 4

bricolage *m* do-it-yourself repairs U2 | 3B

brillant/e shining, brilliant U12 | 12A, U13 | 9C

britannique British U2 | 5

brochet *m* pike (fish) U18 | 4

bronzer to tan U3 | 1

brosse *f* brush U13 | 3A

brosse à dents *f* toothbrush U6

bruit *m* noise U2 | 3B

brun/e dark-haired U12 | 3D

Bruxelles Brussels U1 | 11A

Bruxellois *m*, **Bruxelloise** *f* *sb* from Brussels U8 | 12A

bruyant/e noisy U4 | 5A

BTS (Brevet de Technicien Supérieur) *m* certificate for two-/three-year professional training U5 | 11A

bûcheron *m*, **bûcheronne** *f* logger U17 | 3A

budget *m* budget U4 | 5A

buée *f* steam, condensation U13 | 9A

buffet *m* buffet U14 | 3A

Bulgarie *f* Bulgaria U1 | 4A

bureau *m* desk U4 | 2A

bus *m* bus U4 | 1A

but *m* goal U16

C

C.V. (*abrév de* **curriculum vitae**) *m* résumé U14 | 4A

c'est it is U1 | 5B

C'est combien ? How much is it? U6 | 3A

C'est en quoi ? What is it made of? U6 | 3A

c'est pareil it's the same U15 | 3A

c'est pas mon truc it is not my cup of tea U11 | 3A

c'est pas terrible it is not too great U11 | 3A

c'est pas vrai! It can't be true! I can't believe it! U11 | 3A

c'est pour ça que that's why U10 | 3A

c'est utile pour + *inf* it is useful for U13 | 1B

c'est-à-dire that is to say U15 | 3A

c'était, *imparfait de* **c'est** it was U11 | 5B

ça it U10 | 3A

ça me dit ! I feel like it ! U11

se cacher to hide U12 | 4B

cadeau *m* gift U14 | 5A

cadre *m* setting U3 | 6A

café *m* coffee U4 | Gr

café au lait *m* coffee with milk U7 | 12A

café crème *m* coffee with milk U7 | Gr

cafetière *f* coffee maker U13 | 10

caillou *m*, **cailloux** *pl* rock(s) U17 | 3A

caissier *m*, **caissière** *f* cashier U5 | 10A

calculer *qc* to calculate *sth* U13 | 1B

calendrier *m* calendar U18 | 10

calme *m* stillness, quiet U3 | 3A

Cambodge *m* Cambodia U1 | 11A

cambrioler *qc* to burglarize U16 | Gr

cambrioleur *m*, **cambrioleuse** *f* burglar U12 | 12A

cambrure du pied arch of the foot U13 | 10

camembert *m* camembert cheese U6 | 2A

camion truck U9 | 8A

camionneur *m*, **camionneuse** *f* truck driver U5 | 1A

campagne *f* countryside U3 | 3A

canadien/enne Canadian U2 | 3B

canapé *m* couch, sofa U13 | 3A

canard *m* duck U7 | 5

candidat *m*, **candidate** *f* candidate U11 | 7A

candidature *f* candidacy U5 | 4B

canne à sucre sugar cane U18 | 10

capable able U14 | 3B

capacité à + *inf* capacity to U13 | 2A

capitaine *m, f* captain U2 | 10A

capitale *f* capital U8 | 12A

capitale financière *f* financial capital U9 | 1A

caprice *m* whim U16 | 10A

capturer *qn* to capture *sb* U17 | 11

car because U13 | 10

caractère *m* character, nature U8 | 12A

se caractériser par to be characterized by U9 | 3A

caractéristique *f* characteristic U15 | 2A

carafe *f* carafe, decanter U7 | Gr

caraïbe Caribbean U18 | 10

carburant *m* fuel U7 | 4

cardiovasculaire cardiovascular U9 | 3A

caricature *f* caricature U16 | 10A

carotte *f* carrot U7 | 1A

carpe *f* carp U14 | 2A

carré/e square U13 | Gr

carrefour *m* intersection U8 | 10A

carrément *adv* completely, bluntly U16 | 10A

carrière *f* career U14 | 10C

carrosse *m* coach, cart U17 | 1A

cartable *m* school bag U13 | 9A

carte *f* card, map U6 | 3A
carte bancaire *f* bank card U6 | 3D
carte bleue *f* credit card U6 | 3A
carte à puce chip card U13 | 2A
carte de crédit credit card U8 | 4
carton *m* cardboard U13 | Gr
casino *m* casino U3 | 8
casque *m* helmet U13 | 1A
casquette *f* cap U12 | 3D
se casser *qc* to break a bone U18 | 3
cassoulet *m* dish made with white beans and sausage U7 | 5
catalogue *m* catalog U8 | 1A
catalogue d'objets introuvables catalog of objects that cannot be found U13 | 10
catastrophe *f* catastrophe U16 | 10A
catholique catholic U18 | 2A
cause *f* cause U15 | 3A
CD *m* CD U13 | 2A
ce n'est pas it is not U1 | 5B
CEE (*abrév de* **Communauté Économique Européenne**) EEC U16 | 3A
célèbre famous U10 | 7
célibataire single U2 | 3A
celui-ci, celle-ci, ceux-ci, celles-ci this one/these ones U12 | 3D
celui-là, celle-là, ceux-là, celles-là that one/ those ones U10 | 8B
Cendrillon Cinderella U17 | 1A
cent hundred U5 | 6
cent mille hundred thousand U17 | 3A
centilitre *m* centiliter U7 | Gr
centimètre *m* centimeter U14 | 10A
centre *m* center U3 | 6A
centre commercial *m* shopping mall U9 | 4A
centre de fitness *m* fitness club U3 | 10A
centre-ville *m* downtown U10 | 2A
centre sportif *m* sport complex U9 | 8A
cependant however U14 | 12
céréales *f pl* cereals U7 | 4
certain, certaine certain U12 | 12A
cerveau *m* brain U7 | 4
chacun/e each one U12 | 12A
chaîne *f* chain U9 | 8A
chaise *f* chair U4 | 2A
chaleur *f* heat U17 | 9A
chambre *f* bedroom U3 | 5A
chambre double *f* double room U8 | 4
chambre simple *f* single room U8 | 4
champ *m* field U18 | 10
champagne *m* Champagne U6 | 2A
champion *m*, championne *f* champion U5 | 6
championnat *m* championship U11 | 7A
Champs-Élysées *m pl* famous Parisian avenue U5 | 10A
changement *m* change U5 | 6
changer *qc* to change *sth* U14 | 5A
chanson *f* song U1 | 4A
chant *m* song U17 | 11
chanter to sing U2 | 9A
chanteur *m*, chanteuse *f* singer U1 | 8A

chapeau *m* hat U6 | 6
chaque each U16 | Gr
chaque fois each time U12 | 12B
charcuterie *f* cold cuts U7 | 11
se charger de *qc* to take care/charge of *sth* U11 | 3A
charlotte *f* cake made with ladyfingers, fruit, and cream U7 | 5
charte *f* charter U18 | 2D
chasser *qn/qc* to hunt *sth/sb* U17 | 7A
chasseur *m*, chasseuse *f* hunter U17 | 1A
chat *m* cat U2 | 3B
châtain brown-haired U12 | 3D
château *m*, châteaux *pl* castle(s) U3 | 5A
château fort *m* fortified castle U3 | 6A
chater avec *qn* to chat online with *sb* U11 | 2B
chaud/e warm, hot U3 | 6A
chauffage central *m* central heating U13 | 10
chauffer *qc* to heat *sth* up U7 | 9A
chauffeur de taxi, femme chauffeur de taxi taxi driver U5 | 3A
chaussette *f* sock U13 | 2A
chaussure *f* shoe U6 | 1A
chauve bald U12 | 3D
chef *m*, *f* chief U16 | 3A
chef cuisinier *m*, *f* chef U5 | 1A
chemin *m* way, path U14 | 3A
chemise *f* shirt U12 | 3D
chemisier *m* blouse U6 | 2A
chenil *m* kennel U9 | 5
chèque *m* check U8 | 4
cher, chère dear, expensive U6 | 3A
chercher *qn/qc* to look for *sth/sb* U17 | 9A
chercher du travail to look for work U14 | 10A
cheveu *m*, cheveux *pl* hair U12 | 3A
cheveux raides *m pl* straight hair U12 | 3A
chèvre *f* goat U7 | 1A
chez eux at their house U17 | 3A
chez moi at my house U10 | 2C
chic elegant U16 | 1A
chien *m* dog U2 | 3B
chiffre *m* number U15 | 10A
chimie *f* chemistry U16 | 7
chimique chemical U5 | 2
chimpanzé *m* chimpanzee U14 | 3A
chinois *m*, chinoise *f* Chinese U18 | 10
chinois/e Chinese U18 | 10
chocolat *m* chocolate U6 | 3D
choisir *qn/qc* to choose *sb/sth* U14 | 10D
chômage *m* unemployment U14 | 12
choquer *qn* to shock/offend *sb* U15 | 2A
chose *f* thing U13 | Gr
chou *m* cabbage U7 | 1A
chouette great U11 | 5B
Christophe Colomb Christopher Columbus U16 | 6A
chuchoter to whisper U17 | 3A
chute du mur *f* fall of the wall U12 | 1A

chuter to fall U18 | 10
Chypre Cyprus U1 | 4A
cigale *f* cicada U3 | 6A
ci-joint/e hereby attached U8 | 9A
ciné (*abrév de* **cinéma**) movie theater U11 | 4B
cinéaste *m, f* film maker U15 | 8
cinémathèque *f* media center U8 | 1A
cinq five U1 | 3A
cinquante-cinq fifty-five U2 | 1A
cinquante-huit fifty-eight U2 | 3B
circonstance *f* circumstance U16 | 2D
circuit *m* tour U3 | 5A
circulation *f* traffic U8 | 12A
circuler to drive U16 | 10A
cirque *m* circus U11 | 1A
ciseaux *m pl* scissors U13
cité *f* housing project U11 | 8
citer *qc* to quote *sth* U18 | 1B
citron *m* lemon U7 | 7B
citrouille *f* pumpkin U17 | 1A
civet *m* dish made with rabbit U7 | 12A
civilisation *f* civilization U15 | 3A
civisme *m* civic spirit U9 | 8A
clair/e clear, obvious U14 | 4A
classique classical U3 | 5A
classique *m* classic U8 | 12A
clé *f* key U10 | 10
clef *f* key U10 | 10
client *m*, cliente *f* client U17 | 9A
climat *m* climate U18 | 2A
clinique *f* clinic U9 | 8A
clonage *m* cloning U12 | 1A
club de sports *m* exercise club U4 | Gr
coca *m* Coca-Cola U6 | 12A
cochon *m* pig U7 | 12A
cocotier *m* coconut tree U18 | 10
code de la route traffic code U16 | 7
code postal *m* zip code U8 | 4
cœur *m* heart U4 | 2C
coéquipier *m* teammate U8 | 5A
coffre-fort *m* safe U8 | 10A
coiffeur *m*, coiffeuse *f* hairdresser U5 | 1A
coincé/e stuck, uptight U10 | 1B
colère *f* anger U17 | 12A
collection *f* collection U11 | 10A
collectionner *qc* to collect *sth* U2 | 3B
collectionneur *m*, collectionneuse *f* collector U16 | 3A
collège *m* junior high school U5 | 12A
collègue *m*, *f* colleague U14 | 4A
collier *m* necklace U6 | 3A
colline *f* hill U18 | 10
colocataire *m*, *f* roommate U10 | 1A
colocation *f* co-renting U10 | 1A
colon *m* settler U18 | 10
colonie *f* colony U18 | 10
colonie de vacances *f* summer camp U5 | 11A
colonisation *f* colonization U1 | 11B
coloré/e colored U18 | 10
combien ça coûte ? how much is it? U7
combien de... ? how many...? U15 | 1B

comédie *f* comedy U5 | 6
commander to lead, to order U5 | 1B
comme like U10 | 11C
comme as U11 | 8
comme ça like this/that U3 | 12A
comme chez soi like at home U8 | 12A
comme d'habitude as usual U12 | 4B
comme elle est belle ! how beautiful she is! U14 | 4A
comme moi like me U10 | 1C
commencer to begin U5 | 5A
comment how U1 | 2C
comment ça !? how come!? U15 | 3A
commenter to comment U15 | 10A
commerçant *m*, **commerçante** *f* store owner U14 | 4B
commerce *m* store, (*here*) business U2 | 8
commis/e par committed by U11 | 4A
commissaire de police *m* police chief/officer U1 | 8A
commissariat *m* police station U9 | 5
Commission Européenne *f* European Commission U5 | 4B
commun/e common U17 | 11
communauté *f* community U8 | 12A
commune *f* town U16 | 7
communication *f* communication U1 | 11B
communiquer qc à qn to communicate *sth* to *sb* U8 | 9A
compagnon *m*, **compagne** *f* partner, companion U17 | 11
comparer qc to compare *sth* U5 | 11B
compétition *f* competition U8 | 3A
complet/ète whole, full U4 | 9A
complètement *adv* completely U14 | 3A
complice *m*, *f* accomplice U12 | 4B
compliqué/e complicated U13 | 2A
comporter un risque to entail some risk U15 | 3A
se comporter to behave U17 | Gr
se composer de qc to be composed of U15 | 10A
compositeur *m*, **compositrice** *f* composer U1 | 8A
compréhensif/ive understanding U10 | 12
comprendre qc to understand *sth* U15 | 4A
se comprendre to understand each other U1 | 11
compris/e understood, included U18 | 3
comptabilité *f* accounting U5 | 10A
comptable *m*, *f* accountant U5 | 12A
compte bancaire *m* bank account U13 | 2A
compte tenu de given U14 | 12
compter qc to count *sth* U8 | 12A
concentration *f* concentration U14 | 1B
concept *m* concept U13 | 2A
concerner qn/qc to pertain to *sb*/*sth* U14 | 12
concert *m* concert U9 | 2A
concitoyen *m*, **concitoyenne** *f* fellow citi-

zen U4 | 2A
conclure qc to conclude *sth* U4 | 9A
concombre *m* cucumber U7 | 5
concours *m* competitive exam U5 | 4B
concours télévisé *m* televised competition U15 | 10A
concurrent *m*, **concurrente** *f* contestant U8 | 5A
condamner qn/qc to condemn *sb*/*sth* U15 | 2A
condamner qn à mort to sentence *sb* to death U16 | 3A
condition *f* condition U5 | 6
conditionnel *m* conditional U18 | 8A
conducteur *m*, **conductrice** *f* driver U14 | 11B
conduire qn to drive *sb* U16 | 3A
conduire une voiture to drive a car U5 | Gr
confiance en qn/qc trust in *sb* U14 | 1B
confier qc à qn to entrust *sb* with *sth* U14 | 5A
confiserie *f* candy/ candy store U7 | 4
confiture *f* jam U6 | Gr
conflit *m* conflict U10 | 11C
confort *m* comfort U14 | 3B
confortable comfortable U8 | 10A
congelé/e frozen U13 | 2A
congés payés *m pl* paid vacation U14 | 12
conjugaison *f* conjugation U18 | 8A
conjuguer qc to conjugate *sth* U15 | 10A
connaître to know U1 | 9B
connu/e sous le nom de known as U11 | 4A
conquérir qn/qc to conquer *sb*/*sth* U16 | 3A
se consacrer à qn/qc to devote oneself to *sb*/*sth* U15 | 9B
conseil *m* advice U4 | Gr
Conseil de l' Union Européenne Council of the European Union U8 | 12A
conseillé/e council member U4 | 9A
conséquence *f* consequence U15 | 3A
conservation *f* conservation U13 | 2A
conserver to conserve U9 | 8C
considérer to consider U4 | 2A
considérer qn/qc **comme** to consider *sb*/*sth* as U14 | 5A
consoler qn to console, comfort *sb* U17 | 3A
consommation *f* consumption U6 | 14
consommer qc to consume *sth* U4 | 9A
constant/e constant U4 | 9A
constater qc to note, to observe *sth* U9 | 11A
constituer qc to constitute *sth* U5 | 4B
construction *f* construction U9 | 9A
construire to build U9 | 8C
construit/e built U3 | 6A
consulter to consult U5 | 4B
consulter un médecin to see a doctor U13 | 2A
contact *m* contact U14 | 1B

Contacte-nous! *impératif de* **contacter** Contact us! U3 | 5A
contacter qn to contact *sb* U8 | 1A
conte *m* tale U17 | 2A
conte de fées *m* fairy tale U17 | 1A
contempler qc to contemplate *sth* U13 | 10
contemporain/e contemporary U2 | 3B
contenir qc to contain *sth* U4 | 9A
content/e happy U16 | 2B
contestation *f* protest U15 | 3A
contexte *m* context U12 | 12A
continent *m* continent U18 | 10
continuer à + *inf* to continue U18 | 9A
continuer de faire qc to continue to do *sth* U9 | 3A
continuer qc to continue *sth* U14 | 3A
contracter qc to catch *sth* U4 | 2A
contrairement à *adv* contrary to U15 | 10A
contrarié annoyed, upset U4
contre against U12 | 1A
contredire qn/qc to contradict *sb*/*sth* U15 | 3A
contrôler qc/qn to control *sth*/ *sb* U4 | 8
controversé/e controversial U14 | 12
convaincre qn to convince *sb* U5 | 1B
convenir to suit U10 | 10
convenir pour qc to be fitted/suited for *sth* U13 | 3A
conversation *f* conversation U12 | 9A
se convertir en qc to convert to U15 | 10A
conviction *f* conviction U4 | 9C
coordination *f* coordination U14 | 1B
copain *m*, **copine** *f* friend U2 | 3B
coquet/te elegant, stylish U2 | 3B
coquille de l'escargot *f* snail shell U16 | 2B
cordialement cordially U8 | 9A
corps *m* body U16 | 3A
correct/e correct, right U18 | 1A
correctement *adv* correctly U18 | 1A
correspondance *f* correspondance U3 | 6A
correspondant *m*, **correspondante** *f* pen-pal U11 | 10A
correspondre à qc to correspond to *sth* U14 | 12
correspondre avec qn to correspond with *sb* U11 | 10A
corvée *f* chore U17 | 12A
cosmopolite worldwide U8 | 12A
costaud/e husky, strong U14 | 13A
côte *f* coast U11 | 7A
côté *m* side U13 | 10
Côte-d'Ivoire *f* Ivory Coast U1 | 11A
couche d'ozone *f* ozone layer U17 | 6A
se coucher to go to bed, to lie down U4 | 1A
coudre qc to sew *sth* U13 | 10
couleur *f* color U6 | 1A
coupable guilty U12 | 11C
coupable *m*, *f* person found guilty U12 | 12A

coupe du monde _f_ world cup U5 | 5A
couper _qc_ to cut _sth_ U7 | 10B
couple _m_ couple U2 | 12
courageusement _adv_ courageously U11 | 4A
courageux/euse courageous U17 | 12A
coureur _m_, **coureuse** _f_ runner U8 | 3A
courir to run U14 | 13A
courir après _qn_ to run after _sb_ U14 | 13A
couronne _f_ crown U6 | 4
courrier _m_ mail U13 | 2A
cours basique _m_ beginning course U11 | 1A
cours intensif _m_ intensive course U18 | 9A
course _f_ race U11 | 10A
course automobile _f_ car race U2 | 10A
courses _f pl_ errands U4 | 10
court/e short U5 | 12A
court de tennis _m_ tennis court U3 | 7
court-métrage _m_ short film U11 | 10A
courtois/e polite U14 | 10A
couscous _m_ couscous U7 | 7A
cousin _m_, **cousine** _f_ cousin U2 | 10A
couvert/e de _qc_ covered with _sth_ U13 | 2A
couvrir to cover U7 | 4
cracheur de feu, _m_ **cracheuse de feu**, _f_ fire breather U14 | 1A
craindre _qn/qc_ to be fearful of _sb/sth_ U12 | 6
cravate _f_ tie U12 | 3D
créateur _m_, **créatrice** _f_ creator U12 | 12A
créatif/ive creative U5 | 1B
création _f_ creation U9 | 3A
création d'emploi job creation U14 | 12
créativité _f_ creativity U15 | 2A
crèche _f_ daycare U3 | 7
créé/e par created by U1 | 8A
créer _qc_ to create _sth_ U13 | 2A
crème chantilly _f_ whipped cream U7 | 5
créole Creole U17 | 11
créole _m_ Creole U17 | 11
crêpe _f_ crêpe U5 | Gr
crêperie _f_ crêpe restaurant U3 | 10A
crevé/e _fam_ tired U14 | 13A
crier _qc_ to yell _sth_ U12 | 3A
Croatie _f_ Croatia U1 | 4A
croire _qc_ to believe _sth_ U5 | 4C
ne pas croire que + _subj_ not to believe that U10 | 9A
je crois I think U1 | 5B
croiser _qn_ to go by _sb_, to cross paths with _sb_ U16 | 4A
croissant au beurre _m_ butter croissant U6 | 1A
Croix-Rouge _f_ Red Cross U9 | 1A
cueillir _qc_ to pluck, gather _sth_ U17 | 12A
cuillère à café teaspoon U7 | 9A
cuillère à soupe tablespoon U7 | Gr
cuir _m_ leather U6 | 3D
cuisine _f_ kitchen U1 | 3A
cuisiner _qc_ to cook _sth_ U10 | 1A

cuisinier _m_, **cuisinière** _f_ cook U2 | 1A
cuisse de grenouilles _f_ frog legs U5 | 8
cuit/e cooked U7 | Gr
culminer to culminate U18 | 10
cultivé/e educated U2 | 3B
cultiver _qc_ to cultivate _sth_ U18 | 10
culture _f_ culture U15 | 1A
culture métissée _f_ mixed culture U18 | 10
culturel/le cultural U1 | 11B
cure-dent _m_ toothpick U16 | 2A
curieux/euse curious U11 | 10A
cyclisme _m_ bike riding U4 | 2C
cycliste _m_, _f_ cyclist U8 | 3A
cyclone _m_ cyclone U18 | 10
cygne _m_ swan U18 | 4

D

d'abord first of all U12 | 12A
d'accord OK U10 | 9C
d'ailleurs moreover, besides U7 | 13
d'après moi in my opinion U15 | Gr
d'emblée from the start U15 | 10A
d'origine algérienne _f_ of Algerian origin U1 | 8A
d'où from where U14 | 12
d'un côté... d'un autre côté on the one side, on the other side U15 | 2A
d'une part... d'autre part on the one hand, on the other hand U14 | 12
dame _f_ lady U2 | 3A
Danemark _m_ Denmark U1 | 5C
dangereux/euse dangerous U5 | 3A
danois/e Danish U2 | 5
dans in U1 | 11B
dans deux ans in two years U10 | 12
dans la majorité des cas in the majority of cases U14 | 12
dans les environs _m pl_ in the vicinity U11 | 9A
dans... jours/mois/ans in... days/months/years U13 | Gr
danse _f_ dance U2 | 3B
danser to dance U2 | 9A
danseur classique _m_, **danseuse classique** _f_ ballet dancer, ballerina U10 | 1A
dater de to date from U3 | 12B
dauphin _m_ dolphin U11 | 4A
davantage more U14 | 12
dé _m_ die (game) U18
de la part de _qn_ from _sb_ U14 | 12
de manière + _adj_ in a (adj) manner U15 | 1B
de même likewise U17 | 12A
de nouveau once again U18 | 2D
de plus en plus more and more U17 | 7A
de préférence preferably U10 | 1A
de près close up U11 | 8
de taille moyenne _f_ of average size U12 | 3A
de temps en temps from time to time U10 | 1A

de toute façon anyway U12 | 12B
de... à from...to U8 | 9A
débarquement _m_ landing, unloading U16 | 3A
débat télévisé _m_ televised debate U15 | 1A
début _m_ beginning U16 | 2D
décembre _m_ December U3 | 10C
décennie _f_ decade U13 | 2A
déception _f_ disappointment U14 | 12
déchirer _qc_ to tear _sth_ up U13 | 2A
décider _qc_ to decide _sth_ U15 | 2A
décider de + _inf_ to decide to U10 | 11A
déclarer la guerre to declare war U16 | 3A
déclencher _qc_ to trigger _sth_ U16 | 3A
se décomposer to decompose U4 | 10
décontracter to relax U4 | 2A
décor _m_ decor U15 | 10A
découverte _f_ discovery U3 | 6A
découvrir to discover U11 | 7A
vous découvrirez, _futur de_ **découvrir** you will discover U11 | 4A
décrire _qc_ to describe _sth_ U5 | 6
défaire to undo U8
défaite _f_ defeat U16 | 3A
défendre _qn_ to defend _sb_ U5 | 12A
se défendre to defend oneself U16 | 10A
défense _f_ defense U13 | 3A
défiler to parade U11 | 11B
définitivement _adv_ definitely, absolutely, permanently U12 | 12B
dégât _m_ damage U9 | 11A
degré _m_ degree U7 | 9A
déguiser _qn_ **en** + _noun_ to disguise _sb_ as U9 | 11B
dégustation _f_ sampling, tasting U7 | Gr
dégustation de vins wine tasting U3 | 5A
dehors outside U17 | 12A
déjà _adv_ already U10 | 1A
déjections _f pl_ excrements, feces U9 | 11A
déjeuner to have lunch U12 | Gr
déjeuner _m_ lunch U7 | 4
déjouer le piège to foil a plot U15 | 10A
délibérément _adv_ deliberately U13 | 10
délicieux/euse delicious U16 | 4B
délinquance _f_ delinquency U9 | 2A
demain tomorrow U11 | 7A
demande _f_ demand, call U8 | 9A
demander _qc_ **à** _qn_ to ask _sb sth_ U12 | 4A
se demander _qc_ to wonder U14 | 12
demander du travail to ask for work U13 | 2A
demander son chemin à _qn_ to ask _sb_ one's way U14 | 3A
démarrer to start up U16 | Gr
demi/e half U7 | Gr
demi-frère _m_ half brother U2 | 12
demi-heure _f_ half hour U4 | 10
demi-sœur _f_ half sister U2 | 12
démocratisation _f_ democratization U15 | 2A

démolir to destroy U9 | 8C
dense dense, thick U8 | 12A
dent *f* tooth U13 | 7A
dent de lait *f* baby tooth U14 | 5A
dentifrice *m* toothpaste U6 | 2A
dentiste *m, f* dentist U2 | 3B
départ *m* departure U8 | 1A
département *m* department U9 | 3A
dépasser *qc* to go over *sth* U18 | 10
se dépêcher to hurry U8 | Gr
dépendre de *qc* to depend on *sth* U13 | 2A
dépenser de l'argent to spend money U6 | 14
déplacement *m* dislocation, move, displacement U16 | 3A
déplacer to move/shift *sth* U9 | 8C
se déplacer to move along, to travel U4 | 1A
déportation *f* deportation U18 | 10
déporter *qn* to deport *sb* U17 | 11
depuis since U5 | 6
depuis quand since when U18 | 3
déranger *qn* to annoy *sb* U10 | 1A
dernier/ère last U11 | 4B
dernière fois *f* last time U16 | 2B
derrière behind U4 | 2A
dès aujourd'hui from today onward U11 | 1A
des milliers de thousands of U18 | 10
dès que *conj* as soon as U10 | 3A
désaccord *m* disagreement U15 | 3A
désagréable unpleasant U10 | 10A
descendre to come down U5 | Gr
descente *f* descent U3 | 6A
description *f* description U13 | 9B
désert *m* desert U17 | 5A
désert saharien *m* Sahara desert U3 | 10A
désert/e deserted, abandoned U17 | 9A
désespéré/e desperate U17 | 9A
se déshabiller to undress U16 | 3A
désinfecter *qc* to disinfect *sth* U15 | 3A
désirer *qc* to desire *sth* U6 | Gr
désireux/euse de wishing, desirous U13 | 10
je suis désolé/e I am sorry U11 | 3A
désordonné/e sloppy, messy U10 | 1B
désordre *m* untidiness, mess U10 | 1A
dessert *m* dessert U7 | 3A
dessin *m* drawing U13 | 10
dessin animé *m* cartoon U15 | 1A
dessinateur *m,* **dessinatrice** *f* designer, draftsman U1 | 8A
dessiner *qc* to draw *sth* U16 | 10A
dessus on top of U16 | 2B
destination *f* destination U14 | 3A
destiné/e à *qn/qc* bound/ meant for *sth/sb* U18 | 10
détail *m* detail U10 | 3A
détaillé/e detailed U18 | 1B
détective *m, f* detective U5 | 1A
détendre *qc* to relax, to unbend U4 | 2A

se détendre to relax U4 | 2A
déterminant/e crucial U14 | 10A
détester *qc* to hate *sth* U7 | 1B
détourner l'attention de *qn* to distract *sb* from U11 | 4A
détruire *qc* to destroy *sth* U17 | 7A
deux two U1 | 3A
deux fois par semaine twice a week U4 | 3B
deuxième second U5 | Gr
Deuxième Guerre Mondiale *f* Second World War U6 | 14
ils devaient, *imparfait de* **devoir** they had to U11 | 11B
dévaloriser *qn/qc* to downgrade U14 | 12
devant in front of U13 | 9A
développement *m* development U13 | 2A
développer *qc* to develop *sth* U15 | 3A
se développer to develop oneself, to grow U17 | 11
devenir *qc* to become *sth* U11 | 10A
dévier *qc* to sidetrack, to go astray U9 | 8A
deviner to guess U12
devoir have to, must U13 | Gr
devoir de l'argent to owe money U14 | 9
devoir faire *qc* to have to do *sth* U4 | Gr
devoir (d'école) *m* homework U18 | 7
devoir *qc* à *qn* to owe *sb sth* U16 | 3A
il devra, *futur de* **devoir** he will have to U11 | 7A
on devrait we should U2 | 5
diable *m* devil U17 | 12A
dico (*abrév de* **dictionnaire**) *m* dictionary U15 | 10A
dictée *f* dictation U15 | 10A
diététicien *m,* **diététicienne** *f* nutritionist U4 | 9A
dieu *m* god U5
différemment *adv* in a different way U3 | 5A
différence *f* difference U1 | 11B
différent/e de different from U12 | 12A
difficile difficult U5 | 3A
difficulté *f* hardship U1 | 11B
diffuser de la musique to play, broadcast music U9 | 11B
digestif/ive digestive U7 | 11
dimanche *m* Sunday U4 | Gr
dimanche dernier *m* last Sunday U12 | 2
dimension *f* dimension U9 | 3A
diminuer *qc* to decrease *sth* U14 | 12
diminution *f* decrease U9 | 11B
dinar algérien *m* Algerian dinar (currency) U6 | 4
dîner to have dinner U6 | 9A
dîner *m* dinner U7 | 4
dioxine *f* dioxin U9 | 8A
diplomate *m, f* diplomat U5 | 9B
diplôme universitaire *m* university degree U5 | 1B
dire to say U15 | Gr
ça ne me dit rien de + *inf* I don't feel like

U11 | Gr
ça te dit de + *inf* ? would you like to ? U11 | 3A
dire que to say that U14 | 13A
direct/e direct U3 | 10A
directement *adv* directly U3 | 10A
directeur *m,* **directrice** *f* director U2 | 3B
directeur commercial *m,* **directrice commerciale** *f* sales manager U2 | 10A
direction *f* direction U5 | 4B
dirham *m* dirham (Moroccan currency) U6 | 4
se diriger vers *qn* to move toward *sb* U16 | 4A
discothèque *f* club U3 | 7
discret/ète discrete U5 | 4B
discussion *f* discussion U9 | 11B
disparaître to disappear U5 | Gr
disparition *f* disappearance U12 | 12A
dispenser *qc* à *qn* to give *sb sth* U18 | 2D
disponible available U8
disponibilité *f* availability U5 | 4B
disposer *qc* to lay *sth* somewhere U7 | 9A
disposer de *qc* to have *sth* U11 | 11B
se disputer to argue U4 | 5A
disque *m* record, CD U6 | 1A
dissident/e dissident U13 | 10
distance maximum maximum distance U8 | 5A
distillerie *f* distillery U18 | 10
distinguer to distinguish U5 | Gr
distraction *f* leisure, absent-mindedness U9 | 7
distraire *qn* to distract *sb*, to entertain U15 | 2A
distrait/e distracted U5 | 11A
distribuer *qc* to distribute *sth* U18 | 8B
distributeur automatique *m* ATM machine U3 | 7
on dit we say U1 | 2C
divers *m pl* various U5 | 11A
divers/e diverse U1 | 11B
diversité *f* diversity U15 | 2A
divorcé/e divorced U2 | 3B
divorcer to divorce U16 | 3A
dix ten U1 | 3A
dix-huit eighteen U2 | 1A
dix-neuf nineteen U2 | 3B
dix-neuvième nineteenth U16 | 6A
docteur *m, f* doctor U15 | 3A
doctorat *m* doctorate, PhD U5 | 12A
documentaire *m* documentary U5 | 6
D.O.M.-T.O.M. (*abrév de* **Départements et Territoires d'Outre-mer**) overseas territories U18 | 10
domaine de connaissance *m* field of knowledge U15 | 3A
domestique domestic U4 | 10
domicile *m* home, place of residence, address U4 | 10
dominant/e main, prevailing U18 | 2B
domination *f* domination, supremacy U18

| 10

dominer *qc* to rule over *sth*, to dominate U18 | 10

dominical/e, dominicaux Sunday... U14 | 12

donc so, then U14 | 4A

donner à *qn* **une chance de** + *inf* to give *sb* a chance U11 | 4A

donner de l'importance à *qc* to consider *sth* important U11 | 11B

donner *qc* **à** *qn* to give *sb* *sth* U4 | Gr

donner son cœur à *qn* to give one's heart to *sb* U12 | 12A

donner un conseil à *qn* to give *sb* advice U14 | 9

donner un ordre à *qn* to give *sb* an order U10 | 3A

donner un sens à *qc* to give meaning to *sth* U14 | 12

dont of which, of whom, whose U12 | 12A

dormir to sleep U3 | 5A

dos *m* back U4 | 2A

double vie *f* double life U12 | 12A

doublé/e en *qc* to be lined with *sth* U13 | 3A

doubler to double, to pass (car) U6 | 14

se doucher to take a shower U4 | Gr

doué/e gifted U5

douter de *qn/qc* to doubt *sb/sth* U16 | 3A

doux/ce soft U14 | 2A

douze twelve U1 | 3A

dragon *m* dragon U17 | 2A

dragueur *m*, **dragueuse** *f* for men: a womanizer, *sb* who flirts and tries to seduce U18 | 7

drame *m* drama U5 | 6

dresseur *m*, **dresseuse** *f* trainer U14 | 1A

drogue *f* drug U9 | 2A

droit *m* right, law U14 | 12

droit/e straight U4 | 2A

drôle funny U11 | 1A

drôlement *adv* awfully, really U16 | 2B

du bout des doigts from the tips of one's fingers U16 | 3A

du temps de from the time of U18 | 1B

duc *m*, **duchesse** *f* duke, duchess U16 | 6A

dur/e hard, difficult U9 | 7

durable lasting, durable U13 | 2A

durant during U18 | 10

durée *f* duration U5 | Gr

durer to last U7 | 13

DVD *m* DVD U6 | 1A

dynamique dynamic U2 | 3B

E

eau *f* water U4 | 1A

eau minérale *f* mineral water U7 | Gr

s'échapper to escape U17 | 3A

échouer à *qc* to fail *sth* U18 | 2D

éclater to burst U15 | 3A

école *f* school U13 | 7A

école d'arts *f* art school U11 | 1A

école hôtelière *f* school for hotel industry U5 | 10A

école maternelle *f* preschool U5 | 12A

école primaire *f* primary school U5 | 12A

écolier *m*, **écolière** *f* school boy/girl U13 | 2A

écologie *f* ecology U9 | 2A

écologique environmental U11 | 10A

écologiquement *adv* environmentally U9 | 11B

écologiste *m*, *f* ecologist U2 | 10A

économie *f* economy U9 | 8A

economies *f pl* savings U10

économique economic U9 | Gr

Écosse *f* Scotland U13 | 6A

écouter *qc* to listen to *sth* U13 | Gr

écran *m* screen U11 | 11B

petit écran *m* small screen U15 | 1B

écrire *qc* to write *sth* U13 | Gr

ça s´écrit it is written U1 | 5A

écriture *f* writing U13 | 2A

écrivain *m, f* writer U1 | 8A

éditeur *m*, **éditrice** *f* editor U12 | 12A

éducation *f* upbringing, education U9 | 2A

effectivement indeed, actually U17 | 3A

effectuer *qc* carry out, perform U8 | 9A

effet *m* effect U14 | 12

efficace efficient U13 | 3A

effort *m* effort U4 | 9C

égal/e equal U15

également *adv* also U1 | 11B

égalité de chances *f* equal opportunities U5 | 4B

église *f* church U3 | 6A

eh bien... well... U3 | 5B

élargir to widen U9 | 8C

électricité *f* electricity U13 | Gr

électrique electrical U5 | 11A

électronique electronic U13 | 2A

élégance *f* elegance U12 | 12A

élémentaire elementary U15 | 3A

éléphant *m* elephant U14 | 1A

élève *m, f* pupil U2 | 3B

élimination *f* elimination U9 | 8A

éliminer *qc* to eliminate *sth* U13 | 3A

éloigné/e de far away from U10 | 11A

s'éloigner de *qn/qc* to move away from U17 | 1A

élu *m*, **élue** *f* elected U10 | 10

s'émanciper to get emancipated U10 | 11C

emballage *m* packaging U13 | 3B

embarrassant/e awkward, embarrassing U16 | 9A

embaucher to hire U14

embouteillage *m* traffic jam U9 | 8A

embrasser *qn* to kiss *sb* U17 | 3A

émission *f* show on TV U11 | 11B

émission culturelle *f* culture show U15 | 1A

émission de télé réalité reality-TV show U15 | 1A

émission sportive *f* sports broadcast U15 | 9B

emmener *qn* to take *sb* somewhere U11 | 7A

émotion *f* emotion, feeling U11 | 11B

elles n'empêchent pas *présent d'***empêcher** they don't prevent U1 | 11B

empereur *m*, **impératrice** *f* emperor, empress U16 | 3A

Empire allemand *m* German empire U16 | 3A

emploi stable *m* steady job U10 | 12

employé/e de bureau office worker U5 | 3A

employé/e de banque bank worker U2 | 10A

emporter *qc* to take *sth* U12 | 4A

en altitude *f* in altitude U18 | 10

en argent massif made of solid silver U6 | 3A

en autobus by bus U8 | 5A

en auto-stop hitchhiking U3 | 9A

en avoir ras-le-bol to be fed up with *sth* U15

en boîte in a disco U11 | Gr

en cas de in case of U6 | 3D

en ce qui concerne so far as ... is concerned U9 | 3A

en cœur all together U17 | 1A

en conclusion in conclusion U15 | 2A

en demander encore to ask for more U12 | 12B

en dernier lieu as a last resort U7 | 11

en direction de in the direction of U4 | 2A

en effet indeed U9 | 3A

en être au dessert to be starting dessert U16 | 4A

en expansion in expansion U14 | 5C

en face (de) facing, across from U10 | 2B

en faisant, *gérondif de* **faire** while doing U15 | 10A

en fait in fact U12 | 12A

en fête *f* partying, celebrating U18 | 10

en fonction de depending on U15 | 1B

en forme de in the shape of U8 | 12A

en français in French U1 | 2C

en général generally U7 | 4

en Indochine *f* in Indochina U1 | 8A

en main in hand U15 | 10A

en matière de in terms of U11 | 11B

en même temps que at the same time as U15 | 10A

en mouvement in movement U9 | 3A

en moyenne on average U4 | 2A

en or made out of gold U6

en pagaille in disorder, in a mess U14 | 13A

en particulier in particular U9 | 3A

en plastique made out of plastic U6 | 12B

en plein/e in the middle of U9 | 8A

en plein air outdoors U4
en poste stationed U16 | 3A
en quelque sorte as it were U12 | 12A
en raison de in consequence of, by reason of U1 | 11B
en réalité *f* in reality U15 | 2A
en relation avec *qc* in relation to U15 | 10A
en réponse à to answer U8 | 9A
en résumé to sum up U18 | 2D
en retard late U8 | Gr
en revanche on the other hand U4 | 10
en rond round U3 | 12A
en tant que as U15 | 3A
en tête de in the lead U9 | 11A
en tête-à-tête one-to-one U10 | Gr
en tous cas in any case U9 | 3A
en train by train U8 | 5A
en ville *f* in town, in the city U10 | 3A
en voiture *f* by car U12 | 4A
en voyage traveling U13 | 3A
enchanté/e nice to meet you, enchanted U14 | 4A
encore more U3 | 12A
encourager to encourage U5 | 4B
encre *f* ink U13 | 2A
encrier *m* inkwell U13 | 2A
s'endormir to fall asleep U17 | 2A
endroit *m* place U11
énerver *qn* to get on *sb*'s nerves U10 | Gr
enfance *f* childhood U2 | 10A
enfant *m*, *f* child U10 | 1A
enfer *m* hell U12 | 12B
enfermé/e locked up U11 | 7A
enfermer *qn* to lock *sb* up U17 | 3A
enfiler *qc* to slip into *sth* (clothes) U17 | 3A
enfin finally U12 | 8
s'enfuir to flee U12 | 4B
engager dans *qc* to invest in *sth* U9 | 8C
engin *m* machine, thing U15 | 6A
enlèvement *m* kidnapping U11 | 7A
enlever *qc* to kidnap *sb* U13 | 3A
ennemi/e foe U11 | 4A
s'ennuyer to be bored U9 | 7
ennuyeux/euse boring U5 | 3A
énorme enormous, huge U5 | 6
enquête *f* survey, poll U9 | 2A
enquêter sur *qc* to investigate U11 | 4A
enregistrer to record U15 | 2A
enseignant *m*, **enseignante** *f* teacher U5 | 3A
enseignement *m* teaching U1 | 11A
enseignement supérieur *m* college-level learning U5 | 12A
enseigner to teach U9 | 3A
ensemble together U12 | 12B
ensemble *m* orchestra ensemble U11 | 7A
ensoleillé/e sunny U10 | 2A
ensoleillement *m* sun exposure U9 | 3A
ensuite then U12 | 8
entendre *qn/qc* to hear *sb/sth* U14 | 5A
entendu heard, understood U11 | Gr
entièrement *adv* totally, fully U13 | 3A

entourage *m* entourage U16 | 10A
entourer to surround U16 | 10A
s'entraîner à + *inf* to train U15 | 10A
entre between U11 | 11B
entrée *f* first course, appetizer U7 | 3A
entreprise *f* business venture U5 | 2
entrer to enter U5 | 5A
entrer en éruption *f* to erupt U18 | 10
entrer en guerre to start a war U16 | 3A
entretien d'embauche *m* job interview U14 | 10A
entretien de recrutement recruitment interview U14 | 10A
envahi/e par invaded by U13 | 9A
envahir to invade U9 | 11A
enveloppe *f* envelope U6 | 2A
envelopper to wrap up U17 | 12A
environ about U3 | 10A
environnement *m* environment U4 | 5A
envoyé spécial *m*, **envoyée spéciale** *f* special correspondent U11 | 7A
envoyer *qc* to send *sth* U5 | 4B
épaule *f* shoulder U12 | 6
j'épelle *présent d'*épeler I spell U1 | 10
épice *f* spice U7 | Gr
épicé/e spicy U7 | Gr
épicer *qc* to put some spice in *sth* U17 | 12A
épicerie *f* grocer's, deli U6 | 1A
épinard *m* spinach U7 | 7A
éplucher to peel U7 | 10B
épouvantable appalling, dreadful, terrible U11 | 4A
époux *m*, **épouse** *f* spouse U2 | 10A
épreuve *f* ordeal, exam U8 | 3A
équilibre *m* balance U14 | 1B
équilibré/e balanced U7 | 4
équilibriste tightrope walker U14 | 1A
équipe *f* team U17 | 7A
équipé/e equipped U3 | 10A
équipements *m pl* equipment U3 | 10A
équitation *f* horseback riding U3 | Gr
équivalent *m* equivalent U12 | 12A
escalade *f* rock climbing U2
escale *f* layover U11 | 7A
escalier *m* stairs U17 | 1A
escargot *m* snail U7 | 1A
esclave *m*, *f* slave U18 | 10
escrime *f* fencing U4 | 2C
espace vert *m* green space, park U9 | 2A
Espagne *f* Spain U1 | 4A
espagnol *m* Spanish U2 | 10A
espagnol/e Spanish U2 | 1A
espérance de vie life expectancy U9 | 3A
espiègle mischievous U2
espion *m*, **espionne** *f* spy U16 | 3A
espionner *qn* to spy on *sb* U16 | 3A
essayer to try U4 | 9A
essence *f* essence, fuel U12 | 12A
essentiel/le essential U4 | 9C
essentiellement *adv* essentially U10 | 11A
est *m* east U11 | Gr

esthétique aesthetic U15 | 3A
estime de soi self-esteem U4 | 9A
Estonie *f* Estonia U1 | 4A
et alors ? so what? U12 | 3A
et bien well U10 | 7
et même and even U13 | 10
et puis and then U10 | 3A
établir *qc* to establish *sth* U5 | 12A
étage *m* floor, level U6 | 3A
il était *imparfait d'***être** it/he was U8 | 3A
il était une fois once upon a time U17 | 3A
s'étaler sur *qc* to spread over *sth* U12 | 12A
étant donné que given the fact that U13 | 10
étape finale *f* last step U14 | 10A
état *m* state U18 | 2A
état souverain *m* sovereign state U18 | 2D
États- Unis *m pl* United States U16 | 3A
été *m* summer U3 | 3A
s'éteindre to go out, to pass away U16 | Gr
étendu/e spread out, stretched out U8 | 12A
étiquette *f* tag U7 | 13
étoile *f* star U3 | 6B
étonnant/e surprising U4 | 2A
étonner *qn* to surprise *sb* U15 | 10A
étrange strange U11 | 7A
étranger *m* foreigner U15 | 7A
étranger/ère foreign U2 | 9A
être to be U1 | 11B
être à table to be seated at the table U17 | 12A
être accro *fam* to be hooked on U15 | 1C
être capable de to be able/capable of U4 | 9A
être chargé/e de + *inf* to be in charge of U11 | 4A
être conforme à *qc* to conform to U9 | 8A
être connecté/e à *qc* to be connected to *sth* U13 | 2A
être connu/e pour *qc* to be known for *sth* U13 | 10
être consacré/e à *qc* to be dedicated to *sth* U4 | 10
être constitué/e de *qc* to be made of U13 | 10
être contraint/e de + *inf* to be obliged to U12 | 4B
être contrôlé/e par to be controlled by U16 | 3A
être d'accord to agree with U9 | Gr
être de bonne humeur to be in a good mood U4 | 8
être de nature + *adj* to have a *(adj)* nature U12 | 12A
être disposé/e à faire *qc* to be willing to do *sth* U5 | 1B
être en danger *m* to be in danger U15 | 2A

être en train de faire *qc* to be doing *sth* U12 | 2

être en troisième année *f* to be a third-year student U5 | Gr

être en voie de disparition to be endangered (species) U17 | 7A

être habillé/e to be dressed U12 | 3A

être habitué/e à *qc* to be used to *sth* U5 | 1B

être interdit/e to be forbidden U9 | 11B

être là to be there U11 | Gr

être loin de chez soi to be far from home U5 | 3A

être lu/e par to be read by U15 | 10A

être maintenu/e to be kept, maintained U14 | 12

être mal entretenu/e to be poorly kept, maintained U9 | 8A

être matinal/e to be an early riser U10 | 1A

être né/e *passé composé de* **naître** to be born U2 | 12

être obligé de + *inf* to be compelled to U10 | 11A

être perdu/e to be lost U14 | 5A

être préparé/e pour + *inf* to be ready for U10 | 11C

ne pas être près de + *inf* to have no intention to U14 | 13A

être pressé de + *inf* to be in a hurry to U10 | 12

être puni/e to be punished U17 | 12A

être retransmis/e to be rebroadcast U15 | 10A

être sur le point de faire *qc* to be about to do *sth* U14 | 3A

être sur scène to be on stage U10 | 3A

être victime de *qn/qc* to be victim of *sb/sth* U12 | 4B

étude *f* study U4 | 2A

études *f pl* studies U1 | 9B

étudiant *m*, **étudiante** *f* student U10 | 1A

étudier *qc* to study *sth* U2 | 3A

euh hmm U6 | 3A

euro *m* Euro U6 | 3A

Europe *f* Europe U1 | 4A

Europe de l'Est Eastern Europe U18 | 2A

européen/ne European U17 | 2A

évaluer *qc* to evaluate/assess/appraise *sth* U11 | Gr

événement *m* event U16 | 2D

éviter à *qn* **de** + *inf* to spare *sb* from U13 | 10

éviter *qc* to avoid *sth* U17 | 11

évoluer to develop, to grow U13 | 6A

évolution *f* evolution U14 | 10C

évoquer *qc* to evoke, to refer to U16 | 2D

exactement *adv* exactly U17 | 9A

examen *m* exam U4 | 5A

excellent/e excellent U2 | 2A

exception *f* exception U13 | 10

exceptionnel/le exceptional U16 | 3A

excès *m* excess, abuse U9 | Gr

exclus/e excluded U9 | 2A

exclusif/ive exclusive, sole U18 | 2D

excrément *m* excrement U9 | 8A

excuse-moi excuse me U8 | Gr

s'excuser to apologize U14 | 3A

excusez-moi excuse me U8 | Gr

exercer *qc* **sur** *qn/qc* to exert *sth* over *sb* U14 | 12

exercice physique *m* physical exercise, sport U4 | 2A

exigé/e required U5 | 10A

exiger *qc* to require, to demand *sth* U13 | 2A

exister to exist U12 | 12A

s'exiler to go in exile U14 | 3B

exotique exotic U7 | 3A

exotisme *m* exoticism U8 | 12A

expansion *f* expansion, growth U16 | 3A

expédition *f* expedition U3 | 5A

expérience *f* experience U14 | 3B

explication *f* explanation U5 | Gr

explicite clear, unequivocal U13 | 10

expliquer *qc* **à** *qn* to explain *sth* to *sb* U16 | 2D

s'expliquer par to justify oneself by U10 | 11A

exploit *m* feat U16 | 1A

exporter *qc* to export *sth* U18 | 10

exposition *f* exhibition U11 | 1B

exposition universelle *f* world fair U8 | 12A

expression *f* expression U17 | 11

s'exprimer to express oneself U11 | 11B

extérieur/e exterior, outside U3 | 10A

extrait *m* excerpt U11 | 11B

extraordinaire extraordinary U11 | 4B

extraterrestre *m* extraterrestrial U15 | 5A

extraverti/e extroverted U2 | 10A

extrêmement *adv* extremely U13 | 8

F

fabrication *f* making, production U18 | 10

fac *f* (*abrév de* **faculté**) university U11 | Gr

façade *f* front of a building U18 | 10

face à across from U4 | 9A

facile easy U4 | 2A

facile à vivre easygoing U10 | 1A

facilement *adv* easily U4 | 9A

facilité *f* readiness U16 | 3A

faciliter *qc* **à** *qn* to make things easier for *sb* U13 | 2A

façon *f* way, manner U4 | 9A

faculté *f* faculty, college (as in College of Science) U10 | 11A

faible weak U9 | 3A

faim *f* hunger U17 | 7A

fainéant/e lazy U14 | 2A

faire appel à *qn* to call *sb* for help U18 | 10

faire attention à *qn/qc* to watch for *sb/sth* U14 | 10A

faire *qc* to do *sth* U1 | 9B

se faire braquer to be attacked, mugged U12 | 12B

se faire buter *fam* to get beat up

U12 | 12B

faire circuler to circulate *sth* U9 | 8A

se faire comprendre to make oneself understood U15 | 8

faire croire *qc* **à** *qn* to make *sb* believe *sth* U15 | 2A

faire cuire to cook U7 | 10B

faire de l'escalade *f* to rock-climb U2 | 3B

faire de la danse to dance U11 | 2B

faire de la gymnastique to do gymnastics U12 | Gr

faire de la méditation to meditate U10 | 1A

faire de la musique to play music U10 | 5

faire de la natation to swim U2 | 9A

faire de la planche à voile to windsurf U3 | 1

faire de la plongée to scuba dive U3

faire de la randonnée to hike U11 | 10A

faire des économies *f pl* to save money U10 | 12

faire des études universitaires *f pl* to go to college U10 | 11A

faire des victimes *f* to cause victims U16 | 3A

ne pas faire de vieux os *fam* not to last long U14 | 13A

faire des voyages *m pl* to travel U10 | 5

faire du bénévolat to volunteer U14 | 3A

faire du bruit to make noise U17 | 12A

faire du camping to go camping U2 | 10A

faire du cheval to ride horses U16 | 8A

faire du deltaplane to hang glide U5 | 8

faire du football to play soccer U11 | 5A

faire du patin à glace to ice skate U11 | 1B

faire du ponting to bungee jump U10 | 3A

faire du shopping to go shopping U3 | 1

faire du skate to skateboard U11 | 5A

faire du sport to exercise U2 | 3A

faire du théâtre to do drama U2 | 9A

faire du tourisme to travel U1 | 9B

faire du vélo to bike ride U10 | 5

faire du VTT to ride a mountainbike U3

faire faire *qc* **à** *qn* to have *sb* do *sth* U18 | 12

faire figure de *qc* to pose as U13 | 10

faire fonctionner *qc* to make *sth* work U16 | 10A

faire la connaissance de *qn* to meet *sb* U16 | 3A

faire la cuisine to cook U13 | 2A

faire la fête to party U2 | 9A

faire la grasse matinée to sleep in U8 | 1A

faire la peau à *qn* *fam* humorous expression used to threaten to kill U12 | 12B

faire la queue to stand in line U12 | 3A

faire la sieste to take a nap U10 | 5

faire la vaisselle to do the dishes U10 | 11C

faire le lit to make the bed U17 | 8

faire le ménage to do housework U18 | 7

faire les devoirs *m pl* to do homework U14 | Gr

faire mal à to hurt U6 | 3A

faire noir to be dark (room or outside) U17 | 12A

se faire obéir to make *sb* obey U14 | 1B

faire partie de *qc* to belong to *sth* U11 | 10A

faire partir *qn* to make *sb* leave U16 | 10A

faire parvenir *qc* à *qn* to send *sth* to *sb* U16 | 4A

se faire passer pour *qn* to pose as *sb* else U16 | 3A

faire revenir de la viande to sear some meat U7 | 9A

faire rire to make others laugh U9 | 11B

faire signe to wave, to make a sign to catch *sb*'s attention U12 | 4B

faire taire *qn* to make *sb* shut up U12 | 12B

faire tout pour + *inf* to do everything for U11 | 4A

se faire un piercing to get a piercing U15 | 3A

faire un rebond to bounce back U13 | 10

faire une blague à *qn* to play a joke on *sb* U16 | 10A

faire une partie de cartes *f pl* to play cards U11 | 5A

faire une partie de *qc* to play a game U11 | 1B

faire une promesse to make a promise U13 | Gr

faire une recommandation to recommend U18 | 1B

faire une rencontre to meet *sb* U16 | 9A

il faisait beau, *imparfait de* **faire** the weather was nice U11 | 6A

il fait beau the weather is nice U13 | Gr

il fait de la moto he rides a motorbike U2 | 10A

il fait des études *f* he studies U2 | 3B

ça ne fait pas de mystère it is not a mystery U12 | 12B

il fait soleil the sun is out U13 | Gr

fait *m* fact U4 | 9A

le fait que the fact that U16 | 3A

falloir (il faut) to be necessary U15 | Gr

familial/e familial, homelike U10 | 11A

famille *f* family U2 | 12

famille élargie *f* extended family U2 | 12

famille homoparentale *f* family with same-sex parents U2 | 12

famille monoparentale *f* family with one parent only U2 | 12

famille nucléaire *f* nuclear family U2 | 12

famille pacsée *f* family where parents are not married but are legal companions (pacs) U2 | 12

famille recomposée *f* blended family U2 | 12

farci/e stuffed U7 | 6

farine *f* flour U7 | 5

fatigant/e tiring U13 | 9A

fatigué/e tired U16 | Gr

se fatiguer to get tired U13 | 9C

faune *f* wildlife U3 | 6A

fauteuil *m* armchair U13 | 3A

faux, fausse false U13 | 7A

féculent *m* starch U7 | 4

fédéral/e federal U18 | 2A

fée *f* fairy U17 | 1A

féminin/e feminine U5 | 4B

femme au foyer housewife U2 | 10A

femme de sa vie woman of his life U12 | 12A

fer *m* iron (metal) U13 | Gr

fer à repasser *m* iron (to press) U8

ferme firm U14 | 10A

ferme *f* farm U10 | 3A

fermer to close U8 | Gr

fermeture éclair *f* zipper U13

féroce ferocious U12 | 6

festival *m*, **festivals** *pl* festival U18 | 1B

fête *f* party U3 | 10A

fête des mères *f* Mother's Day U6 | 14

fête des pères Father's Day U6 | 14

fêter to celebrate U6 | 14

feu *m* fire U16 | 3A

feuille *f* leaf U16 | 2A

feuilleton *m* soap opera U15 | 1A

feutre *m* marker U16 | 2A

février *m* February U3 | 5A

fibre *f* fiber U4 | 9A

fibre de verre fiberglass U13 | 3A

fichier file, record book U16 | 10A

fidèle faithful U17 | 5A

fidèle *m, f* believer, follower U18 | 10

fier/ère proud U16 | 3A

fièvre *f* fever U12 | Gr

figure *f* face U12 | 12A

fil *m* thread U16 | 2A

file d'attente line U9 | 11A

fille *f* daughter, girl U10 | 11C, U16 | 3A

film *m* film U5 | 6

film documentaire *m* documentary U18 | 1B

film d'action action movie U11 | 3A

film policier *m* police drama U11 | 4B

filmer *qn/qc* to film *sb/sth* U11 | 7A

fils *m* son U13 | 10

fin *f* end U16 | 2D

finale *f* championship U11 | 1A

finalement finally U4 | 2A

finaliste *m, f* finalist U15 | 2A

finir *qc* to finish *sth* U4 | Gr

finlandais/e Finnish U2 | 5

Finlande *f* Finland U1 | 5C

fiscalité *f* tax system U18 | 10

fixer *qn* to stare at *sb* U14 | 10A

flacon *m* cruet, flask U18 | 4

Flamand, Flamande Flemish U8 | 12A

flamand/e Flemish U8 | 12A

flambé/e blazed U7 | 5

fleur *f* flower U6 | 1A

fleurir to bloom U18 | 10

fleuriste *m, f* florist U6 | 2A

fleuve *m* river U9 | 5

flexibilité *f* flexibility U14 | 12

flore *f* flora U3 | 6A

fluide liquid U9 | 2A

flûte *f* flute U5 | 11A

flux *m* flow U18 | 10

foire *f* fair U11 | 1A

fois d'avant the time before U16 | 2B

foncer sur *qn/qc* to bolt toward *sb/sth* U17 | 12A

fonction *f* function U15 | 2A

fonctionner to function U9 | 2A

fond marin *m* bottom of the sea U18 | 10

fondamental/e fundamental U4 | 9A

fondamentalement *adv* fundamentally U14 | 3B

fondateur *m*, **fondatrice** *f* founder U13 | 10

fondation *f* foundation U9 | 1A

football *m* soccer U2 | 3B

footballeur *m*, **footballeuse** *f* soccer player U2 | 4

footing *m* jogging U4 | 9A

force *f* strength U5 | 1B

forêt *f* woods, forest U9 | 3A

forfait *m* rate U3 | 5A

forger *qc* to forge *sth* U18 | 10

formaliser *qc* to formalize *sth* U2 | 12

forme *f* shape U13 | 10

former to train U12 | 12B

formulaire *m* form U9 | 11B

formule *f* formula U9 | 3A

fort/e strong U8 | 12A

fortement *adv* strongly U4 | 10

fortune *f* fortune U17 | 9A

forum *m* forum U11 | 11B

fou, folle crazy U14 | 13A

foule *f* crowd U9 | 11B

four *m* oven U7 | Gr

fourchette *f* fork U3 | 6A

je m'en fous I don't care U18 | 7

s'en foutre de *qc* *fam* not to care about *sth* U12 | 12B

foyer *m* household U18 | 2D

frais *m pl* cost U13 | 3B

frais de port handling cost U13 | 3B

frais, fraîche fresh U4 | 1A

fraise *f* strawberry U7 | 5

franc C.F.A. *m* franc (currency) from Africa U6 | 4

franc suisse *m* Swiss franc U6 | 4

franc/che straightforward U5 | 1B

Français moyen *m* average French man U16 | 10A

français/e French U10 | 11A

Francilien *m*, **Francilienne** *f* *sb* living in Île-de-France U10 | 11A

francophone French-speaking U1 | 11B

frapper à la porte to knock at the door U17 | 3A

fréquemment *adv* frequently U4 | 5A

fréquenter *qn* to date *sb* U16 | 3A

frère *m* brother U16 | 9C
frileux/euse sensitive to the cold U13 | 10
frire to fry U7 | 10B
frisé/e curly U12 | 3A
frit/e deep-fried U7 | Gr
frites *f pl* French fries U7 | 4
froid/e cold U7 | Gr
fromage *m* cheese U6 | 1A
fromage de chèvre *m* goat cheese U7
front *m* forehead U15 | 8
Front populaire *m* Popular Front (1936-1938) U14 | 12
fruit *m* fruit U4 | 1A
fruit de mer *m* seafood U18 | 6
fruit sec *m* dried fruit U7 | 4
fuir le regard to avoid *sb*'s eyes U14 | 10A
fuir to leak U13
fumée *f* smoke U9 | 8A
fumer to smoke U4 | 1A
furieux/euse furious U16 | 4A

G

gaffe *fam f* blunder U16 | 10A
gagner *qc* to win *sth* U11 | 7A
gagner de l'argent *m* to earn money U5 | 3A
gai/e joyful U12 | 12A
gang *m* gang U12 | 12B
garage *m* garage U12 | 12B
garçon *m* boy U2 | 3A
garder *qc* to keep *sth* U4 | 9A
garder un secret to keep a secret U14 | 9
gare centrale *f* central station U8 | 12A
gare *f* train station U3 | 6A
(se) garer to park U9 | 11B
garniture *f* topping, dressing U7 | 6
gars *m* guy U11 | 4B
gastronomique gastronomic U3 | 10A
gâteau *m*, **gâteaux** *pl* cake(s) U6 | 1A
gauche left U4 | 2A
Gaule *f* Gaul (previous name of France) U16 | 3A
gaz *m* gas U9 | 8A
gazeux/euse with bubbles (drink) U7 | Gr
géant/e giant U11 | 11B
gêné/e embarrassed U16 | 4A
gêner *qn* to annoy/bother *sb* U10 | 5
général/e general U5 | 4B
généralement usually, generally U2 | 5
génération *f* generation U11 | 11B
généreux/euse generous U14 | 3B
Genève Geneva U9 | 1A
génial/e great U11 | 3A
gens *m pl* people U1 | 3A
gentil/le nice, friendly U2 | 3B
gentillesse *f* kindness U14 | 3B
gentiment *adv* nicely U16 | 2A

géographie *f* geography U2 | 3B
gérer *qc* to manage *sth* U18 | 2D
germanophone German-speaking U8 | 12A
Gers *m* Département in the mid-Pyrénées in southwestern France U10 | 3A
gésier *m* gizzard U7 | 6
geste *m* movement U13 | 9C
gestion *f* management U5 | 10A
gestuelle *f* body movements U14 | 10A
gîte rural *m* vacation rental in the countryside U3 | 9A
glace *f* ice, ice cream U7 | 3A
glisser *qc* **dans sa poche** to slip *sth* into one's pocket U17 | 12A
gomme *f* eraser U6
gorges *f pl* deep ravine U3 | 6A
goût *m* taste U13 | 2A
goûter *qc* to taste *sth* U3 | Gr
goûts *m pl* tastes U18 | 1B
gouvernement *m* government U14 | 12
grâce à thanks to U3 | 12B
graffiti *m* graffiti U9 | 11A
graisse *f* fat U4 | 6A
gramme *m* gram U7 | Gr
Grand Nord *m* Far North U3 | 5A
grand/e big U3 | 8
Grande École *f* higher education system recruiting best students in a selective way at the national level U5 | 12A
Grande Guerre *f* First World War (1914-1918) U16 | 3A
grande surface *f* department store U9 | 2A
Grande-Bretagne *f* Great Britain U16 | 3A
grandir to grow U10 | 12, U17 | Gr
grand-mère *f* grandmother U16 | 10A
grand-père *m* grandfather U2 | 10A
grands-parents *m pl* grandparents U2 | 12
gras/se fat U7 | Gr
gratte-ciel *m* skyscraper U9
gratuit/e free U5 | 12A
gratuitement *adv* for free U9 | 11B
grave serious, grave U9
grec, grecque Greek U2 | 5
Grèce *f* Greece U1 | 4A
grève *f* strike U9 | 11A
grille-pain *m* toaster U13 | 1A
griller *qc* to toast/grill *sth* U13 | 1B
gris/e gray U6 | Gr
gros/se fat, overweight U2 | 3B
grotte *f* cave U3 | 10A
grotte préhistorique *f* prehistoric cave U5 | 8
gruyère *m* Swiss cheese U7 | 9A
Guadeloupe *f* Guadeloupe U1 | 11A
guerre *f* war U16 | 3A
gueuler *fam* to scream, to yell U12 | 12B
guichet *m* (ticket) window U12 | 3A
guide *m* guide U10 | 1A
guillotiner *qn* to cut *sb*'s head off U16 | 6A
Guyane Française *f* French Guiana

U1 | 11A
gymnastique *f* gymnastics U4 | 2C

H

s'habiller to get dressed U5 | Gr
habit *m* outfit U17 | 12A
habitant *m*, **habitante** *f* inhabitant, dweller U18 | 1B
habitat *m* habitat, place of living U11 | 8
habiter to live U5 | Gr
habitude *f* habit U4 | 9C
habitué/e used to U5
hammam *m* Turkish bath U11 | 1A
haricot blanc *m* navy bean U7 | 1A
hausse *f* rise U14 | 12
haut fonctionnaire *m*, **haute fonctionnaire** *f* public official U5 | 12A
haut les mains ! hands up! U12 | 3A
haut standing *m* high class, luxury U10 | 2A
haut/e high U9 | 11B
hébergement *m* lodging U3 | 9A
hein what? U12 | 12B
héros *m*, **héroïne** *f* hero, heroine U12 | 12A
hésiter to hesitate U7 | 13
heure *f* hour U11 | 1A
heure supplémentaire *f* extra hour U14 | 12
heureux/euse happy U13 | Gr
heureusement *adv* fortunately, luckily U18 | 3
hier yesterday U11 | Gr
hier après-midi yesterday afternoon U12 | Gr
hier matin yesterday morning U12 | 3A
hier soir yesterday evening U12 | 2
hindou/e Hindu U18 | 10
hindouisme *m* Hinduism U18 | 10
hippocampe *m* seahorse U14 | 8
hirondelle *f* swallow U18 | 4
histoire *f* story U1 | 3A
historien *m*, **historienne** *f* historian U15 | 8
historique historical U1 | 11B
hiver *m* winter U3 | 3A
hold-up *m* armed robbery U12 | 3A
Hollandais *m*, **Hollandaise** *f* Dutch U18 | 10
hollandais/e Dutch U2 | 5
homme *m* man U2 | 2A
homme d'affaires, femme d'affaires businessman, businesswoman U17 | 9A
homme politique *m*, **femme politique** *f* politician U2 | 4
Hongrie *f* Hungary U1 | 4A
hongrois/e Hungarian U2 | 5
honnête honest U12 | 12B
hôpital *m* hospital U6 | 15
horaire *m* schedule U4 | 5A
hors-d'œuvre *m* hors d'œuvre U7 | 4
hôte, hôtesse host U7 | 13

hôtel *m* hotel U3 | 5A
huile *f* oil U7 | 4
huit eight U1 | 3A
huître *f* oyster U7 | 1A
humains *m, pl* humans U11 | 4A
humanité *f* humankind U5 | 12A
humide damp, humid U9 | 12A
humeur *f* mood U4
humour *m* humor U8 | 12A
hurler to scream U17 | 3A
hydraulique hydraulic U18 | 2A
hygiène *f* hygiene U6 | 1A
hypermarché *m* huge supermarket U4 | 10
hyper-moderne supermodern U13 | 7C
hypocrite hypocritical, dishonest U10 | 3A

I

ici here U3 | Gr
idéal/e ideal U3 | 5A
idéalement *adv* ideally U3 | 6A
idée *f* idea U15 | 2A
s'identifier avec *qn/qc* to identify with *sb/sth* U15 | 2A
identité *f* identity U18 | 2D
ignorer *qn* to ignore *sb* U14 | 3A
il est vrai que it is true that U15 | 2A
il était une fois once upon a time U17
il faut + *inf* it is necessary U10 | 3A
il faut à *qn* *sb* needs U16 | 2A
il faut manger it is necessary to eat U4 | 6A
il lit *présent de* **lire** he reads U2 | 10A
il n'y a plus there is no longer U2 | 12
il n'y a que there is only U9 | 8A
il n'y a rien de meilleur que there is nothing better than U10 | 3A
il paraît que it seems that, I heard that U11 | 3A
il s'agit de it is about U7 | 4
il suffit de + *inf* all you need to do is U4 | 9A
il y a there is, ago U3 | 6B
il y a 30 ans 30 years ago U15 | 3A
il y a deux ans two years ago U5 | Gr
île *f* island U3 | 10A
île de Java island of Java U16 | 3A
île Maurice Maurice Island U17 | 11
Île-de-France Paris and its surroundings U10 | 11A
îles Seychelles *f pl* Seychelles Islands U17 | 11
illustrateur *m*, **illustratrice** *f* illustrator U13 | 10
îlot *m* small island U18 | 2D
image *f* image U11 | 1A
imaginaire imaginary U13 | 10
imaginaire *m* dream world U12 | 12A
imagination *f* imagination U14 | 1B
imaginer *qc* to imagine *sth* U13 | 6A

s'imaginer que to imagine that U16 | 10A
imbécile *m, f* idiot, imbecile U17 | 4A
immédiat/e immediate U5 | 4B
immédiatement *adv* immediately U10 | 2A
immense immense, huge U8 | 12A
immeuble *m* building U9 | 5
immigrant *m*, **immigrante** *f* immigrant U18 | 2A
immigration *f* immigration U1 | 11B
immobilier *m* real estate U2 | 3B
imparfait *m* imperfect U16 | 2D
impatient/e impatient U10 | 3A
impeccable faultless, perfect U13 | 9C
imperméable waterproof U13 | 2A
impertinent/e sassy, insolent U12 | 12A
s'implanter here: to open stores, to expand U9 | 8A
s'impliquer to get involved U9 | 2A
importance *f* importance U11 | 11B
important/e important U4 | Gr
imposer *qc* à *qn* to impose *sth* on *sb* U10 | 3A
s'imposer to impose on U12 | 12A
impossible de + *inf* impossible to U11 | Gr
impression *f* impression U2 | 2A
improviser *qc* to improvise *sth* U15 | 2A
inattendu/e unexpected U13 | 10
inaugurer *qc* to inaugurate *sth* U12 | 1A
incapacitant incapacitating U13 | 3A
incarner to embody U8 | 12A
incassable unbreakable U13 | Gr
incinérateur *m* incinerator U9 | 8A
incompétent/e incompetent U16 | 10A
inconnu/e unknown U15 | 3A
incorrect/e false, incorrect U18 | 8B
incroyable incredible U12 | 1A
Inde *f* India U18 | 10
indépendance *f* independence U10 | 12
indépendant/e independent U5 | 3A
indication *f* direction U14 | 4A
indice *m* hint, clue U15 | 6A
indien/ne Indian U18 | 2A
indiquer *qc* to indicate, to show *sth* U6 | 3C, U8 | 5A
indispensable indispensable U4 | 9A
individu *m* individual U4 | 10
individuel/le single U14 | 10C
indonésien/ne Indonesian U18 | 10
industriel *m*, **industrielle** *f* industrialist U16 | 3A
industriel/le industrial U9 | 11A
inégalité *f* unfairness, inequality U14 | 12
inférieur/e à inferior to U8 | 12A
infirmier *m*, **infirmière** *f* nurse U2 | 3B
influence *f* influence U1 | 11B
info juridique *f* legal information U10 | 1A
informaticien *m*, **informaticienne** *f* computer specialist U2 | 3B
informations *f pl* news U13 | 2A
informatique *f* computer science U5 | 1B
infraction *f* offense, violation U16 | 7

infrastructure *f* foundation, infrastructure U3 | 10A
ingénieur *m*, **femme ingénieur** engineer U5 | 12A
ingénieux/euse inventive, clever U16 | 10A
ingrédient *m* ingredient U7 | Gr
inhabité/e uninhabited U18 | 10
injustement *adv* unfairly, wrongly U17 | 12A
injustice *f* injustice U17 | 7B
inoubliable unforgettable U16 | 9A
inquiet/ète worried U16 | 3A
inquiétude *f* worry U15 | 3A
insecte *m* insect U11 | 8
s'inscrire à *qc* to register for *sth* U11 | 1A
insister sur *qc* to insist on *sth* U4 | 9A
insolite strange, weird U15 | 10A
insomnie *f* insomnia U15 | 1B
insonorisé/e soundproof U8 | 10A
inspecteur *m*, **inspectrice** *f* inspector U1 | 8A
inspirer *qn* to inspire *sb* U14 | 12
installation *f* installation, assembly U9 | 2A
s'installer to settle in
instaurer *qc* to establish *sth* U14 | 12
instituteur *m*, **institutrice** *f* school teacher U2 | 10A
Instruction Publique *f* public education U5 | 12A
instrument *m* instrument U16 | 10A
instrument de musique *m* music instrument U5 | 10A
insupportable unbearable U16 | 10A
intact/e intact, uncontaminated U13 | 2A
intégrer *qc* to integrate *sth* U9 | 8A
intelligent/e intelligent U2 | 2A
intense intensive U4 | 9A
intensité *f* intensity U9 | 8A
intercepter *qc* to intercept *sth* U16 | 3A
interdire *qc* à *qn* to forbid *sth* to *sb* U15 | 3A
intéressant/e interesting U5 | 3A
intéressé/e interested U3 | 5A
intéresser *qn* to interest *sb* U11 | 1B
s'intéresser à *qc* to be interested in *sb* U2 | 10A
intérêt *m* interest U3 | 9A
interlocuteur *m*, **interlocutrice** *f* interlocutor U14 | 10A
intermittent *m*, **intermittente** *f* **du spectacle** part-time or seasonal performing artist U10 | 1A
international/e international U3 | 10A
internaute *m, f* Internet user U11 | 1B
internet *m* Internet U11 | 11B
interprète *m, f* interpreter U5 | 1A
s'interroger sur *qc* to wonder about *sth* U14 | 12
intervenir to intervene U14 | 3A
intervention *f* intervention U13 | 2A
interview *f* interview U10 | 3A

intimité *f* intimacy U15 | 2A
intrigue *f* plot U14
intriguer *qn* to intrigue *sb* U17 | 9A
introduire *qc* to introduce *sth* U15 | 3A
introduire une opinion to present a point of view U5 | 11B
inutile useless U13 | 10
inventer *qc* to invent *sth* U5 | 7
inventeur *m*, **inventrice** *f* inventor U13 | 2A
invention *f* invention U13 | 2A
investir dans *qc* to invest in *sth* U9 | 8C
invitation *f* invitation U11 | 3A
inviter *qn* **à** *qc* to invite *sb* to *sth* U2 | 10A
Irlande *f* Ireland U1 | 4A
irrationnel/le irrational U13 | 10
irrégulier/ère irregular U4 | 5A
irriter *qn* to irritate *sb* U10 | 1A
islandais/e Icelandic U2 | 4
Islande *f* Iceland U1 | 4A
isolation *f* insulation U9 | 11B
issu/e de from U18 | 10
Italie *f* Italy U1 | 4A
Italien *m*, **Italienne** *f* Italian U18 | 2A
italien/ne Italian U2 | 1A
IUT / STS technical college (short professional training) U5 | 12A

Jack l'éventreur Jack the Ripper U11 | 7A
(ne...) jamais *adv* never U11 | 2B
jambe *f* leg U4 | 2A
jambon *m* ham U7 | 1A
janvier *m* January U3 | 10C
Japon *m* Japan U15 | 3A
japonais *m* Japanese U2 | 10A
japonais/e Japanese U2 | 1A
jardin *m* garden U9 | 2A
jaune yellow U6 | Gr
javanais/e Javanese U16 | 3A
je I U1 | 5B
jean *m* jeans U12 | 3A
jet *m* stream U13 | 3A
jetable disposable U13 | Gr
jeter *qc* to throw away *sth* U17 | 3A
jeu *m*, **jeux** *pl* game U11 | 11B
jeu concours competitive game U11 | Gr
jeu de l'oie literally, the game of the goose (French board game) U18 | 1A
jeu de mots wordplay U12 | 12A
jeu de rôle role playing U11 | 1A
jeu de société board game U11 | 2B
jeu télévisé *m* game show U15 | 10A
jeudi *m* Thursday U4 | Gr
jeune young U2 | 3A
jeune diplômé *m*, **jeune diplômée** *f* young graduate U14 | 10A
jeune femme *f* young woman U16 | 4A
jeunes *m pl* young people U10 | 11A
jeunes gens *m pl* young men, young people U11 | 11B

jeunesse *f* youth U15 | 5A
Jeux Olympiques *m pl* Olympic Games U9 | 1A
Joconde *f* Mona Lisa U16 | 6A
joie *f* joy U2 | 10A
joker *m* joker U18 | 1A
joli/e pretty U3 | 6A
jonc *m* rush (plant) U18 | 4
jongleur *m*, **jongleuse** *f* juggler U14 | 1A
jouer to play U2 | 3B
jouer à *qc* **avec** *qn* to play *sth* with *sb* U11 | 2B
jouer au football to play soccer U2 | 3B
jouer au tennis to play tennis U2 | 9A
jouer aux cartes *f pl* to play cards U2 | 9A
jouer aux échecs *f pl* to play chess U2 | 9A
jouer de l'accordéon *m* to play the accordion U2 | 9A
jouer de la flûte to play the flute U14 | 1B
jouer de la guitare to play the guitar U2 | 9A
jouer de la trompette to play the trumpet U2 | 3B
jouer du piano to play the piano U2 | 9A
jouer du saxo to play the saxophone U2 | 10A
jouer un rôle to play a role U15 | 2A
jouet *m* toy U12
joueur *m*, **joueuse** *f* player U16 | 2A
joueur *m*, **joueuse** *f* **de football** soccer player U1 | 8A
jouissance *f* pleasure U15 | 10A
jour *m* day U11 | 8
journal *m*, **journaux** *pl* newspaper(s) U6 | 1A
journal (télévisé) *m* TV news U11 | 7A
journalisme *m* journalism U2 | 10A
journaliste *m*, *f* journalist U2 | 3B
journée *f* day U4 | 10
juge *m*, **femme juge** judge U5 | 1A
juger *qn* to judge *sb* U16 | 3A
juillet *m* July U3 | 5A
juin *m* June U11 | 8
jupe *f* skirt U6 | 9B
juridique legal U2 | 12
jus de fruits *m* fruit juice U6 | 1A
jusqu'à until U14 | 3A
jusqu'à présent until now U11 | 10A
juste just, correct U11 | Gr
juste avant just before U12 | 7A
justement *adv* precisely, exactly U12 | 12A
justice *f* justice U18 | 2D
justification *f* reason, rationale U15 | 2A
justifier *qc* to justify *sth* U15 | 3A

K

Kenya *m* Kenya U15 | 10A
kidnapper *qn* to kidnap *sb* U16 | 7
kilo *m* kilogram (kg) U6 | 3D

kilomètre *m* kilometer (km) U8 | 3A
klaxonner to honk U14 | 3A
km à l'heure km per hour U3 | 5A

L

là-bas there U18 | Gr
lac *m* lake U9 | 3A
lâcher *qn/qc* to let *sb/sth* loose, to drop U16 | 2A
laid/e ugly U17 | 1A
laine *f* wool U13 | 3A
laïque lay, secular U5 | 12A
laisser *qc* **à** *qn* to leave *sth* for *sb* U17 | 9A
se laisser décourager par *qn/qc* to let oneself get discouraged by *sb/sth* U15 | 10A
laisser passer la chance to let a chance go by U17 | 9A
lait *m* milk U4 | 1A
lait entier *m* whole milk U7 | 9A
laitage *m* dairy product U7 | 4
lancer *qc* (*here*) to launch *sth* U12 | 12A
lancer le dé to throw the die U18 | 1A
lancer une flèche to shoot an arrow U17 | Gr
langage *m* language U14 | 10A
langue *f* language U15 | 7A
langue étrangère *f* foreign language U1 | 9B
langue maternelle *m* mother tongue U18 | 2D
lapin *m* rabbit U7 | 12A
Lapon *m*, **Lapone** *f* Lapp U18 | 2D
lardon *m* thinly sliced/julienned bacon U7 | 9A
large wide U18 | 10
lavable washable U13 | Gr
ça se lave it can be washed U13 | Gr
laver *qc* to wash *sth* U7 | 10B
se laver to wash oneself U4 | 10
laverie automatique *f* laundromat U3 | 7
laveur *m* **de vitres**, **laveuse** *f* **de vitre** window washer U14 | 11B
lave-vaisselle *m* dishwasher U13 | 9A
comprimé medication, tablet U13 | 7A
légal/e legal U2 | 12
léger, légère light U13 | 2A
législature *f* legislature U18 | 2D
légume *m* vegetable U4 | 1A
lendemain *m* the next day U16 | 4A
lent/e slow U14 | 2A
lequel, laquelle, lesquels, lesquelles which one(s) U11 | 4A
lessive *f* laundry U4 | 10
Lettonie *f* Letonia U1 | 4A
lettre *f* letter U5 | 4B
leur *m*, *f*, **leurs** *pl* their(s) U10 | 11A
lever *qc* to lift *sth* U12 | 3A
se lever to get up U4 | Gr
Libanais/e Lebanese U15 | 10A

libération *f* liberation U15 | 8
libérer *qn/qc* to free *sb* U14 | 12
liberté *f* freedom U11 | 8
librairie *f* bookstore U5 | 11A
libre available, free U3 | 5A
librement *adv* freely U16 | 3A
licence *f* Bachelor's degree U5 | 12A
lieu *m*, **lieux** *pl* place(s) U11 | 6A
lieu d'habitation place where one lives U12 | 9A
lieue *f* mile U17 | 1A
ligne de bus *f* bus line U9 | 8A
ligne de départ *f* starting line U16 | 2B
ligue *f* league U16 | 1A
Ligue des Champions Champion League U11 | 1A
limace *f* slug U14 | 2A
limitation *f* limit U14 | 12
limiter *qc* to limit *sth* U15 | 2A
lin *m* linen, flax U6 | 3D
linge *m* linen, clothes, laundry U13 | 1B
linguistique linguistic U18 | 2D
liquide *m* liquid U8 | 4
lit *m* bed U9 | 8A
litre *m* liter U4 | 9A
litre et demi *m* liter and a half U4 | 9A
littéraire literary U5 | 10A
littérature *f* literature U1 | 3A
littérature orale *f* oral literature U17 | 11
littoral *m* coastline U18 | 10
Lituanie *f* Lithuania U1 | 5C
livre *f* British pound (currency), pound (weight) U7 | Gr
livre *m* book U11 | 4B
livrer *qc* to deliver *sth* U13 | 3A
local/e local U3 | Gr
location meublée *f* furnished rental U3 | 9A
logement *m* housing U6 | 14
logement social *m* social housing U9 | 2A
loger to put up, to give board U3 | 10D
logique logical U9 | 3A
loi *f* law U12 | 12A
loin de far from U9 | 8A
loisirs *m pl* leisure activities U11 | 11B
Londres London U5 | 6
long/ue long U5 | 12A
le long de along U9 | 11B
longtemps for a long time U9 | 3A
look *m* look, appearance U11 | 11B
lorsque when U12 | 12B
loterie *f* lottery (lotto) U14 | Gr
louer *qc* to rent *sth* U10 | 12
Louis XIV Louis the Fourteenth U16 | 3A
Louis XVI Louis the Sixteenth U16 | 6A
loup *m*, **louve** *f* wolf U17 | 1A
le loup et les sept chevreaux the Wolf and the Seven Kids (fairy tale) U17 | 1A
lourd/e heavy U13 | 9A
loyal/e loyal U12 | 12B
loyer *m* rent U10 | 12
luciole *f* firefly U17 | 12A

ludique related to game U11 | 8
lumière *f* light U3 | 10A
lumineux/euse bright U18 | 10
lundi *m* Monday U4 | Gr
lune *f* moon U12 | 1A
lunettes *f pl* glasses U6 | 8
lunettes de soleil sunglasses U13 | 1A
lutte *f* struggle, fight U9 | 11B
lutter contre *qc* to struggle against *sth* U4 | 9A
Luxembourg *m* Luxembourg U1 | 4A
luxembourgeois/e person from Luxembourg U2 | 5
lycée *m* high school U5 | 12A
lycée professionnel *m* high school that offers work apprenticeship U5 | 12A
lycéen *m*, **lycéenne** *f* high school student U15 | 8
Lyonnais *m*, **Lyonnaise** *f* person from Lyon U8 | 1A

M

machinal/e automatic U17 | 9A
machine *f* machine U13 | 6A
machine à calculer calculator U13 | 1A
machine à écrire typewriter U13
machine à laver washing machine U13 | 1A
magasin *m* store U3 | Gr
magazine *m* magazine U12 | 12A
magique magical U17 | 1A
magnifique magnificent U3 | 6A
mai *m* May U3 | 5A
maigre lean, thin U12 | 3D
main *f* hand U4 | 2A
main-d'œuvre *f* manpower U18 | 10
maintenir *qc* **avec** *qn* to maintain *sth* with *sb* U18 | 2D
se maintenir en forme to keep in shape U4 | 9A
maire *m* mayor U16 | 7
mairie *f* city hall U2 | 10A
mais but U1 | 11B
maison *f* house U6 | 15
maison de retraite retirement home U9 | 5
maîtrise en lettres modernes *f* Masters in French literature U5 | 11A
majoritairement *adv* by a majority U18 | 2A
majorité *f* majority U4 | 2A
mal *adv* bad U5 | Gr
mal rasé poorly shaved U12 | 4A
malade sick, ill U12 | Gr
maladroit/e clumsy U16 | 10A
malfaiteur *m* criminal U12 | 4A
malgache Madagascan U18 | 10
malgré in spite of U12 | 12A
malheureusement *adv* unfortunately U14 | 12
malin/maligne clever, ingenious U2 | 3B

maman *f* mom U14 | Gr
mamie *f* grandma U16 | 10A
Manche *f* Channel U12 | 1A
manche *f* sleeve U13 | 10
manger *qc* to eat *sth* U3 | 1
maniable easy to handle U13 | 3A
manière *f* manner U13 | 2A
manque *m* lack U9 | Gr
manquer de *qc* to lack *sth* U9 | 2A
manteau *m* coat U6
manuel *m* textbook U13 | 9C
manuscrit/e handwritten U5 | 4B
maquillage *m* makeup U10 | Gr
se maquiller to put on makeup U17 | 4A
marchand *m*, **marchande** *f* seller, dealer U16 | 3A
marchand *m*, **marchande** *f* **de chaussures** shoe seller U6 | 1A
marche à pied *f* walk U4 | 2C
marché *m* market U3 | 6A
marcher to walk U4 | 1A
ça marche it works U13 | Gr
mardi *m* Tuesday U4 | Gr
mari *m* husband U12 | 2
mariage *m* wedding, marriage U16 | 1A
marié *m*, **mariée** *f* groom, bride U2 | 10A
se marier to marry U12 | 1A
marin *m*, **femme marin** *f* sailor U14 | 5A
marine marchande *f* merchant navy U2 | 10A
marionnette *f* puppet U8 | 12A
Maroc *m* Morocco U1 | 11A
marque *f* brand U11 | 11B
marraine *f* godmother U17 | 12A
marrant/e funny U16 | 2B
marron brown U6 | Gr
mars *m* March U3 | 5A
marteau *m* hammer U14 | 11B
Martinique *f* Martinique U17 | 11
masochiste *m*, *f* masochist U13 | 10
mastaire *m* Master's degree U5 | 12A
match de football *m* soccer game U11 | 1B
matelas *m* mattress U13 | 2A
matériel *m* material U15 | 3A
mathématiques *f pl* mathematics U2 | 9A
maths *f pl* math U18 | 7
matière *f* subject, matter U6 | 1A
matière grasse *f* fat U7 | 10B
matin *m* morning U3 | 6A
matinal/e early rising U10 | 1A
Mauritanie *f* Mauritania U1 | 11A
mauvais/e bad U11 | Gr
mécanicien *m*, **mécanicienne** *f* mechanic U5 | 1A
méchant *m*, **méchante** *f* villain U17 | 2A
méchant/e mean U17 | 3A
médecin *m*, *f* doctor U5 | 1A
médecine *f* medicine U2 | 10A
médical/e, médicaux *m pl* medical U13 | 7A
médicament *m* medicine U6 | 1A
médiéval/e medieval U3 | 10A

médiocrité *f* mediocrity U15 | 2A
meilleur/e best U11 | 1A
le meilleur, la meilleure the best U18 | Gr
mélanger *qc* to mix *sth* U7 | 10B
melon *m* cantaloupe, melon U7 | 3A
membre *m* member, limb U11 | 4A
même same U4 | 2A
le/la même, les mêmes the same U2 | 10A
même si even if U15 | 1B
mémoire *f* memory U5 | 4B
mémoire collective *f* collective memory U14 | 12
menacer *qn* **avec** *qc* to threaten *sb* with *sth* U12 | 4A
ménage *m* housecleaning U4 | 10
mener une vie to lead a life U11 | 11B
mensonge *m* lie U5
mentalement *adv* mentally U4 | 9C
menu *m* menu U14 | 12
mer *f* sea U3 | 3A
merci thank you U6 | 12B
merci de thanks for U5 | 4B
mercredi *m* Wednesday U4 | Gr
mère *f* mother U1 | 8A
mérite *m* merit U15 | 2A
merveille *f* marvel, gem, wonder U11 | 4B
message *m* message U14 | 5A
mesure *f* measure U7 | Gr
météo *f* weather report U11 | 7A
métier *m* profession U5 | 3A
métissage *m* mixed race U17 | 11
métissé/e of mixed race U18
métro *m* subway U14 | 13A
Métropole *f* main land U18 | 10
mettre *qc* to put *sth* (on) U4 | 2A
se mettre à + *inf* to start doing *sth* U12 | 12B
se mettre à l'eau to get in the water U17 | 9A
se mettre au travail to set to work U17 | 9A
se mettre d'accord to reach an agreement U10 | 10
se mettre devant le petit écran to sit in front of the TV U15 | 1B
mettre du temps pour faire *qc* to take a lot of time to do *sth* U8 | 5A
mettre en oeuvre to do, to carry out U5 | 4B
mettre la table to set the table U17 | Gr
mettre *qc* **à la mode** to make *sth* fashionable U15 | 3A
mettre *qc* **en marche** to start *sth* up U12 | 4A
mettre *qn* **en garde contre** *qc* to warn *sb* about *sth* U15 | 3A
mettre sa vie en danger pour *qc* to risk one's life for *sb* U11 | 7A
meuble *m* furniture U17 | 5A
meublé/e furnished U12 | 12B
meurtre *m* murder U11 | 4A

México Mexico City U14 | 3A
midi *m* noon U4 | Gr
miette de pain *f* breadcrumb U17 | 3A
mieux better U10 | 11C
mignon/ne cute U14 | 4A
migration *f* migration U18 | 10
mi-juin mid-June U18 | 10
militaire, femme militaire soldier U16 | 3A
militant/e militant, activist U2 | 10A
milliard *m* billion U14 | 5C
million *m* million U11 | 7A
mimique *f* facial expression U14 | 10A
mince slim U4 | 9A
mine *f* mine U5 | 8
mini-séance *f* short session U18 | 1B
Ministère de la Santé Health Ministry U4 | 2A
ministre *m*, *f* minister U5 | 12A
ministre des transports transportation minister U17 | 6B
minorité *f* minority U18 | 2D
minute *f* minute U4 | 8
miroir *m* mirror U17 | 1A
misanthrope *sb* who hates people U14 | 3A
mise en application *f* enforcement U14 | 12
misérable very poor U5 | 6
misère *f* poverty U17 | 3A
mission *f* mission U11 | 4A
mitraillette *f* machine gun U12 | 12B
mocassin *m* moccasin U6 | 3D
mode *f* fashion U1 | 3A
mode de cuisson cooking mode U7 | Gr
mode de vie way of life U18 | 10
modeler *qc* to mold *sth* U12 | 12A
modem *m* modem U8 | 10A
modération *f* moderation U14 | 12
modéré/e moderate U9 | 3A
moderne modern U2 | 3B
modernité *f* modernity U16 | 3A
modifier *qc* to modify *sth* U15 | 1B
moi me U1 | 3B
moi aussi me too U2 | 1B
moi non plus me neither U12 | 1C
moins less U4 | Gr
mois *m* month U11 | 11B
moitié *f* half U4 | 10
Moldavie *f* Moldavia U1 | 5C
mollement limply U14 | 10A
moment *m* moment U15 | 6A
mon Dieu ! my God! U14 | 4A
mon, ma, mes my U1 | 9B
monde arabe *m* Arab world U18 | 2A
monde entier *m* the entire world U11 | 1B
monde *m* world U1 | 3A
mondial/e worldwide U18 | 1B
Mongolie *f* Mongolia U14 | 3A
moniteur *m*, **monitrice** *f* instructor U5 | 11A
monnaie *f* change (money) U13 | 2A
montage *m* montage U15 | 2A
montagne *f* mountain U3 | 3A

montagneux/euse mountainous U18 | 10
monter to go up, to rise U5 | Gr
monter dans *qc* to get into *sth* U16 | 8A
montre *f* watch U14 | 11B
montrer *qc* **à** *qn* to show *sth* to *sb* U15 | 3A
se montrer + *adj* to show oneself U14 | 10A
se montrer favorable à *qc* to be in favor of *sth* U14 | 12
monument *m* monument U3 | 1
se moquer de *qn/qc* to make fun of *sth/sb* U12 | 12A
morale *f* morale
moralisateur/trice sanctimonious U12 | 12A
morceau *m*, *pl* **morceaux** piece(s) U7 | 7B
mort/e dead U14 | 13A
mortalité *f* mortality U9 | 3A
mot *m* word U10 | 1A
mot-clé *m* keyword U15 | 6A
moteur *m* engine, motor U12 | 4A
motivant/e motivating U5 | 3A
motivation *f* motivation, motive U1 | 10
motivé/e motivated U5 | 4B
moto *f* motorcycle U2 | 3B
motoneige *f* snowmobile U3 | 5A
mot-valise *m* portmanteau word U15 | 10A
mou/molle limp U16 | 10A
mouchoir *m* handkerchief U13
mouchoir en papier *m* tissue, Kleenex U13 | 2C
moule *f* mussel U7 | 1A
moule *m* mold U7 | 9A
moulu/e grounded U6 | 2A
mourir to die U5 | 6
mousse au chocolat chocolate mousse U7 | 12A
moustache *f* moustache U12 | 3D
moutarde *f* mustard U7 | 1A
mouvement *m* movement U4 | 2A
mouvement punk punk trend U15 | 3A
mouvement impressionniste *m* Impressionist movement U5 | 6
mouvoir *qc* to move *sth* U16 | 3A
moyen *m* means U14 | 12
moyen de communication communication medium U9 | 2A
moyen de contact contact information U1 | 10
moyen de transport transportation mode U18 | 1B
moyen/ne average U4 | 10
Mozambique *m* Mozambique U1 | 11A
muet/te mute U14 | 2A
mule *f* mule U14 | 2A
multiculturel/le multicultural U18 | 10
multinationale *f* multinational company U2 | 10A
se multiplier to reproduce, to multiply U9 | 8A
municipal/e municipal U9 | 8A

municipalité *f* municipality U9 | 4A
mur *m* wall U9 | 11B
murmure *m* whisper U11 | 3A
muscle *m* muscle U4 | 2A
musée *m* museum U11 | 8
musicien *m*, **musicienne** *f* musician U2 | 1A
musique *f* music U2 | 3B
musique techno techno music U10 | 1A
musulman/e Muslim U18 | 10
mutant *m*, **mutante** *f* mutant U13 | 7A
mutuellement *adv* mutually U10 | 12
myope shortsighted U14 | 2A
myrtille *f* blueberry U9 | 8A
mystique mystical U14 | 3B

N

n'est-ce pas ? isn't it so? U15 | 9B
n'importe quel/quelle any U13 | 10
nager to swim U10 | 5
nain *m*, **naine** *f* dwarf U17 | 1A
naissance *f* birth U5 | 11A
naître to be born U11 | 11B
natation *f* swimming U11 | 10A
nature *f* nature U3 | 9A
naturel/le natural U3 | 6A
naviguer to sail U5 | 6
ne ... plus no longer U2 | 12
ne serait-ce que if only U15 | 10A
né/e born U1 | 8A
je n'étais pas né/e, *plus-que-parfait de* **naître** I was not born U12 | 1C
ne... pas... ni not... neither U10 | 1A
nécessaire necessary U14 | 3A
nécessairement *adv* necessarily U4 | 9A
nécessité *f* necessity U17 | 11
néerlandais/e Dutch U8 | 12A
négatif/ive negative U11 | 4B
négliger *qc* to neglect *sth* U14 | 10A
négociation *f* negotiation U9 | 1A
négocier to negotiate U9 | 11B
négrier *m*, **négrière** *f* slave trader U18 | 10
néo-zélandais/e New Zealander U11 | 4A
nerveux/euse nervous, anxious U10 | 3A
nettoyage *m* cleaning U13 | 3A
nettoyer *qc* to clean *sth* U9 | 8C
neuf, neuve new U13 | 3A
neutralisant, *gérondif de* **neutraliser** neutralizing U13 | 3A
neutraliser *qn/qc* to neutralize *sb/sth* U13 | 3A
nez *m* nose U4 | 2A
ni... ni neither... nor U15 | 10A
Niger *m* Nigeria U3 | 5A
niveau *m* level U14 | 12
niveau hiérarchique *m* hierarchical level U14 | 4B
Noël *m* Christmas U6 | 14
noir/e black U6 | Gr
noix de coco *f* coconut U7 | Gr

noix de muscade nutmeg U7 | 9A
nom *m* name U1 | 10
nom de scène stage name U16 | 3A
nombre *m* number U10 | 2C
nombreux, nombreuse numerous U13 | 2A
nombril *m* belly button U15 | 3A
non no U1 | 5B
non fumeur *m*, **non fumeuse** *f* non-smoking U10 | 1A
Non, désolé/e! no, sorry! U6 | 3A
Nord *m* North U1 | 11A
normalement normally U8 | Gr
norme *f* norm U9 | 8A
Norvège *f* Norway U1 | 4A
nostalgie *f* nostalgia U11 | 11B
notamment *adv* notably, especially U18 | 10
note *f* grade U17 | 7B
nourrir *qn* to feed *sb* U9 | 11B
nourriture *f* food U6 | 14
nous voulons *présent de* **vouloir** we want U3 | 10D
nouveau, nouvel, nouvelle, nouveaux new U11 | 11B
nouveauté *f* novelty U13 | 2A
nouvelle *f* (*here*) short story U12 | 12A
Nouvelle-Calédonie *f* New Caledonia U1 | 11A
novembre *m* November U3 | 10C
nuancer *qc* to nuance *sth* U15 | 3A
nucléaire nuclear U18 | 2A
nuisance *f* nuisance, pollution U9 | 11A
nuit *f* night U3 | 1
la nuit at night U3 | 1
nuits blanches *f pl* sleepless nights U11 | 1A
nul/le lousy, really bad U11 | 5B
numérique digital U6
numéro *m* number U1 | 6

O

oasis *m* oasis U11 | 1A
obéir to obey U14
objectif *m* goal U15 | 10A
objet *m* object U13 | 10
obligatoire mandatory U1 | 9A
observer *qc* to observe *sth* U4 | 2A
obsession *f* obsession U16 | 10A
obtenir *qc* to obtain *sth* U13 | 9C
occasion *f* opportunity U6 | 14
occuper to occupy, to take up U4 | 10
s'occuper de *qn/qc* to take care of *sb/sth* U10 | 3A
océan *m* ocean U9 | 3A
Océan Indien *m* Indian Ocean U18 | 10
Océanie *f* Oceania U15 | 3A
octobre *m* October U3 | 10C
oeil *m*, **yeux** *pl* eye(s) U4 | 2A
œuf *m* egg U6 | 2A
œuf à la coque *m* soft-boiled (two-

minute) egg U7 | 4
oeuf dur *m* hardboiled egg U7 | 12A
œuvre *f* work U13 | 10
office de tourisme *m* tourist information center U3 | 6A
officiel/le official U1 | 11A
officier *m*, **femme officier** *f* officer U16 | 3A
offre exceptionnelle *f* exceptional offer U3 | 5A
offre *f* offer U10 | 1A
offre d'emploi *f* job offer U5
elle offre *présent d'offrir* she offers U3 | 6A
offrir *qc* à *qn* to give *sth* to *sb* U6 | 12B
ogre *m*, **ogresse** *f* ogre U17 | 1A
oignon *m* onion U7 | 1A
oiseau *m*, **oiseaux** *pl* bird(s) U9 | 11B
olive *f* olive U7 | 5
oncle *m* uncle U2 | 10A
onde *f* wave U13 | 6A
ONG *f* (*abrév d'organisation non-gouvernementale*) NGO U14 | 3A
onze eleven U1 | 3A
opéra *m* opera U9 | 5
opération de calcul *f* math problem U15 | 10A
opération publicitaire *f* advertising campaign U8 | 3A
opinion *f* opinion U15 | 3A
s'opposer à *qc* to be opposed to *sth* U9 | 8A
optimiste optimistic U4 | 9A
option *f* option, possibility U18 | 2D
optique *f* optical U6 | 1A
or *m* gold U6 | 3A
orange orange U1 | 11A
orange *f* orange U7 | 4
orchidée *f* orchid U18 | 1B
ordinaire ordinary, common U13 | 10
ordinateur *m* computer U4 | 1A
ordinateur portable *m* laptop U6 | 8
ordonné/e neat, orderly U1
ordonner *qc* à *qn* to command *sb* to do *sth* U17 | 1A
ordre *m* command, order U10 | 1A
oreille *f* ear U17 | 1A
organisation gouvernementale *f* governmental organization U9 | 1A
organisé/e organized U5 | 1B
organiser *qc* to organize *sth* U11 | 2B
oriental/e eastern U16 | 3A
original/e original U9 | 11A
orphelin *m*, **orpheline** *f* orphan U17 | 12A
orthographe *f* spelling U5 | 4B
os *m* bone U17 | 12A
oscar *m* Oscar U12 | 1A
OTAN *f* NATO U8 | 12A
où ? where? U3 | 6A
ou (bien) or U8 | 1A
ouais *fam* yeah U11 | 3A
oublier *qc/de* + *inf* to forget U9 | 8A
Ouest *m* West U1 | 11B

oui   yes U2 | 2A
ours   *m* bear U14 | 3A
outre-mer   overseas U18 | 10
ouvert/e   open, open-minded
   U2 | 10A, U5
ouvre-boîte   *m* can opener U13 | 1A
ouvrier *m*, ouvrière *f*   factory worker
   U5 | 1A
ouvrir *qc*   to open *sth* U5 | Gr

P

Pacifique   *m* Pacific U11 | 7A
page   *f* page U13 | 9A
page web   Web page U5 | 4B
paiement en espèces   *m* cash payment
   U6 | 3D
pain   *m* bread U4 | 9A
pain grillé   *m* toasted bread U7 | 4
paire de ciseaux   *f* pair of scissors
   U13 | 10
palais des expositions   *m* exhibition hall
   U11 | 1A
palais royal   *m* royal palace U17 | 3A
palmier   *m* palm tree U18 | 10
panoramique   panoramic U8 | 10A
pantalon   *m* pants U6 | 3D
pantoufle de vair   *f* glass slipper U17 | 1A
papeterie   *f* stationery store U6 | 1A
papier   *m* paper U13 | Gr
paquet   *m* package U6 | 2A
par conséquent   therefore U4 | 9A
par contre   however U6 | 3D
par deux fois   twice U15 | 10A
par exemple   for example U7 | 7B
par hasard   by chance U16 | 4A
par intérêt   out of interest U14 | 3B
par jour   per day U3 | 5A
par rapport à   in relation to U15 | 3A
paralyser *qn/qc*   to paralyze *sb/sth*
   U9 | 11A
parapluie   *m* umbrella U13 | 10
parc de loisirs   *m* amusement park
   U11 | 10A
parc national   *m* national park U3 | 6A
parc thématique   *m* theme park U3 | 1
parce que   because U12 | Gr
parcourir   to travel, to go through U8 | 3A
parcours   *m* journey U8
pardon   sorry U3 | Gr
pareil/le   identical U15 | 9B
parents   *m pl* parents U1 | 8A
paresseux *m*, paresseuse *f*   lazy U2
parfait/e   perfect U3 | 6A
parfaitement   *adv* perfectly U8 | 10A
parfois   sometimes U1 | 11B
parfum   *m* perfume U6 | 1A
parfumerie   *f* perfume/cosmetic shop
   U6 | 1A
Parisien *m*, Parisienne *f*   Parisian U9 | 11A
parisien/ne   Parisian U9 | 11A
parlement   *m* Parliament U5 | 4B

parler   to speak U1 | 9A
se parler   to be spoken U17 | 11
parler couramment   to speak fluently
   U5 | 4B
parler en public   *m* to speak in public
   U14 | 1B
parodie   *f* parody U13 | 10
paroles   *f pl* words U14 | 13A
parrain   *m* godfather U17
partager *qc* avec *qn*   to share *sth* with *sb*
   U10 | 1A
partager l'avis de *qn*   to share *sb*'s
   opinion U15 | 3A
partenaire   *m, f* partner U10 | 1A
parti   *m* party (political) U18 | 2D
participe passé   *m* past participle
   U15 | 10A
participer à *qc*   to participate in *sth*
   U16 | 7
particulier/ère   particular U15 | 2A
particulièrement   *adv* particularly
   U10 | 3A
partie   *f* part, game U3 | 12B, U11 | 1A
partir   to leave U5 | Gr
partir à la conquête de *qc*   to go conquer
   sth U16 | 3A
partir à la recherche de *qc*   to go look for
   sth U17 | 9A
partir en vacances   *f pl* to leave on vaca-
   tion U13 | 7A
partir en voyage   *m* to go on a trip U10 | 7
partout   everywhere U9 | 3A
parvenir   to make it U4 | 9A
pas   *m* step U17 | 1A
pas du tout   not at all U2 | 2A
pas encore   not yet U14 | 4A
pas mal   not bad U11 | 5B
pas question de   out of the question
   U14 | 3B
passage   *m* passage U14 | 12
passager clandestin *m*, passagère clandestine *f*   clandestine passenger
   U11 | 7A
passeport   *m* passport U8
passer   to stop by, to go by U12 | Gr,
   U17 | 9A
se passer   to happen U12 | 3A
passer à la télévision   to be on TV
   U15 | 2A
passer des examens   *m pl* to take exams
   U4 | 5A
passer du temps avec *qn*   to spend time
   with *sb* U10 | Gr
passer *qc* sous l'eau   to put *sth* under
   water U13 | 9C
passer un tour   to skip one's turn U18 | 1A
passion   *f* passion U10 | 3A
passionné/e   passionate U5 | 11A
pastèque   *f* watermelon U18 | 4
pâte   *f* dough U7 | 9A
pâte brisée   *f* pie dough U7 | 9A
pâté   *m* pâté U6 | 2A
pâtes   *f pl* pasta U7 | 4

patience   *f* patience U5 | 1B
patient/e   patient U5 | 1B
patin à roulette   *m* rollerskate U13 | 10
patiner   to ice skate U13 | 10
pâtisserie   *f* bakery, pastry U6 | 2A,
   U6 | 15
pâtissier *m*, pâtissière *f*   baker U5 | 12A
patrimoine   *m* heritage U3 | 6A
patte   *f* paw U17 | 1A
payer   to pay U6 | 3C
ne payer que moitié prix   to pay only half
   price U8 | 12A
se payer *qc*   to indulge oneself buying *sth*
   U14 | 13A
pays   *m* country U11 | 10A
pays développés   *m pl* industrialized
   countries U17 | 5A
paysage   *m* scenery U18 | 10
Pays-Bas   *m pl* Netherlands U1 | 4A
peau   *f* skin U15 | 3A
pêche   *f* fishing U3
pédant/e   arrogant U2
peindre   to paint U5 | 6
peine de mort   *f* death penalty U5 | 6
peintre   *m, f* painter U1 | 8A
peinture   *f* painting U3 | Gr
pellicule   *f* film for camera U6 | 2A
peloton d'exécution   firing squad
   U16 | 3A
peluche   *f* lint U13 | 3A
pendant   during U4 | 5A
pendant que   while U17 | 3A
pénible   difficult, painful U5 | 3A
pénicilline   *f* penicillin U16 | 6A
je pensais, *imparfait de* penser   I thought
   U11 | 4B
penser à *qc/qn*   to think of *sb/sth* U4 | 5A
penser que   to think that U15 | Gr
pépin   *m* seed (in fruit) U17 | 12A
percevoir des impôts   *m pl* to collect taxes
   U18 | 2D
percussionniste   *m, f* drummer U2 | 3B
perdre *qc*   to lose *sth* U5 | 8
perdre du poids   to lose weight U4 | 2C
se perdre   to get lost U16 | 9A
père   *m* father U1 | 8A
perfectionner *qc*   to improve U15 | 2A
performance   *f* performance U12 | 12A
période   *f* time period U18 | 10
péripéties   *f pl* twists and turns in a story
   U16 | 10A
perle   *f* pearl U6 | 3A
permanent/e   permanent U9 | 8A
permettre *qc*   to allow *sth* U4 | 9A
permettre à *qn* de + *inf*   to allow *sb* to
   U10 | 3A
permis de conduire   *m* driver's license
   U5 | 1B
Pérou   *m* Peru U11 | 7A
perroquet   *m* parrot U12 | 6
personnage   *m* character U2 | 4
personnalité   *f* personality U15 | 10A
personne (... ne...)   nobody U12 | 12A

personne *f* person U10 | 1A
personne âgée *f* older person U9 | 8A
personnel/le personal U4 | Gr
perspective *f* perspective U14 | 10C
pervers/e perverse, immoral U15 | 10A
petit/e small U1 | 9A
petit ami *m*, **petite amie** *f* boyfriend/girl-friend U1 | 9B
Petit Chaperon rouge *m* *m* Little Red Riding Hood U17 | 1A
petit crème *m* *m* small coffee with milk U7 | 12A
Petit Poucet *m* Tom Thumb U17 | 1A
petit-déj' (*abrév*) *fam m* breakfast U7 | 4
petit-déjeuner *m* breakfast U4 | 1A
petite cuiller *f* teaspoon U16 | Gr
pétition *f* petition U9 | 8A
peu + *adj* little U11 | 11B
peu abondant/e not abundant U18 | 10
peu de temps little time U18 | Gr
peuple *m* people U16 | 6A
peuplé/e de populated U18 | 10
peur *f* fear U14 | 1B
peut-être maybe U11 | 5D
ils peuvent *présent de* **pouvoir** they can U1 | 11B
tu peux *présent de* **pouvoir** you can U3 | 3B
pharmacie *f* pharmacy, drugstore U3 | Gr
phénomène *m* phenomenon U15 | 3A
phénomène social *m* social phenomenon U15 | 10A
photo numérique *f* digital picture U11 | 1A
photographe *m*, *f* photographer U6 | 2A
physiologie *f* physiology U13 | 6A
physiologique physiological U4 | 10
physique *f* physics U18 | 7
physiquement *adv* physically U4 | 9C
pic *m* peak U18 | 10
pie *f* magpie U14 | 2A
pièce *f* room U10 | 2C
pièce de théâtre *f* play U12 | 12A
pied *m* foot U4 | 2A
piercing *m* piercing U15 | 3A
pierre *f* stone U17 | 3A
pierre philosophale *f* philosopher's stone U17 | 9A
pigeon *m* pigeon U9 | 11A
pile *f* battery U6 | 2A
piment *m* hot pepper U17 | 12A
pin *m* pine U3 | 6A
pincée *f* pinch U7 | 9A
pipe *f* pipe U12 | 3A
piquant/e tangy, spicy U7 | Gr
le pire the worse U9 | 2A
piscine *f* swimming pool U3 | 5A
piste *f* track U3 | 5A
piste cyclable bicycle lane U9 | 2A
piste de bowling bowling lane U11 | 8
pittoresque picturesque U8 | 12A
pizzeria *f* pizza restaurant U11 | 9B
place *f* plaza, square U3 | 6A
place de stationnement parking spot

U9 | 11A
placer *qc* to place *sth* somewhere U16 | 2B
plage *f* beach U3 | 5B
se plaindre à *qn* **de** *qc* to complain to *sb* about *sth* U17 | 12A
plaire à *qn* to be liked by *sb* U10 | Gr
plaisir *m* pleasure U3 | 10A
plan *m* map U8
plantation *f* plantation U18 | 10
plante *f* plant U2 | 3B
plastique *m* plastic U13 | Gr
plat *m* dish U13 | 2A
plat principal main dish U7 | 3A
plat/e flat U13 | Gr
plateau *m* tray U15 | 10A
plateau de fromage cheese tray U7 | 11
plein de full of U10 | 3A
pleurer to cry U17 | 3A
pleuvoir to rain U9 | 1A
pleuvoir des cordes *f pl* to rain cats and dogs U16 | Gr
plombier *m* plumber U18 | 4
plongée en apnée to dive without an air-tank U11 | 4A
pluie *f* rain U16 | 2B
plume *f* feather U13 | 2A
plupart de *f* most of U15 | 2A
plus d'un/e more than one U12 | 12B
plusieurs several U2 | 12
plus-que-parfait *m* pluperfect U16 | 2D
plutôt *adv* rather U10 | 1A
poche *f* pocket U12 | 3A
poêle *f* stove U7 | Gr
poétique poetic U11 | 4B
poids *m* weight U7 | Gr
poignée de main handshake U14 | 10A
poil *m* body hair U13 | 3A
point *m* period (at the end of a sentence) U1 | 10
point de vue *m* point of view U13 | 10
pointe *f* spike U4 | 2A
poisson *m* fish U4 | 1A
poivre *m* pepper U7 | Gr
polémique *f* polemic U9 | 8A
poli/e polite U2 | 3B
police *f* police U12 | 12B
policier *m*, **policière** *f* police officer U5 | 3A
poliment *adv* politely U11 | Gr
politique *f* politics U1 | 3A
pollué/e polluted U9 | 3A
pollution *f* pollution U9 | 2A
Pologne *f* Poland U1 | 4A
polyester *m* polyester U13 | 3A
pomme *f* apple U6 | 3D
pomme de terre *f* potato U7 | 1A
pompier *m*, **femme pompier** fireman, fire-woman U5 | 1A
ponctualité *f* punctuality U14 | 10A
ponctuation *f* ponctuation U18 | 8B
pont *m* bridge U11 | 8
population *f* population U8 | 12A

porcelaine *f* porcelain U13 | Gr
port *m* port U11 | Gr
porte *f* door U17 | 1A
porte-clés *m* keychain U8
porte d'entrée entrance door U12 | 3A
portefeuille *m* wallet U13 | 2A
porte-monnaie *m* coin holder U13 | 2A
porte-parole *m*, *f* spokesperson U18 | 8B
porter *qc* to wear *sth* U12 | 3A
porter chance *f* to bring luck U17 | 12A
porter *qc* **sur soi** to carry *sth* on oneself U12 | 4B
porter secours à *qn* to give help to *sb* U12 | 12A
portugais *m* Portuguese U2 | 10A
portugais/e Portuguese U2 | 5
Portugal *m* Portugal U1 | 4A
poser *qc* to put *sth* down U4 | 2A
ne poser aucun problème to cause no problem U10 | 12
se poser des questions to ask oneself some questions U16 | 4A
positif/ive positive U4 | 9A
posséder *qc* to own *sth* U4 | 9A
possession *f* possession, ownership U18 | 10
possibilité *f* possibility U15 | 2A
possible possible U4 | 9A
postmoderne postmodern U2 | 10A
postuler pour un emploi to apply for a job U5 | 4C
pot *m* pot, jar U7 | Gr
potentiel/le potential U13 | 9B
poule *f* hen U17 | 12A
poulet *m* chicken U7 | 1A
pour for U15 | 2A
pour + *inf* in order to U1 | 9A
pour + *noun* for U1 | 9A
pour cent percent U2 | 12
pour la troisième fois for the third time U11 | 4B
pour moi for me U9 | Gr
pour que + *subjonctif* so that U17 | 2A
pourquoi why U10 | 11A
je pourrais, *conditionnel présent de* **pou-voir** I could U14 | 1C
poursuivre des études *f pl* to study U10 | 11A
pourtant yet U1 | 11B
pouvoir can U11 | Gr
pouvoir *m* power U18 | 2D
pouvoir d'achat purchasing power U14 | 12
pratique practical U13 | 3A
pratique *f* practice U15 | 3A
pratique religieuse *f* religious practice U18 | 10
pratiquement *adv* practically U13 | 2A
pratiquer *qc* to practice *sth* U4 | 9A
précéder *qn/qc* to go before *sb* U15 | 3A
se précipiter sur *qn/qc* to throw yourself on *sb/sth* U18 | 3
précisément *adv* precisely U13 | 10

précision *f* precision U15 | 3A
prédominance *f* predominance U18 | 2D
préféré/e favorite U11 | 4B
préférer to prefer U3 | 10C
je préférerais *conditionnel de* **préférer** I would prefer U10 | 1C
premier *m*, **première** *f* first U12 | 12A
premier mai *m* the first of May U16 | 2B
premier ministre *m* Prime Minister U18 | 2D
la première fois the first time U17 | Gr
Première Guerre Mondiale *f* World War One U16 | 3A
première personne *f* first person U18 | 8B
prendre *qc* to take *sth* U4 | 1A
se prendre au sérieux to be full of oneself U12 | 12A
prendre de l'importance *f* to become significant U17 | 5A
prendre garde à + *inf* to be careful with U17 | 12A
prendre l'autobus *m* to take the bus U12 | Gr
prendre l'initiative *f* to take the initiative U14 | 10A
prendre la décision de + *inf* to make the decision to U16 | 3A
prendre le réflexe de + *inf* to acquire the reflex to U15 | 10A
prendre par la main to take by the hand U14 | 3A
prendre rendez-vous to make an appointment U11
prendre soin de + *inf* to take care of U17 | 12A
prendre son petit déjeuner to have breakfast U12 | Gr
prendre un bain to take a bath U11 | 1B
prendre un café to have some coffee U16 | 4A
prendre un taxi to take a taxi U14 | 3A
prendre un tournant décisif to take a definite turn U18 | 2D
prendre un verre to have a drink U11
prendre une douche to take a shower U17 | 8
vous prendrez *futur de* **prendre** you will take U7 | Gr
prénom *m* first name U1 | 1
se préoccuper de *qc* to worry about *sb* U15 | 6A
préparation *f* preparation U7 | 9A
préparer *qc* to prepare *sth* U17 | 8
se préparer to prepare oneself U4 | 10
près de near U3 | 6A
présence *f* presence U10 | 12
présent/e present U1 | 1
présentateur *m*, **présentatrice** *f* commentator, anchor U14 | 1A
présenter *qn* to introduce *sb* U14 | 4A
se présenter (*here*) to apply U5 | 4B
se présenter à *qn* to introduce oneself to *sb* U14 | 10A

présenter à l'écran to present on the screen U15 | 2A
président *m*, **présidente** *f* president U12 | 1A
presque almost U6 | 14
pressé/e in a hurry U10
presse à imprimer *f* printing press U16 | 6A
pressing *m* dry cleaner U8 | 1A
pression *f* pressure U14 | 12
prêt/e à tout pour + *inf* would do anything for U17 | 5A
prétendre *qc*/**que** + *inf* to pretend U12 | 12B
prétentieux/euse conceited, pretentious U2 | 3B
prétention *f* here: claim U5 | 4B
prêter *qc* à *qn* to loan *sth* to *sb* U14 | 9
prévenir *qn* to warn *sb* U11 | 3A
je vous en prie go ahead please U14 | 4A
prince héritier *m* heir prince U16 | 3A
principal/e, principaux main U14 | 12
principalement *adv* mainly U13 | 10
principe *m* principle U14 | 12
printemps *m* spring U3 | 3A
priorité *f* priority U6 | 14
prise *f* plug U8 | 10A
prison *f* prison, jail U18 | 1A
prisonnier *m*, **prisonnière** *f* prisoner U14 | 13A
privé/e private U3 | 10A
prix *m* price U6 | 1A
prix Nobel de la paix Nobel Peace Prize U16 | 7
probablement probably U3 | 6A
problème *m* problem U4 | 9A
procession *f* procession U18 | 10
prochain/e next U3 | 3B
proche near, close U4 | 10
producteur *m*, **productrice** *f* producer U15 | 2A
production *f* production U18 | 10
productivité *f* productivity U14 | 12
produire une impression to make an impression U14 | 10A
produit frais *m* fresh product U13 | 7A
produit *m* product U5 | 2
produit laitier dairy product U6 | 1A
produit/e par produced by U9 | 11A
prof *m*, *f* teacher, professor U18 | Gr
professeur *m*, *f* teacher, professor U14 | Gr
profession *f* profession U14 | 8
professionnel/le professional U5 | 5A
profiter de *qn*/*qc* to take advantage of *sb*/*sth* U16 | 3A
profondément *adv* profoundly U13 | 2A
programme pour enfants kids' show U15 | 1A
progrès *m* progress U13 | 7A
progressivement *adv* gradually U16 | 10A
projet *m* project U3 | 10D
projet de loi bill U18 | 2D

promenade *f* walk U3
promoteur *m*, **promotrice** *f* contractor U16 | 10A
promouvoir *qc* to promote *sth* U9 | 8C
proposer à *qn* **de** + *inf* to offer *sb* to U11 | 3C
propre clean, own U13 | 2A, U15 | 7A
propreté *f* cleanliness U10 | 1A
protagoniste *m*, *f* main character U15 | 2A
protéger *qn*/*qc* to protect *sb*/*sth* U17 | 7A
se protéger contre *qn*/*qc* to protect oneself against *sb*/*sth* U13 | 1B
se protéger de *qn*/*qc* to shield oneself from *sb*/*sth* U10 | 3A
protéine *f* protein U4 | 9A
protestant/e Protestant U18 | 2A
Provence *f* Provence U3 | 6A
proverbe *m* proverb U17 | 11
province *f* province U10 | 11A
provoquer *qc* to provoke/cause *sth* U9 | 11A, U16 | 10A
provoquer un conflit to cause a conflict U15 | 2A
proximité *f* proximity U10 | 11A
psychologue *m*, *f* psychologist U5 | 3A
psychopathe *m*, *f* psychopath U11 | 4A
pub *m* pub, bar U11 | 9A
public *m* public U14 | 1B
public, publique public U9 | 8A
publicitaire *m*, *f* publicist U2 | 3B
publicité *f* advertisement, commercial (TV) U11 | 4B
publier *qc* to publish *sth* U13 | 10
puis then U7
puisque since, because U17 | 1A
puissant/e powerful U13 | 3A
pull *m* pullover U6 | Gr
purée *f* mashed potatoes U7 | 11
pyramide *f* pyramid U7 | 4

Q

qu'en pensez-vous ? what do you think about it? U10 | 3A
qu'est-ce que c'est + *adj*... ! how (*adj*)! U10 | Gr
qu'est-ce qui s'est passé ? what happened ? U12 | 3B
qualité *f* quality U4 | 9C
qualité nutritive *f* nutritious value U13 | 2A
quand when U3 | 3A
quant à regarding U16 | 10A
quantité *f* quantity U7 | Gr
quarante forty U2 | 1A
quarante et un forty-one U2 | 3B
quarante-cinq forty-five U2 | 3B
quarante-quatre forty-four U2 | 3B
quart *m* fourth U7 | Gr
quart de finale quarter-final U17 | 7A

quartier *m* neighborhood U10 | 12
Quartier latin neighborhood in Paris U8 | 10A
quartier ouvrier *m* blue-collar neighborhood U5 | 6
quatre four U1 | 3A
quatrième fourth U5 | Gr
que? what? U3 | 6A
Québec *m* Québec U1 | 11A
Québécois *m*, **Québécoise** *f* *sb* from Québec U18 | 2A
quel courage ! what courage! U15 | 10A
quel/quelle qu'il/elle soit whatever he/she may be U12 | 12A
quelle heure est-il ? what time is it? U8 | Gr
quelle importance ! how important! U12 | 12B
quelqu'un (qn) someone U2 | 3A
quelque chose (qc) something U6 | 3C
quelquefois *adv* sometimes U11 | 2B
quelques *pl* some U10 | 1A
quelques-uns *m*, **quelques-unes** *f* a few of them U5 | 12A
question *f* question U10 | 1A
questionnaire *m* questionnaire U9 | 2A
qui ? who? U10 | 1A
quiche lorraine *f* quiche made with ham and cheese U18 | 1B
quinzième fifteenth U16 | 6A
quitter qn/qc to leave *sb/sth* U10 | 11A
quoi ? what? U3 | 6A
quoi d'autre what else U3 | 6A
quotidien *m* daily paper U13 | 10
quotidien/ne daily U13 | 10

R

raconter qc to tell *sth* U11 | 4A
radiateur *m* radiator U13 | 10
radio *f* radio U13 | 2A
raide straight (hair) U12
raisin *m* grape U7 | 1A
raison *f* reason U15 | 3A
ramasser qc to pick *sth* up U17 | 9A
randonnée *f* hike U3 | 1
ranger qc to put *sth* away, to clean up U13 | 9A
râpé/e grated U7 | Gr
rapide quick U7 | 4
rapidement *adv* quickly U15 | 2A
rappeler qn to call *sb* back U14 | 3A
se rappeler qc to remember *sth* U12 | 1C
rarement rarely U4 | Gr
se raser to shave U17 | 4A
rasoir *m* razor U13
rasoir à peluches *m* lint razor U13 | 3A
ratatouille *f* vegetable dish from Provence U7 | 6
rater qc to miss, to fail *sth* U16 | 9A
rattraper qn/qc to catch up with U14 | 13A

rayon de soleil *m* sun ray U15 | 6A
réagir à qc to react to *sth* U15 | 10A
réalisateur *m*, **réalisatrice** *f* director (movie) U12 | 12A
réalisation (cinématographique) *f* direction U12 | 12A
réaliser qc to realize *sth* U4 | 2A
réalité *f* reality U18 | 2D
rebelle *m*, *f* rebel U13 | 10
récemment *adv* recently U9 | 8A
recenser to take inventory, to make a census U9 | 8A
récent/e recent U9 | 11A
recette *f* recipe U7
recevoir qc to receive *sth* U11 | 11B
recherche *f* search U14 | 10A
rechercher qn/qc to search for *sb/sth* U17 | 9A
réclamation *f* claim, complaint U6 | 3D
récolte *f* harvest U18 | 10
recommandable advisable U15 | 3A
recommander qc à qn to recommend *sth* to *sb* U4 | Gr
recommencer to start again U4 | 2A
reconnaître qn/qc to recognize *sb/sth* U12 | 12A
reconnu/e comme recognized as U18 | 2D
se reconstituer to rebuild U17 | 11
record *m* record U9 | 3A
recruter qn to recruit *sb* U5 | 4B
rectangulaire rectangular U13 | Gr
reculer to move backward U18
récupérer qc to get *sth* back U8 | 1A
rédaction *f* writing U16 | 10A
réduire qc to reduce *sth* U17 | 6B
réel/le real U18 | 2D
réellement *adv* really U14 | 3B
référence *f* reference U13 | 3B
référendum *m* referendum U18 | 2A
réflexe *m* reflex U14 | 1B
réforme *f* reformation U14 | 12
refrain *m* chorus U14 | 13A
refuser qc to refuse *sth* U11 | 3C
regarder la télé to watch TV U10 | 1A
regarder qn dans les yeux to look *sb* in the eyes U14 | 10A
régent *m*, **régente** *f* regent U13 | 10
régime *m* diet U4
région *f* region U10 | 11A
régional/e/aux regional U15 | 10A
règle *f* rule U13 | 10
règle d'or golden rule U14 | 10A
règle du jeu rule of the game U18 | 1A
régulier/ère regular U4 | 8
régulièrement *adv* regularly U18 | 10
rejet *m* rejection U9 | 8A
rejouer to play again U18 | 1A
relation *f* relationship U10 | 11C
relations extérieures *f pl* foreign relations U18 | 2D
ça me relaxe it relaxes me U15 | 1A
relier to link, to connect U9 | 8A

religion *f* religion U18 | 2B
remarié/e remarried U2 | 12
remarquer qn/qc to notice *sb/sth* U17 | 12A
remercier qn to thank *sb* U6 | 12B
remis/e à neuf renovated U10 | 2A
remplir qc to fill *sth* U17 | 3A
remporter la victoire to have a victory U12 | 1A
remporter un succès to have a successful outcome U15 | 2A
remuer qc to mix *sth* U16 | Gr
rémunération *f* income, salary U5 | 4B
renard *m* fox U14 | 2A
rencontrer qn to meet *sb* U4 | 8
rendez-vous *m* appointment U8 | 1A
rendre qc à qn to give *sth* back to *sb* U6 | 3D
se rendre à to surrender U12 | 4A
rendre compte de qc to give an account of U12 | 12A
renforcer qc to reinforce *sth* U15 | 3A
renseignement *m* information U3 | 6A
se renseigner sur to get information about U6 | 3C
rentable profitable U9 | 8A
rentrer to go back U10 | 4B
rentrer chez soi to go back home U17 | 3A
réparation *f* repair U13 | 2A
réparer qc to fix *sth* U13 | 2A
répartir qc to spread *sth* U6 | 14
repas *m* meal U11 | 2B
repasser to iron U8
répondre qc à qn to answer *sth* to *sb* U17 | 3A
répondre à un besoin to correspond to a need U7 | 4
réponse *f* answer U11 | 10A
reportage *m* reporting U15 | 1A
repos *m* rest U14 | 12
se reposer to rest U17 | 3A
se reposer sur qn to rely on *sb* U11 | 4A
reprendre qc to take *sth* back U14 | 13A , U17 | 11
représentation *f* performance U8 | 12A
représenter qc to represent *sth* U8 | 12A
reprise du travail getting back to work U18 | 3
République du Congo Republic of Congo U1 | 11A
République Fédérale d'Allemagne Germany U16 | 3A
République Tchèque *f* Czech Republic U1 | 5C
réputé/e pour well-known for U9 | 3A
réseau *m* network U8 | 12A
réservation *f* reservation U3 | 10A
réserve *f* reserve U5 | 4B
réserve (animalière) *f* wildlife preserve U11 | 8
réserver qc à qn to save *sth* for *sb* U13 | 2A
réservoir *m* tank, reservoir U13 | 3A

résidence *f* residence U9 | 8A
résidence secondaire *f* vacation home
U9 | 12A
résider to live U9 | 3A
résister à *qn/qc* to resist *sb/sth*
U16 | 10A
résoudre un problème to solve a problem
U9 | 8C
respecter *qn/qc* to respect *sb/sth*
U12 | 6
respectivement *adv* respectively U4 | 10
respirer to breathe U11 | Gr
responsabilité *f* responsibility U5 | 3A
responsable de responsible for U15 | Gr
restaurant *m* restaurant U3 | 6A
restauration *f* catering U3 | 10A
reste *m* rest, remainder U10 | 11A
rester to stay U3 | 12B
rester à la maison to stay home U10 | 11A
rester chez soi to stay home U11 | 5A
rester en forme to keep in shape U18 | 1B
retirer *qc* **à** *qn* to take *sth* away from *sb*
U17 | 3A
retirer de l'argent to withdraw money
U12 | 3A
retour *m* return U8 | 9A
retraite *f* retirement U14 | 12
retraité *m*, **retraitée** *f* retired U2 | 3B
retransmission en direct *f* live broadcast
U11 | 7A
retransmission sportive *f* sports broad-
cast U11 | Gr
retrouver *qc* to find *sth* that you had lost
U11 | 11B
se retrouver to find each other again
U11 | Gr
retrouver son chemin to find your way
again U17 | 3A
Réunion *f* Reunion U1 | 11A
réunion *f* meeting U8 | 1A
Réunionnais *m*, **Réunionnaise** *f* *sb* from
the island of Reunion U18 | 10
réussir *qc* to succeed at *sth* U14 | 10A
réussir un examen to pass an exam
U17 | Gr
rêve *m* dream U15 | 2A
réveille-matin *m* alarm clock U6 | 8
se réveiller to wake up U4 | Gr
revenir to return U3 | 10D
revenir à l'attaque to attack again
U12 | 12B
revenu annuel *m* annual income U6 | 14
rêver de *qc* to dream of *sth* U11 | 10A
revêtement de chaussée *m* road surface
U9 | 11B
revoir *qn/qc* to see *sb* again U11 | 4B
révolte *f* rebellion U10 | 3A
révolté *m*, **révoltée** *f* rebel U10 | 3A
se révolter to rebel U15 | 3A
révolution *f* revolution U13 | 2A
Révolution Française *f* French revolution
U16 | 3A
revolver *m* gun U12 | 3A

Rhône *m* Rhône river U3 | 6A
rhum *m* rum U18 | 10
riche rich U4 | 9A
ridicule ridiculous U13 | 9A
ridiculiser *qn* to make fun of *sb*
U12 | 12A
rien nothing U4 | 2A
rien de grave nothing bad U18 | 3
rien du tout nothing at all U11 | Gr
rien ne vaut... nothing is better than...
U16 | 4A
rigolo funny U14 | 13A
rire to laugh U2 | 3B
rire *m* laughter U10 | 3A
risque *m* risk U14 | 1B
rite *m* ritual U15 | 3A
rivage *m* shore U18 | 10
rivalité *f* rivalry U11 | 4A
rive gauche *f* left bank (in Paris) U8 | 10A
rivière *f* river U3 | 6A
riz *m* rice U4 | 9A
riz au lait rice pudding U7 | 4
robe *f* dress U6 | Gr
Robin des Bois Robin Hood U12 | 12A
robinet *m* faucet U13 | 2A
robinet qui fuit leaking faucet U13 | 2A
robot *m* robot U9 | 11B
rocade b bypass (highway) U9 | 8A
rocker *m*, **rockeuse** *f* rocker U18 | 7
roi *m*, **reine** *f* king, queen U11 | 4B
rôle *m* role U15 | Gr
roller parc *m* skate park U9 | 3A
rollers *m pl* roller blades U6 | 8
roman *m* novel U5 | 6
roman de voyage travel novel U11 | 10A
roman policier detective novel U12
romantique romantic U16 | 4A
Rome Rome U2 | 6
rond/e round U13 | 5B
rose pink U6 | Gr
rôti *m* roast U7 | 12A
rouble *m* ruble (currency) U6 | 4
rouge red U1 | 11A
rouler to drive U18 | 7
rouler à vélo to ride a bike U13 | 1B
Roumanie *f* Romania U1 | 4A
roupie *f* rupee (currency) U6 | 4
route *f* road U3 | 6A
route nationale *f* highway U12 | 4A
roux, rousse red-headed U12 | 3A
royaume *m* kingdom U8 | 12A
Royaume- Uni *m* United Kingdom
U1 | 4A
RTT (*abrév de* **Réduction du Temps de
Travail**) *f* time reduction of work week
U14 | 12
ruban adhésif *m* tape U13 | 2A
rue *f* street U2 | 3A
rue piétonnière *f* street for pedestrians
only U3 | 6A
rugby *m* rugby U13 | 10
rusé/e clever, crafty U14 | 2A
russe Russian U1 | 8A

Russie *f* Russia U1 | 4A
rythme *m* rhythm U18 | 10

s'appeler to be named U1 | 10
s'arranger to manage U16 | 4A
s'asseoir to sit down U4 | 2A
s'échapper to escape U17 | 3A
s'éloigner to move away U17 | 1A
s'émanciper to become independent
U10 | 11C
s'en sortir to manage U12 | 12B
s'entendre to get along U10
s'étaler sur to spread over U18 | 10
s'excuser to apologize U14
s'habiller to get dressed U4
s'inquiéter de to worry about U15
s'intéresser à to be interested in U10
se baigner to go swimming U3
se coucher to go to bed U4
se déplacer to get around U4
se détendre to relax U4
se disputer to argue U4
se doucher to take a shower U4
se garer to park U12
se laver to wash oneself U4
se lever to get up U4
se marier to get married U12
se peigner to comb one's hair U4
se promener to take a walk U4
se rappeler to remember U12
se renseigner to get information U6
se réveiller to wake up U4
se sécher to dry oneself U13 | 1B
se sentir to feel U4 | 9A
se sentir attiré/e par *qc* to feel attracted
to *sb* U14 | 3B
se séparer to separate U12 | 11A
se servir de *qc* to use *sth* U13 | 1C
se soutenir to support each other
U10 | 12
se souvenir de *qc* to remember *sth*
U11 | 4B
sable *m* sand U18 | 10
sablier *m* hourglass U18 | 1A
sac *m* bag U13 | Gr
sac à dos *m* backpack U13 | 1A
sachet *m* small bag U7 | Gr
sachez que, *impératif de* **savoir** know that
U14 | 10A
sagesse *f* wisdom U17 | 9A
saignant/e bloody, blue (for meat)
U7 | Gr
sain/e healthy U15 | 2A
je sais I know U1 | 8A
saison *f* season U3 | 4B
saisonnier/ière seasonal U5 | 10A
on sait que we know that U15 | 3A
salade *f* salad U6 | 2A
salaire *m* salary U10 | 11C
salarié *m*, **salariée** *f* salaried person

U14 | 12

sale dirty U9 | 8A

salé/e salty U18 | 1B

saleté f filth U10 | 5

salir qc to soil sth U13 | 9A

salle f room U17 | 3A

salle à manger dining room U10 | 2A

salle de bains bathroom U10 | 2A

salle de cinéma theater U9 | 5

salle de musculation fitness room
U8 | 10A

salle de spectacle show room U9 | 3A

salle de sports exercise room U3 | 7

salon m living room U8 | 1A , U10 | 2A

salon de coiffure m hair salon U3 | 7

salsa f salsa U14 | 3A

salubrité f healthiness U9 | 8A

saluer qn to greet sb U9 | 11B

salut hi U10 | 10

salut les gars ! hi guys! **U11**

samedi m Saturday U4 | Gr

samedi 6 juin Saturday, June 6th
U2 | 10A

samedi soir dernier last Saturday night
U12 | Gr

sandwich m sandwich U7 | 4

sanglier m wild boar U7 | 12A

sans without U2 | 12

sans arrêt incessantly U16 | 10A

sans aucun doute without any doubt
U6 | 14

sans cesse without cease U13 | 9A

sans Dieu m ni Roi m without God or a
king U5 | 12A

sans emploi unemployed U16 | 10A

santé f health U14 | 13A

satellite de télécommunications tele-
communication satellite U13 | Gr

saturer qn/qc to saturate sb/sth U17 | 7A

sauce f sauce U7 | Gr

saucisson m dried sausage U7 | 1A

sauf except U17 | 3A

saumon fumé m smoked salmon U7 | 11

sauna m sauna U3 | 7

sauvage wild U11 | 8

saveur f taste U7 | Gr

savoir to know U13 | Gr

scarabée m beetle U11 | 10A

scénario m scenario U15 | 2A

scénographe m, f script writer U13 | 10

scénographie f scenography U11 | 8

schéma m scheme U2 | 12

science f science U13 | 10

scientifique m, f scientist U2 | 4

scolarité f schooling U5 | 12A

sculpteur m, femme sculpteur f sculptor
U13 | 10

séance f session, showing U11 | 8

sec, sèche dry U3 | 6A

sèche-cheveux m hairdryer U13 | 1A

le/la seconde the second one U18 | 1A

secret m secret U14 | 9

secrétaire m, f secretary U5 | 1A

secteur m sector U5 | 10A

section f section U7 | 4

sécurité f security U9 | 8A

sédentaire sedentary U4 | 9A

séduction f seduction U12 | 12A

séduisant/e seductive U10 | 7

seigneur m lord U11 | 4A

seizième sixteenth U16 | 6A

sel m salt U7 | Gr

selon according to U4 | 2A

semaine f week U3 | 5A

semblable same U2 | 12

sembler to seem U10 | Gr

Sénat m Senate U5 | 12A

sens m sense, meaning U5 | 10A

sens de l'humour sense of humor
U14 | 3B

sens de l'organisation sense of organiza-
tion U5 | 11A

sensation f feeling, sensation U3 | 5A

sensations fortes f pl strong sensations
U10 | 3A

sentir qc to feel sth U17 | 9A

septembre m September U3 | 5A

série f series U11 | 4A , U15 | 1A

série télévisée f TV series U11 | Gr

sérieux/euse serious U5 | 10A

serrer la main de qn to shake sb's hand
U14 | 10A

serveur m, serveuse f waiter, waitress
U5 | 1A

service m service, favor U3 | 10A

service d'urgence m emergency room
U9 | 2A

service des ventes sales department
U8 | 9A

service rendu m favor given U6 | 15

services du contre-espionnage m pl
counter-intelligence services U16 | 3A

services publics m pl m pl public services
U18 | 2D

services secrets m pl secret services
U16 | 3A

servir qc to serve sth U7 | 9B

seul/e alone U3 | 3A

le seul, la seule the only one U12 | 12B

seulement only U2 | 2A

sexe m gender, sex U2 | 12

shampoing m shampoo U6 | 2A

si yes U11 | 3A

si if U3 | 10A

si + adj so U10 | Gr

si ce n'est if not U12 | 12A

Sicile f Sicily U11 | 6A

siècle m century U3 | 6A

siège m headquarters U8 | 9A

siéger to have one's headquarters
U9 | 1A

sieste f nap U4 | 8

signaler qc to indicate sth U16 | 2D

signer qc to sign sth U12 | 12B

signifier to mean U4 | 9A

silence m silence U11 | 4A

simple easy U13 | 9C

simplement adv simply U13 | 10

simultané/e simultaneous U11 | 1A

singe m ape U14 | 2A

Sire m Majesty U17 | 3A

situation f situation U3 | 10A

situé/e located U3 | 6A

situer qc to locate sth U15 | 3A

sixième sixth U12 | 1A

ski m ski U16 | 8A

skidoo m Ski-doo U3 | 5A

skier to ski U18 | 3

skipper m, f skipper U2 | 10A

Slovaquie f Slovakia U1 | 5C

Slovénie f Slovenia U1 | 4A

SMS m text message U11 | 11B

sobre sober U15 | 10A

sociable sociable U2 | 3B

social/e, sociaux pl social U9 | 2A

société f society U4 | 9A

société de consommation consumer
society U13 | 10

sociologie f sociology U2 | 9A

sociologue m, f m, f sociologist U15 | 3A

soda m soda U4 | Gr

sœur f sister U18 | 7

soie f silk U6 | 3D

se soigner to heal oneself U16 | 10A

soigner son apparence f to take care of
one's appearance U14 | 10A

soi-même oneself U13 | 2A

soir m evening U2 | 9A

soirée f evening U11 | 2B

soirée salsa salsa party U11 | 3A

soixante-cinq sixty-five U2 | 3B

soixante-dix seventy U2 | 3B

sol m ground, floor U13 | 9A

solaire solar U18 | 2A

soleil m sun U3 | 5A

le soleil brille the sun is shining U17 | 5A

le soleil se couche the sun is setting
U18 | 10

le soleil se lève the sun is rising U18 | 10

soleil levant m rising sun U5 | 6

solide solid U13 | 2A

solution f solution U12 | 12B

sombre dark U10 | 2C

son m sound U11 | 8

son, sa, ses his, her U1 | 9A

songer à qn/qc to think of sb/sth
U17 | 12A

sonner to ring U16 | Gr

sophistiqué/e sophisticated U17 | 7A

sortie f exit U3 | 6A

sortir to go out U4 | 1A, U17 | 3A

sortir avec des copains to go out with
friends U2 | 3B

sortir qc to take sth out U12 | 3A

soudain suddenly U12 | 3A

souffleur m, souffleuse f prompter
U14 | 11A

souhaiter qc to wish sth U3 | 10A

soulier m shoe U13 | 9C

soupçonner to have suspicions U12
souple flexible U14 | 1B
source *f* source U6 | 14
source d'énergie *f* source of energy U18 | 2A
sourcier *m*, **sourcière** *f* dowse U14 | 11B
souriant/e *sb* who smiles a lot U14 | 10A
sourire à *qn* to smile at *sb* U14 | 3A
sourire aux lèvres with a smile on the face U16 | 3A
sous under U12 | 1A
sous terre underground U9
sous-titré/e subtitled U11 | 4B
souvent often U2 | 12
souverain/e sovereign U18 | 2A
souveraineté *f* sovereignty U18 | 2D
spacieux/euse spacious U8 | 10A
spaghettis *m pl* spaghetti U7 | 8
spécial/e special, of a kind U11 | 11B
spécialement *adv* especially U9 | 3A
spécialisé/e specialized U5 | 12A
spécialiste en *qc* *m*, *f* specialist U13 | 2A
spécialité *f* specialty U3 | Gr, U18 | 10
spectacle *m* show U3 | 1
spectaculaire spectacular U11 | 8
spectateur *m*, **spectatrice** *f* spectator, viewer U15 | 2A
spéléologie *f* caving U3 | 10A
sport *m* sport U1 | 3A
sport à risques dangerous sport U10 | 3A
sportif *m*, **sportive** *f* athletic U2 | 4
sports aquatiques *m pl* water sports U3 | 10A
sports d'hiver winter sports U18 | 3
squatter *qc* to occupy a place that is not yours U9 | 8A
stade *m* stadium U9 | 8A
stagiaire *m*, *f* intern U11 | 4A
stand *m* stand U8 | 1A
star *f* star U9 | 1A
station balnéaire *f* seaside resort U9 | 1A
stationnement *m* parking U9 | 8A
stationnement sauvage *m* illegal parking U9 | 11A
statue *f* statue U8 | 12A
stress *m* stress U14 | 3B
stressant/e stressful U5 | 3A
stressé/e stressed out U18 | 7
structure d'accueil *f* welcome structure U9 | 8A
structurer *qc* to structure *sth* U7 | 11
studio *m* studio apartment U10 | 2C
style de vie *m* lifestyle U11 | 11B
styliste *m*, *f* designer U5 | 1A
stylo *m* pen U6 | 2D
stylo bic *m* pen U13 | 2A
subir *qc* to be subjected to *sth* U9 | 11A
succès *m* success U5 | 6
sucre *m* sugar U4 | 6A
sucre brun *m* brown sugar U16 | Gr
sucre en morceau sugar cube U6 | 2A
sucré/e sweet U18 | 1B
sucreries *f pl* sweets U4 | 1A

sud *m* south U1 | 11A
sud-est southeast U18 | 10
Suède *f* Sweden U1 | 4A
suédois/e Swedish U2 | 5
suffire to be sufficient U9 | 8A
suffisamment *adv* enough U9 | 2A
Suisse *f* Switzerland U1 | 5C
suite *f* sequel, follow-up U3 | 10A, U11 | 7A
suivant la saison according to the season U7 | 11
suivi/e de followed by U7 | 4
suivre *qn/qc* to follow *sb/sth* U5 | 12A
suivre un cours to take a class U11 | 1B
sujet abordé *m* topic for discussion U15 | 6A
super super U11 | 3A
superbe superb U11 | 4B
superficie *f* surface U8 | 12A
superficiel/le superficial U14 | 4B
supérieur/e superior U14 | 12
supérieur hiérarchique *m*, **supérieure hiérarchique** *f* senior U14 | 4B
supermarché *m* supermarket U4 | 10
supporter *qc* to endure *sth* U9 | 11A
supporter *m*, *f* sports fan U11 | 10A
supposer *qc* to assume *sth* U4 | 9C
sur on U13 | Gr
sur la place du marché on the market place U11 | Gr
sur le bord de on the side of U12 | 4B
sur les traces de *qn* tracking *sb* U11 | 7A
sur place on the premises U18 | 10
sûr/e sure U18 | 5
sûr/e de soi self-confident U14 | 10A
surface *f* surface U13 | 9C
surgelé/e frozen U13 | 2A
surmédiatisation *f* excess of media U10 | 3A
surnommer *qn* to give *sb* a nickname U16 | 10A
surprenant/e surprising U15 | 10A
surprendre *qn* to surprise *sb* U18 | 10
surprise *f* surprise U16 | 8A
surproduction *f* overproduction U17 | 7A
surréalisme *m* surrealism U13 | 10
surréaliste *m*, *f* surrealist U13 | 10
surtout *adv* above all U11 | 10A
surveiller *qn/qc* to watch over *sb* U15 | Gr
survie *f* survival U10 | 1A
survivre to survive U17 | 11
suspect/e suspicious U12 | 3A
suspense *m* suspense U11 | 4B
symboliser *qc* to symbolize *sth* U12 | 12A
sympa (*abrév de* **sympathique**) nice, friendly U10 | 1A
syntaxe *f* syntax U17 | 11
systématique systematic U15 | 1B
système éducatif *m* education system U5 | 12A
système *m* system U10 | 3A

table *f* table U2 | 10A
table d'honneur table of honor U2 | 10A
tablette *f* bar (chocolate) U6 | 3D
tache *f* stain U13 | 2A
taille *f* size U9 | 2A
talent *m* talent U16 | 3A
jeune talent *m*, *f* young talent U15 | 2A
talon d'Achille Achilles' heel U17 | Gr
Tamoul *m*, **Tamoule** *f* Tamil U18 | 10
tamoul/e Tamil U18 | 10
tandis que (*conj*) while U11 | 4A
tant... que so much...that U14 | 12
tante *f* aunt U2 | 10A
tapis *m* rug U13 | 3A
tard late U4 | 1A
tartine *f* bread and butter/jam U17 | 8
tartiner to spread butter or jam on bread U7 | 10B
tasse *f* cup U7 | 4
tatouage *m* tattoo U15 | 3A
taupe *f* mole U14 | 2A
taux de chômage *m* unemployment rate U9 | 3A
taxi *m* taxi U14 | 3A
Tchad *m* Tchad U1 | 11A
technique *f* technique U13 | 2A
technique de chant voice technique U15 | 2A
tel, telle, tels, telles such U15 | 2A
télé réalité reality TV U11 | 11B
télécarte *f* phone card U13 | 2A
télécommande *f* remote control U13
téléfilm *m* movie made for the TV U15 | 1A
télégramme *m* telegram U16 | 3A
télémaniaque *m*, *f* *sb* crazy about TV U15 | 1B
téléphone *m* telephone U13 | Gr
téléphone portable cell phone U6 | Gr
téléphoner à *qn* to call *sb* U14 | Gr
téléspectateur *m*, **téléspectatrice** *f* television viewer U15 | 1B
télévision *f* television U12 | 2
télévision satellite cable TV U8 | 10A
tellement *adv* so much U10 | Gr
téméraire daredevil U14 | 1B
température *f* temperature U18 | 2A
temple *m* temple U18 | 10
temps *m* time U4 | 10
ces derniers temps recently U18 | 2A
temps libre *m* free time U14 | 12
temps de loisirs leisure time U14 | 12
temps de travail work time U14 | 12
temps passé *m* time spent U4 | 10
tendance *f* tendency U10 | 11A
tendre *qc* (*here*) to stretch *sth* out U4 | 2A
tenir *qc* to hold *sth* U13 | 9A
tenir ses promesses *f* to be true to one's words U14 | 12
tenir un conseil de guerre to hold a war

council U17 | 3A
tenir une maison to take care of a house U10 | 11C
tension *f* tension U9 | 11A
tente *f* tent U13 | 3A
tenter *qn* to tempt *sb* U11 | 4A
terme *m* term, word U17 | 11
terminer *qc* to finish *sth* U5 | 12A
se terminer to end U17 | 2A
terrain *m* ground, field (sport) U13 | 9A
terrain de football soccer field U9 | 5
terrain de golf *m* golf course U3 | 10A
terrasse *f* deck U3 | 10A
terre *f* earth U2 | 10A
terre natale *f* homeland U17 | 11
terriblement *adv* terribly U13 | 9A
territoire *m* territory U18 | 10
tête *f* head U4 | 2A
têtu/e stubborn U14 | 2A
TGV (train à grande vitesse) bullet train U8 | 9A
théâtre *m* theater U14 | 11A
thème *m* theme U12 | 9A
théorie *f* theory U5 | Gr
thon *m* tuna U7 | 5
le tien, la tienne, les tiens, les tiennes yours U16 | 4A
tiers *m* third U7 | Gr
tilleul *m* linden U9 | 8A
timbre *m* stamp U2 | 3B
timide shy U2 | 2A
tirer *qc* to draw *sth* U4 | 2A
tirer au sort to draw (lottery, games) U15 | 10A
tissu *m* fabric U13 | 3A
titre *m* title U4 | 9A
titulaire *m, f* (*here*) you have U5 | 4B
toi you U3 | 3B
toilettes *f pl* toilet U10 | 2C
tolérant/e tolerant U10 | 1B
tomate *f* tomato U7 | 1A
tomber to fall U5 | Gr
tomber sur *qn/qc* to chance upon U17 | 9A
tomber sur une case to land on a certain spot (game) U18 | 1A
ton, ta, tes your U11 | 1A
tonton *fam m* uncle U16 | 1A
tortue *f* turtle U14 | 2A
tôt early U4 | Gr
total *m* sum, total U6 | 3D
totalement *adv* totally U10 | 2A
toucher *qn/qc* to touch *sb/sth* U17 | 9A
toujours *adv* always U13 | 2A
tour *f* tower U5 | 8
Tour Eiffel Eiffel Tower U16 | 6A
Tour de France *m* Tour de France U12 | 1A
tour du monde world tour U2 | 10A
Le tour du monde en quatre-vingts jours around the world in eighty days U16 | 6A
tourisme *m* tourism U1 | 3B
touriste *m, f* tourist U9 | 3A
tourner to turn U10 | 6

tourner les pages to turn the pages U13 | 9A
tourner un reportage to film a report U15 | 10A
tournesol *m* sunflower U16 | 6A
tous azimuts in all directions U13 | 10
tous frais payés all expenses paid U8
tous les deux both U2 | 10A
tous les matins every morning U12 | Gr
tout all U11 | 10A
tout à coup suddenly U16 | 4A
tout au long de all along U14 | 12
tout au long de l'année throughout the year U6 | 14
tout bronzé/e very tanned U16 | 1A
tout confort *m* with all comfort U3 | 10A
tout d'abord first of all U7 | 9A
tout de suite right now U8 | 3A
tout dépend de it all depends on U15 | 2A
tout en + *gérondif* while (doing...) U18 | 2D
tout est pensé pour everything is made for U3 | 10A
tout le monde everybody U3 | 6A
tout *m* the whole thing U17 | 11
tout près de very close to U11 | Gr
tout seul all alone U13 | Gr
toxicomane drug addict U9 | 8A
toxique toxic U9 | 8A
tradition *f* tradition U1 | 3A
traditionnel/le traditional U2 | 12
traducteur *m,* **traductrice** *f* translator U2
trafic routier *m* traffic U9 | 8A
train *m* train U3 | 3A
train en marche train running U16 | 7
traiteur *m* caterer U6 | 1A
traits *m pl* features U12 | 12A
tramway *m* tramway U8 | 12A
tranche *f* slice U7 | 4
tranquille quiet, still U3 | 4A
tranquillement *adv* quietly U17 | 9A
tranquillité *f* tranquility U10 | Gr
transformé/e altered, transformed U3 | 10A
transformer *qc* to transform *sth* U13 | 2A
transgresser la loi to go against the law U12 | 12A
transmettre *qc* to transmit *sth* U13 | 6A
transparent/e transparent, see through U18 | 10
transport *m* transportation U3 | 5A
transport public *m* public transportation U9 | 2A
transportable transportable U13 | 2A
transporter *qn* **dans** *qc* to transport *sb* in *sth* U11 | 8
trapéziste *m, f* trapeze artist U14 | 1A
travail *m* work U1 | 9B
travailler to work U1 | 9A
travailler en équipe to work in a team U5 | 1B
travailler en intérim to have some temporary work U10 | 12
travailleur/euse hardworking U2 | 3B

travaux *m pl* works U9 | 11B
traverser *qc* to cross *sth* U3 | 6A
trembler to tremble U12 | 12B
trentaine *f* around thirty U15 | 3A
trente thirty U2 | 3B
trente-huit thirty-eight U2 | 1A
trentenaire *m, f* person in their thirties U11 | 11B
trente-trois thirty-three U2 | 3B
trépidant/e hectic U11 | 11B
très very U1 | 11B
triangulaire triangular U13 | Gr
tribu *f* tribe U11 | 11B
tribunal militaire *m* military tribunal U16 | 3A
tripler to triple U9 | 1A
triste sad U17 | 4A
trois three U1 | 3A
trois fois three times U11 | 4B
trois nuits par semaine three nights per week U10 | 1A
troisième third U5 | Gr
trombonne *m* paper clip U13
tromper *qn* to mislead *sb*, to cheat on *sb* U15 | 2A
se tromper de + *noun* to make a mistake U16 | 4A
trop too (much) U11 | 8
tropical/e tropical U18 | 10
trottinette *f* scooter U16 | 1A
trottoir *m* sidewalk U9 | 8A
trou *m* hole U3 | 10A
trousse de maquillage makeup pouch U6 | 7
trouver *qn/qc* to find *sb/sth* U13 | 9A
trouver *qn* + *adj* to find *sb (adj)* U10 | Gr
se trouver to find oneself U7 | 4
trouver que to find that U5 | 3B
vous trouverez *futur de* **trouver** you will find U6 | 3A
tube *m* tube U6 | 3D
tuer *qn* to kill *sb* U12 | 12B
tumultueux/euse tumultuous U18 | 10
Tunisie *f* Tunisia U3 | 10A
tunisien/ne Tunisian U11 | 7A
tunnel *m* tunnel U12 | 1A
TVA comprise sales tax included U7 | 3A
type *m* guy U15 | 2A
typique typical U3 | 6A
se tutoyer to say tu U14 | Gr

Ukraine *f* Ukraine U1 | 5C
un one U1 | 3A
un de ces quatre one of these days U12 | 12B
un peu (de + *nom)* a little U2 | 2A
un peu plus tard a little later U16 | 3A
un/e seul/e only one U2 | 12
un sur trois one out of three U2 | 12
un/e à un/e one by one U17 | 9A

une centaine *f* one hundred U15 | 10A
une soixantaine about sixty U13 | 10
une vingtaine d'étapes *f* about twenty legs U8 | 3A
Union Européenne *f* European Union U16 | 3A
union *f* union U2 | 12
union libre *f* free love U2 | 12
unique single U2 | 12
unitaire unitary U13 | 3B
unité *f* unit U18 | 8A
univers *m* universe U11 | 8
université *f* university U2 | 10A
urbain/e urban U14 | 3B
urbanisme *m* town planning U9 | 2A
usine *f* factory U8 | 1A
utile useful U8 | 12A
utilisateur *m*, **utilisatrice** *f* user U13 | 9B
utilisation *f* use U18 | 2D
utiliser *qc* **comme** *qc* to use *sth* as U13 | 3A

vacances *f pl* vacation U1 | 9A
vacances scolaires *f pl* school vacation U5 | 11A
vachement *fam adv* really U11 | 5B
vallée *f* valley U3 | 6A
valoir (il vaut) to be worth U15 | Gr
vandalisme *m* vandalism U9 | 11A
varié/e varied U4 | Gr
varier to vary U4 | 10
variété *f* variety U18 | 10
vase *m* vase U14 | 11B
vaurien *m*, **vaurienne** *f* rascal U17 | 3A
veau *m* veal, calf U7 | 12A
vécu/e experienced U16
vedette *f* movie or music star U10
végétation *f* vegetation U18 | 10
veille *f* the day before U16 | 4A
vélo *m* bicycle U4 | 9A
vendeur *m*, **vendeuse** *f* seller, salesperson U5 | 1A
vendre *qc* to sell *sth* U6 | 1A
vendredi *m* Friday U4 | Gr
Venez ! *impératif de* **venir** come! U3 | 6A
se venger de *qn/qc* to retaliate against U16 | 10A
venir to come U5 | Gr
venir chercher *qn* to pick up *sb* U13 | Gr
venir de + *inf* to have just done *sth* U12 | 12A
venir en classe to go to class U12 | Gr
vente *f* sale U13 | 10
verbe *m* verb U15 | 10A
verbe pronominal *m*, **verbes pronominaux** *m pl* reflexive verb(s) U15 | 10A
véritable actual U15 | 10A
verre *m* glass U13 | Gr
verres de lunettes *m pl* lenses of glasses U13 | 9A
vers towards, about U12 | 8, U11 | 7A
vers le haut upwards U4 | 2A

verser *qc* to pour *sth* U7 | 9A
vert/e green U6 | 3D
vertige *m* lightheadedness, fear of heights U3 | 5A, U14 | 1B
veste *f* jacket U6 | 3D
vestimentaire related to clothing U14 | 10A
vêtement *m* article of clothing U6 | 1A
vétérinaire *m*, *f* veterinarian U11 | 10A
veuf *m*, **veuve** *f* widower, widow U2 | 3B
ils veulent *présent de* **vouloir** they want U2 | 12
je veux *présent de* **vouloir** I want U3 | 9B
tu veux *présent de* **vouloir** you want U3 | 5A
viande *f* meat U4 | 1A
victime *f* victim U12 | 4A
vie *f* life U13 | Gr
vie active *f* work life U10 | 1A
vie au quotidien daily life U11 | 7A
vie d'adulte adult life U11 | 4A
vie de famille family life U10 | 3A
vieillir to grow old U11 | 11B
Vienne Vienna U16 | 3A
Viêtnam *m* Vietnam U1 | 11A
vieux, vieil, vieille old U3 | 12B
vif, vive brisk, full of life U12 | 12A
vilain ugly U17
vilain petit canard *m* the Ugly Little Duckling U17 | 1A
village *m* village U3 | 10A
village perdu *m* lost village U14 | 3A
ville *f* city U3
vin *m* wine U1 | 3A
vinaigre *m* vinegar U7 | 7B
vingtième *m*, *f* twentieth U14 | 12
vingt-sept twenty-seven U2 | 3B
vingt-six twenty-six U2 | 1A
violence *f* violence U15 | Gr
violon *m* violin U16 | 4A
violoniste *m*, *f* violinist U16 | 4A
virus informatique *m* computer virus U13 | 1B
visage *m* face U12 | 12A
visite *f* visit U6 | 3D
visiter *qc* to visit *sth* U3 | 1
visiteur *m*, **visiteuse** *f* visitor U5 | 6
vite quick U9 | 7
vitesse *f* speed U3 | 5A
vitrine *f* store window U14 | 9
vivant, *participe présent de* **vivre** living U18 | 2A
vivant/e alive U17 | 1A
vivement acutely, much U5 | 4B
vivre to live U17 | 3A
vivre avec *qn* to live with *sb* U10 | 1A
vivre *qc* to live/experience *sth* U16 | 4A
vocabulaire *m* vocabulary U17 | 11
vocal/e vocal U13 | 6A
voici here U14 | 10A
voilà there U10 | 4B
voilà deux ans que it has been two years since U18 | 9A

voile *f* sailing U4 | 2C
voilier *m* sailboat U2 | 10A
voir *qn/qc* to see *sb/sth* U3 | 1
se voir to see each other U14 | 4A
voisin de table person you sit next to at the table U16 | 4A
voisin/e neighbor U1 | 9B
voisinage *m* neighborhood U9 | 11A
voiture *f* car U3 | 3A
vol *m* flight, theft U8 | 1A, U12 | 4B
volaille *f* poultry U9 | 3A
volcan *m* volcano U18 | 10
volcanique volcanic U18 | 10
voler to fly U13 | 7A
volontiers gladly U10 | Gr
volume *m* volume U9 | 11B
voter pour/contre *qc* to vote for/against *sb* U18 | 2A
vouloir *qc* to want *sth* U4 | 9A
vous-même yourself U7 | 13
se vouvoyer to say vous U14 | Gr
voyage *m* travel U2 | 9A
voyage en 4x4 *m* travel in SUV U3 | 5A
voyage organisé *m* organized travel U3 | 5A
voyageant, *participe présent de* **voyager** travelling U11 | 4A
voyager to travel U2 | 10A
vrai/e true U2 | 9A
vraiment truly U4 | 9A
vraiment pas really not U18 | Gr
VTT (vélo tout terrain) *m* mountain bike U3 | 1

Wallon, Wallonne *m*, *f* Walloon U8 | 12A
WC *m pl* toilets U10 | 2A
week-end *m* weekend U3 | 8

X

XXᵉ siècle *m* twentieth century U13 | 2A

Y

y aller to go U3 | 5A
y' a (*abrév d'*il y a) there is U11 | 3A
yaourt *m* yogurt U6 | 1A
yen *m* yen (currency) U6 | 4
yeux bandés *m pl* bandaged eyes U16 | 3A
yoga *m* yoga U4 | Gr
Yougoslavie *f* Yugoslavia U1 | 5C

zapper to zap, to change channels U15 | 1C
zapping *m* changing the channels U15 | 1B
zoo *m* zoo U15 | 2A

TABLEAUX DE CONJUGAISON
VERB CHARTS

REGULAR –ER VERBS (VERBES DU PREMIER GROUPE)

INDICATIF						CONDITIONNEL	SUBJONCTIF	IMPÉRATIF
présent	passé composé	imparfait	plus-que-parfait	passé simple	futur	présent	présent	présent

PARLER infinitif présent : parler infinitif passé : avoir parlé gérondif présent : en parlant participe passé : parlé, e

présent	passé composé	imparfait	plus-que-parfait	passé simple	futur	conditionnel présent	subjonctif présent	impératif présent
je parle	j'ai parlé	je parlais	j'avais parlé	je parlai	je parlerai	je parlerais	que je parle	
tu parles	tu as parlé	tu parlais	tu avais parlé	tu parlas	tu parleras	tu parlerais	que tu parles	parle
il, elle, on parle	il, elle, on a parlé	il, elle, on parlait	il, elle, on avait parlé	il, elle, on parla	il, elle, on parlera	il, elle, on parlerait	qu'il, elle, on parle	
nous parlons	nous avons parlé	nous parlions	nous avions parlé	nous parlâmes	nous parlerons	nous parlerions	que nous parlions	parlons
vous parlez	vous avez parlé	vous parliez	vous aviez parlé	vous parlâtes	vous parlerez	vous parleriez	que vous parliez	parlez
ils, elles parlent	ils, elles ont parlé	ils, elles parlaient	ils, elles avaient parlé	ils, elles parlèrent	ils, elles parleront	ils, elles parleraient	qu'ils, elles parlent	

REGULAR –IR VERBS (VERBES DU DEUXIÈME GROUPE)

INDICATIF						CONDITIONNEL	SUBJONCTIF	IMPÉRATIF
présent	passé composé	imparfait	plus-que-parfait	passé simple	futur	présent	présent	présent

FINIR infinitif présent : finir infinitif passé : avoir fini gérondif présent : en finissant participe passé : fini, e

présent	passé composé	imparfait	plus-que-parfait	passé simple	futur	conditionnel présent	subjonctif présent	impératif présent
je finis	j'ai fini	je finissais	j'avais fini	je finis	je finirai	je finirais	que je finisse	
tu finis	tu as fini	tu finissais	tu avais fini	tu finis	tu finiras	tu finirais	que tu finisses	finis
il, elle, on finit	il, elle, on a fini	il, elle, on finissait	il, elle, on avait fini	il, elle, on finit	il, elle, on finira	il, elle, on finirait	qu'il, elle, on finisse	
nous finissons	nous avons fini	nous finissions	nous avions fini	nous finîmes	nous finirons	nous finirions	que nous finissions	finissons
vous finissez	vous avez fini	vous finissiez	vous aviez fini	vous finîtes	vous finirez	vous finiriez	que vous finissiez	finissez
ils, elles finissent	ils, elles ont fini	ils, elles finissaient	ils, elles avaient fini	ils, elles finirent	ils, elles finiront	ils, elles finiraient	qu'ils, elles finissent	

REFLEXIVE VERBS (VERBES PRONOMINAUX)

INDICATIF						CONDITIONNEL	SUBJONCTIF	IMPÉRATIF
présent	passé composé	imparfait	plus-que-parfait	passé simple	futur	présent	présent	présent

SE COUCHER infinitif présent : se coucher infinitif passé : s'être couché gérondif présent : en se couchant participe passé : couché, e

présent	passé composé	imparfait	plus-que-parfait	passé simple	futur	conditionnel présent	subjonctif présent	impératif présent
je me couche	je me suis couché(e)	je me couchais	je m'étais couché(e)	je me couchais	je me coucherai	je me coucherais	que je me couche	
tu te couches	tu t'es couché(e)	tu te couchais	tu t'étais couché(e)	tu te couchas	tu te coucheras	tu te coucherais	que tu te couches	couche-toi
il, elle, on se couche	il, elle, on s'est couché(e)	il, elle, on se couchait	il, elle, on s'était couché(e)	il, elle, on se coucha	il, elle, on se couchera	il, elle, on se coucherait	qu'il, elle, on se couche	
nous nous couchons	nous nous sommes couché(e)s	nous nous couchions	nous nous étions couché(e)s	nous nous couchâmes	nous nous coucherons	nous nous coucherions	que nous nous couchions	couchons-nous
vous vous couchez	vous vous êtes couché(e)s	vous vous couchiez	vous vous étiez couché(e)s	vous vous couchâtes	vous vous coucherez	vous vous coucheriez	que vous vous couchiez	couchez-vous
ils, elles se couchent	ils, elles se sont couché(e)s	ils, elles se couchaient	ils, elles s'étaient couché(e)s	ils, elles se couchèrent	ils, elles se coucheront	ils, elles se coucheraient	qu'ils, elles se couchent	

AUXILIARY ÊTRE

infinitif présent : être	gérondif présent : en étant
infinitif passé : avoir été	participe passé : été, e

INDICATIF

présent	passé composé	imparfait	plus-que-parfait	passé simple	futur
je suis	j'ai été	j'étais	j'avais été	je fus	je serai
tu es	tu as été	tu étais	tu avais été	tu fus	tu seras
il, elle, on est	il, elle, on a été	il, elle, on était	il, elle, on avait été	il, elle, on fut	il, elle, on sera
nous sommes	nous avons été	nous étions	nous avions été	nous fûmes	nous serons
vous êtes	vous avez été	vous étiez	vous aviez été	vous fûtes	vous serez
ils, elles sont	ils, elles ont été	ils, elles étaient	ils, elles avaient été	ils, elles furent	ils, elles seront

CONDITIONNEL	SUBJONCTIF	IMPÉRATIF
présent	présent	présent
je serais	que je sois	
tu serais	que tu sois	sois
il, elle, on serait	qu'il, elle, on soit	
nous serions	que nous soyons	soyons
vous seriez	que vous soyez	soyez
ils, elles seraient	qu'ils, elles soient	

AUXILIARY AVOIR

infinitif présent : avoir	gérondif présent : avoir eu
infinitif passé : en ayant	participe passé : eu, e

INDICATIF

présent	passé composé	imparfait	plus-que-parfait	passé simple	futur
j'ai	j'ai eu	j'avais	j'avais eu	j'eus	j'aurai
tu as	tu as eu	tu avais	tu avais eu	tu eus	tu auras
il, elle, on a	il, elle, on a eu	il, elle, on avait	il, elle, on avait eu	il, elle, on eut	il, elle, on aura
nous avons	nous avons eu	nous avions	nous avions eu	nous eûmes	nous aurons
vous avez	vous avez eu	vous aviez	vous aviez eu	vous eûtes	vous aurez
ils, elles ont	ils, elles ont eu	ils, elles avaient	ils, elles avaient eu	ils, elles eurent	ils, elles auront

CONDITIONNEL	SUBJONCTIF	IMPÉRATIF
présent	présent	présent
j'aurais	que j'aie	
tu aurais	que tu aies	aie
il, elle, on aurait	qu'il, elle, on ait	
nous aurions	que nous ayons	ayons
vous auriez	que vous ayez	ayez
ils, elles auraient	qu'ils, elles aient	

IRREGULAR VERBS (VERBES DU TROISIÈME GROUPE)

INDICATIF						CONDITIONNEL	SUBJONCTIF	IMPÉRATIF
présent	passé composé	imparfait	plus-que-parfait	passé simple	futur	présent	présent	présent

ALLER infinitif présent : aller infinitif passé : être allé gérondif présent : en allant participe passé : allé, e

présent	passé composé	imparfait	plus-que-parfait	passé simple	futur	présent	présent	présent
je vais	je suis allé(e)	j'allais	j'étais allé(e)	j'allai	j'irai	j'irais	que j'aille	
tu vas	tu es allé(e)	tu allais	tu étais allé(e)	tu allas	tu iras	tu irais	que tu ailles	va
il, elle, on va	il, elle, on est allé(e)	il, elle, on allait	il, elle, on était allé(e)	il, elle, on alla	il, elle, on ira	il, elle, on irait	qu'il, elle, on aille	
nous allons	nous sommes allé(e)s	nous allions	nous étions allé(e)s	nous allâmes	nous irons	nous irions	que nous allions	allons
vous allez	vous êtes allé(e)s	vous alliez	vous étiez allé(e)s	vous allâtes	vous irez	vous iriez	que vous alliez	allez
ils, elles vont	ils, elles sont allé(e)s	ils, elles allaient	ils, elles étaient allé(e)s	ils, elles allèrent	ils, elles iront	ils, elles iraient	qu'ils, elles aillent	

ATTENDRE infinitif présent : attendre infinitif passé : avoir attendu gérondif présent : en attendant participe passé : attendu, e

présent	passé composé	imparfait	plus-que-parfait	passé simple	futur	présent	présent	présent
j'attends	j'ai attendu	j'attendais	j'avais attendu	j'attendis	j'attendrai	j'attendrais	que j'attende	
tu attends	tu as attendu	tu attendais	tu avais attendu	tu attendis	tu attendras	tu attendrais	que tu attendes	attends
il, elle, on attend	il, elle, on a attendu	il, elle, on attendait	il, elle, on avait attendu	il, elle, on attendit	il, elle, on attendra	il, elle, on attendrait	qu'il, elle, on attende	
nous attendons	nous avons attendu	nous attendions	nous avions attendu	nous attendîmes	nous attendrons	nous attendrions	que nous attendions	attendons
vous attendez	vous avez attendu	vous attendiez	vous aviez attendu	vous attendîtes	vous attendrez	vous attendriez	que vous attendiez	attendez
ils, elles attendent	ils, elles ont attendu	ils, elles attendaient	ils, elles avaient attendu	ils, elles attendirent	ils, elles attendront	ils, elles attendraient	qu'ils, elles attendent	

BOIRE infinitif présent : boire infinitif passé : avoir bu gérondif présent : en buvant participe passé : bu, e

présent	passé composé	imparfait	plus-que-parfait	passé simple	futur	présent	présent	présent
je bois	j'ai bu	je buvais	j'avais bu	je bus	je boirai	je boirais	que je boive	
tu bois	tu as bu	tu buvais	tu avais bu	tu bus	tu boiras	tu boirais	que tu boives	bois
il, elle, on boit	il, elle, on a bu	il, elle, on buvait	il, elle, on avait bu	il, elle, on but	il, elle, on boira	il, elle, on boirait	qu'il, elle, on boive	
nous buvons	nous avons bu	nous buvions	nous avions bu	nous bûmes	nous boirons	nous boirions	que nous buvions	buvons
vous buvez	vous avez bu	vous buviez	vous aviez bu	vous bûtes	vous boirez	vous boiriez	que vous buviez	buvez
ils, elles boivent	ils, elles ont bu	ils, elles buvaient	ils, elles avaient bu	ils, elles burent	ils, elles boiront	ils, elles boiraient	qu'ils, elles boivent	

CONDUIRE infinitif présent : conduire infinitif passé : avoir conduit gérondif présent : en conduisant participe passé : conduit, e

présent	passé composé	imparfait	plus-que-parfait	passé simple	futur	présent	présent	présent
je conduis	j'ai conduit	je conduisais	j'avais conduit	je conduisis	je conduirai	je conduirais	que je conduise	
tu conduis	tu as conduit	tu conduisais	tu avais conduit	tu conduisis	tu conduiras	tu conduirais	que tu conduises	conduis
il, elle, on conduit	il, elle, on a conduit	il, elle, on conduisait	il, elle, on avait conduit	il, elle, on conduisit	il, elle, on conduira	il, elle, on conduirait	qu'il, elle, on conduise	
nous conduisons	nous avons conduit	nous conduisions	nous avions conduit	nous conduisîmes	nous conduirons	nous conduirions	que nous conduisions	conduisons
vous conduisez	vous avez conduit	vous conduisiez	vous aviez conduit	vous conduisîtes	vous conduirez	vous conduiriez	que vous conduisiez	conduisez
ils, elles conduisent	ils, elles ont conduit	ils, elles conduisaient	ils, elles avaient conduit	ils, elles conduisirent	ils, elles conduiront	ils, elles conduiraient	qu'ils, elles conduisent	

CONNAÎTRE infinitif présent : connaître infinitif passé : avoir connu gérondif présent : en connaissant participe passé : connu, e

présent	passé composé	imparfait	plus-que-parfait	passé simple	futur	présent	présent	présent
je connais	j'ai connu	je connaissais	j'avais connu	je connus	je connaîtrai	je connaîtrais	que je connaisse	
tu connais	tu as connu	tu connaissais	tu avais connu	tu connus	tu connaîtras	tu connaîtrais	que tu connaisses	connais
il, elle, on connaît	il, elle, on a connu	il, elle, on connaissait	il, elle, on avait connu	il, elle, on connut	il, elle, on connaîtra	il, elle, on connaîtrait	qu'il, elle, on connaisse	
nous connaissons	nous avons connu	nous connaissions	nous avions connu	nous connûmes	nous connaîtrons	nous connaîtrions	que nous connaissions	connaissons
vous connaissez	vous avez connu	vous connaissiez	vous aviez connu	vous connûtes	vous connaîtrez	vous connaîtriez	que vous connaissiez	connaissez
ils, elles connaissent	ils, elles ont connu	ils, elles connaissaient	ils, elles avaient connu	ils, elles connurent	ils, elles connaîtront	ils, elles connaîtraient	qu'ils, elles connaissent	

COURIR infinitif présent : courir infinitif passé : avoir couru gérondif présent : en courant participe passé : couru, e

présent	passé composé	imparfait	plus-que-parfait	passé simple	futur	présent	présent	présent
je cours	j'ai couru	je courais	j'avais couru	je courus	je courrai	je courrais	que je coure	
tu cours	tu as couru	tu courais	tu avais couru	tu courus	tu courras	tu courrais	que tu coures	cours
il, elle, on court	il, elle, on a couru	il, elle, on courait	il, elle, on avait couru	il, elle, on courut	il, elle, on courra	il, elle, on courrait	qu'il, elle, on coure	
nous courons	nous avons couru	nous courions	nous avions couru	nous courûmes	nous courrons	nous courrions	que nous courions	courons
vous courez	vous avez couru	vous couriez	vous aviez couru	vous courûtes	vous courrez	vous courriez	que vous couriez	courez
ils, elles courent	ils, elles ont couru	ils, elles couraient	ils, elles avaient couru	ils, elles coururent	ils, elles courront	ils, elles courraient	qu'ils, elles courent	

INDICATIF						CONDITIONNEL	SUBJONCTIF	IMPÉRATIF
présent	passé composé	imparfait	plus-que-parfait	passé simple	futur	présent	présent	présent

CRAINDRE   infinitif présent : craindre   infinitif passé : avoir craint   gérondif présent : en craignant   participe passé : craint, e

je crains	j'ai craint	je craignais	j'avais craint	je craignis	je craindrai	je craindrais	que je craigne	
tu crains	tu as craint	tu craignais	tu avais craint	tu craignis	tu craindras	tu craindrais	que tu craignes	crains
il, elle, on craint	il, elle, on a craint	il, elle, on craignait	il, elle, on avait craint	il, elle, on craignit	il, elle, on craindra	il, elle, on craindrait	qu'il, elle, on craigne	
nous craignons	nous avons craint	nous craignions	nous avions craint	nous craignîmes	nous craindrons	nous craindrions	que nous craignions	craignons
vous craignez	vous avez craint	vous craigniez	vous aviez craint	vous craignîtes	vous craindrez	vous craindriez	que vous craigniez	craignez
ils, elles craignent	ils, elles ont craint	ils, elles craignaient	ils, elles avaient craint	ils, elles craignirent	ils, elles craindront	ils, elles craindraient	qu'ils, elles craignent	

CROIRE   infinitif présent : croire   infinitif passé : avoir cru   gérondif présent : en croyant   participe passé : cru, e

je crois	j'ai cru	je croyais	j'avais cru	je crus	je croirai	je croirais	que je croie	
tu crois	tu as cru	tu croyais	tu avais cru	tu crus	tu croiras	tu croirais	que tu croies	crois
il, elle, on croit	il, elle, on a cru	il, elle, on croyait	il, elle, on avait cru	il, elle, on crut	il, elle, on croira	il, elle, on croirait	qu'il, elle, on croie	
nous croyons	nous avons cru	nous croyions	nous avions cru	nous crûmes	nous croirons	nous croirions	que nous croyions	croyons
vous croyez	vous avez cru	vous croyiez	vous aviez cru	vous crûtes	vous croirez	vous croiriez	que vous croyiez	croyez
ils, elles croient	ils, elles ont cru	ils, elles croyaient	ils, elles avaient cru	ils, elles crurent	ils, elles croiront	ils, elles croiraient	qu'ils, elles croient	

DEVOIR   infinitif présent : devoir   infinitif passé : avoir dû   gérondif présent : en devant   participe passé : dû, due

je dois	j'ai dû	je devais	j'avais dû	je dus	je devrai	je devrais	que je doive	
tu dois	tu as dû	tu devais	tu avais dû	tu dus	tu devras	tu devrais	que tu doives	dois
il, elle, on doit	il, elle, on a dû	il, elle, on devait	il, elle, on avait dû	il, elle, on dut	il, elle, on devra	il, elle, on devrait	qu'il, elle, on doive	
nous devons	nous avons dû	nous devions	nous avions dû	nous dûmes	nous devrons	nous devrions	que nous devions	devons
vous devez	vous avez dû	vous deviez	vous aviez dû	vous dûtes	vous devrez	vous devriez	que vous deviez	devez
ils, elles doivent	ils, elles ont dû	ils, elles devaient	ils, elles avaient dû	ils, elles durent	ils, elles devront	ils, elles devraient	qu'ils, elles doivent	

DIRE   infinitif présent : dire   infinitif passé : avoir dit   gérondif présent : en disant   participe passé : dit, e

je dis	j'ai dit	je disais	j'avais dit	je dis	je dirai	je dirais	que je dise	
tu dis	tu as dit	tu disais	tu avais dit	tu dis	tu diras	tu dirais	que tu dises	dis
il, elle, on dit	il, elle, on a dit	il, elle, on disait	il, elle, on avait dit	il, elle, on dit	il, elle, on dira	il, elle, on dirait	qu'il, elle, on dise	
nous disons	nous avons dit	nous disions	nous avions dit	nous dîmes	nous dirons	nous dirions	que nous disions	disons
vous dites	vous avez dit	vous disiez	vous aviez dit	vous dîtes	vous direz	vous diriez	que vous disiez	dites
ils, elles disent	ils, elles ont dit	ils, elles disaient	ils, elles avaient dit	ils, elles dirent	ils, elles diront	ils, elles diraient	qu'ils, elles disent	

DORMIR   infinitif présent : dormir   infinitif passé : avoir dormi   gérondif présent : en dormant   participe passé : dormi, Ø

je dors	j'ai dormi	je dormais	j'avais dormi	je dormis	je dormirai	je dormirais	que je dorme	
tu dors	tu as dormi	tu dormais	tu avais dormi	tu dormis	tu dormiras	tu dormirais	que tu dormes	dors
il, elle, on dort	il, elle, on a dormi	il, elle, on dormait	il, elle, on avait dormi	il, elle, on dormit	il, elle, on dormira	il, elle, on dormirait	qu'il, elle, on dorme	
nous dormons	nous avons dormi	nous dormions	nous avions dormi	nous dormîmes	nous dormirons	nous dormirions	que nous dormions	dormons
vous dormez	vous avez dormi	vous dormiez	vous aviez dormi	vous dormîtes	vous dormirez	vous dormiriez	que vous dormiez	dormez
ils, elles dorment	ils, elles ont dormi	ils, elles dormaient	ils, elles avaient dormi	ils, elles dormirent	ils, elles dormiront	ils, elles dormiraient	qu'ils, elles dorment	

ÉCRIRE   infinitif présent : écrire   infinitif passé : avoir écrit   gérondif présent : en écrivant   participe passé : écrit, e

j'écris	j'ai écrit	j'écrivais	j'avais écrit	j'écrivis	j'écrirai	j'écrirais	que j'écrive	
tu écris	tu as écrit	tu écrivais	tu avais écrit	tu écrivis	tu écriras	tu écrirais	que tu écrives	écris
il, elle, on écrit	il, elle, on a écrit	il, elle, on écrivait	il, elle, on avait écrit	il, elle, on écrivit	il, elle, on écrira	il, elle, on écrirait	qu'il, elle, on écrive	
nous écrivons	nous avons écrit	nous écrivions	nous avions écrit	nous écrivîmes	nous écrirons	nous écririons	que nous écrivions	écrivons
vous écrivez	vous avez écrit	vous écriviez	vous aviez écrit	vous écrivîtes	vous écrirez	vous écririez	que vous écriviez	écrivez
ils, elles écrivent	ils, elles ont écrit	ils, elles écrivaient	ils, elles avaient écrit	ils, elles écrivirent	ils, elles écriront	ils, elles écriraient	qu'ils, elles écrivent	

INDICATIF						CONDITIONNEL	SUBJONCTIF	IMPÉRATIF
présent	passé composé	imparfait	plus-que-parfait	passé simple	futur	présent	présent	présent

ENVOYER — infinitif présent : envoyer — infinitif passé : avoir envoyé — gérondif présent : en envoyant — participe passé : envoyé, e

présent	passé composé	imparfait	plus-que-parfait	passé simple	futur	présent	présent	présent
j'envoie	j'ai envoyé	j'envoyais	j'avais envoyé	j'envoyai	j'enverrai	j'enverrais	que j'envoie	
tu envoies	tu as envoyé	tu envoyais	tu avais envoyé	tu envoyas	tu enverras	tu enverrais	que tu envoies	envoie
il, elle, on envoie	il, elle, on a envoyé	il, elle, on envoyait	il, elle, on avait envoyé	il, elle, on envoya	il, elle, on enverra	il, elle, on enverrait	qu'il, elle, on envoie	
nous envoyons	nous avons envoyé	nous envoyions	nous avions envoyé	nous envoyâmes	nous enverrons	nous enverrions	que nous envoyions	envoyons
vous envoyez	vous avez envoyé	vous envoyiez	vous aviez envoyé	vous envoyâtes	vous enverrez	vous enverriez	que vous envoyiez	envoyez
ils, elles envoient	ils, elles ont envoyé	ils, elles envoyaient	ils, elles avaient envoyé	ils, elles envoyèrent	ils, elles enverront	ils, elles enverraient	qu'ils, elles envoient	

FAIRE — infinitif présent : faire — infinitif passé : avoir fait — gérondif présent : en faisant — participe passé : fait, e

présent	passé composé	imparfait	plus-que-parfait	passé simple	futur	présent	présent	présent
je fais	j'ai fait	je faisais	j'avais fait	je fis	je ferai	je ferais	que je fasse	
tu fais	tu as fait	tu faisais	tu avais fait	tu fis	tu feras	tu ferais	que tu fasses	fais
il, elle, on fait	il, elle, on a fait	il, elle, on faisait	il, elle, on avait fait	il, elle, on fit	il, elle, on fera	il, elle, on ferait	qu'il, elle, on fasse	
nous faisons	nous avons fait	nous faisions	nous avions fait	nous fîmes	nous ferons	nous ferions	que nous fassions	faisons
vous faites	vous avez fait	vous faisiez	vous aviez fait	vous fîtes	vous ferez	vous feriez	que vous fassiez	faites
ils, elles font	ils, elles ont fait	ils, elles faisaient	ils, elles avaient fait	ils, elles firent	ils, elles feront	ils, elles feraient	qu'ils, elles fassent	

FALLOIR — infinitif présent : falloir — infinitif passé : avoir fallu — gérondif présent : Ø — participe passé : fallu, Ø

présent	passé composé	imparfait	plus-que-parfait	passé simple	futur	présent	présent	présent
il faut	il a fallu	il fallait	il avait fallu	il fallut	il faudra	il faudrait	qu'il faille	*pas d'impératif*

LIRE — infinitif présent : lire — infinitif passé : avoir lu — gérondif présent : en lisant — participe passé : lu, e

présent	passé composé	imparfait	plus-que-parfait	passé simple	futur	présent	présent	présent
je lis	j'ai lu	je lisais	j'avais lu	je lus	je lirai	je lirais	que je lise	
tu lis	tu as lu	tu lisais	tu avais lu	tu lus	tu liras	tu lirais	que tu lises	lis
il, elle, on lit	il, elle, on a lu	il, elle, on lisait	il, elle, on avait lu	il, elle, on lut	il, elle, on lira	il, elle, on lirait	qu'il, elle, on lise	
nous lisons	nous avons lu	nous lisions	nous avions lu	nous lûmes	nous lirons	nous lirions	que nous lisions	lisons
vous lisez	vous avez lu	vous lisiez	vous aviez lu	vous lûtes	vous lirez	vous liriez	que vous lisiez	lisez
ils, elles lisent	ils, elles ont lu	ils, elles lisaient	ils, elles avaient lu	ils, elles lurent	ils, elles liront	ils, elles liraient	qu'ils, elles lisent	

METTRE — infinitif présent : mettre — infinitif passé : avoir mis — gérondif présent : en mettant — participe passé : mis, e

présent	passé composé	imparfait	plus-que-parfait	passé simple	futur	présent	présent	présent
je mets	j'ai mis	je mettais	j'avais mis	je mis	je mettrai	je mettrais	que je mette	
tu mets	tu as mis	tu mettais	tu avais mis	tu mis	tu mettras	tu mettrais	que tu mettes	mets
il, elle, on met	il, elle, on a mis	il, elle, on mettait	il, elle, on avait mis	il, elle, on mit	il, elle, on mettra	il, elle, on mettrait	qu'il, elle, on mette	
nous mettons	nous avons mis	nous mettions	nous avions mis	nous mîmes	nous mettrons	nous mettrions	que nous mettions	mettons
vous mettez	vous avez mis	vous mettiez	vous aviez mis	vous mîtes	vous mettrez	vous mettriez	que vous mettiez	mettez
ils, elles mettent	ils, elles ont mis	ils, elles mettaient	ils, elles avaient mis	ils, elles mirent	ils, elles mettront	ils, elles mettraient	qu'ils, elles mettent	

MOURIR — infinitif présent : mourir — infinitif passé : être mort — gérondif présent : en mourant — participe passé : mort, e

présent	passé composé	imparfait	plus-que-parfait	passé simple	futur	présent	présent	présent
je meurs	je suis mort(e)	je mourais	j'étais mort(e)	je mourus	je mourrai	je mourrais	que je meure	
tu meurs	tu es mort(e)	tu mourais	tu étais mort(e)	tu mourus	tu mourras	tu mourrais	que tu meures	meurs
il, elle, on meurt	il, elle, on mort(e)	il, elle, on mourait	il, elle, on était mort(e)	il, elle, on mourut	il, elle, on mourra	il, elle, on mourrait	qu'il, elle, on meure	
nous mourons	nous sommes mort(e)s	nous mourions	nous étions mort(e)s	nous mourûmes	nous mourrons	nous mourrions	que nous mourions	mourons
vous mourez	vous êtes mort(e)s	vous mouriez	vous étiez mort(e)s	vous mourûtes	vous mourrez	vous mourriez	que vous mouriez	mourez
ils, elles meurent	ils, elles sont mort(e)s	ils, elles mouraient	ils, elles étaient mort(e)s	ils, elles moururent	ils, elles mourront	ils, elles mourraient	qu'ils, elles meurent	

INDICATIF						CONDITIONNEL	SUBJONCTIF	IMPÉRATIF
présent	passé composé	imparfait	plus-que-parfait	passé simple	futur	présent	présent	présent

NAÎTRE infinitif présent : naître infinitif passé : être né gérondif présent : naissant participe passé : né, e

je nais	je suis né(e)	je naissais	j'étais né(e)	je naquis	je naîtrai	je naîtrais	que je naisse	
tu nais	tu es né(e)	tu naissais	tu étais né(e)	tu naquis	tu naîtras	tu naîtrais	que tu naisses	nais
il, elle, on naît	il, elle, on est né(e)	il, elle, on naissait	il, elle, on était né(e)	il, elle, on naquit	il, elle, on naîtra	il, elle, on naîtrait	qu'il, elle, on naisse	
nous naissons	nous sommes né(e)s	nous naissions	nous étions né(e)s	nous naquîmes	nous naîtrons	nous naîtrions	que nous naissions	naissons
vous naissez	vous êtes né(e)s	vous naissiez	vous étiez né(e)s	vous naquîtes	vous naîtrez	vous naîtriez	que vous naissiez	naissez
ils, elles naissent	ils, elles sont né(e)s	ils, elles naissaient	ils, elles étaient né(e)s	ils, elles naquirent	ils, elles naîtront	ils, elles naîtraient	qu'ils, elles naissent	

OUVRIR infinitif présent : ouvrir infinitif passé : avoir ouvert gérondif présent : en ouvrant participe passé : ouvert, e

j'ouvre	j'ai ouvert	j'ouvrais	j'avais ouvert	j'ouvris	j'ouvrirai	j'ouvrirais	que j'ouvre	
tu ouvres	tu as ouvert	tu ouvrais	tu avais ouvert	tu ouvris	tu ouvriras	tu ouvrirais	que tu ouvres	ouvre
il, elle, on ouvre	il, elle, on a ouvert	il, elle, on ouvrait	il, elle, on avait ouvert	il, elle, on ouvrit	il, elle, on ouvrira	il, elle, on ouvrirait	qu'il, elle, on ouvre	
nous ouvrons	nous avons ouvert	nous ouvrions	nous avions ouvert	nous ouvrîmes	nous ouvrirons	nous ouvririons	que nous ouvrions	ouvrons
vous ouvrez	vous avez ouvert	vous ouvriez	vous aviez ouvert	vous ouvrîtes	vous ouvrirez	vous ouvririez	que vous ouvriez	ouvrez
ils, elles ouvrent	ils, elles ont ouvert	ils, elles ouvraient	ils, elles avaient ouvert	ils, elles ouvrirent	ils, elles ouvriront	ils, elles ouvriraient	qu'ils, elles ouvrent	

PARTIR infinitif présent : partir infinitif passé : être parti gérondif présent : en partant participe passé : partie, e

je pars	je suis parti(e)	je partais	j'étais parti(e)	je partis	je partirai	je partirais	que je parte	
tu pars	tu es parti(e)	tu partais	tu étais parti(e)	tu partis	tu partiras	tu partirais	que tu partes	pars
il, elle, on part	il, elle, on est parti(e)	il, elle, on partait	il, elle, on était parti(e)	il, elle, on partit	il, elle, on partira	il, elle, on partirait	qu'il, elle, on parte	
nous partons	nous sommes parti(e)s	nous partions	nous étions parti(e)s	nous partîmes	nous partirons	nous partirions	que nous partions	partons
vous partez	vous êtes parti(e)s	vous partiez	vous étiez parti(e)s	vous partîtes	vous partirez	vous partiriez	que vous partiez	partez
ils, elles partent	ils, elles sont parti(e)s	ils, elles partaient	ils, elles étaient parti(e)s	ils, elles partirent	ils, elles partiront	ils, elles partiraient	qu'ils, elles partent	

PEINDRE infinitif présent : peindre infinitif passé : avoir peint gérondif présent : en peignant participe passé : peint, e

je peins	j'ai peint	je peignais	j'avais peint	je peignis	je peindrai	je peindrais	que je peigne	
tu peins	tu as peint	tu peignais	tu avais peint	tu peignis	tu peindras	tu peindrais	que tu peignes	peins
il, elle, on peint	il, elle, on a peint	il, elle, on peignait	il, elle, on avait peint	il, elle, on peignit	il, elle, on peindra	il, elle, on peindrait	qu'il, elle, on peigne	
nous peignons	nous avons peint	nous peignions	nous avions peint	nous peignîmes	nous peindrons	nous peindrions	que nous peignions	peignons
vous peignez	vous avez peint	vous peigniez	vous aviez peint	vous peignîtes	vous peindrez	vous peindriez	que vous peigniez	peignez
ils, elles peignent	ils, elles ont peint	ils, elles peignaient	ils, elles avaient peint	ils, elles peignirent	ils, elles peindront	ils, elles peindraient	qu'ils, elles peignent	

PLAIRE infinitif présent : plaire infinitif passé : avoir plu gérondif présent : en plaisant participe passé : plu, e

je plais	j'ai plu	je plaisais	j'avais plu	je plus	je plairai	je plairais	que je plaise	
tu plais	tu as plu	tu plaisais	tu avais plu	tu plus	tu plairas	tu plairais	que tu plaises	plais
il, elle, on plaît	il, elle, on a plu	il, elle, on plaisait	il, elle, on avait plu	il, elle, on plut	il, elle, on plaira	il, elle, on plairait	qu'il, elle, on plaise	
nous plaisons	nous avons plu	nous plaisions	nous avions plu	nous plûmes	nous plairons	nous plairions	que nous plaisions	plaisons
vous plaisez	vous avez plu	vous plaisiez	vous aviez plu	vous plûtes	vous plairez	vous plairiez	que vous plaisiez	plaisez
ils, elles plaisent	ils, elles ont plu	ils, elles plaisaient	ils, elles avaient plu	ils, elles plurent	ils, elles plairont	ils, elles plairaient	qu'ils, elles plaisent	

PLEUVOIR infinitif présent : pleuvoir infinitif passé : avoir plu gérondif présent : en pleuvant participe passé : plu

il pleut	il a plu	il pleuvait	il avait plu	il plut	il pleuvra	il pleuvrait	qu'il pleuve	*pas d'impératif*

POUVOIR   infinitif présent : pouvoir   infinitif passé : avoir pu   gérondif présent : en pouvant   participe passé : pu, Ø

je peux	j'ai pu	je pouvais	j'avais pu	je pus	je pourrai	je pourrais	que je puisse	
tu peux	tu as pu	tu pouvais	tu avais pu	tu pus	tu pourras	tu pourrais	que tu puisses	
il, elle, on peut	il, elle, on a pu	il, elle, on pouvait	il, elle, on avait pu	il, elle, on put	il, elle, on pourra	il, elle, on pourrait	qu'il, elle, on puisse	pas d'impératif
nous pouvons	nous avons pu	nous pouvions	nous avions pu	nous pûmes	nous pourrons	nous pourrions	que nous puissions	
vous pouvez	vous avez pu	vous pouviez	vous aviez pu	vous pûtes	vous pourrez	vous pourriez	que vous puissiez	
ils, elles peuvent	ils, elles ont pu	ils, elles pouvaient	ils, elles avaient pu	ils, elles purent	ils, elles pourront	ils, elles pourraient	qu'ils, elles puissent	

PRENDRE   infinitif présent : prendre   infinitif passé : avoir pris   gérondif présent : en prenant   participe passé : pris, e

je prends	j'ai pris	je prenais	j'avais pris	je pris	je prendrai	je prendrais	que je prenne	
tu prends	tu as pris	tu prenais	tu avais pris	tu pris	tu prendras	tu prendrais	que tu prennes	prends
il, elle, on prend	il, elle, on a pris	il, elle, on prenait	il, elle, on avait pris	il, elle, on prit	il, elle, on prendra	il, elle, on prendrait	qu'il, elle, on prenne	
nous prenons	nous avons pris	nous prenions	nous avions pris	nous prîmes	nous prendrons	nous prendrions	que nous prenions	prenons
vous prenez	vous avez pris	vous preniez	vous aviez pris	vous prîtes	vous prendrez	vous prendriez	que vous preniez	prenez
ils, elles prennent	ils, elles ont pris	ils, elles prenaient	ils, elles avaient pris	ils, elles prirent	ils, elles prendront	ils, elles prendraient	qu'ils, elles prennent	

RECEVOIR   infinitif présent : recevoir   infinitif passé : avoir reçu   gérondif présent : en recevant   participe passé : reçu, e

je reçois	j'ai reçu	je recevais	j'avais reçu	je reçus	je recevrai	je recevrais	que je reçoive	
tu reçois	tu as reçu	tu recevais	tu avais reçu	tu reçus	tu recevras	tu recevrais	que tu reçoives	reçois
il, elle, on reçoit	il, elle, on a reçu	il, elle, on recevait	il, elle, on avait reçu	il, elle, on reçut	il, elle, on recevra	il, elle, on recevrait	qu'il, elle, on reçoive	
nous recevons	nous avons reçu	nous recevions	nous avions reçu	nous reçûmes	nous recevrons	nous recevrions	que nous recevions	recevons
vous recevez	vous avez reçu	vous receviez	vous aviez reçu	vous reçûtes	vous recevrez	vous recevriez	que vous receviez	recevez
ils, elles reçoivent	ils, elles ont reçu	ils, elles recevaient	ils, elles avaient reçu	ils, elles reçurent	ils, elles recevront	ils, elles recevraient	qu'ils, elles reçoivent	

RIRE   infinitif présent : rire   infinitif passé : avoir ri   gérondif présent : en riant   participe passé : ri, Ø

je ris	j'ai ri	je riais	j'avais ri	je ris	je rirai	je rirais	que je rie	
tu ris	tu as ri	tu riais	tu avais ri	tu ris	tu riras	tu rirais	que tu ries	rie
il, elle, on rit	il, elle, on a ri	il, elle, on riait	il, elle, on avait ri	il, elle, on rit	il, elle, on rira	il, elle, on rirait	qu'il, elle, on rie	
nous rions	nous avons ri	nous riions	nous avions ri	nous rîmes	nous rirons	nous ririons	que nous riions	rions
vous riez	vous avez ri	vous riiez	vous aviez ri	vous rîtes	vous rirez	vous ririez	que vous riiez	riez
ils, elles rient	ils, elles ont ri	ils, elles riaient	ils, elles avaient ri	ils, elles rirent	ils, elles riront	ils, elles riraient	qu'ils, elles rient	

SAVOIR   infinitif présent : savoir   infinitif passé : avoir su   gérondif présent : en sachant   participe passé : su, e

je sais	j'ai su	je savais	j'avais su	je sus	je saurai	je saurais	que je sache	
tu sais	tu as su	tu savais	tu avais su	tu sus	tu sauras	tu saurais	que tu saches	sache
il, elle, on sait	il, elle, on a su	il, elle, on savait	il, elle, on avait su	il, elle, on sut	il, elle, on saura	il, elle, on saurait	qu'il, elle, on sache	
nous savons	nous avons su	nous savions	nous avions su	nous sûmes	nous saurons	nous saurions	que nous sachions	sachons
vous savez	vous avez su	vous saviez	vous aviez su	vous sûtes	vous saurez	vous sauriez	que vous sachiez	sachez
ils, elles savent	ils, elles ont su	ils, elles savaient	ils, elles avaient su	ils, elles surent	ils, elles sauront	ils, elles sauraient	qu'ils, elles sachent	

SUIVRE   infinitif présent : suivre   infinitif passé : avoir suivi   gérondif présent : en suivant   participe passé : suivi, e

je suis	j'ai suivi	je suivais	j'avais suivi	je suivis	je suivrai	je suivrais	que je suive	
tu suis	tu as suivi	tu suivais	tu avais suivi	tu suivis	tu suivras	tu suivrais	que tu suives	suis
il, elle, on suit	il, elle, on a suivi	il, elle, on suivait	il, elle, on avait suivi	il, elle, on suivit	il, elle, on suivra	il, elle, on suivrait	qu'il, elle, on suive	
nous suivons	nous avons suivi	nous suivions	nous avions suivi	nous suivîmes	nous suivrons	nous suivrions	que nous suivions	suivons
vous suivez	vous avez suivi	vous suiviez	vous aviez suivi	vous suivîtes	vous suivrez	vous suivriez	que vous suiviez	suivez
ils, elles suivent	ils, elles ont suivi	ils, elles suivaient	ils, elles avaient suivi	ils, elles suivirent	ils, elles suivront	ils, elles suivraient	qu'ils, elles suivent	

INDICATIF						CONDITIONNEL	SUBJONCTIF	IMPÉRATIF
présent	passé composé	imparfait	plus-que-parfait	passé simple	futur	présent	présent	présent

TENIR infinitif présent : tenir infinitif passé : avoir tenu gérondif présent : en tenant participe passé : tenu, e

présent	passé composé	imparfait	plus-que-parfait	passé simple	futur	présent	présent	présent
je tiens	j'ai tenu	je tenais	j'avais tenu	je tins	je tiendrai	je tiendrais	que je tienne	
tu tiens	tu as tenu	tu tenais	tu avais tenu	tu tins	tu tiendras	tu tiendrais	que tu tiennes	tiens
il, elle, on tient	il, elle, on a tenu	il, elle, on tenait	il, elle, on avait tenu	il, elle, on tint	il, elle, on tiendra	il, elle, on tiendrait	qu'il, elle, on tienne	
nous tenons	nous avons tenu	nous tenions	nous avions tenu	nous tînmes	nous tiendrons	nous tiendrions	que nous tenions	tenons
vous tenez	vous avez tenu	vous teniez	vous aviez tenu	vous tîntes	vous tiendrez	vous tiendriez	que vous teniez	tenez
ils, elles tiennent	ils, elles ont tenu	ils, elles tenaient	ils, elles avaient tenu	ils, elles tinrent	ils, elles tiendront	ils, elles tiendraient	qu'ils, elles tiennent	

VALOIR infinitif présent : valoir infinitif passé : avoir valu gérondif présent : en valant participe passé : valu, e

présent	passé composé	imparfait	plus-que-parfait	passé simple	futur	présent	présent	présent
je vaux	j'ai valu	je valais	j'avais valu	je valus	je vaudrai	je vaudrais	que je vaille	
tu vaux	tu as valu	tu valais	tu avais valu	tu valus	tu vaudras	tu vaudrais	que tu vailles	vaux
il, elle, on vaut	il, elle, on a valu	il, elle, on valait	il, elle, on avait valu	il, elle, on valut	il, elle, on vaudra	il, elle, on vaudrait	qu'il, elle, on vaille	
nous valons	nous avons valu	nous valions	nous avions valu	nous valûmes	nous vaudrons	nous vaudrions	que nous valions	valons
vous valez	vous avez valu	vous valiez	vous aviez valu	vous valûtes	vous vaudrez	vous vaudriez	que vous valiez	valez
ils, elles valent	ils, elles ont valu	ils, elles valaient	ils, elles avaient valu	ils, elles valurent	ils, elles vaudront	ils, elles vaudraient	qu'ils, elles vaillent	

VENIR infinitif présent : venir infinitif passé : être venu gérondif présent : en venant participe passé : venu, e

présent	passé composé	imparfait	plus-que-parfait	passé simple	futur	présent	présent	présent
je viens	je suis venu(e)	je venais	j'étais venu(e)	je vins	je viendrai	je viendrais	que je vienne	
tu viens	tu es venu(e)	tu venais	tu étais venu(e)	tu vins	tu viendras	tu viendrais	que tu viennes	viens
il, elle, on vient	il, elle, on est venu(e)	il, elle, on venait	il, elle, on était venu(e)	il, elle, on vint	il, elle, on viendra	il, elle, on viendrait	qu'il, elle, on vienne	
nous venons	nous sommes venu(e)s	nous venions	nous étions venu(e)s	nous vînmes	nous viendrons	nous viendrions	que nous venions	venons
vous venez	vous êtes venu(e)s	vous veniez	vous étiez venu(e)s	vous vîntes	vous viendrez	vous viendriez	que vous veniez	venez
ils, elles viennent	ils, elles venus(e)s	ils, elles venaient	ils, elles étaient venu(e)s	ils, elles vinrent	ils, elles viendront	ils, elles viendraient	qu'ils, elles viennent	

VIVRE infinitif présent : vivre infinitif passé : avoir vécu gérondif présent : en vivant participe passé : vécu, e

présent	passé composé	imparfait	plus-que-parfait	passé simple	futur	présent	présent	présent
je vis	j'ai vécu	je vivais	j'avais vécu	je vécus	je vivrai	je vivrai	que je vive	
tu vis	tu as vécu	tu vivais	tu avais vécu	tu vécus	tu vivras	tu vivras	que tu vives	vis
il, elle, on vit	il, elle, on a vécu	il, elle, on vivait	il, elle, on avait vécu	il, elle, on vécut	il, elle, on vivra	il, elle, on vivra	qu'il, elle, on vive	
nous vivons	nous avons vécu	nous vivions	nous avions vécu	nous vécûmes	nous vivrons	nous vivrons	que nous vivions	vivons
vous vivez	vous avez vécu	vous viviez	vous aviez vécu	vous vécûtes	vous vivrez	vous vivrez	que vous viviez	vivez
ils, elles vivent	ils, elles ont vécu	ils, elles vivaient	ils, elles avaient vécu	ils, elles vécurent	ils, elles vivront	ils, elles vivront	qu'ils, elles vivent	

VOIR infinitif présent : voir infinitif passé : avoir vu gérondif présent : en voyant participe passé : vu, e

présent	passé composé	imparfait	plus-que-parfait	passé simple	futur	présent	présent	présent
je vois	j'ai vu	je voyais	je vis	j'avais vu	je verrai	je verrais	que je voie	
tu vois	tu as vu	tu voyais	tu vis	tu avais vu	tu verras	tu verrais	que tu voies	vois
il, elle, on voit	il, elle, on a vu	il, elle, on voyait	il, elle, on vit	il, elle, on avait vu	il, elle, on verra	il, elle, on verrait	qu'il, elle, on voie	
nous voyons	nous avons vu	nous voyions	nous vîmes	nous avions vu	nous verrons	nous verrions	que nous voyions	voyons
vous voyez	vous avez vu	vous voyiez	vous vîtes	vous aviez vu	vous verrez	vous verriez	que vous voyiez	voyez
ils, elles voient	ils, elles ont vu	ils, elles voyaient	ils, elles virent	ils, elles avaient vu	ils, elles verront	ils, elles verraient	qu'ils, elles voient	

VOULOIR infinitif présent : vouloir infinitif passé : avoir voulu gérondif présent : en voulant participe passé : voulu, e

présent	passé composé	imparfait	plus-que-parfait	passé simple	futur	présent	présent	présent
je veux	j'ai voulu	je voulais	j'avais voulu	je voulus	je voudrai	je voudrais	que je veuille	
tu veux	tu as voulu	tu voulais	tu avais voulu	tu voulus	tu voudras	tu voudrais	que tu veuille	veux (veuille)
il, elle, on veut	il, elle, on a voulu	il, elle, on voulait	il, elle, on avait voulu	il, elle, on voulut	il, elle, on voudra	il, elle, on voudrait	qu'il, elle, on veuille	
nous voulons	nous avons voulu	nous voulions	nous avions voulu	nous voulûmes	nous voudrons	nous voudrions	que nous voulions	voulons
vous voulez	vous avez voulu	vous vouliez	vous aviez voulu	vous voulûtes	vous voudrez	vous voudriez	que vous vouliez	voulez
ils, elles veulent	ils, elles ont voulu	ils, elles voulaient	ils, elles avaient voulu	ils, elles voulurent	ils, elles voudront	ils, elles voudraient	qu'ils, elles veuillent	(veuillez)

VERBS WITH SPELLING CHANGES

INDICATIF						CONDITIONNEL	SUBJONCTIF	IMPÉRATIF
présent	passé composé	imparfait	plus-que-parfait	passé simple	futur	présent	présent	présent

ACHETER infinitif présent : acheter infinitif passé : avoir acheté gérondif présent : en achetant participe passé : acheté, e

présent	passé composé	imparfait	plus-que-parfait	passé simple	futur	présent	présent	présent
j'achète	j'ai acheté	j'achetais	j'avais acheté	j'achetai	j'achèterai	j'achèterais	que j'achète	
tu achètes	tu as acheté	tu achetais	tu avais acheté	tu achetas	tu achèteras	tu achèterais	que tu achètes	achète
il, elle, on achète	il, elle, on a acheté	il, elle, on achetait	il, elle, on avait acheté	il, elle, on acheta	il, elle, on achètera	il, elle, on achèterait	qu'il, elle, on achète	
nous achetons	nous avons acheté	nous achetions	nous avions acheté	nous achetâmes	nous achèterons	nous achèterions	que nous achetions	achetons
vous achetez	vous avez acheté	vous achetiez	vous aviez acheté	vous achetâtes	vous achèterez	vous achèteriez	que vous achetiez	achetez
ils, elles achètent	ils, elles ont acheté	ils, elles achetaient	ils, elles avaient acheté	ils, elles achetèrent	ils, elles achèteront	ils, elles achèteraient	qu'ils, elles achètent	

INDICATIF						CONDITIONNEL	SUBJONCTIF	IMPÉRATIF
présent	passé composé	imparfait	plus-que-parfait	passé simple	futur	présent	présent	présent

APPELER infinitif présent : appeler infinitif passé : avoir appelé gérondif présent : en appelant participe passé : appelé, e

présent	passé composé	imparfait	plus-que-parfait	passé simple	futur	présent	présent	présent
j'appelle	j'ai appelé	j'appelais	j'avais appelé	j'appelai	j'appellerai	j'appellerais	que j'appelle	
tu appelles	tu as appelé	tu appelais	tu avais appelé	tu appelas	tu appelleras	tu appellerais	que tu appelles	appelle
il, elle, on appelle	il, elle, on a appelé	il, elle, on appelait	il, elle, on avait appelé	il, elle, on appela	il, elle, on appellera	il, elle, on appellerait	qu'il, elle, on appelle	
nous appelons	nous avons appelé	nous appelions	nous avions appelé	nous appelâmes	nous appellerons	nous appellerions	que nous appelions	appelons
vous appelez	vous avez appelé	vous appeliez	vous aviez appelé	vous appelâtes	vous appellerez	vous appelleriez	que vous appeliez	appelez
ils, elles appellent	ils, elles ont appelé	ils, elles appelaient	ils, elles avaient appelé	ils, elles appelèrent	ils, elles appelleront	ils, elles appelleraient	qu'ils, elles appellent	

INDICATIF						CONDITIONNEL	SUBJONCTIF	IMPÉRATIF
présent	passé composé	imparfait	plus-que-parfait	passé simple	futur	présent	présent	présent

COMMENCER infinitif présent : commencer infinitif passé : avoir commencé gérondif présent : en commençant participe passé : commencé, e

présent	passé composé	imparfait	plus-que-parfait	passé simple	futur	présent	présent	présent
je commence	j'ai commencé	je commençais	j'avais commencé	je commençai	je commencerai	je commencerais	que je commence	
tu commences	tu as commencé	tu commençais	tu avais commencé	tu commenças	tu commenceras	tu commencerais	que tu commences	commence
il, elle, on commence	il, elle, on a commencé	il, elle, on commençait	il, elle, on avait commencé	il, elle, on commença	il, elle, on commencera	il, elle, on commencerait	qu'il, elle, on commence	
nous commençons	nous avons commencé	nous commencions	nous avions commencé	nous commençâmes	nous commencerons	nous commencerions	que nous commencions	commençons
vous commencez	vous avez commencé	vous commenciez	vous aviez commencé	vous commençâtes	vous commencerez	vous commenceriez	que vous commenciez	commencez
ils, elles commencent	ils, elles ont commencé	ils, elles commençaient	ils, elles avaient commencé	ils, elles commencèrent	ils, elles commenceront	ils, elles commenceraient	qu'ils, elles commencent	

INDICATIF						CONDITIONNEL	SUBJONCTIF	IMPÉRATIF
présent	passé composé	imparfait	plus-que-parfait	passé simple	futur	présent	présent	présent

MANGER infinitif présent : manger infinitif passé : avoir mangé gérondif présent : en mangeant participe passé : mangé, e

présent	passé composé	imparfait	plus-que-parfait	passé simple	futur	présent	présent	présent
je mange	j'ai mangé	je mangeais	j'avais mangé	je mangeai	je mangerai	je mangerais	que je mange	
tu manges	tu as mangé	tu mangeais	tu avais mangé	tu mangeas	tu mangeras	tu mangerais	que tu manges	mange
il, elle, on mange	il, elle, on a mangé	il, elle, on mangeait	il, elle, on avait mangé	il, elle, on mangea	il, elle, on mangera	il, elle, on mangerait	qu'il, elle, on mange	
nous mangeons	nous avons mangé	nous mangions	nous avions mangé	nous mangeâmes	nous mangerons	nous mangerions	que nous mangions	mangeons
vous mangez	vous avez mangé	vous mangiez	vous aviez mangé	vous mangeâtes	vous mangerez	vous mangeriez	que vous mangiez	mangez
ils, elles mangent	ils, elles ont mangé	ils, elles mangeaient	ils, elles avaient mangé	ils, elles mangèrent	ils, elles mangeront	ils, elles mangeraient	qu'ils, elles mangent	

INDICATIF						CONDITIONNEL	SUBJONCTIF	IMPÉRATIF
présent	passé composé	imparfait	plus-que-parfait	passé simple	futur	présent	présent	présent

PAYER infinitif présent : payer   infinitif passé : avoir payé   gérondif présent : en payant   participe passé : payé, e

présent	passé composé	imparfait	plus-que-parfait	passé simple	futur	CONDITIONNEL présent	SUBJONCTIF présent	IMPÉRATIF présent
je paie / paye	j'ai payé	je payais	j'avais payé	je payai	je paierai / payerai	je paierais / payerais	que je paie / paye	
tu paies / payes	tu as payé	tu payais	tu avais payé	tu payas	tu paieras / payeras	tu paierais / payerais	que tu paies / payes	paie / paye
il, elle, on paie / paye	il, elle, on a payé	il, elle, on payait	il, elle, on avait payé	il, elle, on paya	il, elle, on paiera / payera	il, elle, on paierait / payerait	qu'il, elle, on paie / paye	
nous payons	nous avons payé	nous payions	nous avions payé	nous payâmes	nous paierons / payerons	nous paierions / payerions	que nous payions	payons
vous payez	vous avez payé	vous payiez	vous aviez payé	vous payâtes	vous paierez / payerez	vous paieriez / payeriez	que vous payiez	payez
ils, elles paient / /payent	ils, elles ont payé	ils, elles payaient	ils, elles avaient payé	ils, elles payèrent	ils, elles paieront / payeront	ils, elles paieraient / payeraient	qu'ils, elles paient / payent	

INDICATIF						CONDITIONNEL	SUBJONCTIF	IMPÉRATIF
présent	passé composé	imparfait	plus-que-parfait	passé simple	futur	présent	présent	présent

PRÉFÉRER infinitif présent : préférer   infinitif passé : avoir préféré   gérondif présent : en préférant   participe passé : préféré, e

présent	passé composé	imparfait	plus-que-parfait	passé simple	futur	CONDITIONNEL présent	SUBJONCTIF présent	IMPÉRATIF présent
je préfère	j'ai préféré	je préférais	j'avais préféré	je préférai	je préférerai	je préférerais	que je préfère	
tu préfères	tu as préféré	tu préférais	tu avais préféré	tu préféras	tu préféreras	tu préférerais	que tu préfères	préfère
il, elle, on préfère	il, elle, on a préféré	il, elle, on préférait	il, elle, on avait préféré	il, elle, on préféra	il, elle, on préférera	il, elle, on préférerait	qu'il, elle, on préfère	
nous préférons	nous avons préféré	nous préférions	nous avions préféré	nous préférâmes	nous préférerons	nous préférerions	que nous préférions	préférons
vous préférez	vous avez préféré	vous préfériez	vous aviez préféré	vous préférâtes	vous préférerez	vous préféreriez	que vous préfériez	préférez
ils, elles préfèrent	ils, elles ont préféré	ils, elles préféraient	ils, elles avaient préféré	ils, elles préférèrent	ils, elles préféreront	ils, elles préféreraient	qu'ils, elles préfèrent	

SOME MORE VERBS

NOTE : Here is a partial list of verbs following the same conjugation as the model verbs above:

Acheter	(se) promener, (se) lever, amener, emmener	Partir	mentir, sentir, sortir
Appeler	jeter	Payer	nettoyer, essayer
Attendre	vendre, répondre, perdre, rendre, entendre, descendre, défendre	Peindre	éteindre
Conduire	construire, traduire	Préférer	espérer, répéter, célébrer
Conduire	détruire	Prendre	apprendre, comprendre
Connaître	disparaître, paraître	Recevoir	apercevoir,
Craindre	plaindre, se plaindre	Rire	sourire
Dormir	s'endormir	Tenir	obtenir, appartenir
Manger	nager, changer, loger, mélanger, voyager, partager	Venir	devenir, prévenir, revenir, se souvenir
Ouvrir	couvrir, offrir, souffrir		

CREDITS

This method is based on a didactical and methodological conception of the task-based approach in foreign languages developed par Ernesto Martín Peris and Neus Sans Baulenas.

Design
A2-Ivan Margot; Cay Berthold

Art Credits
Javier Andrada; David Revilla

Photo Credits
All photographs have been taken by Marc Javierre Kohan except: Frank Iren: p. 4 (C), p. 6 (3), p. 22 (all but Poitiers), p. 85 (Bordeaux), p. 91 (1 and 3). Photographs with reproduction permission of Tourisme Québec: © p. 4 (E and H), p. 10, p. 32-33, p. 82-83, p. 91 (2), p. 174-175. Photographs with reproduction permission of Région de Bruxelles-Capitale: p. 4 (D), p. 10, p. 80-81, p. 103 (patinoire). Vimenet/Parc de Futuroscope ®: p. 22. J.-Ph. Vantighem: © p. 28. Frank Kalero: p. 38. (alimentation), p. 39, p. 42 (2, 4 and 7), p. 48 (Renaud), p. 60, p. 93 (Fabienne), p. 95 (Lara), p. 101 (Steven), p. 110-111 (graffitis et trentenaires au travail), p. 150 (Des chiffres et des lettres). Miguel Raurich: p. 42 (3). Matteo Canessa: p. 46. Jean-Paul Tupin: p. 85 (Besançon). Cin & Scen 2004: © p. 111 (Gloubiboulga Night). Bharath Ramamrutham / STMA: p. 170-171 (Moutia at Anse Takamaka). ACI Agencia de Fotografía: p. 170-171 (canoë à Haiti), p. 180 (Fort de France). Serge Sayn: p. 181 (temple, Cirque de Cilaos). Cover, Agencia de Fotografía: p. 112 (4), p. 133 (C), p. 141, p. 151 (Dicos d'or). Le Livre de Poche, Librairie Générale Française: p. 120-121. Stock Exchange: p. 112-113 (1, 2, 3, 7, 8), p. 124 (avion), p. 151 (geïsha), p. 168, p. 180 (plage). Frank Micelotta / Getty Images: p. 112 (6). Europa Press : p. 112 (5). © Jacques Carelman, VEGAP, Barcelone 2004: p. 130-131. © Marsu by Franquin, 2004. www.gastonlagaffe.com: p. 161.

Recording
Voices : Carine Bossuyt, Christian Lause (Belgium); Katia Coppola, Catherine Flumian, Lucile Herno, Josiane Labascoule, David Molero, Yves Monboussin, Olivier Penela, Corinne Royer, Jean-Paul Sigé (France); Richard Balamou (Ivory Cost); Martine Meunier, Valérie Veilleux (Québec); Rebecca Rossi (Switzerland).
Music : P. 31 « Sur le pont d'Avignon », Titoun'zic. P. 121 cover of Serge Gainsburg's lyrics and music. P. 141 cover of Boris Vian's lyrics and Henri Salvador's music.
Studio: CYO Studios